es 1270

edition suhrkamp

Neue Folge Band 270

Neue Historische Bibliothek
Herausgegeben von Hans-Ulrich Wehler

Die Frage, ob »Bonn Weimar sei«, wird in Diskussionen um den Zustand der Bundesrepublik häufig gestellt. Das Interesse, das zu dieser Fragestellung führt, richtet sich auf Überlegungen, ob und wie die Beseitigung einer demokratischen Republik und die Errichtung einer Diktatur zu verhindern seien. Dies setzt eine genaue Kenntnis des Untergangs der Weimarer Republik und der Durchsetzung der nationalsozialistischen Diktatur – also der Zeit zwischen der Weltwirtschaftskrise, dem Erstarken antidemokratischer Kräfte, der Aushöhlung des Parlamentarismus, der Ernennung Hitlers zum Reichskanzler, der Zerschlagung der Organisationen der Arbeiterbewegung bis hin zur Ermordung Röhms und der Entmachtung der SA im Juni 1934 – voraus. Der Band stellt die strukturellen und individuellen Ursachen für das Geschehen zwischen 1930 und dem Sommer 1934, dem Zeitpunkt der Konsolidierung der nationalsozialistischen Diktatur, dar.

Gotthard Jasper ist Professor für Politikwissenschaft an der Universität Erlangen-Nürnberg.

Gotthard Jasper

Die gescheiterte Zähmung

Wege zur Machtergreifung Hitlers 1930–1934

Suhrkamp

edition suhrkamp 1270
Neue Folge Band 270
Erste Auflage 1986

Erstausgabe

Satz: Gutfreund, Darmstadt
Druck: Nomos Verlagsgesellschaft, Baden-Baden
Umschlagentwurf: Willy Fleckhaus
Printed in Germany

2 3 4 5 6 – 91 90 89 88

Inhalt

Einleitung

Betrachtet man die deutsche Geschichte im 20. Jahrhundert, drängt sich das Bild heftiger Pendelschläge und tiefer Brüche auf. Die militärische Niederlage im Ersten Weltkrieg läßt 1918 auch die bunte Fassade monarchischen Prunks zusammenfallen und führt zur »improvisierten« Demokratie der Weimarer Republik. Diese wird – bedrängt von der Weltwirtschaftskrise – erst präsidialstaatlich verformt, bis sie schließlich dem Ansturm des Nationalsozialismus erliegt. Dessen Machtergreifung am 30. Januar 1933, personalisiert in der Ernennung Hitlers zum Reichskanzler, stürzt das Reich nach kurzer wirtschaftlicher Erholung in den Zweiten Weltkrieg und in die Katastrophe von 1945. In der Niederlage des nationalsozialistischen Terrorregimes wird die erst unter Bismarck errungene nationale Einheit Deutschlands verspielt.

An diesen Wendepunkten der deutschen Geschichte macht sich häufig das historische Bewußtsein fest. In der Hervorhebung dieser Daten, in der Art ihrer Verknüpfung oder Nichtverknüpfung und schon in den abkürzenden Bezeichnungen, die wir ihnen geben, zeigt sich auch immer ein Stück Deutung. Man spricht vom »Ausbruch« des Ersten, aber von der »Entfesselung« des Zweiten Weltkrieges. Ähnlich vermittelt der Begriff der »Machtergreifung« ein bestimmtes Bild der Vorgänge von 1933 ebenso wie die Rede vom »Zusammenbruch« 1945. Solche Interpretationen gelten dabei nicht nur der vergangenen Epoche, sondern sie enthalten zugleich einen Versuch gegenwartsbezogener Standortbestimmung und eine Definition zukünftiger Aufgaben. Ob man den Mai 1945 als Zusammenbruch, Niederlage oder Befreiung begreift oder in ihm gar die Chance der »Stunde Null« erblickt – daraus spricht nicht nur ein jeweils unterschiedlich akzentuiertes historisches Bewußtsein, sondern das läßt auch politische Gegenwartsfragen in jeweils anderem Licht erscheinen.

Die Konzentration auf die Wendepunkte kann aber auch den Blick verengen. Wer hinter dem Mai 1945 nicht den September 1939 und den Januar 1933 im Auge behält, läuft Gefahr, die Rahmenbedingungen der Entwicklung nach 1945 falsch zu interpretieren. Gerade dort, wo die Geschichte eines Volkes sich als Folge von Katastrophen darstellt, ist die Kontinuität zu beachten, auch wenn dadurch an Wunden gerührt wird. Die oft allzu isolierte und deshalb verkürzende Betrachtung ausschließlich der »Epochenjahre« muß daher differenziert und präzisiert werden. Genauigkeit der Erinnerung ist gefordert, gerade in einer »erinnerungsfeindlichen Zeit« (Walter Jens). Die sperrigen Gedenktage von 1933 oder 1945 dienen sonst allzuleicht dazu, jene Jahre entweder aus dem »Normalverlauf« der deutschen Geschichte hinauszudefinieren oder zum Gegenstand gegenwärtiger politischer Kontroversen und einseitiger Vereinnahmung zu machen.

Beiden Gefahren entgeht man mit Blick auf das Jahr 1933 nur, wenn man die epochenteilende Kraft des 30. Januar 1933 relativiert und auch den symbolisch verkürzenden und zugleich deutenden Begriff der »Machtergreifung«, mit dem diese Phase zu bezeichnen wir uns angewöhnt haben, problematisiert. Deshalb umgreift diese Darstellung die Jahre 1930 bis 1934, faßt diese Jahre über die Zäsur des 30. Januar 1933 hinweg als Einheit auf und vermeidet bewußt die Verwendung des Wortes »Machtergreifung« im Titel. Da beides der traditionellen Darstellungsweise eher widerspricht, sind die Überlegungen, die dieses Vorgehen im einzelnen begründen, einleitend kurz zu skizzieren.

Gemeinhin ist es üblich, mit dem 30. Januar 1933 eine scharfe Grenze zu ziehen. So wollten es damals auch die siegenden Nationalsozialisten, die mit Hitlers Ernennung zum Reichskanzler das »Dritte Reich« beginnen ließen und die verhaßte »Systemzeit« der überwundenen Republik für beendet erklärten. Historische Handbücher und einschlägige Darstellungen folgen dieser plausiblen Einteilung, die den »Untergang«, das »Scheitern«, die »Zerstörung« oder gar die »Selbstpreisgabe« der Republik von dem eigentlichen Vorgang der Machtergreifung, die erst nach dem 30. Januar 1933 einsetzte, trennt. Vielfach steht hinter einer solchen Trennung die Behauptung, die nationalsozialistische Machtergreifung und der Niedergang der Weimarer Republik seien zwei auch inhaltlich zu unterscheidende Prozesse. Die Republik sei, meinen viele, schon dem Untergang geweiht gewesen, bevor der Nationalsozialismus an die Macht kam. In der Tat: Wer die Republik durch die demokratischen Parteien schon im März 1930 preisgegeben sieht, den mangelnden Verfassungskonsens kritisiert und die fehlende Wehrhaftigkeit beklagt, läßt am 30. Januar 1933 ein Kapitel endgültig zu Ende gehen und ein neues beginnen. Die Jahre zwischen 1930 und 1933 erscheinen dann als Übergangszeit, als Phase des »Machtverlusts« und des »Machtvakuums«, die noch dem Scheitern der Republik zugeordnet ist und der Machtergreifung den Weg ebnet.

Darstellungen über die Zeit nach der Ernennung Hitlers zum Kanzler behandeln in der Regel das »Dritte Reich« als Exempel totalitärer Herrschaft. So hat Karl Dietrich Bracher gefordert, der Ansatzpunkt der Analyse habe die totalitäre Intention und Orientierung des Nationalsozialismus zu sein. Die Anfangsjahre werden als typisches Beispiel einer legalen Machtergreifung dargestellt und als für die Errichtung totalitärer Regime geltendes Muster der Revolution im 20. Jahrhundert aufgefaßt, das sich schon in Mussolinis Marsch auf Rom, aber im Grunde auch in Lenins Revolution 1917 abgezeichnet habe.[1] Politische Erinnerung und historische Betrachtung hätten demnach, forderte jüngst Manfred Hättich, vor allem die fundamentalen Gegensätze zwischen totalitärer Herrschaft und freiheitlicher Demokratie herauszuarbeiten. Diese einfache Wahrheit müsse in den Vordergrund des historisch-politischen und pädagogischen Bemühens gestellt werden, um darin den Grundkonsens aller Demokraten zu sichern. Im Rahmen des »ordnungspolitisch zentralen Themas« unseres Jahrhunderts, als das der moderne Totalitarismus zu begreifen sei, habe die nationalsozialistische Herrschaft »als unser eigenes Exempel ihre aktuelle Bedeutung«.[2]

Der 30. Januar 1933 ist gleichsam der Ausgangspunkt für einen revolutionären Prozeß, er gewinnt epochenscheidende Kraft, trennt er doch auch die autoritären Präsidialregime scharf von der totalitären Diktatur. Dieser politisch klassifizierende Zugriff birgt jedoch, darauf hat Martin Broszat mit Recht hingewiesen, die Gefahr, das »Dritte Reich« von 1933 bis 1945 als schlechthin besondere Epoche aus der »normalen« deutschen Geschichte auszuklammern und zum »Arsenal für politisch-pädagogische Nutzanwendung und Legitimation in der Gegenwart, insbesondere Musterfall für den Totalitarismusbegriff« zu machen.[3]

Eine solche Akzentuierung des Jahres 1933 als Epochenscheide bedeutet darum nicht nur eine Hervorhebung des totalitären Charakters der NS-Zeit, sondern ihr entspricht zugleich eine vorherrschende Interpretation der Weimarer Republik, die diese von ihrem Ende, vom Scheitern her, zu analysieren versucht und schon im Anfang die Keime des Endes erkennt. Karl Dietrich Erdmann stellte schon 1955 lapidar fest, »alle Forschung zur Geschichte der

Weimarer Republik steht mit Notwendigkeit – ausgesprochen oder unausgesprochen – unter der Frage nach den Ursachen ihres Zusammenbruchs«.[4] Diese Formulierung gilt analog auch für die wissenschaftliche Auseinandersetzung mit dem »Dritten Reich«. Angesichts der militärischen und moralischen Katastrophe von 1945 wird man auch bei der Analyse der Anfangsjahre des »Dritten Reiches« jene Signale und Weichenstellungen aufspüren, die zum Untergang des Deutschen Reiches führten. In Anbetracht dieser Zerstörung durch das Terrorregime Hitlers stellt sich dem Historiker nicht mehr so sehr die Frage Leopold v. Rankes, wie es eigentlich gewesen sei, sondern ihn prägt die erschrockene Suche nach den Gründen, wie es dazu hat kommen können.

Wenn demgegenüber diese Darstellung ganz bewußt die Zäsur vom 30. Januar 1933 überspringt und als zeitlichen Rahmen die Jahre 1930 bis 1934 wählt, läßt sie sich leiten von dem Gedanken der Offenheit der Entwicklung. Sie geht für die Frühphase des NS-Regimes eben nicht primär von der Vorstellung aus, daß mit Hitlers Kanzlerschaft der Weg in die Diktatur »unwiderruflich beschritten«[5] sei und daß man diese Diktatur, als der Gesellschaft übergestülpt, einem bestimmten ideologischen System zuzuordnen habe. Vielmehr gilt es, die Prozesse und Mechanismen in der Gesellschaft selber und ihr Potential für Gewalt und Anpassung aufzudecken und sichtbar zu machen. Das hat nichts mit moralischer Verurteilung oder Denunziation der damals Lebenden zu tun, sondern gliedert gerade die Anfangsjahre des »Dritten Reiches« wieder in den Gesamtverlauf der deutschen Geschichte ein, ohne deshalb die Verwerflichkeit und das Schreckliche des Nationalsozialismus zu mindern.

Vielleicht etwas überspitzt, aber im Kern zutreffend, hat Hans Buchheim gemeint, daß »die Zeit zwischen dem 30. Januar 1933 und dem 2. August 1934, dem Todestag Hindenburgs, der Zeitraum der eigentlichen politischen Schuld der verantwortlichen Kreise des deutschen Volkes ist«. Vor dem 30. Januar 1933 habe man noch nicht so genau wissen können, was der Nationalsozialismus bringen werde. Zwischen dem 30. Januar 1933 und dem 2. August 1934 habe man einerseits erkennen können, was sich anbahnte, andrerseits sei es jedoch noch möglich gewesen, mit Hilfe von Reichswehr und Reichspräsident den Nationalsozialisten die Macht wieder zu entreißen.[6]

Buchheims Urteil setzt Handlungsspielräume und Alternativen

voraus. Es impliziert die These, daß Hitler noch nach dem 30. Januar aufzuhalten gewesen wäre. Das bedeutet eine Herausforderung an jeden Historiker, der jene Jahre behandelt. Selbst wenn man diese Einschätzung verneint, bleibt doch zu bedenken, daß auch der erfolglose Versuch von Widerstand und Protest in den Anfangsjahren außerordentliches Gewicht gewonnen hätte. Ein früher Widerstand ließe das Jahr 1945 eindeutiger als ein Jahr der Befreiung erscheinen. Auf jeden Fall gibt Buchheims These den Anlaß, gerade die Jahre 1933/1934 nicht nur aus der Sicht des Jahres 1945 zu interpretieren, sondern sie auf ihre mögliche Offenheit hin zu untersuchen.

Der Gang der Erforschung der Weimarer Republik fordert einen solchen Versuch heraus. Anhand einer Analyse der vorherrschenden Fragestellungen und Schwerpunkte der Untersuchungen zur Geschichte der ersten deutschen Demokratie kann leicht gezeigt werden, wie die ausschließliche Suche nach den Ursachen des Scheiterns, also die Interpretation aus der Perspektive des Endes, die Offenheit der Situationen übersieht und eine Zwangsläufigkeit der Entwicklung unterstellt, die mit Recht die Gegenthese eines zeitgenössischen Akteurs provozierte, es sei viel wichtiger, den Gründen nachzugehen, warum die Weimarer Republik überhaupt so lange habe existieren können.[7]

Die Mahnung, die Offenheit der Situation nicht zu unterschätzen und bestehende Handlungsspielräume wie auch ihre damalige Wahrnehmung genauer zu analysieren, bedeutet zugleich eine Verschiebung des Interessenschwerpunktes bei der Betrachtung der ersten Jahre des »Dritten Reiches«. Es ist eben die Frage, ob mit der Berufung Hitlers zum Reichskanzler des Kabinetts der nationalen Konzentration der Weg in den Abgrund »unwiderruflich beschritten« war, wie Walther Hofer feststellen zu können meint. Für ihn beginnt am 30. Januar 1933 die »totalitäre Machtergreifung« mit ihrer »so erstaunlichen Folgerichtigkeit und Zielstrebigkeit«. Wer demgegenüber Hitler nicht im Besitz eines unfehlbaren Machtergreifungsplans glaubt und darum für die Anfangszeit noch Alternativen für gegeben hält, muß nicht automatisch am Machtwillen und an den verbrecherischen Endzielen Hitlers zweifeln. Fraglich bleibt aber, ob Hitler, Göring und die anderen NS-Größen schon am 30. Januar 1933 sich über den einzuschlagenden Weg der Machteroberung in allen Details klar waren. Die Erreichbarkeit propagandistisch formulierter vager Endziele kann ihnen auch erst im Lauf des politischen Prozesses bewußt geworden sein; die Ziele mögen sich bei der Realisierung radikalisiert haben, als erwartete Widerstände ausblieben. Eine solche Fragerichtung hebt die soziale Eigendynamik und die Rolle der Mit- und Gegenspieler stärker hervor; sie vermeidet eine unangemessene »Hitlerzentrik«, eine Überschätzung seines sog. »Programms«, bedeutet jedoch keineswegs eine »Verharmlosung« des verbrecherischen Charakters des NS-Regimes oder gar eine Exkulpierung Hitlers. Man verhindert auf diese Weise, die übrigen politischen Akteure und gesellschaftlich relevanten Gruppen mit dem Hinweis auf die dämonische »Singularität« des Führers zu entlasten.[8] Die Konzentration auf Hitler und seine »Singularität« läuft demgegenüber Gefahr, in ebenso ästhetisierend bewundernder wie schaudernder Beschreibung zu verharren. Wichtiger und auch historisch-politisch bedeutsamer ist die Frage nach der Ermöglichung der Hitlerschen Herrschaft.

Weshalb Widerstand, als er noch möglich schien, so wenig geleistet wurde, erscheint im nachhinein als die eigentlich aufregende Frage an die ersten 16 Monate nach dem 30. Januar 1933. Es beunruhigt, daß der französische Botschafter François-Poncet schon am 4. Juli 1933 resümierend feststellen konnte: »Adolf Hitler hat daher gewonnenes Spiel, und er hat diese Partie mit geringem Aufwand gewonnen: Er mußte nur pusten – das Gebäude der deutschen Politik stürzte zusammen wie ein Kartenhaus.« Bereits am 5. April hatte François-Poncet vom »Kleinmut der Gegner des neuen Regimes«, vom »schwachen Widerstand« berichtet und, die Etablierung eines Terrorregimes vorhersehend, kritisch angefügt:

> »Welches auch immer die Erklärungen für das Schweigen der alten Regierungsparteien der Weimarer Republik oder jener zahlreichen Persönlichkeiten sein werden, die Zeuge der schmählichen Judenverfolgung sind, von der sie oft profitieren – eine Tatsache in der Geschichte dieser letzten Entwicklungen wird überraschend bleiben: Die Begründung der Diktatur wird weder Helden noch Märtyrer hervorgebracht haben. Deutschland wird sich in die Knechtschaft gestürzt haben, ohne eine Klage zu erheben und ohne einen Protest laut werden zu lassen. Die deutsche Demokratie hat nichts retten können, nicht einmal ihr Gesicht.«[9]

Diese scharfsichtige zeitgenössische Beobachtung des französischen Botschafters gilt es ernst zu nehmen. Sie zwingt zur genauen Analyse gerade des Verhaltens von Hitlers Bundesgenossen und Partnern, seiner Gönner und Förderer, Gegenspieler und auch

Opfer. Ihren Aktionen und Unterlassungen, ihren Einschätzungen und Versuchungen, Hoffnungen und Illusionen muß unser Hauptaugenmerk gelten, will man dem konstatierten Zusammenbruch und Gesichtsverlust der deutschen Demokratie – und das bedeutete damals auch den Zusammenbruch des Rechtsstaates – gerecht werden und ihm historisches Verständnis abgewinnen.

Wer anhand dieser Fragestellung die ersten 16 Monate nach dem 30. Januar 1933 analysiert, wird die Vorgeschichte dieser Monate nicht vernachlässigen dürfen. Das Problem »Nationalsozialismus« stellte sich den Parteien der Republik, den relevanten gesellschaftlichen Gruppen und Verbänden, den Kirchen und kulturellen Institutionen sowie den Trägern des Staatsapparates in Verwaltung und Justiz spätestens seit dem spektakulären Wahlsieg der NSDAP im September 1930. Mit der Vorgeschichte dieser Wahlen und ihrer Bedeutung setzt daher diese Darstellung ein. Nur im Blick auf die Zeitspanne von 1930 bis 1934 als Ganzes läßt sich die Zeit nach dem 30. Januar angemessen interpretieren. Auch den Zeitgenossen war – sieht man von der NS-Propaganda ab – im Januar/Februar 1933 die Wende kaum bewußt. Viele glaubten an eine nur vorübergehende kurze Phase der Beteiligung der Nationalsozialisten an der Macht. Ein Blick in die heute zahlreich vorhandenen Studien zur Geschichte der Etablierung des Nationalsozialismus auf der lokalen und regionalen Ebene läßt ebenfalls die Kontinuität des Gesamtprozesses stärker hervortreten als die Dramatik der Haupt- und Staatsaktionen in Berlin.

Die Geschichte des Nationalsozialismus sei die Geschichte seiner Unterschätzung – diese These Brachers[10] gilt es ernst zu nehmen. Sie soll als Strukturmerkmal dieser Übergangszeit begriffen werden, sie betont auch die Kontinuität über den 30. Januar 1933 hinweg. Die Jahre von 1930 bis 1934 sind zugleich die Zeit, in der der Nationalsozialismus sich als die große »Versuchung«[11] darstellte, es ist die »Zeit der Illusionen«, von denen Scholder im Blick auf die Kirchen sprach[12], die aber weit über die Kirchen hinaus geteilt wurden.

Die Geschichte der Jahre von 1930 bis 1934 als Geschichte der Unterschätzung des Nationalsozialismus und des Nationalsozialismus als Versuchung zu schreiben bedeutet, daß als Hauptakteure dabei nicht so sehr Hitler und der Nationalsozialismus selber in den Mittelpunkt geraten. Diese Rolle haben vielmehr Hitlers Bundesgenossen und Partner, Gegner und wohl auch seine Opfer zu spielen. Natürlich kann und soll Hitler nicht ausgeblendet werden. Es wird nicht behauptet, er sei beliebig austauschbar gewesen; aber ich gehe davon aus, daß für diese vier Jahre »die anderen« unser Hauptinteresse verdienen.

Aus dieser Perspektive erklärt sich auch, weshalb der Begriff »Machtergreifung« im Haupttitel bewußt vermieden wurde. Dieser Terminus lenkt zwangsläufig das Hauptaugenmerk auf das Subjekt dieser Aktion, auf Hitler und die Nationalsozialisten. Die anderen Beteiligten erscheinen lediglich als Opfer. Es ist daher angebracht, daran zu erinnern, daß der Begriff »Machtergreifung« zwar der nationalsozialistischen Terminologie entstammt, aber damals keineswegs Alleingültigkeit erlangte. Hitler selber sprach ebenso oft, auch in der Rückschau nach zehn Jahren, von »Machtübernahme«. Diese Bezeichnung wurde sogar häufiger gebraucht; der Ausdruck »Machtergreifung« erlangte sein Deutungsmonopol erst im nachhinein, als er mit der typisierenden Terminologie der Totalitarismustheorie verbunden wurde.[13] Der die Mitspieler berücksichtigende, weniger spektakuläre Ausdruck »Machtübernahme« oder – wie Löwenthal[14] formulierte – der »Machtzulassung« läßt dagegen mehr Raum für Kontinuität und das Rollenspiel anderer Akteure. Diese kommen nicht erst als Düpierte und Getäuschte ins Bild. Sie werden sogar zu Protagonisten, wenn man von »Machtauslieferung« spricht.

Es geht im folgenden darum, gesellschaftlich verankerte Verhaltensweisen, traditionelle Denkstrukturen und kollektive Mentalitäten im konkreten Geschehen aufzuspüren und von daher die Anfälligkeit für extreme Lösungen verstehbar zu machen. Hitler und der Nationalsozialismus sind gewiß einmalig, die Geschichte wiederholt sich nicht, aber mentale Dispositionen und politische Traditionen sind langlebig, wirken fort und prägen, wenn auch in gewandelter Gestalt, noch die heutige politische Kultur. Ihnen gilt daher das vorrangige Interesse.

Mit solch einer Akzentuierung verbindet sich aber allzu leicht eine Erklärung des Nationalsozialismus bzw. des Scheiterns der Weimarer Republik, die pauschal auf den angeblichen deutschen »Sonderweg«, obrigkeitsstaatliche Traditionen und geistesgeschichtliche Ableitungen verweist, die eine geradlinige Entwicklung von Luther über Friedrich den Großen und Bismarck zu Hitler konstruieren. Im Zusammenhang mit der Kollektivschuldthese haben solche Interpretationen die Diskussionen in der ersten Nachkriegszeit beherrscht.[15] Dabei ist bemerkenswert, daß in diesen Erörterungen das konkrete Geschehen der Jahre 1930 bis 1934, die unmittelbare Vorgeschichte des Nationalsozialismus faktisch ausgeblendet blieb. So zeichnet diese Debatten ein gewisser Fluchtcharakter aus, sie unterstellen eine Zwangsläufigkeit, die es in dieser Form nie gegeben hat.

Mit Recht hat demgegenüber Helga Grebing darauf verwiesen, daß man zum Verständnis des Aufstiegs des Nationalsozialismus in Deutschland die Vorbelastungen der Republik und die Dispositionen für den Nationalsozialismus nicht vorrangig ins Kaiserreich zurückverlagern dürfe, sondern die bereits auch dort vorhandenen Anlagen zu strukturellen Veränderungen der politischen Kultur in Richtung auf eine demokratische Republik mit berücksichtigen müsse. Erst in der katastrophalen politisch-ökonomischen Krise am Ende der Weimarer Republik habe sich für antidemokratische Prägungen und Vorbelastungen die Chance ergeben, zum Durchbruch zu kommen, das demokratische Potential zu verdrängen und schließlich auszulöschen.[16]

Hitlers Ermöglichung ist ohne die Weltwirtschaftskrise in der Tat kaum denkbar. Aber in den konkreten Entscheidungssituationen ergaben sich häufig Konsequenzen, die jenseits der Einmaligkeit des historischen Ereignisses aus allgemeineren Tendenzen und Traditionen resultierten. Diese gilt es herauszuarbeiten, will man das Geschehen jener Jahre verstehen. Solche Kontinuitäten sind – darauf hat Thomas Nipperdey mit Recht aufmerksam gemacht – immer erst in der Rückschau erkennbar, sind Kategorien des nachgeborenen Beobachters, mit denen wir unser Bild der Vergangenheit gliedern, aber auch ein Stück weit deformieren.[17]

Daraus folgt für den Gang der Darstellung trotz des eher systematischen Interesses an allgemeinen Zusammenhängen ein dezidiert chronologisches Vorgehen. Nur in der Brechung des historisch Zufälligen und Individuellen erscheint Tradition und Kontinuität. Dabei verbietet der zur Verfügung stehende Raum eine durchlaufende historische Erzählung. Es soll vielmehr der Gang der Ereignisse an den Knotenpunkten der Entwicklung anschaulich gemacht werden. Sie bringen die Parteien und gesellschaftlichen Gruppen nacheinander und in je unterschiedlicher Weise ins Spiel, eröffnen auch unterschiedliche Blickwinkel und setzen doch alle Gruppen nacheinander, ihrem Gewicht entsprechend, ins Bild. Dem vorgestellten Ansatz und seiner zentralen Fragerichtung entspricht die Vernachlässigung der Außenpolitik – eine Lükke, die gleich hier genannt sei, die sich aber nicht vermeiden ließ, wollte man den gesetzten Rahmen der Darstellung nicht sprengen.

Eine Vorbemerkung technischer Art ist noch anzufügen. Um die Lesbarkeit zu erleichtern, wird auf die rituellen Ornamente eines voluminösen Anmerkungsapparates verzichtet. Im wesentlichen werden nur Zitate, nicht aber einzelne Fakten belegt. Details der Ereignisse können in den einschlägigen Handbüchern oder den nach wie vor unüberholten großen Darstellungen von Bracher, Bracher/Sauer/Schulz und Matthias/Morsey (vgl. S. 268 ff.) nachgeschlagen werden.

Lediglich in einzelnen Fällen wird in den Anmerkungen zu abweichenden Interpretationen ausdrücklich Stellung genommen. Angesichts der Knappheit des Raumes und der Intention des Bandes schien es mir unangemessen und entbehrlich, Differenzen oder Übereinstimmungen mit anderen Interpretationsansätzen immer wieder hervorzuheben. Dem Kenner wird ohnehin nicht verborgen bleiben, welche Position der Autor im Streit der Meinungen bezieht. Der historisch Interessierte, an den sich dieser Band in erster Linie wendet, ist an einem Nachweis der Belesenheit des Autors weniger interessiert als an einem Interpretationsversuch, der die großen Kontroversen deutlich macht, ohne die Darstellung zu überfrachten und in Details aufzulösen. Zur Orientierung findet er in den Anmerkungen Hinweise auf die neueste Aufsatzliteratur sowie im Literaturverzeichnis Angaben zu den wichtigsten Monographien und weiterführenden neueren Forschungsberichten. Für die Zusammenstellung war nicht die Vollständigkeit, sondern außer der inhaltlichen Bedeutung vor allem die Zugänglichkeit ein Auswahlkriterium.

I. Der Zusammenbruch der Großen Koalition und der Aufstieg des Nationalsozialismus

1. Die Krise des Parteienparlaments – Die Aufkündigung des Basiskompromisses

Am 27. März 1930 beschloß das Kabinett der Großen Koalition unter dem sozialdemokratischen Reichskanzler Hermann Müller seinen Rücktritt. Die verbliebenen Gemeinsamkeiten dieser letzten sozialdemokratisch geführten Regierung, die seit dem deutlichen Wahlsieg der SPD im Mai 1928 amtierte, waren offensichtlich verbraucht. Zwar verfügte die Koalition im Parlament nach wie vor über eine breite Mehrheit, aber die interessenpolitischen Gegensätze zwischen den Flügelparteien dieser Koalition waren groß. Sie zu überbrücken wurde immer schwieriger, insbesondere seit dem Tode Gustav Stresemanns im Oktober 1929. Galt doch der langjährige Außenminister und Vorsitzende der Deutschen Volkspartei (DVP), mit dessen Person das außenpolitische Programm der Verständigung verknüpft war, als eine der großen Stützen dieser Koalition. Nunmehr aber setzte sich in der DVP der rechte Flügel vollends durch. Die Partei verstand sich zunehmend als Vertreterin ausschließlich industrieller Interessen, während die Sozialdemokratie unter dem Druck der Gewerkschaften eine entschiedene Politik der Arbeiterinteressen durchzusetzen versuchte.

Bereits kurz vor Weihnachten 1929 war es nur mühsam gelungen, den defizitären Haushalt auszugleichen und die Zahlungsfähigkeit des Reichs zu bewahren. Der sozialdemokratische Finanzminister Hilferding hatte bei diesem Anlaß seinen Hut nehmen müssen. Die Industrie verlangte dringend Entlastungen, sei es bei den Steuern, sei es bei den Lohn- und Lohnnebenkosten. Im Frühjahr 1930 drohte schon wieder ein großes Defizit in der Reichskasse, weil der Konjunktureinbruch die Steuereinnahmen sinken ließ und steigende Sozialausgaben verursachte. Angesichts der sich anbahnenden Wirtschaftskrise – im Februar 1930 erreichte die Zahl der Arbeitslosen mit 3370000 ihren Höhepunkt in diesem Winter – konnte die Koalition sich im März 1930 nicht mehr über die Sanierung der Arbeitslosenversicherung einigen, die auf Zuschüsse des

Reiches angewiesen war. Die zentrale Errungenschaft des Weimarer Sozialstaates, die neu errichtete Arbeitslosenversicherung, war bereits in Zahlungsschwierigkeiten geraten und benötigte hohe Zuschüsse aus der Reichskasse, weil der bisherige Konjunkturverlauf ihr nicht erlaubt hatte, genügend Rücklagen für Zeiten großer Arbeitslosigkeit zu sammeln. In Wahrnehmung der Interessen der Industrie wandte sich die DVP gegen eine Erhöhung der Beiträge, die von Arbeitgebern und Arbeitnehmern aufzubringen waren. Ihr Ziel war es, die Lohnnebenkosten niedrig zu halten. Daher engagierte sie sich für eine Kürzung der Leistungen. Die Sozialdemokratie dagegen forderte eine Erhöhung der Beiträge von 3,5 % auf 4 %, wodurch Arbeitgeber und Arbeitnehmer belastet worden wären, aber eine Senkung der Leistungen an die Arbeitslosen sich hätte vermeiden lassen. Bis auf ein halbes Prozent hatte man sich schließlich »zusammengerauft«. Aber an diesem symbolischen Punkt glaubte die sozialdemokratische Reichstagsfraktion – entgegen den Voten ihres Kanzlers und des Reichsinnenministers Severing – nicht nachgeben zu dürfen. Sie ließ die Koalition scheitern. Daß ihre Vorstellungen nicht so unannehmbar waren, beweist die Tatsache, daß bereits am 26. Juli 1930 die Beiträge auf 4,5 % und am 6. Oktober 1930 auf 6,5 % des Bruttoarbeitslohnes angehoben wurden – jetzt aber von dem rein bürgerlichen Kabinett unter Reichskanzler Brüning.[1]

Im März 1930 jedoch riskierte die sozialdemokratische Reichstagsfraktion mit ihrer Entscheidung nicht nur ihre verantwortliche Beteiligung an der Reichsregierung, sondern sie ebnete – nach weitverbreitetem Eindruck – auch antiparlamentarischen Kräften den Weg. Es war damals allen Beteiligten klar, daß das Unvermögen der Koalitionsfraktionen, einen Kompromiß zwischen den Partei- und Gruppeninteressen zu finden, auf das System des parlamentarischen Parteienstaates selber zurückschlagen würde. Seit längerem kursierten in der öffentlichen Diskussion Gerüchte über ein bevorstehendes »Hindenburg-Kabinett«. Eine solche Regierung sollte ohne Bindung an die Parteien und unabhängig vom Parlament agieren, gestützt allein auf das Vertrauen des Reichspräsidenten. Nur so glaubte man die drängenden Probleme der Wirtschaftskrise lösen zu können. Den Kräften, die auf dieses autoritäre Kabinett drängten, leistete die SPD Vorschub. Sie lieferte mit der Ablehnung des letzten Kompromißvorschlages allen, die von der Unfähigkeit der Parteien im Parlament überzeugt waren, ein billiges Argument. Die öffentliche Kritik an den Sozialdemokraten war heftig, auch in republikanisch gesinnten Kreisen. Die *Frankfurter Zeitung* schrieb einen Tag nach dem Scheitern der Koalition von »unerlaubt großer Einsichtslosigkeit«, die sich die Fraktionsmehrheit habe zuschulden kommen lassen. Sie warf der SPD vor, »mit der Sprengung der Koalition gestern das Spiel ihrer Gegner gespielt« zu haben.[2]

Tatsächlich zog Reichspräsident Hindenburg sehr rasch die Konsequenz. Ohne weitere Fühlungnahme mit den Fraktionen des Parlamentes ernannte er den Vorsitzenden der Zentrumsfraktion, den Finanzpolitiker Heinrich Brüning, zum Kanzler. Die Verfassung gab dem Reichspräsidenten dazu die Möglichkeit. Der Kanzler wurde nicht etwa vom Parlament gewählt, sondern vom Präsidenten ernannt und entlassen (Art. 53 WRV). Zwar benötigten Kanzler und Kabinett das Vertrauen des Reichstages (Art. 54 WRV), dieses aber wurde nach Weimarer Verfassungsbrauch so lange als gegeben unterstellt, bis der Reichstag den Kanzler durch ein ausdrückliches Mißtrauensvotum gestürzt hatte. Gerade bei instabilen Mehrheitsverhältnissen sicherte diese Praxis dem Präsidenten eine erhebliche Machtfülle über das Parlament, zumal er dessen Wohlverhalten durch sein Recht zur Reichstagsauflösung (Art. 25 WRV) und zum Erlaß von Notverordnungen (Art. 48 WRV) erzwingen konnte.

Innerhalb einer ungewöhnlich kurzen Frist präsentierte Brüning sein Kabinett. An die Stelle der sozialdemokratischen Minister waren Männer des konservativen Lagers und einige persönliche Vertrauensleute des Reichspräsidenten getreten. In seiner Regierungserklärung machte der neue Kanzler deutlich, daß sich sein Kabinett an keine Koalition gebunden fühle, obwohl er bei der Kabinettsbildung die parlamentarischen Kräfteverhältnisse berücksichtigt habe. Die neue Regierung sei gewillt, die zerrütteten Staatsfinanzen zu sanieren und dafür alle verfassungsmäßigen Mittel einzusetzen. Das war eine unverhüllte Drohung, den Reichstag, falls dieser sich den Vorschlägen und Vorstellungen der neuen Regierung versagen sollte, aufzulösen und auf der Basis der Notverordnungsvollmacht des Reichspräsidenten zu regieren. Das Programm einer autoritären anstelle einer parlamentarischen Krisenbewältigung kündigte sich an. »Der Staat über den Parteien« zog am Horizont auf, um den parlamentarischen Parteienstaat abzulösen, dem man die Meisterung der Krise nicht mehr zutraute.

Die Regierung des sozialdemokratischen Kanzlers Müller wurde so zur letzten echten parlamentarischen Regierung der Weimarer Republik. Hatten die Sozialdemokraten sie zu leichtfertig verlassen?

Vielen erscheint in der Rückschau der 27. März 1930 als Todestag der ersten Demokratie auf deutschem Boden. Die vermeintlich leichtfertige Preisgabe der parlamentarischen Regierungsverantwortung und die Rückkehr auf die bequemeren Bänke der Opposition gilt manchen Historikern als entscheidendes Versagen der SPD, die 1930 den Platz für die Präsidialkabinette ohne Not freigemacht habe. Die Sozialdemokraten treffe darum die Hauptverantwortung an der »Selbstpreisgabe der Demokratie«.[3] Das autoritäre Notverordnungsregime sei die notwendige Konsequenz dieser Krise des Parteienstaates und des Versagens gerade der demokratischen Parteien gewesen.

Der Rückzug der SPD-Fraktion in die Opposition bietet gewiß derartigen Bewertungen einen Anhaltspunkt und vordergründige Berechtigung. Versucht man jedoch, hinter dem unmittelbaren Streit um ein halbes Prozent Arbeitslosenversicherungsbeitrag die machtpolitischen Konstellationen und Strategien aufzuhellen, zeigt sich, daß die SPD zunehmend in die Defensive geraten war. Ihre Beteiligung an der Regierung konnte 1930 nur noch eine Frage der Zeit sein. Sie räumte am 27. März 1930 einen Platz, von dem sie ohnehin bald verdrängt worden wäre. Der gestürzte Reichskanzler Müller berichtete seinem Nachfolger über die Debatten in der Fraktion, »seine Leute ... hätten gefürchtet, daß nach Annahme unpopulärer Reformen er doch gestürzt und damit der Reichstag aufgelöst würde«.[4] Ein solches Urteil erscheint berechtigt, wenn man die im Verfassungs- und Parteiensystem wirksamen Tendenzen, die Entwicklung in den Arbeitsbeziehungen und die außenpolitische Konstellation in die Betrachtung einbezieht. Ein Rückblick auf die Vorgeschichte des 27. März 1930 ist daher geboten.

Die Schnelligkeit, mit der das Kabinett Brüning gebildet wurde, beweist, daß das Hindenburg-Kabinett als Ausbruch aus den Zwängen parlamentarischer Kompromißbildung von langer Hand vorbereitet war. Die Möglichkeiten, die die Verfassung dem Reichspräsidenten und »Ersatzmonarchen« Hindenburg einräumte, hatten schon lange zuvor die politische Phantasie und Aktivität antiparlamentarischer Kräfte angeregt. Als Antreiber hinter den Kulissen wirkte der Reichswehrgeneral und Chef des Ministerbüros im Reichswehrministerium Kurt v. Schleicher. Er hatte schon 1926/27 einen Aktionsplan entwickelt, der darauf zielte, ein Regime des Bürgerblocks ohne Beteiligung der Sozialdemokratie herbeizuführen. Zu dieser Lösung sollten die Parteien gezwungen werden, andernfalls werde der Reichspräsident einen Vertrauensmann ohne jede Parteibindung ernennen, der – mit der Auflösungsordre in der Tasche – alle verfassungsgemäßen Mittel einsetzen könne, um sich im Reichstag eine Mehrheit zu verschaffen. Die erwünschte Rechtsregierung unter Reichskanzler Marx (Zentrum) kam damals zustande. Die Sozialdemokraten wurden völlig übergangen, weil ihre Kritik an der Reichswehr sie in den Augen Hindenburgs und Schleichers als regierungsunfähig abstempelte. Die Initiative zur Regierungsbildung verlagerte sich aus dem Parlament auf außerparlamentarische Kräfte. Reichspräsident und Reichswehr versuchten, die Richtlinien der Politik zu bestimmen und bei der Regierungsbildung durchzusetzen.

Schon lange vor der akuten Wirtschaftskrise und vor dem Aufstieg der NSDAP zur Massenpartei hatte man in der Umgebung des Reichspräsidenten und in der Reichswehrführung Wege zu einer »Reform des Parlamentarismus« entworfen, die die Regierung vom Parlament unabhängig machen sollten. Verfassungspolitisch führten diese Vorstellungen auf die konstitutionellen Zustände vor 1914 zurück, als die Regierung allein dem kaiserlichen Souverän verantwortlich war und unbehindert vom Parlament agieren konnte. Inhaltlich sollte die angestrebte Präsidialregierung auf eine Politik des Sozialabbaus und der Sicherung der Interessen der Reichswehr festgelegt werden. Militärische Partikularwünsche wurden mit dem Allgemeinwohl bedenkenlos gleichgesetzt.[5]

Im Lager der konservativen und industrienahen Parteien verband man die Kritik an der Handlungsschwäche des Parlamentarismus mit dem Versuch, den Einfluß der Sozialdemokratie auf die Regierungsbeteiligung und auf die politischen Institutionen zurückzudrängen. Die verfassungsgemäßen Vorrechte des Reichspräsidenten begriff man als »Reserveverfassung« für den Fall des »Versagens« des Parlamentes und nutzte sie zu dessen Ausschaltung. Die Option für Autorität und entschlossene Führung fand in der Figur des Reichspräsidenten ihren Anknüpfungspunkt und bewirkte eine klare Frontstellung gegen parlamentarische Kompromißfindungspraktiken und Entscheidungsverfahren.

Diese innere Distanzierung von der parlamentarischen Republik fand in den bürgerlichen Parteien wachsende Resonanz. Das Bekenntnis zum Führertum bedeutete zugleich eine Wendung gegen den Einfluß der »Massen« und eine Kampfansage an die Demokratie. In der konservativen DNVP setzte sich nach der Wahlniederlage von 1928 als neuer »Führer« der Industrielle und Pressezar Alfred Hugenberg durch, der die Partei auf einen Kurs der entschieden antirepublikanischen Opposition und Obstruktion brachte. Er attackierte alle Halbheiten und lehnte Koalitionen ab, solange sie nicht von der DNVP beherrscht waren. Der Stabilisierung des grundsätzlich verworfenen »Weimarer Systems« wollte er nicht dienen. Außenpolitisch forderte er statt der Verständigungspolitik einen frontalen Konfliktkurs, um die Revision des Versailler Vertrages zu erzwingen. Eine Krise hielt er für unvermeidbar; in ihr sah er die Chance für ein Erstarken der DNVP, die dann die Rettung Deutschlands in die eigenen Hände nehmen könne. Auch im Zentrum deutete sich mit der Wahl des neuen Parteivorsitzenden, des Prälaten Ludwig Kaas, und des neuen Fraktionsvorsitzenden Brüning, der ebenfalls dem konservativen Flügel zugerechnet wurde, eine Rechtswendung an, die zugleich eine zunehmende Entfremdung von parlamentarischen Entscheidungsprozeduren ausdrückte. Kaas wie Brüning bemühten sich konsequenterweise, den Kontakt zu den Deutschnationalen, insbesondere zu deren gemäßigtem Flügel, nie abreißen zu lassen.

Vor dem Hintergrund dieser Bewegungen im Parteienfeld sondierte bereits Ostern 1929 Hindenburg bei Brüning, ob er zur Führung eines nach rechts verlagerten Kabinetts bereit sei. Was 1926/27 als Möglichkeit nur durchgespielt worden war, vollzog sich 1929/30. Der Reichspräsident verhandelte hinter dem Rücken des Reichskanzlers Müller mit dem gemäßigten Sprecher der DNVP-Fraktion, Graf Westarp, über mögliche Alternativen zur Großen Koalition. Im Dezember 1929 erfuhr Brüning von General Schleicher und Hindenburgs Staatssekretär Meißner, daß der Reichspräsident auf keinen Fall gewillt sei, das Kabinett Müller nach der Verabschiedung des Young-Plans noch im Amt zu belassen. Das neue Hindenburg-Kabinett solle »antimarxistisch« und »antiparlamentarisch« sein. Hindenburg warb Mitte Januar auch bei der DNVP um Unterstützung für dieses Projekt, andernfalls bleibe »er in der Zwangslage ..., mit den Sozialdemokraten weiter regieren zu müssen«. Eine Änderung der Regierungsverhältnisse in Preußen, wo nach wie vor eine sozialdemokratisch geführte

Weimarer Koalition amtierte, vervollständigte die politische Wunschliste des Reichspräsidenten.[6]

Bereits am 1. November 1929 hatte einer der Hauptakteure und Mittelsmänner zwischen Hindenburg und Brüning, der spätere Reichsminister Gottfried Treviranus, geschrieben: »Das Zentrum wartet – dafür kann ich mich verbürgen – nur auf die Klärung in der Rechten, um den Bruch mit der Sozialdemokratie aufzunehmen und eine durchgreifende Reichs- und Finanzreform mit uns im Bunde durchzuführen.«[7] Den Hinweis auf die ausstehende »Klärung in der Rechten« erläuterte Treviranus mit der unüberwindbaren Abneigung des Reichspräsidenten gegen die Person Hugenbergs und die Tendenz der Alldeutschen. Damit wird verständlich, warum Treviranus im Vorfeld der Bildung des Hindenburg-Kabinetts mit Gesinnungsfreunden aus der DNVP eine gemäßigt konservative Partei, die »Volkskonservative Vereinigung«, gründete. Diese Abspaltung von der DNVP sollte – in Opposition zu dem Konfrontationskurs Hugenbergs – für eine Abstützung des kommenden Brüning-Kabinetts zur Verfügung stehen. Wenn es gelang, hinreichend viele deutschnationale Abgeordnete zu den Volkskonservativen hinüberzuziehen, hätte Brüning sogar auf eine knappe bürgerlich gemäßigte Mehrheit im Parlament rechnen können.

Im Kräftespiel zwischen konservativen Parteien und präsidialen Kompetenzen erscheint das Scheitern der Großen Koalition im März 1930 fast zwangsläufig. Wollte man bei so starken Interessengegensätzen, wie sie zwischen DVP und SPD bestanden, einen tragfähigen Koalitionskompromiß stabilisieren, hätte das vorausgesetzt, daß keinem Partner Ergebnisse zugemutet wurden, die ihn sein Gesicht verlieren ließen und ihn in seiner Existenz bedrohten. Das ist in der Regel jedoch nur dann gewährleistet, wenn beide Partner in gleicher Weise auf das Zustandekommen eines Kompromisses angewiesen sind. Genau diese Voraussetzung war im Frühjahr 1930 nicht mehr gegeben. Die schwebende Alternative eines Hindenburg-Kabinetts bot nur den bürgerlichen Partnern in der Koalitionsregierung des sozialdemokratischen Reichskanzlers Müller einen Vorteil, denn es war offensichtlich, daß Hindenburg einem sozialdemokratischen Kanzler die Vollmachten des Art. 48 WRV nicht zur Verfügung stellen würde. Weil die DVP auf den Ausweg eines »sozialistenreinen« Präsidialkabinettes spekulieren konnte, waren beim Kompromißpoker die Karten ungleich verteilt. Die bürgerlichen Parteien wußten um die Möglichkeiten des Präsidenten und seine umfassenden Vollmachten, sahen sich daher im Parlament zu keinem Kompromiß gezwungen und warteten auf das Machtwort Hindenburgs.

Gleichwohl lieferte die SPD-Reichstagsfraktion den Anlaß zum Regierungssturz. Aber die Destabilisierung der Koalition war von der rechten Seite bereits so weit vorgetrieben, daß der nächste unlösbare Streit schon vorprogrammiert war. Das Präsidialkabinett Brüning darf nicht primär als Folge des Zusammenbruchs des Kabinetts Müller aufgefaßt werden; die verfassungspolitischen Chancen zu seiner Bildung sind zugleich auch die Voraussetzungen für das Scheitern der letzten parlamentarischen Regierung der Weimarer Republik.

Gestützt auf die Autorität des Reichspräsidenten, unabhängig vom Parlament und ohne die Sozialdemokratie zu regieren – das bedeutete nicht nur, verfassungsrechtliche Möglichkeiten antiparlamentarisch auszunutzen, sondern auch von der eigentlichen Basis der Weimarer Republik abzurücken. Ihr Zustandekommen hatte die Republik dem Bündnis zwischen Arbeiterschaft und Bürgertum zu verdanken. Dieses Fundament hielt, solange über alle virulenten Klassengegensätze hinweg an dem Mitgestaltungsrecht und an der grundsätzlichen Mitgestaltungsmöglichkeit der SPD nicht gerüttelt wurde. Aus diesem Grunde hatte Friedrich Meinekke die Republik als »Ventil für den Klassenkampf« bezeichnet: Im demokratisch-parlamentarischen Verfahren, das den Arbeitermassen Mitbestimmung, aber nicht die Alleinherrschaft sicherte, sollten die Klassengegensätze zwischen Kapital und Arbeit friedlich ausgetragen werden. Diejenigen Kräfte jedoch, die 1929/30 ein Hindenburg-Kabinett ohne Beteiligung der SPD vorbereiteten und ansteuerten, handelten in der Überzeugung, daß ihre wirtschaftlichen und außenpolitischen Ziele auf Dauer nur ohne und gegen die Sozialdemokratie zu verwirklichen seien.

Die Aufkündigung des grundlegenden Weimarer Kompromisses, die sich im Frühjahr 1930 auf der parlamentarischen Ebene andeutete, wurde flankiert durch eine allgemeine Verschärfung der sozialen Konflikte. Der große Streik in der Ruhreisenindustrie um die Jahreswende 1928/29 war hierfür ein besonders auffälliges Indiz.[8] Um einen vom sozialdemokratischen Reichsarbeitsminister für verbindlich erklärten Schiedsspruch zu Fall zu bringen, sperrten die Ruhrindustriellen damals 240000 Arbeiter aus. Sie machten damit Front gegen das in der Weimarer Republik neu geschaffene Arbeitsrecht, das ihnen als Vorbote sozialistischer Planwirtschaft und Instrument eines abzulehnenden »Gewerkschaftsstaates« erschien. In der gesamten Arbeiterbewegung galt dagegen das neue Tarifrecht als das »politische Prunk- und Paradestück«, als eine der entscheidenden sozialen Errungenschaften der Republik. Hier gewann der Wandel vom liberalen Rechtsstaat zur sozialstaatlichen Demokratie Gestalt. Ein Frontalangriff auf das kollektive Arbeitsrecht, das in der Praxis Weimars den Staat als Zwangsschlichter in die Tarifauseinandersetzungen einbezog, wurde daher als Attacke auf die Republik begriffen. Im Zeichen der heraufziehenden Krise fühlte sich damals die Ruhrindustrie stark genug, diese Machtprobe zu wagen.

Zwar endete der Streik mit einem politischen Kompromiß und einem neuen Schlichtungsspruch; gleichwohl erzielten die Arbeitgeber vor Gericht einen beachtlichen Teilerfolg. Nachdem die Ruhrindustriellen im Anschluß an die Inflation 1923/24 bereits die revolutionäre Errungenschaft des 8-Stunden-Tages zu Fall gebracht hatten, war 1928/29 mit der Attacke gegen das Arbeitsrecht eine neue Eskalationsstufe erreicht.[9] Immer energischer wurden auch die Forderungen der Unternehmer im Vorfeld der Bildung der Regierung Brüning. Der »Reichsverband der Deutschen Industrie« und einzelne Großunternehmer versuchten durch zahlreiche Stellungnahmen und Kontakte, die DVP auf ein Maximalprogramm festzulegen. Sie verlangten äußerste Sparsamkeit des Staates, eine Finanz- und Reichsreform zur Verwaltungsvereinfachung, Abbau der Soziallasten und Steuererleichterungen für die Industrie. Ein parteiunabhängiges Beamtenkabinett des Reichspräsidenten war den Arbeitgebern höchst willkommen.[10]

Angesichts der Offensive der Arbeitgeber wird verständlich, daß sich die sozialdemokratische Reichstagsfraktion gegen Einschnitte in die Leistungen der Arbeitslosenversicherung, die ebenfalls erst eine Errungenschaft der Weimarer Republik war, strikt sperrte, zumal die bürgerlichen Koalitionspartner selbst symbolische Zugeständnisse zugunsten der sozialen Symmetrie abgelehnt hatten. Vergeblich hatte Severing verlangt, wenigstens eine direkte Steuer aus »psychologischen Gründen« zu erhöhen, selbst wenn dabei nur 100 Millionen Mark eingenommen würden.[11]

Die heftige kommunistische Agitation machte es der sozialdemokratischen Partei immer schwerer, ihren Anhängern zu beweisen, daß die Weimarer Republik im Unterschied zum wilhelminischen Obrigkeitsstaat ein Staat sei, der der Arbeiterschaft politische Mitgestaltung ermöglichte und soziale Rechte sicherte. Das Verhalten der Industrie im Ruhreisenstreik und in der Koalitionskrise der Regierung Müller manövrierte die SPD in eine Lage, in der sie – wie immer sie agieren mochte – das Gesicht verlieren mußte. Wie sollte man eine Regierungsbeteiligung rechtfertigen, deren Ergebnisse nicht einmal mehr den eigenen Wählern verständlich gemacht werden konnten?

Gewiß erfordern krisenhafte Zeiten unpopuläre Entscheidungen von parlamentarischen Regierungsparteien. Doch die Resignation des Reichskanzlers Müller war nicht so sehr das Produkt seines Mangels an Mut zu solchen Maßnahmen – auch wenn Müller nicht gerade als Prototyp eines kämpferischen Politikers gelten kann. Die tiefere Ursache liegt in der Instrumentalisierung der Krise durch die konservativen Eliten in Reichswehr, Bürokratie und Wirtschaft. Im Verein mit dem Reichspräsidenten und dessen Vollmachten nutzten sie die Situation zur Schwächung der Arbeiterbewegung und ihrer politischen Machtstellung. Die Aufgabe der parlamentarischen Handlungsebene traf diese Eliten nicht, sondern kam ihnen nur zugute, da sie Zugang zum Präsidenten hatten und sich auf die Loyalität einer konservativ gestimmten Beamtenschaft und Justiz verlassen konnten. Einzig die SPD war auf das Parlament und parlamentarische Regierungen angewiesen, um im Machtgefüge der Republik Einfluß auszuüben. Die Ausschaltung des Parlamentes beseitigte ihre Chance zur wirksamen Vertretung der sozialen und politischen Interessen der Arbeitnehmer.

Die Krise der Regierung Müller traf nicht nur die SPD in ihrer Rolle als parlamentarische und soziale Partei, sie ist zugleich der Ausdruck einer tiefgreifenden Spaltung im deutschen Parteiensystem, welche die »vaterländischen«, »nationalen« Parteien von den angeblich national »unzuverlässigen«, »marxistischen« Kräften trennte. Hindenburgs wiederholt geäußerte Forderung, fortan »antimarxistisch« zu regieren, gab diese Richtung von höchster Stelle vor. Schon zu Beginn der Großen Koalition hatten die bürgerlichen Parteien in der Affäre um den sog. Panzerkreuzer A die SPD-Minister in eine schier ausweglose Lage gebracht und den Streit zur nationalen Polarisierung benutzt. Der von der Bürgerblockregierung 1927 beschlossene Bau dieses Panzerkreuzers war seinerzeit am Widerstand der sozialdemokratisch geführten Regierung Preußens gescheitert, wobei fiskalische Gründe den Ausschlag gaben. Im Wahlkampf hatte sich die SPD gegen den Bau des Kreuzers ausgesprochen, der von der Reichswehr und auch vom Reichspräsidenten gewünscht wurde. Gleichwohl beschloß die neue Reichsregierung mit den Stimmen ihrer sozialdemokratischen Mitglieder, das Schiff auf Kiel zu legen. Das Votum der sozialdemokratischen Regierungsmitglieder zu dem Kabinettsbeschluß erklärt sich nur aus der drohenden Gefahr eines Zerfalls der gerade erst gebildeten Koalition. In der SPD-Fraktion brach ein Proteststurm los, auch die Basis und die sozialdemokratische Presse reagierten empört. Die Fraktion verweigerte im Reichstag die Zustimmung und zwang ihre Minister schließlich, gegen die eigene Vorlage zu stimmen. Der Schiffsbau wurde dadurch zwar nicht vereitelt, da die oppositionellen Rechtsparteien mit den übrigen Koalitionsparteien dafür votierten, doch der Prestigeverlust für die Minister der SPD und die Führungsfähigkeiten des Reichskanzlers war beträchtlich.

Wer die Position der sozialdemokratischen Minister schwächen und die Gegner der Regierungsbeteiligung in der sozialdemokratischen Partei stärken wollte, mußte den Bau des Panzerkreuzers A forcieren. Er konnte damit die sog. »nationale Unzuverlässigkeit« der SPD beweisen, weil sie den angeblich unaufschiebbaren Notwendigkeiten der nationalen Verteidigung ablehnend gegenüberstand. Bei patriotisch gesinnten Wählern und bei dem in militärischen Kategorien denkenden Reichspräsidenten ließ sich auf diese Weise die SPD leicht abermals in die Ecke der »vaterlandslosen Gesellen« drängen. Zugleich schien wieder einmal erwiesen zu sein, daß man mit der SPD nicht regieren könne, weil ihre durchaus »vernünftigen« Führer von der eigenen Fraktion und Basis immer wieder im Stich gelassen würden und sich ihnen gegenüber nicht durchsetzen könnten.

In einer Koalition, die einen gemeinsamen Erfolg sucht, hätte der Bau des Panzerkreuzers nach der gesamten Vorgeschichte und seiner Rolle im Wahlkampf nur dilatorisch behandelt werden dürfen. Genau dazu waren Reichswehr und Reichspräsident nicht bereit. Das brachte die SPD in unzumutbare Konflikte. Wenn Müller sich verleiten ließ, für den Bau zu stimmen, ist das im nachhinein zwar schwer verständlich, findet aber eine Erklärung darin, daß er – abgesehen von dem Interesse an der Aufrechterhaltung der Koalition – glaubte, beweisen zu müssen, daß auch sozialdemokratische

Minister den Belangen einer nationalen Wehrpolitik gerecht werden könnten. Der Fraktion war diese Entscheidung jedoch nicht zu vermitteln, sie desavouierte ihre eigenen Minister. Da im Wahlkampf auch die KPD, die als schlechthin »undeutsch« galt, gegen den Panzerkreuzerbau zu Felde gezogen war, konnte die bürgerliche Presse das Klischee von der nationalen Unzuverlässigkeit des marxistischen Lagers weidlich ausnutzen.[12]

Die alles beherrschende Polarisierung des Weimarer Parteiensystems zwischen »marxistischen« und »antimarxistischen« Parteien, die in der Kontroverse um den Panzerkreuzer A bewußt gemacht wurde, gehört zu den wesentlichen Vorbedingungen des Scheiterns der Großen Koalition im März 1930. Das Entscheidende und Problematische an dieser Frontstellung gegen die »marxistischen« Parteien war, daß zwischen der moskauhörigen KPD und der parlamentarisch orientierten Sozialdemokratie mit ihrem praktizierten Reformismus nicht differenziert wurde. Unter dem Etikett des Antimarxismus setzte man beide gleich. Diese Identifizierung kennzeichnete nicht nur die extrem nationalistische Polemik gegen die »Novemberverbrecher«, sondern sie beherrschte auch weite Teile des konservativen und bürgerlichen Lagers. In mehreren Ländern beeinflußte diese Polarisierung das Verhalten der dortigen Regierungsparteien bereits seit längerem. »In den Sozialdemokraten sah man weniger Demokraten als Marxisten, und gerade in der Ablehnung des Marxismus wollte man den Nationalsozialisten nicht nachstehen«, kommentierte Schwend die ablehnende Haltung der BVP gegenüber einer Koalition mit der SPD in Bayern.[13] Lieber nahm man hier den Rücktritt der Regierung in Kauf und ließ diese anschließend als geschäftsführende Regierung weiter amtieren, weil die Zusammensetzung des Landtags keine Mehrheitsbildung ohne Beteiligung der SPD erlaubte. Ähnliches hatte sich zuvor schon in anderen Ländern abgespielt. Selbst die »Verfassungsparteien« des bürgerlichen Lagers koalierten vielerorts bereitwillig mit antirepublikanischen Partnern, obwohl noch Koalitionen des klassischen Weimarer Typus' – SPD, DDP und Zentrum – oder Große Koalitionen – von der SPD bis zur DVP – möglich gewesen wären. Die Institution der geschäftsführenden Regierung wurde in den Ländern öfters als Ausweg gewählt, um Koalitionen mit der »marxistischen« SPD zu umgehen, und übernahm damit in den Ländern die Rolle, die auf Reichsebene dem Präsidialkabinett zukam.

Die Polarisierung im deutschen Parteiensystem zwischen bürgerlich-nationalen und »marxistischen« Parteien zerrieb die Weimarer und Großen Koalitionen und erweiterte sich besonders dann zu einer unüberbrückbaren Kluft, wenn sich bürgerliche Einheitslisten den Arbeiterparteien entgegenstellten.[14] Eine Frontstellung aller demokratisch-parlamentarischen Verfassungsparteien gegenüber den Kräften des Extremismus von rechts und von links wurde dadurch insbesondere nach rechts unmöglich gemacht, obwohl sie zur KPD hin angesichts des Antikommunismus der SPD funktionierte.

Schon die Wahl des Reichspräsidenten Hindenburg 1925 war ein Vorspiel für diese Konfrontation gewesen. Der greise preußische Generalfeldmarschall, der 1919 wider besseres Wissen vor dem parlamentarischen Untersuchungsausschuß die Republik mit der Dolchstoßlegende belastet hatte, war von einer rechtskonservativen Parteiengruppierung als Kandidat aufgestellt worden. Seine Kandidatur war »die personifizierte Kriegserklärung an die demokratische Republik«.[15] Selbst die DVP trug diese Kandidatur mit, trotz aller Versuche Stresemanns, seine Partei auf eine Koalition mit der SPD auf dem Boden der Verfassung vorzubereiten. Es galt, die Wiederwahl eines Sozialdemokraten zu verhindern, denn Hindenburgs Vorgänger, der Sozialdemokrat Ebert, war »das Symbol der zur Macht gelangten Sozialdemokratie«, wie der spätere volksparteiliche Finanzminister Moldenhauer schrieb.[16] 1925 freilich lebte die klassenübergreifende Idee des Ausgleichs noch: Die Weimarer Koalitionsparteien – SPD, Linksliberale und Zentrum – präsentierten den katholischen Zentrumspolitiker Marx als Gegenkandidaten. Weil dieser jedoch auch von der SPD unterstützt wurde, ging die BVP, die bayerische Schwesterpartei des katholischen Zentrums, auf die Seite des protestantisch-preußischen Generals über. Da auch die KPD an ihrem eigenen Zählkandidaten festhielt, scheiterte Marx knapp, obwohl die SPD sich »staatstragend« verhalten hatte. Sie verzichtete auf ihren eigenen Kandidaten, den preußischen Ministerpräsidenten Otto Braun, der im ersten Wahlgang doppelt so viele Stimmen geholt hatte wie der Zentrumskandidat Marx, und rief ihre Wähler mit Erfolg zur Wahl des nunmehr gemeinsamen Kandidaten auf. Die Unfähigkeit bürgerlicher »Verfassungsparteien«, dem Sog eines undifferenzierten Antimarxismus zu widerstehen, bescherte der Republik 1925 einen Präsidenten, der den Anforderungen dieses Amtes nicht gewachsen war. Seine Herkunft und sein politisches Denken ließen ihn in der Krise einseitig Partei ergreifen, was die politische Polarisierung nicht abbaute, sondern eher verschärfte.

Am Vorabend der großen Wirtschaftskrise, im März 1930, kam diese Polarisierung voll zum Tragen. Nun konnten oder wollten auch das Zentrum und die DDP nicht mehr vermitteln. Wie selbstverständlich versuchten die bürgerlichen Parteien, sich in ihrem antimarxistischen Kampf auch auf die Nationalsozialisten zu stützen. Allerdings verzögerte der frontale Angriff von DNVP und NSDAP auf das gesamte Weimarer System, der selbst Hindenburg als dessen Repräsentanten nicht mehr schonte, die Herstellung einer solchen Einheitsfront auf der Reichsebene einstweilen noch, obwohl sie in den Ländern schon existierte. Innerhalb der SPD lieferten Klassenkampfparolen und eine von der politischen Realität abgehobene marxistische Phraseologie manchen Anlaß für die antimarxistische Frontbildung. In der praktizierten sozialdemokratischen Realpolitik fand sie jedoch keine Grundlage, so daß man diese unter antimarxistischem Vorzeichen forcierte Polarisierung von rechts mit guten Gründen als den »Krankheitskeim des deutschen Parteiensystems« bezeichnen kann.[17]

Hindenburgs Auftrag an das neuzubildende Kabinett im Frühjahr 1930, fortan nicht nur antiparlamentarische, sondern auch antimarxistische Politik zu betreiben, war insofern keineswegs die einsame Marotte eines konservativen alten Herren, sondern entsprach einer inneren Logik des Weimarer Parteiensystems. Der undifferenzierte Antimarxismus veranlaßte die bürgerliche Rechte bis in den dominant werdenden konservativen Flügel des Zentrums hinein, eher die Zusammenarbeit mit dem extremen Nationalismus und rechten Monarchismus zu suchen, als an einer Koalition mit der SPD festzuhalten.

Angesichts dieser Tendenz ist es fast verwunderlich, daß die Koalition unter Müller bis zum März 1930 gehalten hat. Auch diese relative Stabilität hat jedoch strukturelle Gründe, in denen ein Dilemma der Weimarer Republik deutlich wird. Richtig ist, daß die Weimarer Republik vom Kompromiß zwischen Bürgertum und Arbeiterschaft lebte; fest steht aber auch, daß dieser Kompromiß in den Augen weiter Teile des deutschen Bürgertums nur aus außenpolitischen Gründen toleriert wurde. Die Parlamentarisierung des Deutschen Reiches war Ende September 1918 von der Obersten Heeresleitung (OHL) keineswegs aus der prinzipiellen Einsicht gefordert worden, daß alle politischen Parteien einschließlich der SPD an der Bestimmung der politischen Richtlinien zu beteiligen seien. Vielmehr drängte die OHL auf diese Politik, um das Waffenstillstandsgesuch innenpolitisch abzusichern. Die Noten Präsident Wilsons hatten deutlich gemacht, daß die USA nicht mit Autokraten und Militärherrschern über den Frieden verhandeln wollten. Die Entscheidung zur Demokratie erschien als Voraussetzung für den Friedensvertrag.

Nach der Revolution war General Groener zu seinem taktischen Bündnis mit dem Vorsitzenden des revolutionären Rates der Volksbeauftragten, Friedrich Ebert, bereit, um die Reichseinheit zu wahren und zu einem Frieden zu gelangen. Zwar enttäuschten die harten Bedingungen des Versailler Vertrages, rasch wurde aber auch klar, daß die von allen Parteien erstrebte Revision dieses Vertrages nur auf friedlichem Wege eingeleitet werden konnte. Allein eine demokratisch legitimierte, international vertrauenerweckende und gegen nationalistischen Imperialismus gefeite Regierung hatte Chancen, bei den Siegermächten Konzessionen zu erreichen.

Diese Konstellation galt im Prinzip während der ganzen Dauer der Republik und machte aus außenpolitischen Motiven eine maßgebliche Beteiligung der SPD an der Regierung – entweder unmittelbar oder in Form einer Duldung bürgerlicher Minderheitenkabinette – unverzichtbar. Die Sozialdemokraten trugen die Stresemannsche Verständigungspolitik, die ohne ihre Unterstützung nicht zustande gekommen wäre. Aber damit wurde die SPD auch zur Zielscheibe einer nationalistischen Opposition, welche die Sozialdemokraten mit den Belastungen der »Erfüllungs- und Verständigungspolitik« identifizierte und die Verantwortung für die unausweichlichen Folgeentscheidungen des verlorenen Weltkrieges von sich selber wegschob.

Dieser Zusammenhang ließ die Große Koalition erst Ende März 1930 scheitern. Rund zwei Wochen zuvor waren im Reichstag die Gesetze zum Young-Plan gegen den erbitterten Widerstand der deutschnationalen, nationalsozialistischen und kommunistischen Opposition verabschiedet worden. Mit diesen heftig umkämpften Bestimmungen wurden ein weiteres Stück der Revision des Versailler Vertrages und eine für das Reich bedeutsame Verbesserung bei den Reparationszahlungen sowie die vorzeitige Räumung des Rheinlandes von französischen Besatzungstruppen durch diplomatische Verhandlungen erreicht. Nationalisten hätten diesen Erfolg im Ausland kaum errungen. Auch die parlamentarische Verabschiedung der Vertragsgesetze war nur mit den Stimmen der Sozialdemokratie möglich. Die Abhängigkeit der deutschen Wirtschaft von amerikanischen Krediten ließ es überdies geraten erscheinen, durch eine parlamentarisch-demokratische Regierungsweise die innenpolitischen Voraussetzungen für diese Kredite zu gewährleisten. Nachdem der Young-Plan ausgehandelt und Mitte März 1930 innenpolitisch durchgesetzt war, verringerte sich dieses Angewiesensein auf die SPD entscheidend. Hindenburg hatte deshalb schon um die Jahreswende davon gesprochen, sich nach der Verabschiedung der Young-Gesetze von dem SPD-Kanzler trennen zu wollen.

Die Sozialdemokraten waren so lange unentbehrlich, wie die rechte Opposition – unterstützt von Teilen der Großindustrie – den »Tributgesetzen« nur blanke Ablehnung entgegenbrachte. Selbst der Reichspräsident war nicht von ihrer Kritik verschont worden. In haßerfüllter Agitation hatte man gegen den Young-Plan einen Volksentscheid angestrengt. Der dem Reichspräsidenten besonders nahestehende »Stahlhelm«, der Bund der Frontsoldaten, die unter Hugenbergs Führung radikalisierte DNVP und Hitlers NSDAP hatten sich zu diesem Unternehmen im Kampf gegen die Republik zusammengetan. Die etablierte große rechtskonservative Partei und der mächtige Soldatenbund hatten dabei die NSDAP Hitlers, die 1928 bei den Reichstagswahlen mit 2,6 % der Stimmen nicht über den Rang einer Splitterpartei hinausgekommen war, als gleichberechtigten Partner aufgewertet und beim nationalen Deutschland akkreditiert. Zwar blieb dem Volksentscheid der erwünschte Erfolg versagt, aber die Kampagne gegen den Young-Plan vergiftete das öffentliche Klima nachhaltig. Die nationalistische Demagogie traf nicht nur den konkreten Vertrag, sondern auch das mit dem Versailler Vertrag gleichgesetzte Weimarer politische System. Gemäßigte Kreise des deutschen Bürgertums und auch der Industrie erkannten dagegen die Notwendigkeit des Young-Plans an und hielten daher bis zu seiner Verabschiedung am Bündnis mit der SPD fest.

Die tiefgreifende Polarisierung des deutschen Parteiensystems im Zeichen eines undifferenzierten Antimarxismus wurde erst vollends wirksam, als nach der Ratifizierung des Young-Plans eine weitere Zusammenarbeit mit der Sozialdemokratie entbehrlich schien. Jetzt nutzte die Industrie die sich anbahnende Wirtschaftskrise und die außenpolitischen Verpflichtungen der Reparationszahlungen, um den Abbau der sozialpolitischen Errungenschaften der Republik ultimativ zu fordern. Die verfassungsgemäße Möglichkeit einer Präsidialregierung ohne SPD bot den bürgerlichen Parteien die Chance zur Realisierung einer Politik, die den Einfluß des Parlamentes und der Parteien, insbesondere der Arbeiterparteien, zugunsten einer »staatskonservativen« autoritären Regierungsform zurückdrängte. Diese Tendenzen und Einstellungen gehören zu den Ursachen des Scheiterns der Großen Koalition. Sie haben das konkrete Entscheiden und Handeln der beteiligten Politiker geprägt. Die Sozialdemokratie kämpfte faktisch auf verlorenem Posten. Ihr »Versagen« bestand allenfalls darin, daß sie in dieser Situation keine »gute Figur« bot. Als sie den Kompromiß um das halbe Prozent in der Arbeitslosenversicherung ablehnte, spielte sie den Ball den Gegnern zu, deren Sieg ohnedies nicht aufzuhalten war.

2. Die Anfänge der Regierung Brüning und die Auflösung des Reichstags

Obwohl der neue Reichskanzler keinen Zweifel an seiner Bereitschaft ließ, von den präsidialen Kompetenzen Gebrauch zu machen, falls der Reichstag ihm seine Unterstützung verweigern sollte, versuchte er dennoch zunächst, seine Politik parlamentarisch abzusichern und im Parlament eine Mitte-Rechts-Mehrheit zu finden. Diesem Ziel dienten nicht nur die Gespräche, die Brüning mit den Fraktionsvorsitzenden vor der Regierungsbildung führte, sondern insbesondere auch die Auswahl der Minister. Durch diese Personalpolitik sollte die Zustimmung der Fraktionen und der hinter ihnen stehenden Interessengruppen gesichert werden. Das galt etwa für den Justizminister Bredt, einen Mann der Wirtschaftspartei, die als konservativ-national orientierte Mittelstandspartei mit ihren 23 Mandaten besonders die Interessen der Handwerker und der Haus- und Grundbesitzer im Reichstag vertrat. Bredt selber verstand sich durchaus noch als parlamentarischer Minister, als Vertrauensmann seiner Fraktion, und trat schon im Dezember 1930 auf Druck seiner Partei zurück.[18] In gleicher Weise parlamentarisch gebunden waren auch die Vertreter der DVP, Außenminister Curtius und Finanzminister Moldenhauer. Beide verließen ebenfalls auf Druck ihrer Partei das Kabinett, der Finanzminister sogar schon im Frühsommer 1930, als seine eigene Fraktion das von ihm vorgeschlagene Sanierungsprogramm für den Haushalt nicht mittragen wollte.

Gottfried Treviranus und Landwirtschaftsminister Martin Schiele galten dagegen als besondere Vertrauensleute des Reichspräsidenten. Treviranus vor allem fühlte sich als Mitglied eines Präsidialkabinetts und kritisierte Brünings Absicht, sich auch auf das Parlament stützen zu wollen.[19] Gleichwohl war seine Mitgliedschaft im Kabinett gezielt auf die gemäßigten Kräfte in der DNVP gerichtet, die sich im Protest gegen den radikalen Oppositionskurs des Parteivorsitzenden Hugenberg bereits von der Reichstagsfraktion abgespalten und die »Volkskonservative Vereinigung« gebildet hatten. Brüning hoffte auf weiteren Zulauf aus der Reichstagsfraktion der DNVP zu dieser Gruppe. Auf ihren landwirtschaftlich engagierten Interessenhintergrund war die Ernennung Schieles ausgerichtet. Sie entsprach zugleich einer Forderung des Reichspräsidenten, der ein Programm zur energischen Bekämpfung der Landwirtschaftskrise, insbesondere zur Sanierung des hochverschuldeten ostdeutschen Großgrundbesitzes, verlangt hatte. Da traditionsgemäß aus diesen Familien der Nachwuchs für das preußische Offizierskorps gestellt wurde, war der Reichspräsident, dem man in Ostpreußen das Rittergut Neudeck geschenkt hatte, der Überzeugung, daß diese finanzielle Sanierung seiner Standesgenossen staatspolitisch notwendig sei. So kam es zu dem Auftrag des Präsidenten an die neue Regierung, ein Osthilfeprogramm vorzulegen. Landwirtschaftsminister Schiele erhielt auf diese Weise eine gewisse Sonderstellung in Brünings Kabinett.

Die parlamentarische Situation für Brüning war schwierig und schwer überschaubar (vgl. Tab. 1). Seine Hoffnung auf eine parlamentarische Mehrheit konnte sich nur dann erfüllen, wenn rund 50 von den ursprünglich 73 Abgeordneten der DNVP gegen Hugenberg revoltierten, denn die Aussicht, Hugenberg selber für die neue Regierung zu gewinnen, war denkbar gering. Nach wie vor setzte dieser auf eine kompromißlose Konfrontation gegen das gesamte Weimarer System. Nur unter seiner Führung wollte er das nationale Lager einigen. Brüning hatte daher mit der unnachgiebigen Obstruktion des harten Kerns der DNVP und der 12 NSDAP-Abgeordneten zu rechnen. Zugleich sah er sich sofort einem

Tabelle 1: *Mehrheitsverhältnisse im Reichstag nach den Wahlen vom 20. Mai 1928; Anteil der abgegebenen gültigen Stimmen (in Prozent) und Mandate*[20]; *Wahlbeteiligung: 75,6 %*

	KPD	SPD	DDP	Zentrum + BVP	DVP	sonst. bürg. bäuerl. Part.	DNVP	NSDAP	Gesamt
Prozent	10,6	29,8	4,9	15,2	8,7	13,9	14,2	2,6	100
Mandate	54	153	25	78	45	51	73	12	491

Mißtrauensvotum der SPD ausgesetzt. Die Sozialdemokraten reagierten damit auf die Drohung mit dem Art. 48 WRV. Insofern mußte der Reichskanzler auf die Sammlung einer bürgerlichen Mitte-Rechts-Koalition von der linksliberalen DDP bis zu den Volkskonservativen um Treviranus und die gemäßigten Deutschnationalen, auf eine »Brüning-Mehrheit« hoffen. In den Vorstandsetagen der entsprechenden Parteien und bei den hinter ihnen stehenden Interessenverbänden wurde damals viel über den Zusammenschluß des liberalen und gemäßigt konservativen bürgerlichen Lagers und die Kooperation mit den Bauernparteien diskutiert und verhandelt. Der Großindustrielle Reusch drängte auf diese Koalition und machte Finanzhilfe von entsprechender Aktivität abhängig. Eine Neuordnung kam jedoch nicht zustande. Zu groß waren die gegenseitigen Vorbehalte.[21]

Anfangs schien sich Brünings Hoffnung auf eine parlamentarische Absicherung seiner – dann nur halbpräsidialen – Regierung zu erfüllen. Der Mißtrauensantrag der SPD wurde knapp abgelehnt, weil sich die DNVP nach heftigen internen Auseinandersetzungen der Stimme enthielt. Mitte April gelang es der Regierung sogar, ein mühsam ausgehandeltes Steuerpaket und das Agrarprogramm mit der äußerst knappen Mehrheit von nur vier Stimmen vom Reichstag bewilligt zu bekommen. Brüning hatte im Parlament deutlich gemacht, daß alle Gesetze nur gemeinsam verabschiedet werden könnten, und durch diese »Paketbildung« verhindert, daß einzelne Stücke herausgelöst wurden. Die einzelnen an der Regierung beteiligten Parteien hatten entsprechende Anstrengungen unternommen, um ihre jeweilige Klientel zu schonen. Aber schließlich stimmte sogar ein großer Teil der DNVP zu, um das Agrarprogramm zu sichern, das umfangreiche Unterstützungsmaßnahmen zugunsten der notleidenden Landwirtschaft vorsah. Die Abgeordneten wollten die Verbindung zwischen DNVP und landwirtschaftlichen Interessenverbänden nicht abreißen lassen. Diese Verbände waren vital an dem von Landwirtschaftsminister Schiele, dem Vorsitzenden des Landbundes, ausgearbeiteten Programm interessiert. Auch wollte man den Reichspräsidenten nicht desavouieren, darum verweigerte man Hugenberg die Gefolgschaft.

Die Finanzlage des Reiches verschlechterte sich jedoch aufgrund des Konjunkturrückgangs und der Arbeitslosigkeit so massiv, daß schon im Juni 1930 neue Maßnahmen zur Haushaltssanierung unabweisbar wurden. In ebenso hektischen wie schwierigen Verhandlungen wurde ein weiteres Sparprogramm erstellt, das Steuererhöhungen, schmerzhafte Einschnitte im Sozialbereich, besonders bei den Krankenkassen, und ein »Notopfer der Festbesoldeten« vorsah. Auch die Besserverdienenden sollten nun ihren Beitrag leisten. In der Öffentlichkeit liefen die Interessenverbände, allen voran der Beamtenbund, dagegen Sturm. Finanzminister Moldenhauer wurde zum Rücktritt gezwungen. Der Reichstag lehnte schließlich die Vorlage ab. Nun machte Brüning von Art. 48 der Verfassung Gebrauch und setzte die Regierungsvorlage als Notverordnung des Reichspräsidenten in Kraft, ohne zuvor einen ernsthaften Versuch einer Verständigung mit der SPD unternommen zu haben. Statt dessen hatte er intensiv mit dem deutschnationalen Parteiführer Hugenberg verhandelt, der eine Unterstützung in Aussicht stellte, falls Brünings Partei, das Zentrum, bereit sei, in Preußen die dort bestehende Koalition mit der SPD unter dem sozialdemokratischen Ministerpräsidenten Braun aufzukündigen. Brüning sagte das für die nächste Zukunft zu, da es schon seit Jahren sein »Wunsch gewesen sei, eine dauernde Koalition im Reich und in Preußen mit der Rechten zustandezubringen, um gemeinsam die Reichsreform und die notwendigen finanziellen und sozialen Reformen durchzusetzen«. Der Kanzler weigerte sich jedoch, die Abstimmung über sein Sanierungsprogramm bis zum Herbst aufzuschieben, wie es Hugenberg verlangt hatte; die finanzielle Lage des Reiches dulde keine Verzögerung. Erst nach der Verabschiedung des Sanierungsprogramms könne man mit den Verhandlungen in Preußen beginnen.[22]

Hugenberg ließ sich auf diese Forderung Brünings nicht ein und provozierte mit seinem Alles-oder-Nichts-Standpunkt die Spaltung der Reichstagsfraktion der DNVP. Brünings Hoffnung, den größten Teil der DNVP zu sich herüberziehen zu können, erfüllte sich jedoch nicht. Nur 25 Abgeordnete unter Führung des Grafen Westarp stimmten mit der Regierung, 32 Abgeordnete folgten Hugenberg und unterstützten einen sozialdemokratischen Antrag auf Aufhebung der Notverordnungen, der mit sieben Stimmen Mehrheit angenommen wurde. Damit war Brünings Versuch, für seine Politik im Reichstag eine Mehrheit zu finden, gescheitert. Nur erneute Kontakte mit der SPD hätten einen parlamentarischen Ausweg geboten. Solche Kontakte aber liefen der Gesamtstrategie einer Wende nach rechts zuwider, auf die ihn der Reichspräsident festgelegt hatte und die auch Brünings eigenen Zielen entsprach. Sein Angebot an Hugenberg bezüglich der preußischen Koalition belegt diese Einstellung. Im Reichskabinett widersprach er noch am 15. Juli dem Vorschlag zu neuen Verhandlungen mit der SPD, weil sonst »jede Unterstützung von rechts aufhören werde«.[23] So blieb jetzt nur der Bruch mit dem Parlament.

Der Reichstag hatte am 18. Juli 1930 von seinem verfassungsmäßigen Recht, eine auf Art. 48, 2 WRV gestützte Notverordnung aufzuheben, Gebrauch gemacht. Nachdem das Gesetzgebungspaket der Regierung im Parlament keine Mehrheit gefunden und die Regierung jede Korrektur vor dem Erlaß der Verordnung abgelehnt hatte, war eine solche Entscheidung ein Gebot der Selbstachtung des Parlaments. Brüning hatte sich für den Fall der Aufhebung der Notverordnung gut vorbereitet. Die Mappe mit der Auflösungsordre des Reichspräsidenten lag auf seinem Pult während der Abstimmung über die Notverordnung: »Nachdem der Reichstag heute beschlossen hat, zu verlangen, daß meine auf Grund des Art. 48 der Reichsverfassung erlassenen Verordnungen vom 16. Juli außer Kraft gesetzt werden, löse ich auf Grund des Art. 25 der Reichsverfassung den Reichstag auf«, lautete lapidar der Text dieser Verordnung, mit der die Volksvertretung ausgeschaltet und zugleich das Verfassungssystem der Weimarer Republik durchbrochen wurde. Wenige Tage nach der Auflösung des Reichstags wurde die zuvor von ihm aufgehobene Verordnung in überarbeiteter und erweiterter Form erneut durch den Reichspräsidenten erlassen. Bis zum Zusammentritt des erst neu zu wählenden Reichstags konnte nun rein präsidial und ohne parlamentarische Kontrolle regiert werden. So ließen sich kaum änderbare Fakten schaffen. Die Neuwahlen wurden auf den 14. September 1930, den spätestmöglichen Termin, festgesetzt.

In der Kombination mit dem Recht des Reichspräsidenten zur Parlamentsauflösung wurde Art. 48, 2 WRV nun zur Grundlage des Regierens für den Reichskanzler, der sich damit aber in die alleinige Abhängigkeit vom Reichspräsidenten begab. Dieser war frei, über die Ernennung und Entlassung des Kanzlers zu entscheiden. Ihm allein stand der Art. 48 zur Verfügung. Zwar benötigte er die Gegenzeichnung des Kanzlers, der damit die parlamentarische Verantwortung übernahm, aber der Präsident konnte seinem Kanzler auch den Einsatz dieser Waffe verweigern, wie es Hindenburg Hermann Müller gegenüber getan hatte. Weiterhin ließ sich die Zusage der präsidialen Unterschrift unter eine von der Regierung erarbeitete Verordnung mit konkreten Auflagen über die Inhalte und Ziele der Politik verbinden, wodurch das verfassungsmäßige Recht des Regierungschefs, die Richtlinien der Politik zu bestimmen, zugunsten des Präsidenten ausgehöhlt wurde. Wollte sich ein Kanzler den politischen Bestrebungen des Präsidenten entziehen, lief er Gefahr, von diesem entlassen zu werden. Nur eine stabile Mehrheit im Parlament, die sich auch nach Neuwahlen wiederherstellen würde, war in der Lage, den Kanzler gegenüber dem Präsidenten zu stärken.

Brüning hatte diese Abstützung im Reichstag nicht gefunden, und es war fraglich, ob die Neuwahlen ihm eine Mehrheit bringen könnten. Zunächst einmal war er darum auf Gedeih und Verderb auf den fast 83jährigen Reichspräsidenten angewiesen. Jetzt war das »Hindenburg-Kabinett« perfekt. So entsprach es den Planungen seiner Initiatoren. Auch Hugenberg hatte seinen Obstruktionskurs darauf angelegt, die Anwendung des Art. 48 WRV gegen das Parlament zu erzwingen und auf diese Weise den Parlamentarismus zu zerstören.

Ob der Art. 48, 2 WRV in dieser Weise verfassungskonform gegen das Parlament zur Grundlage der allgemeinen Politik und Gesetzgebung gemacht werden durfte, war schon in Weimar umstritten gewesen. Eigentlich sah diese Verfassungsvorschrift nur vor, daß der Reichspräsident »die zur Wiederherstellung der öffentlichen Sicherheit und Ordnung nötigen Maßnahmen ergreifen« könne. Das Ziel war die Wiedererlangung des Normalzustandes in Ausnahmesituationen. Die Verfassungsväter hatten dabei an Aufruhr und Rebellion gedacht. Aber schon unter Reichspräsident Ebert wurde diese Vorschrift in den Krisenjahren der Inflationszeit sehr extensiv ausgelegt und eingesetzt. Mit ihrer Hilfe ergriff man weitreichende wirtschafts- und finanzpolitische Maßnahmen, die praktisch an die Stelle von Gesetzen traten und langfristig angelegt waren. Der Art. 48 WRV entwickelte sich zum Hilfsinstrument des Krisenmanagements – und zwar nicht nur in Situationen politischer Unruhe, sondern auch in allgemeinen Wirtschafts- und Finanzkrisen. Reichsregierung und Reichspräsident setzten diesen Artikel ein, wo rasches, durchgreifendes Handeln nötig war, wenn das schwerfällige parlamentarische Gesetzgebungsverfahren als zu langwierig erschien. Die Bürokratie nutzte auch damals schon die Gelegenheit mißbräuchlich aus, um manch unwichtiges Problem auf diesem bequemen Verordnungswege zu erledigen. In Politik und Staatsrechtswissenschaft war diese extensive Praxis durchaus kritisiert worden. Vielfältige Bemühungen um eine einschränkende Gesetzgebung setzten ein, zumal die Verfassung ein Ausführungsgesetz zwingend vorschrieb. Entsprechende Regelungen kamen jedoch nie zustande, weil Reichspräsident Hindenburg und die Reichswehr eine ihre Vollmachten begrenzende Klarstellung ablehnten.[24]

Brüning konnte sich formal auf die Praxis des Reichspräsidenten Ebert berufen, als er mit Hilfe von Art. 48, 2 WRV »zur Wiederherstellung der öffentlichen Sicherheit und Ordnung« den Reichshaushalt sanierte, faktisch Steuer- und Zollgesetze erließ und in die Finanzhoheit der Gemeinden eingriff. Der Kanzler hatte sich überdies juristisch abgesichert. Ein Gutachten, das die für die Verfassung in besonderer Weise zuständigen Staatssekretäre im Innen- und Justizministerium, Zweigert und Joël, auf Anforderung der Reichskanzlei erstatteten, hatte schon in einer der ersten Kabinettssitzungen der Regierung Brüning als Beratungsgrundlage gedient und klargestellt, daß keine rechtlichen Bedenken dagegen bestünden, Steuererhöhungen, ein Agrarprogramm und eventuell auch die Osthilfe mit Hilfe des Art. 48 WRV in Kraft zu setzen. Die Staatssekretäre ließen als ausreichende Begründung gelten, daß eine mögliche Gefährdung der öffentlichen Sicherheit und Ordnung infolge zunehmender Beunruhigung der Landbevölkerung – bei Ausbleiben der Osthilfe – oder der öffentlichen Bediensteten – bei Nichtzahlung von Löhnen und Gehältern – auf diese Weise vermieden werde. Solche oder ähnliche Gründe waren leicht zu konstruieren. Die Anwendung der Diktaturermächtigung des Reichspräsidenten wurde jetzt als schnell verfügbare Waffe präventiv bereitgehalten und eingeplant, obwohl die Verfassung sie eher als ultima ratio in Reserve halten wollte und darum eine besonders qualifizierte sachliche Begründung voraussetzte.[25]

Das Gutachten stellte außerdem als verfassungsrechtlich unbedenklich dar, daß selbst eine Regierung, die schon vom Reichstag durch ein Mißtrauensvotum gestürzt worden sei, den Reichstag noch auflösen und daß auch ein geschäftsführendes Reichskabinett eine Notverordnung des Reichspräsidenten gegenzeichnen könne. Aus der Art der Fragen, die das Gutachten beantwortet, geht eindeutig hervor, daß hier ein Einsatz des Art. 48 WRV in Verbindung mit dem Auflösungsrecht des Reichspräsidenten einkalkuliert wurde, um die verfassungsmäßigen Rechte des Reichstags bezüglich des Mißtrauensvotums und der Aufhebung von Notverordnungen faktisch abzuschaffen und die Diktaturgewalt des Reichspräsidenten zu einem Ersatzgesetzgebungsverfahren gegen den Reichstag zu machen.

Mit dieser Tendenz gegen den Reichstag und gegen die Intentionen des von der Verfassung gewollten ausbalancierten Gleichgewichts zwischen Präsident und Parlament verlor und verliert im Rückblick auch die Berufung auf die Anwendung des Art. 48 WRV in den krisenhaften Anfangsjahren der Republik unter Reichspräsident Ebert ihre Berechtigung. Unter dem sozialdemokratischen Präsidenten wurde damals der Art. 48 WRV niemals gegen das Parlament eingesetzt, sondern von einem parlamentarisch getragenen Kanzler gegengezeichnet und mit parlamentarischen Ermächtigungsgesetzen kombiniert, um ein optimal handlungsfähiges Krisenmanagement – parlamentarisch toleriert – zu ermöglichen. In den Endjahren aber wurde derselbe Art. 48 von dem ehemaligen preußischen Generalfeldmarschall, der sich zudem in der Rolle des Präsidenten der Republik als Statthalter seines Kaisers fühlte, gegen den Parlamentarismus der Weimarer Verfassung eingesetzt und für eine Reform des Systems instrumentalisiert. Es ging nicht um »Wiederherstellung der öffentlichen Ordnung«, sondern um Wirtschafts-, Finanz- und Sozialreform, längerfristig auch um einen Umbau des Gefüges zwischen Reich, Ländern und Gemeinden – Brüning schwebte ein dezentralisierter Einheitsstaat vor – und um die Wiedereinführung der Monarchie.

Die Rückkehr zum parlamentarisch-demokratischen Parteienstaat stand nicht auf Brünings Programm.[26]

Zwar blieb strittig, inwieweit der Art. 48 WRV zu einer förmlichen Verfassungsänderung eingesetzt werden konnte – Brüning selber scheint hier skeptischer gewesen zu sein als einige »Planer« aus der Umgebung des Reichspräsidenten und der Reichswehrführung –, faktisch aber war mit dem Einsatz des Art. 48 WRV und der Reichstagsauflösung im Juli 1930 das parlamentarische Regierungssystem durchbrochen. Mit Hilfe finanzieller Ermächtigungen unterhöhlte Brüning in der Folgezeit bewußt die Autonomie der Länder, was einer kalten Reichsreform nahekam. Die langfristigen Pläne Brünings und Hindenburgs erlauben keine Zweifel, daß eine Rückkehr zum parlamentarischen Normalzustand nicht vorgesehen war. Zwar blieben diese Ziele des Kanzlers in der Öffentlichkeit unbekannt, jedoch lag der Mißbrauch der Art. 48 und 25 WRV offen zutage. Daß der Buchstabe der Verfassung nicht verletzt wurde – wie oft behauptet wird –, ist demgegenüber eine allzu formalistische Aussage. Während sich 1924 noch die Verfassungsrechtler gegen die extensive Anwendung des Art. 48 WRV durch den sozialdemokratischen Reichspräsidenten Ebert kritisch zu Wort meldeten und die Zulässigkeit gesetzesvertretender Notverordnungen anzweifelten, nahmen die meisten Rechtsprofessoren die ungleich gefährlichere Praxis im Sommer 1930 hin, um sie alsbald auch in Übereinstimmung mit den Gutachten der davon profitierenden Spitzenbürokraten zu rechtfertigen. Der nunmehr konservative Reichspräsident sollte nicht nur Schlichter und Vermittler sein, sondern als »politischer Führer« (C. Schmitt) agieren können. Die normative Kraft der Verfassung wurde von ihren berufenen Interpreten untergraben. Die angestrebte »staatskonservative« Lösung ließ sich nur außerhalb der republikanischen Verfassung finden.

Mit der Auflösung des Reichstags hatte Brüning die Weichen eindeutig in Richtung eines autoritären Präsidialregimes gestellt, das von oben her bürokratisch die Krise meistern sollte. Ob sich daraus die Diktatur des Präsidenten entwickelte oder ob es Chancen gab, das Parlament und die Parteien mit im Spiel zu halten, darüber mußten die Wahlen am 14. September 1930 Aufschluß geben. Die entscheidende Frage war, wie es weitergehen sollte, falls diese keine »Brüning-Mehrheit« brächten. Das Risiko, das Brüning auf sich genommen hatte, war beträchtlich.

3. Die Septemberwahl 1930 und der Aufstieg der NSDAP

Als in der Zentrumsfraktion im März 1930 während der letzten Krisentage der Regierung Müller kurzfristig Neuwahlen erwogen wurden, hatte Brüning diesen Projekten widersprochen, weil erst nach Rückgang der Arbeitslosigkeit und nach Stabilisierung der Agrarpreise ein aussichtsreicher Wahlkampf zu führen sei.[27] Dies war gewiß eine realistische Einschätzung. Im Juli 1930 löste der Kanzler gleichwohl den Reichstag auf und erzwang Neuwahlen, obwohl die Verhältnisse sich verschlechtert hatten. Schon im September 1930 – im Monat der Wahl – kletterte die Zahl der Arbeitslosen erstmals seit März 1930 wieder über die Drei-Millionen-Grenze. Der Rückgang im Sommer war nur gering gewesen (vgl. Tab. 8, S. 242 f.).

Das Wahlergebnis vom 14. September bestätigte Brünings Skepsis vom März überdeutlich. Die Hoffnungen auf eine Konsolidierung im Lager der Mitte-Rechts-Parteien erwiesen sich als illusorisch. Die Volkskonservativen um Treviranus und Westarp, die die gemäßigten Teile der Deutschnationalen gewinnen sollten, scheiterten vollkommen. Sie zogen nur noch mit vier Abgeordneten in den neuen Reichstag ein. Die Landvolk-Partei, der sich Landwirtschaftsminister Schiele zugewandt hatte, erzielte zwar 19 Mandate – statt bisher zehn –, aber dieser Zugewinn war dennoch enttäuschend. Hugenbergs DNVP verlor nämlich wesentlich mehr, insgesamt 32 Mandate. Sie war der eindeutige Verlierer der Wahl. Der sensationelle Gewinner jedoch war die NSDAP (vgl. Tab. 2).

Tabelle 2: *Mehrheitsverhältnisse im Reichstag nach den Wahlen vom 14. September 1930; Anteil der abgegebenen gültigen Stimmen (in Prozent) und Mandate*[28]*; Wahlbeteiligung: 82,0 %*

	KPD	SPD	DDP	Zentrum + BVP	DVP	sonst. bürg. bäuerl. Part.	DNVP	NSDAP	Gesamt
Prozent	13,1	24,5	3,8	14,8	4,5	13,9	7,0	18,3	100
Mandate	77	143	20	87	30	72	41	107	577

Die Öffentlichkeit war konsterniert. Einige befürchteten einen baldigen Putsch der Nazis und fragten besorgt nach der Haltung der Reichswehr. Das Ausland reagierte nervös. Binnen zwei Wochen nach der Wahl erlitt die Reichsbank durch Kreditabzug Devisenverluste in Höhe von 420 Mill. Reichsmark. Der Kursverfall der Mark und weitere Gold- und Devisenabflüsse waren auch Anfang Oktober mit einer Diskonterhöhung nicht zu bremsen.[29] Die Krise verschärfte sich durch die Wahl, die erhoffte Stabilisierung blieb aus.

1928 noch hatte Hitlers Partei mit zwölf Mandaten und 2,6 % der Stimmen nur den Rang einer Splitterpartei im Reichstag erzielt. Nunmehr eroberte sie wie aus dem Stand 107 Mandate, verachtfachte die Zahl ihrer Wähler von rund 800000 auf 6,4 Millionen, was einem Anteil von 18,3 % entsprach. Sie wurde zur zweitstärksten Fraktion nach der SPD, die 600000 Stimmen und zehn Mandate verloren hatte, obwohl die Wahlbeteiligung von 75,6 % auf 82 % gestiegen war. Gewinne hatte neben der NSDAP nur die KPD zu verzeichnen. Sie kam bei einem Stimmenanteil von 13,1 % auf 77 Mandate, nachdem sie 1928 noch 10,6 % und 54 Mandate erlangt hatte.

Da mit Ausnahme der katholischen Parteien, Zentrum und BVP, die nur minimale Verluste verzeichneten, im bürgerlichen Lager die Bilanz negativ war, sahen die Bedingungen für eine parlamentarische Mehrheitsbildung unter Brünings Perspektive schlecht aus. Die bisherigen »Regierungsparteien« der Mitte-Rechts-Gruppierung verfügten nur über 209 von 577 Mandaten. Selbst mit Hugenbergs DNVP erreichten sie nicht die vor der Reichstagsauflösung noch mögliche absolute Mehrheit. Die Große Koalition hatte ebenfalls ihre Mehrheit verloren, nur unter Einschluß der BVP und kleinerer Bauern- und Regionalparteien wäre sie noch möglich gewesen. Das hätte jedoch wieder eine Abstützung auf die SPD bedeutet und die von Brüning immer angestrebte und von Hindenburg gewünschte Erweiterung nach rechts unmöglich gemacht. Dennoch hoffte Brüning sogar auf eine Zweidrittelmehrheit für ein verfassungsänderndes Ermächtigungsgesetz, das ihn vom Reichspräsidenten unabhängiger machen sollte. Eine solche Mehrheit war aber illusorisch, setzte sie doch die nach der Vorgeschichte im Sommer 1930 völlig auszuschließende Kooperation aller Parteien von der SPD bis zur DNVP unter Hugenberg voraus.

Daß sich die parlamentarische Situation für Brüning aufgrund der vorzeitig provozierten Neuwahlen so außerordentlich kompliziert hatte, weil eine Stärkung der Mitte-Rechts-Parteien nicht eingetreten war, hätte er freilich vorhersehen können und müssen. So schockiert und überrascht die politische Öffentlichkeit über die Flut der NS-Stimmen war: aufmerksame Beobachter hatten schon vorher genügend Indizien gesammelt, um einen Erdrutsch zugunsten der NSDAP – wenn auch nicht in dem tatsächlich eingetretenen Ausmaß – voraussagen zu können. Im Dezember 1929 hatte die NSDAP in Thüringen 11,3 % der Stimmen erreicht und damit ihren Stimmenanteil gegenüber der Reichstagswahl ein Jahr zuvor verdreifacht. Bei den preußischen Kommunalwahlen im November 1929 hatten die Nationalsozialisten knapp 900000 Stimmen, rund 5 % erobert und damit ihr Landtagswahlergebnis vom Mai 1928 mit knapp 350000 Stimmen (1,8 %) weit hinter sich gelassen. Auch bei den Landtags- und Kommunalwahlen in Hessen und Sachsen war 1929 der gleiche massive Trend zugunsten der NSDAP erkennbar gewesen. In regierungsinternen Berichten hatte man neben diesen genau aufgeschlüsselten Zahlen auch registriert, daß die NSDAP mit ihrem 1926 gegründeten NS-Studentenbund bei den Hochschulwahlen des Jahres 1929 außerordentliche Erfolge erzielen konnte. Durchschnittlich hatte sie 25 % der Stimmen erobert; wo sie jedoch zum zweiten oder dritten Mal kandidierte, lag ihr Erfolg höher. Spitzenreiter waren Greifswald mit 53,3 % und Erlangen mit sogar 56 %.[30] Die Jugend war offensichtlich besonders anfällig für völkisch-extremistische Parolen.

Die sprunghafte Steigerung der Stimmanteile der Nationalsozialisten setzte sich auch im Frühjahr und Sommer 1930 weiter fort. In Sachsen stieg der Anteil der NSDAP auf 14,4 % der Stimmen, nachdem sie 1929 noch bei 5 % gelegen war und 1928 bei den Reichstagswahlen nur 2,7 % erreicht hatte. Für die Septemberwahlen des Reichstags mußte man deshalb mit einer ähnlichen Katastrophe rechnen. Klarsichtigen Zeitgenossen galt daher die Auflösung des Parlamentes als schwerer Fehler. Es wäre gewiß von Bedeutung gewesen, wenn der weit gemäßigtere Reichstag von 1928 noch bis 1932 amtiert hätte. Zwar hätte man das Anwachsen der Nationalsozialisten zur Massenpartei damit wohl kaum verhindern, ihre unmittelbare parlamentarische Wirksamkeit jedoch erheblich begrenzen können.

Der rasante Stimmengewinn der Nationalsozialisten, der sich bei den Wahlen 1932 noch verdoppeln sollte, speiste sich aus vielen Quellen. Zwar gab es damals noch keine demoskopischen Umfragen, so daß wir die Wählerschaft der NSDAP, ihre politischen Einstellungen und ihre soziale Zusammensetzung nicht derart exakt aufschlüsseln können, wie das heute Wahlanalysen ermöglichen. Doch erlauben die zwischenzeitlich vorgelegten statistischen Untersuchungen der abgegebenen Stimmen, wenn man möglichst kleine Gebietseinheiten analysiert und sie mit anderen relevanten sozialstatistischen Daten – z. B. Konfession, Anteil der Arbeitslosen, Höhe der Agrarverschuldung, Grad der Urbanisierung – kombiniert, einigermaßen präzise Aussagen über die Wählerschaft der NSDAP. Alle einfachen Globalerklärungen erweisen sich aufgrund dieser Analysen als falsch oder nur sehr bedingt zutreffend.[31]

Solche einfachen Erklärungen stellen etwa darauf ab, daß der Stimmengewinn der NSDAP einer Zunahme der Wahlbeteiligung entsprach. Daraus hat u. a. Reinhard Bendix geschlossen, Hitlers Wähler von 1930 hätten sich zum größten Teil aus bisherigen, in der Krise radikalisierten Nicht- oder Jungwählern rekrutiert oder seien von der DNVP abgewandert. Diese Wählergruppe sei weniger durch präzise sozialstrukturelle Merkmale gekennzeichnet als vielmehr durch ihre geringe soziale Integration und ihre individuelle Atomisierung. Sie habe weder in den etablierten politischen Parteien noch in Kirchen, Berufsverbänden und Vereinen über eine feste Bindung verfügt. Gerade in Zeiten wirtschaftlicher Not seien darum insbesondere diese eher apathischen und politisch nicht voll sozialisierten Wähler mobilisierbar gewesen und dem propagandistischen Trommelfeuer der NSDAP zum Opfer gefallen.

Die neueren statistischen Analysen haben jedoch ergeben, daß von der höheren Wahlbeteiligung alle Parteien profitierten. Nur etwa jeder vierte Wähler der NSDAP rekrutierte sich aus den Nicht-Wählern von 1928, jeder dritte hatte jedoch 1928 noch eine Partei der bürgerlichen Mitte gewählt. Der typische NSDAP-Wähler war in diesem Sinne kein atomisiertes Glied einer anonymen »Massengesellschaft«. Denn unbestritten errang die NSDAP ihre größten Erfolge auf dem Land und in den kleineren Städten mit ihrem dichten Netz sozialer Beziehungen und ihren Bindungen an Kirche und Vereine. Darum ist die These von der Bindungslosigkeit und besonderen Atomisierung der NS-Wähler eher unwahrscheinlich. Gerade in den Großstädten fielen die Stimmenge-

Abbildung 1: *Wahlbeteiligung und Stimmenanteil der NSDAP bei den Reichstagswahlen 1930 bis 1933. Gesamtdeutsches Gebiet.*

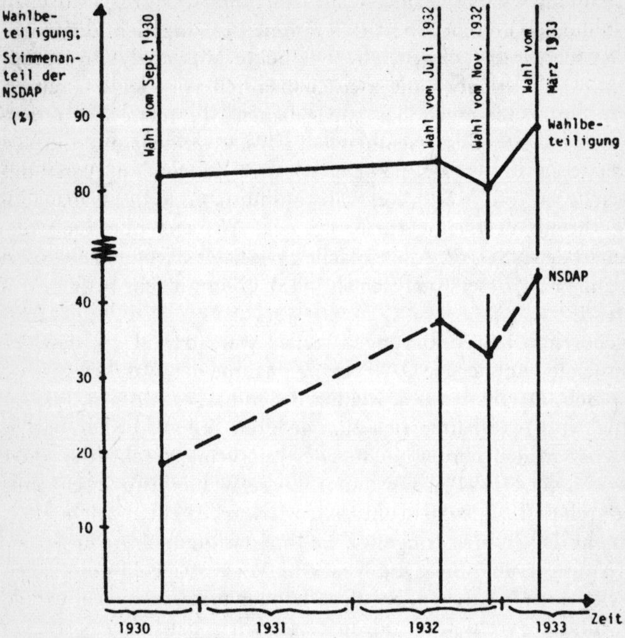

Quelle: B.S. Frey u. H. Weck, Hat Arbeitslosigkeit den Aufstieg des Nationalsozialismus bewirkt?, in: Jahrbücher für Nationalökonomie u. Statistik 196. 1981, 5.

winne der Nationalsozialisten unterdurchschnittlich aus.

Dem eher massentheoretischen Ansatz von Bendix hat daher Lipset energisch widersprochen. Er vertritt die eher klassentheoretische These vom Nationalsozialismus als Extremismus der Mitte.[32] Die NSDAP-Wählerschaft stamme vor allem aus den früheren Wählern der liberalen Mittelparteien und der verschiedenen Regionalparteien. Auch ideologisch vertrete die faschistische Programmatik die gleichen Positionen wie der Liberalismus: Ablehnung sowohl der Großindustrie als auch der Gewerkschaftsbewegung, Wendung gegen Sozialismus, Religion und Tradition. Die Mittelschichten, vor allem der kleine selbständige Mittelstand, insbesondere auf dem Land, aber auch Angestellte, Beamte und Freiberufler seien, argumentiert Lipset, die klassischen Wähler der liberalen Mittelparteien gewesen. Diese Parteien wurden aber – wie die Wahlergebnisse bis 1932 ausweisen – völlig aufgerieben, während die konservative DNVP und auch die Parteien des politischen Katholizismus ihren Wählerstand hatten halten können. Der idealtypische NSDAP-Wähler von 1932 sei »ein selbständiger protestantischer Angehöriger des Mittelstandes, der entweder auf einem Hof oder in einer kleinen Ortschaft lebte und der früher für eine Partei der politischen Mitte oder für eine regionale Partei gestimmt hatte, die sich der Macht und dem Einfluß von Großindustrie und Gewerkschaft widersetzte«.[33]

So überzeugend diese Beschreibung der NS-Wählerschaft als radikalisierter ehemaliger Wähler der Mittelparteien auch scheint, ist doch der Eindruck, der Nationalsozialismus befinde sich zwischen dem linken und dem rechten Spektrum in der Mitte und verfüge über eine besondere Nähe zum Liberalismus, zu einseitig. Ideologisch stand der Nationalsozialismus dem Antiparlamentarismus, Antisemitismus und Antiliberalismus der DNVP mindestens ebenso nahe, so daß auch radikalisierte Wähler konservativer Parteien ihm zufielen. Ferner ist zu beachten, daß der Sozialkonservativismus in Deutschland auch schon vor 1914 seine Massenbasis im Mittelstand gefunden hatte. Die Wählerschaft der NSDAP rekrutierte sich daher zu großen Teilen auch aus der konservativen DNVP, die 1930 erhebliche Verluste hinnehmen mußte.

Die NSDAP verdankte ihre Erfolge aber nicht nur der unteren Mittelschicht. Das kleinbürgerliche Element und die Angestellten waren nur *ein* Hauptrekrutierungsfeld. Seit 1930 gewann die Hitlerpartei großen Anhang auch im gehobenen Bürgertum, dem klassischen alten Mittelstand und vor allem in der Beamtenschaft. Hier dürfte die Kooperation des national-konservativen »Stahlhelm« und der Hugenbergschen DNVP während der Young-Plan-Kampagne die NSDAP erheblich unterstützt haben. Sie wurde hoffähig und akzeptabel. In der Radikalität der Propaganda und Agitation konnte Hitler Hugenberg leicht übertrumpfen. Außerdem hatte die NSDAP einen nicht so reaktionären Anstrich wie die DNVP unter dem Großindustriellen Hugenberg. Sie erschien sozialer und moderner, sie bot Aufstiegschancen.

All diese internen Unterschiede – auf der Ebene der sozialen Basis ebenso wie der programmatischen Ausrichtung – können durch

Abbildung 2: *Arbeitslosigkeit und NSDAP-Wähler 1928 bis 1933 (Absolutzahlen in Millionen)*

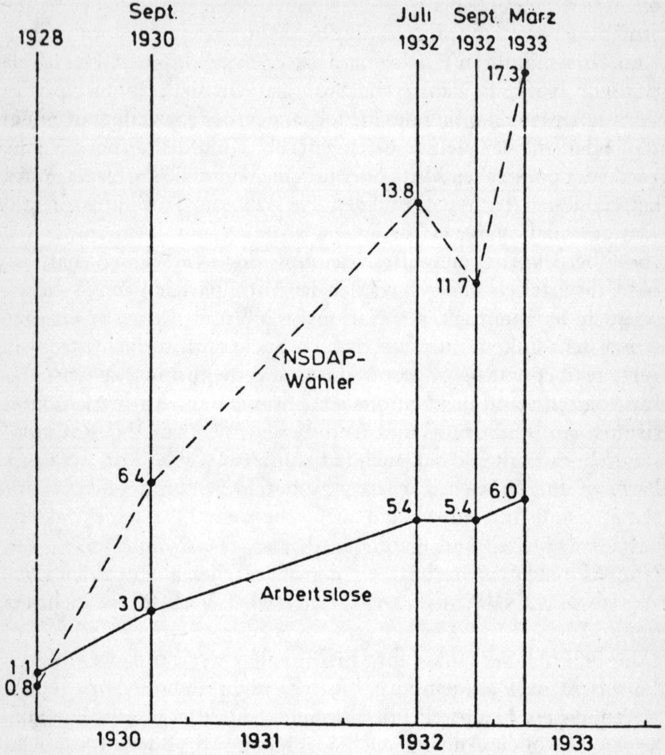

Quelle: J.W. Falter u.a., Arbeitslosigkeit und Nationalsozialismus, in: KZfSS 35. 1983, 526

die pauschale These vom Nationalsozialismus als Extremismus der liberalen Mitte nicht erfaßt werden. Das gilt auch für die Tatsache, daß schon 1930 die Sozialdemokratie schätzungsweise fast eine halbe Million Stimmen und 1932 sogar 600000 Wähler an die NSDAP verloren hat.[34] Daß es sich dabei weniger um die klassisch sozialdemokratische Industriearbeiterschaft, sondern eher um SPD-Anhänger aus dem Bereich des Mittelstandes, der Angestellten und Beamten handelte – die SPD war auch damals längst keine reine Arbeiterpartei mehr –, läßt sich vermuten und damit belegen, daß für die KPD als reiner Industriearbeiterpartei statistisch keine Abwanderung zur NSDAP feststellbar ist. Das gleiche gilt im übrigen auch für die katholischen Parteien.

Ein dritter globaler Erklärungsansatz geht von der auffälligen Parallelität der Entwicklung der Stimmen für die NSDAP und der Arbeitslosenzahlen aus. Auch hier scheint der Zusammenhang mit den Händen greifbar zu sein (vgl. Abb. 2). So haben jüngst Frey und Weck unter Verweis auf diese Zahlen behauptet, »daß der spektakuläre Anstieg der NSDAP in den 30er Jahren hauptsächlich auf die hohe Arbeitslosigkeit zurückgeht. (...) Bei unveränderter Wirtschaftslage (d.h. einer Arbeitslosenquote von 14,4%) hätte der nationalsozialistische Stimmenanteil vom Juli 1932 somit rund 22% und nicht 37,3% betragen.«[35] Natürlich behaupten Frey und Weck nicht, die Nationalsozialisten seien hauptsächlich von den Arbeitslosen gewählt worden. Sie benutzen die Arbeitslosenquote als Indikator für die Intensität der Wirtschaftskrise. Sie gehen ferner davon aus, daß die Wirtschaftslage einer der wichtigsten Bestimmungsfaktoren für die Wahlentscheidung sei, was man auch für die Wahlentwicklung der Bundesrepublik nachgewiesen habe.

Die auf der Ebene großer Gebietseinheiten plausible Argumentation wird jedoch entscheidend modifiziert, wenn man, wie es Falter getan hat, auf kleinere Gebietseinheiten zurückgeht. Dann zeigt sich, daß die NSDAP um so weniger Stimmen gewinnen konnte, je größer in einem bestimmten Gebiet der Anteil der Arbeitslosen war. Erwerbslose Arbeiter – und das waren 82% aller Arbeitslosen – wählten SPD und vor allem KPD. Nur stellungslose Angestellte scheinen eher NSDAP gewählt zu haben, aber ihr Anteil an den Erwerbslosen war gering. Daraus muß man schließen, daß Arbeitslose und diejenigen, die unmittelbar von den Folgen der Arbeitslosigkeit in der Nachbarschaft betroffen waren, offensichtlich nicht verstärkt zur Wahl der NSDAP neigten. Die Erwerbslosigkeit beeinflußte den NSDAP-Aufstieg nur sehr indirekt. »Ohne Zweifel trug sie zum allgemeinen Klima der Angst und Hoffnungslosigkeit bei, von dem auch Wähler in Gebieten erfaßt worden sind, die von der Geißel der Arbeitslosigkeit eher verschont blieben.«[36] Sozialstrukturelle Gegebenheiten und politische Traditionen müssen demnach von erheblicher Bedeutung gewesen sein. Allein die Tatsache, daß die Konfessionsgrenze für die nationalsozialistischen Wahlerfolge in diesen Jahren schlechthin entscheidend war, muß zu denken geben. Sie entzieht sich allen einseitigen Erklärungen, die nur mit dem sozialen Status oder der Wirtschaftslage argumentieren.

Die großen Erfolge der NSDAP 1930 und 1932 hatten viele Ursachen. Die Motive der Wähler müssen auch keineswegs gleich gewesen sein. Eine Ursache lag gewiß in der gestiegenen Wahlbeteiligung, eine andere in den Verlusten der Mittelparteien und zunächst auch der DNVP, aber selbst die Sozialdemokraten haben an die NSDAP Stimmen abgeben müssen. Die größten Erfolge erzielte die Hitler-Bewegung in den von der Agrarkrise betroffenen ländlichen Gebieten Nord- und Ostdeutschlands. Das höchste Ergebnis erreichte die NSDAP 1930 in Schleswig-Holstein mit einem Stimmenanteil von 27%. Offensichtlich war, daß die Angehörigen der Mittelschichten das Hauptkontingent der NSDAP-Wähler stellten; vor allem in protestantischen Gebieten mit ländlich kleinstädtischem Charakter gelang der NSDAP der Durchbruch zur Massenpartei.

Die markanten Erfolge der NSDAP in den protestantischen Gebieten dürfen nicht als Anfälligkeit des Protestantismus schlechthin für faschistische Lösungen gedeutet werden. Der Sieg des Faschismus im katholischen Italien, Spanien und Österreich steht dem entgegen. Für die deutsche Situation zwischen 1930 und 1933 ist jedoch festzustellen, daß das katholische Lager sich dem Nationalsozialismus gegenüber bis 1933 viel resistenter verhielt. Die Minderheiten- und Abwehrposition der deutschen Katholiken im Kaiserreich hatte im Verbund mit einer einheitlich ausformulierten päpstlich sanktionierten Soziallehre zu einer Geschlossenheit im deutschen politischen Katholizismus geführt, die nicht so leicht aufzubrechen war. Solange außerdem die Stellungnahmen der katholischen Bischöfe eindeutig dem Nationalsozialismus entgegentraten – wie das bis 1933 mehrfach geschah –, hielten im sozialmoralischen Milieu des katholischen Deutschland die Dämme gegen die braune Flut, konnten die katholischen Parteien ihre Wähler weiterhin binden.

Der deutsche Protestantismus war dagegen nach dem Verlust der alten Verbindung von Thron und Altar durch die Revolution 1918 politisch orientierungslos geworden. Er fand kein positives Verhältnis zur Republik. Ihm bot das bestehende Parteiensystem keine weltanschauliche Heimat, wie sie Katholiken und Sozialisten in ihrem Bereich fanden. In dieser Situation schien die »Weltanschauungspartei« Hitlers mit ihrem programmatischen Bekenntnis zum »positiven Christentum« ein Angebot zu machen. Die viel stärkere Identifikation mit Nation und Volk, die als »Tatsächlichkeiten von Urbeginn« theologisiert wurden, unterschied die deutschen Lutheraner von der universalen katholischen Kirche. Sie machte die Protestanten außenpolitisch besonders empfänglich für energische Forderungen nach der Revision des »Versailler Unrechts« und ließ sie innenpolitisch im Interesse der »Volkwerdung« anfällig werden für Antisemitismus und Antimarxismus. Religionsloser Materialismus und Klassenkampfparolen galten als die entscheidenden Gefahren für die gottgewollte christliche Volksgemeinschaft.

Trotz aller Kritik am Nationalsozialismus und seiner »rauhen Schale« glaubte man an dessen »guten Kern«. Schon 1930 fanden sich daher prominente Theologen, die im Nationalsozialismus ein Stück göttlicher Offenbarung, den Willen Gottes zur »Volkwerdung« erkannten. Zwar gab es auch Widerspruch, aber die innerkirchliche Diskussion wurde nicht abgeschlossen. Die Sympathien überwogen. Besorgt registrierten Kritiker 1930, daß etwa 90 % der Theologiestudenten mit dem Parteiabzeichen Hitlers in der Vorlesung erschienen. Ähnliches wurde aus der Arbeit der Schülerbibelkreise berichtet. Bei den Pfarrern vermutete man eher »eine Hin- als Abgeneigtheit« gegenüber dem Nationalsozialismus. Schon bald wurde eine eindeutig ablehnende kirchliche Stellungnahme unmöglich, wollte man »Volkskirche« bleiben und den Massenanhang Hitlers nicht aus der Kirche treiben.[37]

Die Chancen der NSDAP auf dem Lande waren bereits bei der Reichstagswahl 1928 deutlich geworden. Ihre größten Gewinne und höchsten Stimmenanteile hatte die »Arbeiter«-Partei Hitlers schon damals nicht in den Städten, sondern in den protestantischen Regionen auf dem Lande erzielt. Konsequent vollzog die NSDAP deshalb 1928 einen Schwenk nach rechts. Hitler erkannte Risse in den bürgerlich-liberalen Parteien der Mitte, die damals an reine mittelständische oder agrarische Interessenparteien viele Stimmen verloren hatten. Diese Verschiebungen boten der NSDAP eine Chance, um in das in Bewegung geratene Reservoir der Mittelschichtwähler einzubrechen. Der Führer »entsozialisierte« darum die NSDAP, indem er die sozialistischen Züge des Parteiprogramms uminterpretierte und die positive Einstellung der NSDAP zum Privateigentum hervorhob. Die innerparteiliche

Stellung von Gottfried Feder, der die »Brechung der Zinsknechtschaft« propagierte und den man als Repräsentanten des sozialistischen Programms der NSDAP ansah, wurde deutlich gemindert. So beseitigte die NSDAP zu Lasten ihres linken Flügels Hemmungen bei den bürgerlichen Wählern.

Damit waren entscheidende Voraussetzungen für den überraschenden Wahlerfolg von 1930, für den Aufstieg zur Massenpartei, geschaffen. Noch vor der allgemeinen Wirtschaftskrise und dem massiven Einsetzen der Arbeitslosigkeit war die Landwirtschaft in Not geraten. Eine Absatzkrise aufgrund der Weltmachtkonkurrenz, Umstellungsprobleme und hohe Steuerlasten führten schon 1928 zum Ausbruch einer schweren Agrarkrise mit all ihren Auswirkungen auf die gesamte ländliche Wirtschaftsstruktur. In gewalttätigen Demonstrationen der radikalen Landvolkbewegung brach sich – von Schleswig-Holstein ausgehend – die Unruhe der Provinz Bahn. Die NSDAP konnte »ernten«.

Die NSDAP versprach den einzelnen Gruppen die Erfüllung ihrer Forderungen ohne Rücksicht auf Gesamtbelange und konkurrierende Interessen. Sie versuchte durch die radikale Agitation gegen das »System« und die Hervorhebung der charismatischen Führerpersönlichkeit Hitlers von inneren Widersprüchen abzulenken und entsprechende Konflikte gar nicht erst aufbrechen zu lassen.[38]

Durch intensive organisatorische Arbeit, straffe Lenkung der Agitation und geschickten Einsatz der paramilitärischen Verbände der uniformierten SA gelang es der NSDAP, auf allen Ebenen als präsent zu erscheinen. Ihr Propagandaapparat wurde durch Gregor Strasser zentral gesteuert und zu äußerster Schlagkraft ausgebaut – auch ohne Gelder der Großindustrie, die erst nach 1933 reichlich flossen. 1930 registrierte der Sozialdemokrat Carlo Mierendorff, der Erfolg der Nationalsozialisten sei 1928 schon »überall organisatorisch fest untermauert... Heute gibt es nicht nur in jeder größeren und mittleren Stadt Ortsvereine der NSDAP, sondern auch an kleinen ländlichen Plätzen und an Orten, wo teilweise nicht einmal die Sozialdemokratie bis jetzt organisatorisch festen Fuß fassen konnte. Eine solche Leistung... muß auch dem Gegner Erstaunen abnötigen.«[39]

Geschickt griff die NSDAP klassen- und regionalspezifische Sonderinteressen vor Ort auf und nutzte diese zu einer erheblichen Mobilisierung aus. Sie organisierte Arbeitslosenküchen ebenso wie landwirtschaftliche Beratungsdienste. Vielfach nahm die SA Sonntag morgens geschlossen am Gottesdienst teil, um abends als aggressiver Saalschutz politische Gegner physisch und psychisch mundtot zu machen. Der haßerfüllten Kampfpropaganda entsprach der handgreifliche Einsatz. Den Worten folgte die Tat. Durch provozierende Propagandamärsche in die Hochburgen der KPD und SPD, die fast zwangsläufig und durchaus beabsichtigt in Straßen- oder Saalschlachten mündeten, demonstrierte man Entschlossenheit und Tatbereitschaft im Kampf gegen die »rote Gefahr«. Die Zeit parlamentarischer »Kompromißlerei« war zu Ende. Das Echo dieser Kämpfe in der Provinz trieb der NSDAP dort die Wähler zu. Da diese Front auch gegen das Gestern gerichtet war – mit Monarchie und Obrigkeitsstaat hatte die populistische Massenbewegung Hitlers nichts im Sinn –, stilisierte man die toten »Kameraden, die Rotfront und Reaktion erschossen« hatten, zum Symbol des unbedingten Einsatzes für das Neue, das das System insgesamt ersetzen sollte. Hier bot sich den Wählern eine totale Alternative. Der Erfindungsreichtum bei der öffentlichen Präsentation, bei der Entwicklung von Feierritualen unter Ausnutzung lokaler Traditionen für die Selbstdarstellung der Partei war beachtlich. Die Intensität der Wahlkämpfe vor Ort war beispiellos. Nur SPD und Zentrum konnten mit Mühe einigermaßen mithalten. Im Einsatz moderner Technik – Schallplatten, Film, Flugzeuge, Radio – schritt die NSDAP allen voran.[40]

Durch Unterwanderung lokaler Protestbewegungen und Eindringen in das Beziehungsgeflecht der Vereine und Interessenorganisationen wurde den bürgerlichen Mittel- und Rechtsparteien die gesellschaftliche Verankerung entzogen. Nationalsozialistische Lehrer-, Ärzte-, Juristen- und Studentenbünde entwickelten sich zu wirksamen Konkurrenzorganisationen. Unter Führung von Walter Darré zog die NSDAP einen eigenen agrarpolitischen Apparat auf, der es erlaubte, binnen kurzem die bäuerlichen Vereine und Parteien zu infiltrieren und von innen her auf NS-Kurs zu führen. Die Zersplitterung des nicht konfessionell gebundenen bürgerlichen Lagers in zahlreiche reine Interessenparteien, die sich schon an den Wahlen 1924 und vor allem 1928 zu Lasten der klassisch-liberalen DDP und DVP ablesen läßt, war ein Indiz für die mangelnde Integrationskraft des politischen Liberalismus und wurde zur Zwischenstation auf dem Weg zum Nationalsozialismus. Die schroff antiparlamentarische Programmatik der Wirtschaftspartei z. B., die gegen den parlamentarischen »Kuhhandel« polemisierte und diesen zugleich in extremster Form praktizierte, indem sie den Bestand von Regierungen von erpresserischen Detailzugeständnissen – Republikschutz gegen Heimstättengesetz – abhängig machte, bereitete mit ihrer gesamtpolitischen Orientierungslosigkeit und der Aktivierung von Antiparteienaffekten den Boden für die NSDAP. In dem Moment, wo es der NSDAP gelang, in die Honoratiorengruppen der örtlichen Vereine, in die Kammern und Funktionsstellen der Selbstverwaltungsorgane einzudringen, zerfiel eine solche Partei. 1932 konnte sich die Wirtschaftspartei nur noch ein Zehntel ihres Wählerstandes von 1930 sichern, und auch die bürgerlichen Mittelparteien waren faktisch aufgerieben.

In der Provinz wurde die NSDAP zur sozialen Bewegung. Ihr Mitgliederzuwachs war enorm. Aus allen Schichten, wenn auch mit deutlichen Schwerpunkten im alten und neuen Mittelstand, gewann die NSDAP ihre Mitglieder. Die Anteile der einzelnen Berufsgruppen an der Mitgliedschaft betrugen nach einer Parteistatistik von 1935 im Jahre 1930 (Gesamtbevölkerungsanteile in Klammern): Arbeiter 26,3 % (46,3 %), Angestellte 24 % (12,5 %), Selbständige 18,9 % (9,6 %), Beamte 7,7 % (4,6 %), Bauern 13,2 % (20,7 %), Sonstige 9,9 % (6,6 %).[41] Auch wenn man diese Statistik mit Vorsicht interpretieren muß, belegt sie eindeutig, daß die Angehörigen der Mittelschichten zwar über- und die Arbeiter unterrepräsentiert waren, daß aber die NSDAP in der Mitgliedschaft eben nicht als reine Mittelstandspartei bezeichnet werden darf. Wähler- und Mitgliederstruktur zeigten die gleiche Tendenz. Gleichwohl erscheint es fraglich, ob man die NSDAP wegen der sozialen Breite bei der Rekrutierung ihrer Mitglieder und Wähler als »Volkspartei« im heutigen Sinne des Wortes bezeichnen soll und darf, wie das manchmal geschieht. Ihre strikte Wendung gegen die bestehende Staats- und Gesellschaftsordnung, ihr Verzicht auf politische Integration divergierender sozialer Interessen, die nur durch vage Volksgemeinschaftsparolen und antimarxistische Beschwörungen sowie den Führerkult überdeckt wurden, läßt allenfalls die Charakterisierung als »negative Volkspartei«[42] angemessen erscheinen.

II. Die Kanzlerschaft Brünings

1. Die Tolerierung der SPD und Brünings Politik der Krisenverschärfung

Der Erdrutsch bei den Wahlen vom 14. September 1930 brachte die Regierung Brüning in eine schier ausweglose Lage. Die erwünschte »Brüning-Mehrheit« der Mitte-Rechts-Parteien war nicht zustande gekommen. Gutem Brauch folgend hätte Brüning eigentlich zurücktreten müssen, um dem zweifelsfreien Sieger der Wahl, Hitler, Platz zu machen. Hindenburg dachte jedoch nicht daran, das Kanzleramt an Hitler auszuliefern. Er ließ Brüning statt dessen unverzüglich mitteilen, er erwarte, daß die Regierung im Amt bleibe.

Selbst wenn der Reichspräsident keine Konsequenzen aus der Wahlniederlage ziehen wollte – was aufgrund der Intention der parlamentsunabhängigen »Hindenburg-Kabinette« nur logisch war –, stellte sich für den Kanzler doch die Frage, wie er überhaupt weiterregieren könnte. Er mußte befürchten, daß der neugewählte Reichstag nach seinem Zusammentreten im Oktober entweder die den Juli-Konflikt auslösenden Notverordnungen aufheben oder die Regierung durch ein Mißtrauensvotum stürzen werde. Eine erneute Parlamentsauflösung bot dann kaum einen Ausweg. Im Winter, bei sich verschärfender Wirtschaftskrise, Wahlen auszuschreiben – das war abzusehen –, würde die Radikalisierung nur weiter beschleunigen. Allein Hitler konnte davon profitieren. Setzte man die Neuwahlen jedoch einfach aus, gewann man zwar eine Atempause, verletzte aber zugleich eindeutig den Wortlaut der Verfassung. Dazu waren jedoch weder Hindenburg noch Brüning bereit.

Viele Beobachter, auch engste Berater und Mitarbeiter des Kanzlers, plädierten daher für eine Wiederannäherung an die SPD und ihre Aufnahme in die Regierung, da »die bisherige Regierungspolitik, die auf Koalitionsfähigmachung der Rechten gerichtet war, gescheitert ist«.[1] Auch die Reichswehrführung, die sich wegen der Bildung nationalsozialistischer Zellen im jüngeren Offizierskorps alarmiert zeigte, war »für ein Zusammengehen mit der SPD und schärfstens gegen die Zusammenarbeit mit den Nazis«.[2] Sogar Persönlichkeiten aus der Wirtschaft argumentierten ähnlich.

Natürlich fehlte es nicht an Gegenstimmen. Der frühere Vorsitzende der DDP klagte nur über die Verluste der Parteien, die »maßvolle politische Anschauungen haben ... und nicht Massen bei sich Führung einräumen«. Der Reichstag sei »zu zwei Dritteln sozialistisch und in der Hand von Massenparteien«.[3] Die Kategorien, mit denen die Parteien eingeteilt und die Fronten gebildet wurden, waren offensichtlich sehr unterschiedlich, denn für die Vertreter der Wirtschaftspartei, für welche Bredt jetzt das Justizressort übernahm, gab es keinen Zweifel, daß eine Zusammenarbeit mit den Sozialdemokraten nicht in Frage kam; sie erwarteten vom Kanzler »eine Option für die Nationalsozialisten«.[4] Auch sonst fehlte es nicht an Stimmen aus allen politischen Lagern, die sich dafür aussprachen, die Nationalsozialisten in die Regierung aufzunehmen, um sie durch die Beteiligung an der Verantwortung zu zähmen und sich »abwirtschaften« zu lassen.

Brüning stand vor der Alternative, entweder von den Sozialdemokraten Unterstützung zu erhoffen, und damit seinem Auftrag, antimarxistisch zu regieren, untreu zu werden, oder mit Hugenberg und den Nationalsozialisten zusammenzuarbeiten. Die Tatsache, daß amerikanische und französische Banken auf den sensationellen Wahlsieg der NSDAP mit einem gewaltigen Kreditabzug bestürzt reagiert hatten und damit die Finanzsituation des Reiches nochmals erschwerten, bewies wieder einmal, daß in der damaligen außenpolitischen Situation eine Regierungserweiterung zur extremen Rechten undenkbar war.

Gleichwohl knüpfte Brüning mit Hitler geheime Kontakte an. Er stellte ihm sein außenpolitisches Konzept vor und versuchte ihn für eine »schärfere außenpolitische Opposition«, die die Position des Kanzlers allenfalls gestärkt hätte, zu gewinnen. Für die Zukunft stellte er ihm eine Zusammenarbeit mit dem Ziel einer Verfassungsreform in Aussicht und erklärte sich sogar bereit – ähnlich wie schon gegenüber Hugenberg –, dafür zu sorgen, daß überall in den Länderparlamenten, wo es zahlenmäßig möglich sei, Zentrum und NSDAP zusammen eine Regierung bilden könnten. Hitler ließ sich jedoch auf keinerlei Kompromisse ein; über konkrete einzelne politische Maßnahmen wollte er nicht reden, sein Grundsatz war: »Erst Macht, dann Politik.«[5]

Eine Aufnahme der NSDAP in die Regierung stand mithin zu diesem Zeitpunkt nicht zur Diskussion – weder für Brüning noch für Hitler. Der Kanzler nahm darum bald auch Geheimkontakte mit der SPD auf, um ihr sein Regierungsprogramm zu erläutern und abzuklären, ob die vor der Wahl erlassene Notverordnung sich aufrechterhalten ließe. Eine Koalition wollte er jedoch nicht in Betracht ziehen. Eine solche Bindung war für ihn »bei der Einstellung des Reichspräsidenten schon an sich ganz unmöglich« und schien ihm, »im Hinblick auf das Anwachsen der Rechtsopposition, auch für die Zukunft gefährlich«.[6] Er führte daher weder mit rechts noch mit links Koalitionsverhandlungen und rechnete trotzdem mit der Unterstützung der Sozialdemokraten, auch ohne ihnen größere Konzessionen machen zu wollen.

Auf die besorgte Frage von Justizminister Bredt, ob denn das Kabinett nicht von der SPD abhängig zu werden drohe, versicherte Brüning seinem rechten Flügelmann, daß »keineswegs er in Abhängigkeit sei von der Sozialdemokratie, sondern umgekehrt. Das Kabinett Braun in Preußen sei abhängig vom Zentrum und könnte von diesem jeden Tag gestürzt werden.«[7] Auf den preußischen Hebel baute Brüning seine Politik. Der Kanzler hatte die Zwangslage der SPD klar erkannt und nutzte sie aus. Er durfte auf eine Unterstützung von links rechnen, ohne dafür substantielle Zugeständnisse machen zu müssen.

Die SPD steckte in der Tat in einem schweren Dilemma. Sie hatte wegen der Sozialpolitik die Große Koalition verlassen und sollte nun ein gegen den Reichstag eingesetztes Kabinett tolerieren, das noch weitaus umfangreichere Einschnitte ins soziale Netz praktizierte bzw. plante. Der Versuch, das Präsidialkabinett im Wahlkampf zu stürzen, war gründlich mißlungen. Nach dem Schock des nationalsozialistischen Wahlsieges war der politische Spielraum der Sozialdemokraten de facto auf Null reduziert. Man sah sich vor der Alternative: Brüning oder Hitler. Nach heftigen innerparteilichen Auseinandersetzungen entschied sich die SPD-Führung für eine Tolerierung Brünings. Otto Braun hatte weitergehende Pläne gehabt. Er wollte in Brünings Kabinett eintreten und durch Personalunion die Regierung Preußens und des Reiches verbinden, um dem Kampf gegen den Nationalsozialismus eine solide Basis zu geben. Doch über diese Kombination mußte in der SPD-Führung gar nicht beraten werden. Diesen Plänen hatte schon Brüning die kalte Schulter gezeigt, da er an einer scharfen Frontstellung gegen rechts nicht interessiert war und auch Hindenburg ihnen widersprochen hatte. Dem Kanzler genügte es, wenn die SPD kein Mißtrauensvotum gegen ihn einbrachte oder unterstützte.

Auf eine solche Tolerierung durch die SPD konnte Brüning bauen, nicht nur wegen der preußischen Regierung, die als letzte Machtbasis für die SPD unverzichtbar war. Dieser Kurs lag auch in der Konsequenz der parlamentarisch-reformistischen Politik dieser linken Weimarer Verfassungspartei. Nur durch Duldung Brünings war die Erhaltung der Rechtsstellung des Reichstags zumindest im Grundsatz noch zu sichern, war eine »semiparlamentarische« Rückbindung des Präsidialkabinetts zu erreichen. »Gelingt es nicht, den parlamentarischen Boden zu erhalten, dann wird es um so weniger gelingen, die Sozialpolitik zu erhalten und später fortzuführen, denn Sozialpolitik und Demokratie sind eins.« Mit diesem Argument setzte Rudolf Hilferding im Oktober 1930 den Tolerierungskurs in der SPD durch.[8] Es galt, defensiv das Ende des Parlamentarismus und die Regierungsbeteiligung der Nationalsozialisten zu verhindern. Ein Sturz Brünings würde möglicherweise zu einer wenn auch »verschleierten Hitlerregierung« führen.

»Die Nationalsozialisten wollen aber gar nicht parlamentarisch regieren. Sie wollen sich aller Machtmittel des Reichs bemächtigen, vor allem die Reichswehr und die Polizei unter ihr Kommando stellen und die maßgebenden Beamtenstellungen mit ihren Anhängern besetzen. Eine verschleierte oder unverschleierte Hitlerregierung hat die vollständige Ausschaltung des Reichstages und darüber hinaus die Zerschlagung aller demokratischen Rechte des Volkes zum Ziel.«[9]

Mit dieser Presseerklärung begründete die SPD ihr Abstimmungsverhalten am 18. Oktober 1930 im Reichstag. Mit 318 zu 236 Stimmen wurden sämtliche von den Rechtsparteien und von den Kommunisten eingebrachten Mißtrauensanträge abgelehnt. Auch die Aufhebung der Notverordnungen scheiterte. Eine Quasi-Große Koalition hatte sich gebildet von Breitscheidt bis Treviranus; sie trug Brüning, bis er eineinhalb Jahre später von Hindenburg entlassen wurde. Diese Mehrheit konnte sich nur auf Kosten des Parlamentes halten, indem sie, sooft es ging, den Reichstag vertagte oder die von Brüning und seinen Mitarbeitern in der Bürokratie ausgearbeiteten umfangreichen Notverordnungen hinnahm, d.h. deren von rechts- und linksaußen beantragte Aufhebung ablehnte. Diese reduzierte Rolle des Parlamentes entsprach durchaus Brünings verfassungspolitischem Konzept, die Regierung unabhängig von der Volksvertretung agieren und führen zu lassen, dem

Reichstag Einfluß auf die Details der Gesetzgebung zu verweigern und nur vor die Alternative der Zustimmung oder Ablehnung zu stellen.

Der Tolerierungskurs setzte die Sozialdemokraten einer aggressiven Polemik der Kommunisten aus. »Kampf gegen den Faschismus heißt Kampf gegen die SPD, genauso wie es Kampf gegen Hitler und die Brüningparteien heißt« – auf diese Formel brachte die *Rote Fahne,* das kommunistische Zentralorgan, die Strategie der KPD. Die SPD wurde in die Rolle des »Hauptfeindes« gerückt, weil sie »die Durchführung der faschistischen Diktatur in Deutschland ermöglicht«. Die als »Sozialfaschisten« Angegriffenen beharrten dagegen auf der notwendigen Differenzierung: Man könne die Regierung Brüning »aufs schärfste angreifen und verurteilen – aber sie als faschistisch zu bezeichnen ist eine Irreführung«. Die »Begriffsmanschereien« der Kommunisten dienten nur dazu, »das Wesen des Faschismus zu verdunkeln und den Kampf gegen ihn zu erschweren«.[10]

Das gängige Freund-Feind-Denken im bürgerlichen Lager schloß eine ähnliche Fähigkeit und Bereitschaft zu solchen Differenzierungen aus. Die Sozialdemokraten erarbeiteten sich dagegen ein relativ präzises Bild vom Charakter des Nationalsozialismus. Aufgeschreckt durch den Erdrutsch der Septemberwahl, war in ihren Reihen eine intensive und selbstkritische Diskussion über die Ursachen des nationalsozialistischen Wahlsieges und die soziale Funktion des Faschismus in Gang gekommen.[11] Aus diesen in ihrer Zeit vergleichsweise hellsichtigen Analysen und Einschätzungen eine wirksame politische Strategie abzuleiten, fiel jedoch schwer. Den Kampf gegen die nationalsozialistische Gefahr bei gleichzeitiger Tolerierung Brünings führen zu müssen, zwang die SPD in eine schwierige Passivität. Hilferding hatte bei seinem Einsatz für die Unterstützung Brünings auf eine »Koalition aller Vernünftigen zur Erhaltung des Parlamentarismus und zur Überwindung der Staats- und Wirtschaftskrise« gehofft. Er forderte Kompromißbereitschaft, zumal sich die SPD bei den Wahlen »als der feste Block gegen den destruktiven Radikalismus links und rechts« erwiesen habe. Deshalb dürfe der SPD auch keine Politik zugemutet werden, die »den festesten Wall gegen Konterrevolution und Bürgerkrieg zertrümmert. Dies Verständnis muß bei der Gegenseite vorhanden sein, wenn eine Vereinbarung zur Sicherung des Parlamentes zustandekommen soll«.[12]

Sicherlich unbewußt, aber doch zugleich enthüllend, macht der Appell an das »Verständnis der Gegenseite« die Schwäche und Ausweglosigkeit der Sozialdemokraten zu Beginn des Tolerierungskurses deutlich. Wenn der Erfolg der eigenen Politik auf die Einsicht des Kanzlers bauen mußte, sich bei den »Zumutungen« an die SPD zurückzuhalten, bestätigt sich damit, wie recht Brüning hatte, als er Bredt damit beruhigte, daß nicht er von der SPD, sondern diese von ihm abhängig sei. Die Fortexistenz der Machtstellung der SPD in Preußen war sein einziges Zugeständnis, aber zugleich auch sein Faustpfand, und als Konzession galt sie nur auf Zeit. Zwar war es auch für den Kanzler nicht unproblematisch, auf die Tolerierung der SPD angewiesen zu sein, weil er sich so heftiger rechter Kritik aussetzte und gewiß nicht Hindenburgs Wohlgefallen fand. Sein außenpolitisches Konzept und die Abhängigkeit des Reiches von Auslandskrediten zwangen ihn jedoch zu diesem gemäßigten Kurs und machten eine parlamentarische Absicherung durch die SPD nach wie vor nötig.

Kurzfristig gab es für Brüning daher keine Alternative zur Tolerierung durch die SPD. Aber es war kaum zu verhindern, daß sich in der Zentrumsführung allmählich die Auffassung durchsetzte, »daß der Schwebezustand zwischen einer rücksichtslosen Verneinung von rechts und einer halben Bejahung von links nicht von Dauer sein könne«.[13] Wenn erst die außenpolitischen Voraussetzungen – Lösung der Reparationsfrage – geschaffen seien, sollte eine Rechtsregierung etabliert, der Reichstag in seinem Einfluß beschnitten und nach Möglichkeit die Monarchie wieder eingeführt werden. Daß für einen solchen Kurs die SPD kaum zu gewinnen war, mußte allen Beteiligten klar sein. Brüning sprach deshalb nicht öffentlich über diese Perspektiven.

Auch die Absicht des Kanzlers, möglichst rasch die Verpflichtung zur jährlichen Zahlung von Reparationen nach dem Young-Plan – in der Polemik der Rechten wurde nur vom »Tributplan« gesprochen – abzuschütteln, durfte nicht in der Öffentlichkeit erörtert werden. Zwar bestand innenpolitisch ein weitgehender Konsens über dieses langfristige Ziel, doch im Ausland konnte man kein Verständnis für ein solches Ansinnen finden, war doch der Young-Plan mit seinen erheblichen Verbesserungen erst im März 1930 vom Reichstag verabschiedet worden. Wer schon ein halbes Jahr später – nach der im Young-Plan konzedierten vorzeitigen Räumung des Rheinlands von französischen Truppen – öffentlich auf seine Ablösung drängen wollte, riskierte nur den Protest der Alliierten und allenfalls den Abzug ausländischer Kredite, so populär die Forderung innenpolitisch auch sein mochte. NSDAP und KPD überboten sich – unterstützt von der DNVP – in ihrer Agitation gegen die »Versklavung« des deutschen Volkes, ohne daß die Regierung dem ausdrücklich entgegentrat.

Brüning legte seine Politik darauf an, im Ausland selber eine Revisionsbereitschaft zugunsten des Reiches zu erzeugen. In den Dienst dieses – nicht öffentlich ausgesprochenen – Ziels stellte er seine Finanz- und Wirtschaftspolitik. Durch rigorose Sparsamkeit zu Lasten der Lohnempfänger und Beamten, der Arbeitslosen und Rentner, durch Zusatzsteuern auf Tabak und Genußmittel und Streichung von Subventionen sowie durch Zuschläge zur Einkommensteuer und verordnete Preissenkungen versuchte er, die Schere zwischen sinkenden Steuereinnahmen und wachsenden Soziallasten, die sich durch den Konjunktureinbruch und die wachsende Arbeitslosigkeit aufgetan hatte, zu schließen. Auf diese Weise konnte er dem Ausland, insbesondere Frankreich, gegenüber seine Zahlungswilligkeit demonstrieren. Er tat alles, um den Haushalt auszugleichen und damit die Zahlungsfähigkeit des Reiches zu sichern, da jede Politik des Schuldenmachens, des »deficit spending«, von den ausländischen Gläubigern als Versuch gedeutet worden wäre, sich den internationalen Zahlungsverpflichtungen zu entziehen. Einer Politik der Inflationierung des Geldes standen außerdem nach den Erfahrungen der Geldentwertung 1923 auch große psychische Hemmungen im Innern entgegen.

Die rigide Deflationspolitik des Kanzlers verschärfte im Effekt die nationale Wirtschaftskrise, was Brüning bewußt in Kauf nahm. Er hoffte, damit zwei Ziele zu erreichen: Eine massive Absenkung der Sozial- und Lohnkosten sollte die Wirtschaft entlasten und ihr im internationalen Konkurrenzkampf Wettbewerbsvorteile verschaffen. Eine Exportoffensive billiger deutscher Waren werde – so das Kalkül – die Wirtschaftskrise gleichsam ins Ausland tragen und dort einen Druck zur Abschaffung der Reparationen erzeugen: Die Notwendigkeit zu dieser Exportoffensive konnte von deutscher Seite mit der Verpflichtung zur Zahlung der Reparationen begründet werden, da diese nur aus deutschen Exportüberschüssen zu erwirtschaften waren.

Auf der anderen Seite hoffte der Kanzler, insbesondere bei den privaten ausländischen Gläubigern des Reiches, die Angst vor einem totalen wirtschaftlichen Zusammenbruch Deutschlands zu erwecken und sie dadurch zu motivieren, sich im Interesse der Sicherung ihrer deutschen Anlagen für eine Abschaffung der Reparationslasten einzusetzen. Selber vermied er zunächst jede Initiative in diese Richtung, obwohl der Young-Plan Revisions- und Moratoriumsklauseln für Krisenzeiten vorsah. Brüning wollte die völlige Abschaffung der Reparationen, keinesfalls nur Teilzugeständnisse erwirken und die für solche Fälle vertragsgemäß vorgesehenen Kontrollen auslösen. Ihm ging es darum, mit der Abschüttelung der Reparationen die volle Unabhängigkeit und Souveränität Deutschlands wiederherzustellen. Diesem Ziel dienten seine gleichzeitigen Anstrengungen, über den Völkerbund die rüstungspolitische Gleichberechtigung des Reiches durchzusetzen und die diesbezüglichen Beschränkungen des Versailler Vertrages aufzuheben. Da diese Auflagen des Friedensvertrages als Vorleistungen einer allgemeinen Abrüstung begründet worden waren, konnte das Reich auf Schritte in diese Richtung drängen oder – blieben allgemeine Abrüstungsmaßnahmen aus – die Gleichberechtigung Deutschlands verlangen. Besonders die Reichswehr war hier stark engagiert.

Der Preis, den Brüning für diese Politik im Bereich der Wirtschaft zahlen mußte, war hoch. Als er im Frühsommer 1931 zu ersten Gesprächen, durch die die Lösung der Reparationsfrage vorbereitet werden sollte, nach England fuhr, erließ die Regierung einen Tag vorher ein Bündel weiterer massivster Sparmaßnahmen wie Gehaltskürzungen, Rentenherabsetzungen, Senkung der Arbeitslosenunterstützung und Erhebung einer Krisensteuer. Diese waren als eine Art letztes Aufgebot für Deutschlands internationale Zahlungsverpflichtungen gedacht. Sie isolierten die Regierung, da fast alle Bevölkerungskreise und Interessengruppen betroffen waren und mit heftigen Protesten reagierten. Große Demonstrationen begleiteten daher die Abfahrt des Kanzlers nach England. Entsprechend düstere Berichte der beobachtenden Journalisten in der Weltpresse waren Brüning »nicht unwillkommen«, sie dienten seinen außenpolitischen Zielen. Der Kanzler nahm »Unruhe und Ablehnung und einen Grad der Erregung, der ungeheuer gefährlich schien«, hin, weil dies »eine Waffe war, mit der ich die ablehnende Front [des Auslands gegen eine völlige Streichung der Reparationen] durchbrechen konnte«.[14]

Brünings riskante Politik auf Kosten der notleidenden Bevölkerung – 1931 betrug die Arbeitslosenquote 34,7 % und die Netto-Reallöhne waren gegenüber 1929 um 19 % gefallen – hatte insofern Erfolg, als schon im Sommer 1931 ein Prozeß auf der internationalen Ebene in Gang gekommen war, der das Ende der Reparationen und die allmähliche militärische Gleichberechtigung nur noch zu einer Frage von Monaten machte. Brüning hatte die Finanz- und Wirtschaftskrise so weit getrieben, daß Deutschland – wie er anläßlich des großen Bankenkrachs im Juli 1931 kommentierte – »zum finanziellen Nervenzentrum der Welt [wurde], auf das alle anderen, wollten sie nicht selbst dem Siechtum verfallen, dauernd Rücksicht nehmen mußten. Aus der Krankheit konnten wir unsere Waffe machen.«[15] Die innenpolitischen Kosten dieser rücksichtslos kalkulierten Politik waren hoch, und es mußte sich die Frage stellen, ob der Kanzler für sie einzustehen in der Lage war.

2. Brüning und die NSDAP – Bekämpfung oder Instrumentalisierung?

Brüning konnte seine Außen- und Wirtschaftspolitik nur betreiben, weil die SPD ihn nach wie vor »tolerierte«, obwohl die massiven Eingriffe in die Tarif- und Sozialpolitik die Sozialdemokratie bei ihrer Wählerschaft in Mißkredit bringen mußten. Doch auch die SPD wußte kein anderes Krisenbekämpfungsrezept. Beschäftigungspolitische Programme lehnte sie aus Inflationsangst ab, und Korrekturen an Brünings Notverordnungen – etwa bei der Streichung der Arbeitslosenunterstützung für Jugendliche – konnte sie nur an marginalen Punkten durchsetzen. Um so bedeutungsvoller wäre es gewesen, wenn wenigstens eine entschlossen ablehnende Haltung der Regierung gegen die NSDAP dem Tolerierungskurs der Sozialdemokraten eine substantielle Grundlage gegeben hätte. Dadurch wäre dieser Kurs auch in den Augen der Anhänger leichter zu rechtfertigen gewesen. Doch schon Brünings vertrauliches Gespräch mit Hitler ließ erkennen, daß der Kanzler zu einer frontalen Auseinandersetzung mit der NSDAP nicht bereit war.

Veranlaßten primär außenpolitische Motive Brüning, die Tolerierung durch die SPD in Kauf zu nehmen und eine krisenverschärfende Deflationspolitik zu betreiben, waren es letztlich ebensolche außenpolitischen Prioritäten, die neben der Rücksicht auf die rechten Koalitionspartner den Kanzler davon abhielten, alle Machtmittel des Staates gegen die NSDAP einzusetzen, wie es etwa die sozialdemokratische Regierung Preußens verlangte. Brüning sah im Aufstieg der NSDAP auch ein Instrument, das er zur Durchsetzung seiner Außenpolitik benutzen konnte. Schon am Tage nach dem spektakulären Wahlsieg der Nationalsozialisten im September 1930 instruierte die Reichsregierung den in Genf weilenden Außenminister, er solle vor dem Völkerbund zwar den Kooperationswillen der Regierung betonen, aber auch darauf hinweisen, daß der Versailler Vertrag und die Reparationen »die soziale Lebensfähigkeit und die Grenzen der nationalen Belastungsfähigkeit ungenügend berücksichtigt« hätten. Die von den bisherigen Regierungen betriebene Verständigungspolitik habe zehn Jahre lang »große moralische Opfer« gefordert, und immer wieder sei »gewarnt worden, daß die Lage unerträglich bleibe«.[16]

Es entsprach dieser Argumentation, wenn Brüning Anfang Oktober Hitler gegenüber eine »schärfere außenpolitische Opposition seitens der NSDAP« als »das Zweckmäßigste« bezeichnete.[17] Dem Grafen Westarp erläuterte der Kanzler diesen Gedanken noch präziser. Am 2. Oktober erklärte er ihm, »daß er die Nationalsozialisten auch aus dem Grunde nicht heranziehen wolle, weil er es für die kommenden Revisionsverhandlungen des Tributplanes für gar nicht ungünstig hielte, wenn sie einstweilen noch weiter agitatorisch erstarken«.[18]

Von einer solchen Position ausgehend, erscheint es als denkbar, daß sich Brüning schon bei der riskanten Reichstagsauflösung im Juli auch von der Erwägung leiten ließ, daß der vorhersehbar massive Stimmengewinn der Nationalsozialisten seinen außenpolitischen Zielen nur nützen könnte. Ob Brüning die politische Radikalisierung von vornherein eingeplant hatte oder ihr nur, als sie eingetreten war, nachträglich positive Aspekte abgewann, läßt sich im nachhinein nicht sicher ausmachen. Die Perspektive einer außenpolitischen Instrumentalisierung mag ihn jedoch veranlaßt haben, sich über Bedenken bei der Provozierung der Reichstagsauflösung 1930 hinwegzusetzen. Dieser sonst so schwer verständliche Beschluß könnte unter einem solchen Kalkül einen Hauch von Rationalität gewinnen.

Gewiß dachte Brüning nicht daran, die Macht an Hitler auszuliefern, aber er spielte mit dem Feuer. So legitim es prinzipiell ist, die innenpolitische Opposition für die eigenen außenpolitischen Zwecke zu verwenden, so gefährlich war es in der Situation des

Jahres 1930, die Nationalsozialisten agitatorisch erstarken zu lassen. Eine solche Politik hemmte die innenpolitische Auseinandersetzung mit dem Rechtsextremismus und verhinderte den Einsatz staatlicher Machtmittel auch dort, wo er geboten war.

Der Staat war in der Tat in mehrfacher Hinsicht herausgefordert. Schon im Dezember 1929 hatte Reichsinnenminister Severing dem Reichstag eine Denkschrift vorgelegt, die den Tiefstand der politischen Auseinandersetzung während der Kampagne um das Volksbegehren gegen den Young-Plan in erschreckender Weise offenbarte. Nach einer Zusammenstellung von Zitaten kommunistischer und vorwiegend nationalsozialistischer Zeitungen und Redner, die die »hemmungslose Verhetzung« der öffentlichen Meinung darlegte, zählte der zweite Teil der Denkschrift – ohne jeden Anspruch auf Vollständigkeit – gewalttätige politische Auseinandersetzungen und Anrempeleien »jüdisch aussehender« Passanten auf. Das erschreckende Resümee lautete: Es »vergeht kaum ein Tag, an dem nicht irgendwo in Deutschland, zumeist an mehreren Stellen, auf politisch Andersdenkende geschossen, eingeschlagen oder eingestochen wird«.[19]

Wie radikal und aggressiv die NSDAP anläßlich der Young-Plan-Kampagne agierte und provozierte, läßt sich aus diesem Dokument deutlich ablesen, denn die Mehrzahl der aufgeführten Fälle ging auf sie zurück. Das Verhalten der Hitler-Bewegung ließ 1929/30 darum die Frage aktuell werden, ob es mit den Beamtenpflichten vereinbar war, Mitglied in einer solchen Partei zu sein. Besorgt stellte die Regierung zunehmende Anhängerzahlen der NSDAP in der Beamtenschaft, insbesondere in der Justiz-, Finanz- und in der Eisenbahnverwaltung, fest.[20]

In der Reichswehr war dieses Problem im Juli 1929 insofern gelöst, als damals alle nationalsozialistischen Angestellten und Arbeiter aus Reichswehrbetrieben entlassen wurden. Im Januar 1930 stellte der zuständige Minister Groener KPD und NSDAP auf eine Stufe. Auch die Nazis »wollen die gewaltsame Zerschlagung des heutigen Staates und die Diktatur ihrer Partei. Nur die nationale Grundlage unterscheide sie von den Kommunisten«.[21] Mit dieser schroffen Ablehnung der NSDAP reagierte die Führung der bewaffneten Macht auf die wilde Opposition der NSDAP gegen die Reichswehr und insbesondere deren politische Spitze. General Groener schlug deshalb mit aller Härte zu, als im Frühjahr 1930 entdeckt wurde, daß einige junge Offiziere in Ulm Kontakte mit der NSDAP-Zentrale in München aufgenommen hatten. Sie bauten nationalsozialistische Zellen im Offizierskorps auf, um zu verhindern, daß die Reichswehr im Konfliktfall gegen eine Machtergreifung der Nationalsozialisten eingesetzt würde. Gegen diese Politisierung der Armee von unten leitete Groener ein Hochverratsverfahren in die Wege.

Während die Reichswehr Anfang 1930 einen klaren Strich gegenüber der NSDAP gezogen hatte, geschah auf einer anderen Ebene des politischen Systems eher das Gegenteil. In Thüringen wurde der Nationalsozialist Frick Innenminister und begann sogleich, in den obersten Rängen der thüringischen Polizei »verdiente« Nationalsozialisten unterzubringen und republiktreue Beamte zu entlassen. Die Versuche, die Beamtenschaft von Nationalsozialisten freizuhalten, erlitten damit einen empfindlichen Rückschlag. Warum durfte man als Nationalsozialist nicht Postbeamter sein, wohl aber Minister werden?

Die verfassungsrechtliche Frage war nicht einfach. Art. 130 WRV garantierte den Beamten die staatsbürgerlichen Freiheiten, und diese umfaßten nach allgemein anerkannter Auffassung das »Bekenntnis« zu politischen Parteien jeder Couleur, auch zu solchen, die offen für die Abschaffung der Demokratie eintraten. Nicht zulässig für Beamte war das »Betätigen« für Parteien, die ihre Ziele auf gewaltsamem Wege zu erreichen suchten.[22] Solche »Umsturzparteien« galten als »staatsfeindlich« und konnten wegen Verstoßes gegen das Republikschutzgesetz oder wegen des Verdachtes auf Hochverratsvorbereitung verfolgt werden. Gewaltsame Methoden waren verfassungswidrig; verfassungswidrige Ziele – Monarchie, faschistische oder kommunistische Diktatur – gab es dagegen im offenen Weimarer Verfassungssystem nicht. Da überdies das liberale Parlamentsverständnis den einzelnen Abgeordneten als Vertreter des ganzen Volkes ansah und ihn mit der parlamentarischen Immunität schützte, Parteien und Fraktionen rechtlich dagegen nicht zur Kenntnis nahm, war die parlamentarische Aktivität selbst umstürzlerischer Parteien nicht zu unterdrücken. Theoretisch konnten solche Parteien sogar Minister stellen, wenn die »verfassungstreuen« Parteien, d.h. die Parteien, die nur auf dem Boden der Verfassung ihre Ziele verfolgten, sie einer Koalition würdigten.

In ständiger Rechtsprechung des Reichsgerichtes und durch die personalpolitische Praxis der Länder hatte sich herauskristallisiert, daß die KPD als eine solche »umstürzlerische Partei« anzusehen war.[23] Beamte durften sich für sie nicht »betätigen«, und kommunistische Minister wurden erst recht nicht geduldet. Die KPD galt als absolut koalitionsunfähig. Als 1923 trotzdem in Thüringen und Sachsen Koalitionen aus SPD und KPD zustande gekommen waren, rückte die Reichswehr, gestützt auf die Vollmachten des Reichspräsidenten Ebert, ein und entmachtete diese Landesregierungen.

Nachdem 1929 in Thüringen die NSDAP mit Frick den Polizeiminister stellte und dieser seine Machtstellung sogleich zu einer pronationalsozialistischen Personalpolitik ausnutzte, war die Reichsregierung erneut herausgefordert. Der sozialdemokratische Innenminister Severing stoppte die Polizeikostenzuschüsse des Reiches, um Thüringen gefügig zu machen. Gleichzeitig strebte er eine Kabinettsanordnung an, die feststellen sollte, »daß in Zukunft Angehörige von Parteien und Organisationen, die offen erklären, das heutige Regierungssystem mit Gewalt beseitigen zu wollen, als Beamte weder angestellt noch befördert noch bestätigt werden sollen«.[24] Dieser Vorstoß zielte auf eine Gleichbehandlung von NSDAP und KPD, wie sie innerhalb der Reichswehr bereits praktiziert wurde. Um diese Anordnung durchzusetzen, bedurfte es allerdings der juristischen Bestätigung, daß die NSDAP genauso umstürzlerisch und gewalttätig sei wie die KPD.

Der These von der »Staatsfeindlichkeit« der Hitler-Partei widersprachen die Wortführer der NSDAP vehement. Nur auf legalem Wege strebe die Partei eine – nach dem Mehrheitsgewinn allerdings totale – Umwälzung an. Solche Schutzbehauptungen konterte das Reichsinnenministerium, das inzwischen unter Brüning von dem Sozialdemokraten Severing an den linken Zentrumsmann Wirth übergegangen war, mit einer umfangreichen Denkschrift, die kurz vor der Reichstagswahl im September 1930 fertiggestellt wurde und zu der Schlußfolgerung kam:

»Die NSDAP erstrebt mit allen ihr zu Gebote stehenden Mitteln den gewaltsamen Umsturz ... Die Partei selbst und die von ihr geschaffenen Organisationen sind so aufgebaut, daß sie alle als geschlossene militärisch disziplinierte Kampftruppen bei dem beabsichtigten Umsturz eingesetzt werden können. Soweit sich Nationalsozialisten am parlamentarischen Staatsleben beteiligen, tun sie es zu dem ausgesprochenen Zwecke, den Staat und seine Machtmittel von innen heraus zu unterhöhlen, um den Generalangriff durch Schwächung der inneren Widerstandskraft des Staates zu erleichtern. Ihre gegenwärtige Tätigkeit besteht darin, sich selbst eine Machtstellung innerhalb des Staates zu sichern, durch bewußt staatsfeindliche Politik, durch Zersetzung der Machtmittel des Staates und durch weitere Schulung ihrer eigenen Machtmittel die Vorbedingungen für den sicheren Erfolg, der von der Partei in naher Zukunft zu entfachenden Revolution zu schaffen.«[25]

Die Verfasser stützten ihr Urteil auf eine umfangreiche Materialsammlung einschlägiger Äußerungen maßgeblicher NS-Größen, auf parteiinternes Schulungsmaterial und auf SA-Befehle. Ergänzt wurde das Dossier um eine Liste, in der nationalsozialistische Gewalttätigkeiten und Waffenfunde bei den Nationalsozialisten seit dem Herbst 1929 aufgezählt wurden.

Etwa gleichzeitig unterstützte das preußische Innenministerium, das in dieser Frage eng mit dem Reichsministerium zusammenarbeitete, die Argumentation des Reiches mit einer eigenen Denkschrift, welche die NSDAP »als staats- und republikfeindliche hochverräterische Verbindung (§ 129 StGB, § 4, Ziff. 1 Republikschutzgesetz, § 86 StGB)« auswies.[26] Hier waren vor allem die Besonderheiten der inneren Struktur und Organisation der NSDAP, ihr »Doppelcharakter« als »politische Partei und als politischer Bund« herausgearbeitet worden. Daraus leiteten die preußischen Behörden ab, daß der »Beitritt ... bereits die Verpflichtung in sich schließt, auch für ihre Ziele sich aktiv zu betätigen«. Diese Analyse der Führungsstruktur der NSDAP, ihrer militärischen Befehlsverhältnisse und ihres Charakters als Tatgemeinschaft bot rechtliche Handhaben zur straf- und beamtenrechtlichen Verfolgung von nationalsozialistischen Betätigungen, selbst wenn der Täter mit einzelnen gewalttätigen Kampfformen der Partei nicht einverstanden war.

Auf der Grundlage dieses Materials und in Parallele zu den üblichen KPD-Urteilen konnte eigentlich die Stellungnahme des Reichsgerichtes oder einschlägiger Disziplinargerichte nicht mehr zweifelhaft sein.[27] Machte sich die Reichsregierung den Tenor dieser Denkschriften zu eigen, mußte sie in Thüringen die Amtsenthebung von Frick betreiben. Für Brüning jedoch war Hitlers außenpolitische Opposition von Bedeutung, er wollte ihn agitatorisch erstarken lassen und ihn zum Zwecke der langfristigen Rechtserweiterung an den Landesregierungen beteiligen. Ein Streit mit den Nationalsozialisten über ihre Landesminister hätte solche Absichten nur gestört.

Folglich wurde der Konflikt mit Thüringen heruntergespielt. Auf Initiative des Reichsgerichtspräsidenten Bumke einigten sich die thüringische und die Reichsregierung Mitte Dezember 1930 auf einen Vergleich vor dem Staatsgerichtshof, den Thüringen wegen der Sperrung der Polizeikostenzuschüsse angerufen hatte. Da sich die Richter mit einer Stellungnahme zum Charakter der NSDAP nicht exponieren wollten, wurde unter den Beteiligten Einigkeit erzielt, daß die Frage, »ob und inwieweit die NSDAP umstürzlerische oder sonst strafbare Ziele verfolgt, im Rahmen des gegenwärtigen Verfahrens nicht ausgetragen werden kann und soll«.[28] Die Nationalsozialisten jubelten, die innenministeriellen Denkschriften blieben ohne gerichtliche Würdigung und damit ohne öffentliche Wirkung.

Offensichtlich trafen sich bei dieser dilatorischen Behandlung der Frage der Verfassungsfeindlichkeit der NSDAP die Interessen des Kanzlers und des Reichsgerichtspräsidenten, dessen Zugehörigkeit zur DNVP damals unbekannt war. Brüning hatte schon am 30. 10. 1930 in einer Kabinettssitzung die vom Innenministerium beantragte Sperrung der Polizeikostenzuschüsse an Braunschweig, wo inzwischen ebenfalls ein Nationalsozialist als Innenminister amtierte, abgelehnt. Der Kanzler »warnte davor, die Nationalsozialisten für den Staat als ebenso gefährlich zu betrachten als die Kommunisten«.[29] Diese Auffassung des Kanzlers widersprach eindeutig dem Tenor der Denkschriften, die gerade die Gleichbewertung der beiden extremistischen Parteien unter der Perspektive des Staatsschutzrechtes forderten. Auch der Reichswehrminister lockerte Ende 1930 seine Position der rigiden Ablehnung der NSDAP. Er kritisierte die Ausarbeitungen des Innenministeriums, weil sie die Wehrfreudigkeit der nationalsozialistischen Bewegung zu negativ bewerteten. So öffnete der Reichswehrminister schließlich sogar die Kasernentore wieder für die Anhänger Hitlers.[30]

Für den Meinungswechsel des Reichswehrministers spielten offensichtlich zwei Gründe eine entscheidende Rolle: Mit dem Aufstieg zur Massenpartei, der seit dem Wahlsieg 1930 augenfällig war, wurde die NSDAP als Rekrutierungsfeld im Lager der nationalen Rechten zu bedeutsam, als daß die Reichswehr auf dieses Potential für ihre Pläne zur Wehrertüchtigung und Verstärkung des Grenzschutzes sowie zum Aufbau einer Miliz hätte verzichten können. Mindestens ebenso bedeutsam – wenn nicht noch wichtiger – war die Tatsache, daß Hitler im Hochverratsprozeß gegen die Ulmer Reichswehroffiziere Ende September 1930 in Leipzig vor dem Reichsgericht die Gelegenheit bekommen hatte, eine effektvolle Propagandarede zu halten und die Legalität der NSDAP zu beschwören.[31] Dieser Eid bot vielen die langgesuchte Rechtfertigung, zwischen NSDAP und KPD zu differenzieren. Man glaubte dem »Führer«, weil man ihm glauben wollte und den Zynismus dieses Meineides nicht zur Kenntnis nahm.

Reichsinnenminister Wirth hatte versucht, dieser Entwicklung entgegenzusteuern. Er hoffte, seine Materialien in den Prozeß einbringen zu können und so die zu erwartenden Aussagen Hitlers zu widerlegen sowie dessen Vereidigung zu verhindern. Dieses Vorhaben scheiterte jedoch an Reichsjustizminister Bredt und an der Haltung des Senatsvorsitzenden beim Reichsgericht. Letzterer behandelte Hitler mit außerordentlicher Zuvorkommenheit und Leichtgläubigkeit und ließ zu, daß dieser, obwohl gegen ihn eine Anzeige wegen Hochverrats vorlag, als Zeuge vereidigt wurde.

Justizminister Bredt hatte dieses Ergebnis insoweit herbeiführen helfen, als er die Absicht des Innenministers, den Fachreferenten seines Ressorts als Gegenzeugen auftreten zu lassen, abblockte. Dieser Kenner der Materie sollte, gestützt auf die Denkschriften, den umstürzlerischen Charakter der NSDAP beweisen. Der Justizminister verweigerte jedoch eine entsprechende Anweisung an den Oberreichsanwalt: Man solle Hitler nicht entlarven, sondern vielmehr versuchen, ihn auf die Verfassung festzulegen. Bredt wollte, wie er Wirth gegenüber offen zugab, »den Nationalsozialisten die Türe zur Reichsregierung offen halten, und darum Hitler Gelegenheit geben, seine legalen Absichten zu beschwören ...«, andernfalls »man sich den Sozialdemokraten auf Gnade und Ungnade ausliefere«.[32]

Brüning entschied den Konflikt seiner Minister dahingehend, daß statt des Fachreferenten der Staatssekretär Zweigert nach Leipzig fahren sollte. Bredt war einverstanden, denn »von einem so vorsichtigen Beamten hatte ich keine Unliebsamkeiten zu befürchten«. In Leipzig wurde Zweigerts Glaubwürdigkeit als Zeuge dadurch erschüttert, daß er einräumen mußte, »nicht aufgrund eigener Wissenschaft dafür eintreten« zu können, »daß die amtlichen Feststellungen, die dem Ministerium zugegangen sind, auch stimmten«.[33]

Mit einer solchen Aussage waren angesichts des bei Gericht vorhandenen Wohlwollens für Hitler dessen Beteuerungen nicht zu erschüttern und die Vereidigung nicht zu verhindern. Die Denkschriften wurden als Beweismittel abgelehnt, nachdem auch der Oberreichsanwalt nicht müde wurde zu betonen, daß der Charakter der NSDAP nicht eigentlich Gegenstand des Prozesses sei. Mit ihrem Antrag, Hitler zu vernehmen und zu vereidigen, war es der Verteidigung erfolgreich gelungen, genau diese Frage im Sinne einer Legalisierung der NSDAP in den Vordergrund zu stellen. Das Gericht und der Reichsjustizminister hatten dabei mitgespielt. Der Reinigungseid Hitlers wurde vom höchsten deutschen Gericht angenommen. Er entwertete die innenministeriellen Denkschriften. Sie »schlummerten« fortan in den Akten eines Ermittlungsverfahrens wegen Hochverrates gegen Joseph Goebbels. Dieser Prozeß wurde niemals eröffnet.

Brüning mußte es durchaus gelegen kommen, daß eine autoritative Bestätigung des Tenors der Denkschriften durch das Reichsgericht unterblieb. Seine taktischen Überlegungen hinsichtlich der NSDAP und seine Kontakte zu Hitler wären ansonsten schon im Keime erstickt. Darum hielt der Kanzler auch die scharfe Frontstellung der Reichswehr gegen die Nationalsozialisten für übertrieben. Wirth dagegen beharrte nach wie vor darauf, daß die NSDAP als umstürzlerisch anzusehen sei, und erklärte Hitlers Legalitätsbehauptung für »praktisch wertlos«. Als er am 21. Oktober 1930 im Kabinett auf Klärung drängte, plädierte Brüning flexibel für Vertagung. Der Kanzler wurde dabei durch den Staatssekretär im Reichsjustizministerium Joël mit dem bezeichnenden Argument unterstützt, das Kabinett solle dem Reichsgericht und dem Oberreichsanwalt im Verfahren gegen Goebbels nicht vorgreifen.[34] Da dieses Verfahren verschleppt wurde, war das Kabinett einer endgültigen Entscheidung enthoben. Schon damals wurde dagegen öffentliche Kritik laut, die jedoch von Joël zurückgewiesen wurde. Er deckte den Oberreichsanwalt und seine langsamen Ermittlungen.[35]

Diese Vertagung kann als ein klassischer Fall einer »Nicht-Entscheidung« angesehen werden: Indem man sich mit dem Problem nicht befaßte, wurde die Angelegenheit nach dem Legalitätseid Hitlers im Sinne der Nationalsozialisten faktisch positiv entschieden, zumal deren Minister in den Ländern ungehindert weiter amtieren konnten. Daß Brüning mit Hitler verhandelte und seit Frühjahr 1931 auch offizielle Gespräche zwischen Reichswehrspitze und NSDAP zustande kamen, mußte in die gleiche Richtung wirken. Eine Veröffentlichung der die Hitler-Partei belastenden Denkschriften unterblieb – fast möchte man sagen: konsequenterweise. So entstand nach ihrer Nicht-Behandlung in Leipzig allenfalls der Eindruck, daß sie keinen großen Wert haben könnten. Gerichtsurteile aus dem Jahre 1931, die im Zusammenhang mit Zeitungsverboten und beamtenrechtlichen Streitfragen die Denkschriften bestätigten, blieben ebenfalls ohne öffentliche Wirkung, weil die Reichsregierung sie nicht politisch umsetzte.[36]

Wie weit diese politisch motivierte Zurückhaltung eine offensive polizeiliche, beamten- und strafrechtliche Auseinandersetzung mit der NSDAP behindert hat, zeigte sich im November 1931, als nach der hessischen Landtagswahl die sog. Boxheimer Dokumente gefunden wurden. Sie enthielten detaillierte Pläne für eine nationalsozialistische Machtergreifung, angefangen von der Verschleppung politischer Gegner in Konzentrationslager bis hin zu massiven Eingriffen in das Privateigentum und zur Verhängung drakonischer Todesstrafen. Ihr Verfasser war der Fraktionsvorsitzende der hessischen NSDAP, der Gerichtsassessor Best, der später als Amtschef des Reichssicherheitshauptamtes Karriere machen sollte.

Die öffentliche Erregung war groß. Brüning ließ jedoch über den inzwischen zum Reichsjustizminister avancierten Joël den Oberreichsanwalt anweisen, »in der Angelegenheit vorsichtig vorzugehen und vor allem den Anschein zu vermeiden, als überschätze die Reichsregierung die Bedeutung dieser Dokumente«.[37] Auf Drängen Hessens und Preußens »mußte« – wie Brüning schreibt – der Oberreichsanwalt, der sich durch ein die Affäre herunterspielendes Interview öffentliche Kritik eingehandelt hatte, fünf Tage später trotzdem eine gerichtliche Voruntersuchung einleiten, die jedoch folgenlos blieb. Das Reichsgericht stellte knapp ein Jahr später die Untersuchung gegen Best ein, weil es dessen Schutzbehauptungen, nur für den Fall eines schon erfolgreichen kommunistischen Putsches geplant zu haben, Glauben schenkte.

Brüning kam die Boxheimer Affäre im November 1931 außerordentlich ungelegen, da er zur gleichen Zeit über Mittelsmänner Verhandlungen zur Bildung einer neuen Landesregierung aus NSDAP und Zentrum in Hessen führen ließ, wobei Best als Verhandlungspartner fungierte. Ein entschlossenes Ausnutzen des Dokumentenfundes mit dem Ziel, die NSDAP zu entlarven, hätte das Zentrum zum Abbruch dieser Verhandlungen gezwungen. Statt dessen bedauerte Brüning nur deren Störung.

Die politische Konzeption des Kanzlers, die NSDAP in den Ländern koalitionsfähig zu machen und sie auf diese Weise für den beabsichtigten Rechtsschwenk der Regierung auf Reichsebene im Spiel zu behalten, kollidierte erneut mit dem Bestreben der sozialdemokratischen Innenminister von Hessen und Preußen, den Boxheimer Vorfall zu nutzen und energisch alle juristischen Möglichkeiten gegen die NSDAP einzusetzen, um ihren umstürzlerischen Charakter verbindlich zu dokumentieren.

Gewiß hegte Brüning keine ideellen Sympathien für die NSDAP. Eine Diktatur Hitlers wollte er nicht. Die Machtbeteiligung der NSDAP sollte unter bürgerlicher Kontrolle erfolgen. Daß in Hessen die Polizei nicht dem Einfluß der NSDAP ausgeliefert werden durfte, stand für ihn außer Frage. Sein Konzept sah vor, wie Gerhard Schulz treffend formulierte, »der NSDAP in Preußen viel, in der Reichsregierung einiges, jedoch Hitler nichts zu bieten«.[38]

Ob Brüning Hitler hätte zähmen können, mag dahingestellt bleiben. Daß Brüning nicht so leichtfertig gewesen wäre wie sein Nachfolger Papen, kann angenommen werden. In unserem Zusammenhang scheint ein anderer Wirkungszusammenhang wesentlich: Der durch Brünings Kabinett nicht verhinderte, sondern begünstigte Legalitätseid Hitlers, die Zurückhaltung gegenüber Frick in Thüringen und das Lavieren in der Beamtenfrage sowie das Herunterspielen der Boxheimer Dokumente konnte nur den Nationalsozialisten nützen und mußte zur Aufweichung der Verfassungsgrundlagen führen. Die Verhandlungen mit Hitler steigerten dessen Renommee und Prestige. Faßte man ihn mit Glacé-Handschuhen an, machte man ihn gerade in Kreisen des konservativen und gehobenen Bürgertums salonfähig und wählbar. Die ebenso beliebte wie trügerische Unterscheidung zwischen dem maßvollen »Führer« und den ungestümen Gefolgsleuten wurde gleichsam regierungsamtlich bestätigt. Hitler heimste diese Erfolge ein, ohne von seinem Alles-oder-Nichts-Standpunkt abgehen zu müssen und von Brüning in irgendeiner Weise gebunden worden zu sein. Schon allein die Tatsache, daß verhandelt wurde und er die Legalität publikumswirksam beschwören konnte, nutzte dem »Führer«, so wertlos dieser Eid in Wirklichkeit war.

Zugleich griffen er und seine Partei die Regierung weiterhin in rüdesten Formen an. Es konnte keinen Zweifel geben, daß von der

NSDAP Gewalt systematisch eingesetzt und ausgeübt wurde. Daß die Reichsregierung dieses Treiben ignorierte und in den Augen der Öffentlichkeit nicht als »umstürzlerisch« brandmarkte, obwohl genügend Argumente bereitlagen, mußte erheblich zur Verwilderung der politisch-moralischen Maßstäbe beitragen. Was war von einem System zu halten, das in dieser Form mit sich umspringen ließ? Im Kern äußerte sich in dieser vom Kabinett Brüning verantworteten Praxis gegenüber der NSDAP und ihrem »staatsfeindlichen« Verhalten eine Selbstdistanzierung vom System der Weimarer Verfassung und von den Formen eines zivilisierten politischen Umgangs. Durften Gewalt als Mittel politischer Auseinandersetzung und die Entartung des politischen Stils derartig mißachtet werden, nur weil sie aus der »richtigen« Richtung kamen? Um Kommunisten auszugrenzen, reichte das Instrumentarium der offenen Weimarer Verfassung leicht aus. Gegenüber Nationalsozialisten blieben diese Instrumente ungenutzt. Es verwundert deshalb nicht, wenn Wähler guten Gewissens Hitler ihre Stimme gaben. Hätte die Reichsregierung 1930 eindeutig erklärt, daß die NSDAP eine verfassungsfeindliche, umstürzlerische Partei sei, und hätte sie diese Position im Beamtenkörper, in den Landesregierungen und vor den Gerichten durchgesetzt – einer klaren Haltung der Reichsregierung und eindeutigen Instruktionen an den Oberreichsanwalt konnte sich das Reichsgericht kaum versagen –, wäre auch in der öffentlichen Meinung das Verdikt der Staatsfeindlichkeit stärker bedacht worden. Einer »Umsturzpartei« wären viele junge evangelische Theologen und das ansonsten so ordnungsliebende und staatstreue Bürgertum wohl zögernder gefolgt.

Als im März 1932 prominente deutsche Historiker eine politisch-historische Situationsanalyse vorlegten, schrieb Karl Alexander v. Müller einleitend vom schleichenden Bürgerkrieg der KPD, »der weite Teile unseres Landes erfüllt«.[39] Über die NSDAP liest man dagegen kein Wort. Diese einseitige Wahrnehmung, die im nachhinein nur erschreckte Verwunderung auslösen kann, ist durch Brünings Politik allein sicherlich nicht erzeugt, aber doch bestärkt, keinesfalls aber erschüttert worden.

3. Das Scheitern Brünings – Hundert Meter vor dem Ziel?

Das außenpolitische Konzept des Kanzlers schien Erfolg zu haben, obwohl der Sommer 1931 zunächst die Krise verschärfte und Mißerfolge brachte. Der Plan der Reichsregierung, eine deutsch-österreichische Zoll-Union zu bilden, international nicht abgestimmt, scheiterte am erbitterten Widerstand Frankreichs. Dort witterte man darin eine Vorstufe des verbotenen »Anschlusses« und ein neues Ausgreifen des Deutschen Reiches nach Südosteuropa. Die Wirtschaftslage des Reiches verschlimmerte sich nochmals, als durch Geldabzüge die österreichische Creditanstalt zahlungsunfähig wurde. Sie riß auch eine der deutschen Großbanken, die DANAT, mit sich und löste eine schwere Bankenkrise aus, die Reichsregierung und Reichsbank nur mit größter Mühe eindämmen konnten. Die akute Gefahr eines Zusammenbruchs der deutschen Wirtschaft mobilisierte jedoch den amerikanischen Präsidenten Hoover, der das nach ihm benannte Hoover-Moratorium, ein Aussetzen aller politischen Schuldenzahlungen – der Reparationen sowohl wie der Kriegsschulden der Westeuropäer bei den USA – durchsetzte. Damit wurde das Reich von den drückendsten Zahlungsverpflichtungen entlastet. Eine Atempause für Verhandlungen war geschaffen. Die Wende deutete sich an. Zugleich wurden Schritte zur endgültigen Aufhebung der Reparationsverpflichtungen vorbereitet.

Noch im Sommer 1931 gelang es ferner, mit den privaten Gläubigern des Reiches ein Stillhalteabkommen zu erzielen. Im Dezember 1931 stellte eine internationale Kommission Deutschlands Zahlungsunfähigkeit für die Reparationen offiziell fest. Es wurde zu einer Konferenz nach Lausanne eingeladen, auf der diese politischen Kontributionen und die Kriegsschulden der Alliierten annulliert werden sollten. Allenfalls eine eher symbolische Schlußzahlung wollte Brüning akzeptieren, sofern dem Reich dafür ein entsprechender Kredit eingeräumt werden würde. Zwar wurde die Lausanner Konferenz wenig später auf den Juni 1932 verschoben, doch ihr Ergebnis konnte kaum noch zweifelhaft sein.

Im Frühjahr 1932 tagte endlich auch die Abrüstungskonferenz in Genf. Hier gelang es Brüning, entscheidende Verbesserungen für die Reichswehr – den Aufbau einer Miliz und die Aufhebung der waffentechnischen Beschränkung des Versailler Vertrages – durchzusetzen. Das Ansehen des Kanzlers im Ausland – besonders in

England und den USA – wuchs, seine Kompetenz wurde allseits anerkannt. 1932 schien für ihn das Jahr des Erfolgs zu sein. Darum glaubte er Anfang Mai 1932 im Reichstag, von den »Hundert Metern vor dem Ziel« sprechen zu können.

Auch verfassungspolitisch war Brüning mit seinen Plänen vorangekommen. Unbemerkt von der Öffentlichkeit hatte er die Reichsreform forciert. Die Länder waren auf kaltem Wege entmachtet. In der sog. Dietramzeller Notverordnung vom 24. August 1931 erhielten die Landesregierungen die Ermächtigung, unabhängig von ihren Landtagen alle zur Sicherung der Finanzen notwendigen Maßnahmen zu ergreifen. Damit war nicht nur die Axt an das Verfassungsinstitut des Länderparlamentarismus gelegt, sondern Brüning »rechnete damit, daß binnen Jahresfrist ein großer Teil der Länder kommen würde, mit der Bitte, ihnen diese... Verantwortung wieder abzunehmen«. Für die Auszahlung der Beamtengehälter waren die Landesregierungen praktisch stets auf Reichshilfe angewiesen, und »so konnten die Länder, wenn sie aufsässig wurden, dauernd an die Kandare genommen werden«.[40] In Bayern kommentierte man dieses Vorgehen bitter: Das Reich suche seine innenpolitischen Ziele durch außenpolitischen Druck zu erzwingen und nutze die Finanznot der Länder und Gemeinden so aus, daß eine Reichsreform überflüssig sein werde.[41] Einige kleinere norddeutsche Länder sahen sich schon bald gezwungen, dem Reich die Übernahme der Landesverwaltung (Lippe-Detmold) oder zumindest der Justizverwaltungen (Mecklenburg) anzubieten. Die Unterstellung der Landespolizeiverwaltungen unter das Reich ließ Brüning schon vorbereiten.[42]

Im Hinblick auf die erstrebte Zurückdrängung des Parlaments und der Parteien war Brüning ebenfalls optimistisch. Durch zahlreiche Vertagungen und durch die parlamentarische Praxis, nur über die Annahme oder Ablehnung der außerordentlich umfangreichen Notverordnungen abstimmen zu lassen, war die Regierung vom Reichstag faktisch unabhängig geworden. Um vollends zu den Verfassungszuständen des Kaiserreiches mit seiner nur vom Staatsoberhaupt abhängigen Regierung zurückzukehren, glaubte der Kanzler lediglich noch einer Geschäftsordnungsänderung zu bedürfen, die den »Mißbrauch« des Mißtrauensvotums einschränken sollte. Damit wäre in der Tat der Kern der parlamentarischen Verantwortlichkeit der Regierung beseitigt worden. Für den Sommer 1932 rechnete Brüning überdies damit, »die Wiedereinführung der Monarchie auf legalem Wege« betreiben zu können.[43] Angesichts der denkbaren Alternative: Monarchie oder Nazi-Diktatur, hoffte er, daß die Sozialdemokraten sogar diesen Schritt dulden würden.

Der Preis, den Brüning für die sich in seinen Augen abzeichnenden Erfolge bezahlen mußte, war hoch. Um die deutsche Zahlungsunfähigkeit nachzuweisen, bedurfte es einer rigiden Deflationspolitik. Die kumulative Verschärfung der Wirtschaftskrise wurde bewußt in Kauf genommen. Lohn- und Preissenkungen, Gehalts- und Pensionskürzungen sowie die Steuererhöhungen und die zum Schutz der deutschen Landwirtschaft hohen Zollmauern ließen den Binnenmarkt zusammenbrechen und die Arbeitslosenzahlen stark ansteigen. Im Februar 1931 waren fast 5 Millionen Arbeitslose bei den Arbeitsämtern gemeldet, ein Jahr später wurde mit 6,128 Millionen offiziell Registrierten (hinzu kam eine Dunkelziffer von bis zu zwei Millionen) der absolute Höchststand erreicht. Nur mehr gut die Hälfte der Arbeitslosen erhielt im Februar 1931 Arbeitslosenunterstützung, 1932 war dieser Prozentsatz schon unter ein Drittel gesunken.[44] Die ausgesteuerten Langzeitarbeitslosen bekamen nur die sog. Krisenunterstützung oder waren auf die Wohlfahrtsämter der Städte angewiesen. Die Industrieproduktion sank kontinuierlich und führte zu zahlreichen Konkursen.

Besonders Jugendliche waren von der Arbeitslosigkeit betroffen, zumal im Zuge von Stelleneinsparungen und »Verwaltungsvereinfachung« der Staat als Arbeitgeber weitgehend ausfiel. Für junge Akademiker wurde es immer schwerer, eine Stellung zu finden. Not und Verzweiflung wuchsen überall. Die Zahl der Selbstmorde stieg gespenstisch an.

Die Städte, für die Wohlfahrtsfürsorge zuständig, konnten die Not kaum lindern, da die Reichsregierung sie finanziell ausbluten ließ, um sie wegen ihrer allzu großzügig kreditfinanzierten Investitionspolitik in den Jahren zuvor zu disziplinieren. Da gerade im Kommunalbereich der Weimarer Sozialstaat – häufig unter Führung sozialdemokratischer Stadtratsmehrheiten – am besten ausgebaut war, fiel die Politik des Sozialabbaus vielfach auf die sozialdemokratischen Stadtväter zurück.

Vor welchen Problemen die Wohlfahrtsämter angesichts leerer Stadtsäckel und langer Schlangen von Erwerbslosen standen, dokumentiert eine Anweisung des Präsidenten der Hamburger

Wohlfahrtsbehörde: Voller Sorge, daß die knappen Finanzmittel nicht mehr für alle Unterstützungsbedürftigen reichten, wies er seine Mitarbeiter an, zwischen mehr oder weniger »wertvollen Teilen der Bevölkerung« zu unterscheiden und die verfügbaren Gelder weniger für »Asoziale, Psychopathen und sonstwie Minderwertige« als für »das Gesunde«, die schuldlosen Opfer der Wirtschaftskatastrophe, aufzuwenden.[45] In solchen Anweisungen kommt nicht nur der gesamte Umfang der Finanz- und Wirtschaftsmisere zum Ausdruck, sondern hier deuten sich auch Auswirkungen auf die »Verwaltungskultur« an. Beamte, die in schier ausweglose Entscheidungssituationen manövriert werden, geraten in Gefahr, zu untauglichen Maßstäben zu greifen. Die Bereitschaft, alle möglichen Mittel anzuwenden, wenn nur die ärgste Not beseitigt würde, wurde hier erzeugt. Zwar war auch in anderen Ländern, in Großbritannien oder in den USA, die Zahl der Arbeitslosen vergleichbar hoch und die nackte Not nicht weniger gravierend. Dort aber fehlte die jahrzehntelange Erfahrung einer staatlichen Sozialpolitik, die in Deutschland die Erwartungen der Bürger an den Staat seit einem halben Jahrhundert prägte. Wurden solche Erwartungen enttäuscht, schlug sich dies auf die Einstellung zum politischen System massiv nieder.

Zur Verteidigung Brünings hat der Wirtschaftshistoriker Knut Borchardt jüngst darauf hingewiesen, daß Brüning aus ökonomischen Gründen eine andere Wirtschaftspolitik gar nicht hätte führen können. Angesichts gewerkschaftlich durchgesetzter Löhne und aufgrund des staatlichen Ausbaus der Sozialpolitik sei die deutsche Wirtschaft hinsichtlich der Arbeitsproduktivität schon am Vorabend der großen Weltwirtschaftskrise geschwächt gewesen. Der demokratische Sozialstaat habe – als »Gewerkschaftsstaat« agierend – seine eigenen wirtschaftlichen Grundlagen gleichsam verzehrt. Ein politisch durchsetzbares Rezept zur Krisenbekämpfung, das auch Erfolg versprochen hätte, habe nicht existiert. Darum habe Brüning nur die Tatsache, daß man ohnehin nichts machen könne, für seine »außenpolitischen Zwecke instrumentiert«. Diese Thesen Borchardts haben eine heftige, noch längst nicht abgeschlossene Diskussion ausgelöst.[46] Gegen den vorwiegend mit Lohnkosten und Investitionsquoten ökonomisch argumentierenden Borchardt ist vor allem auf die zahlreichen Pläne und Empfehlungen aus Brünings Umkreis seit Sommer und Herbst 1931 hingewiesen worden, die den Kanzler ausnahmslos zu einer Modifizierung seiner Wirtschaftspolitik drängen wollten. Dabei kam es nicht so sehr auf die unmittelbare Wirkung solcher Konzepte an, die Borchardt wohl zu Recht eher skeptisch beurteilt, sondern auf deren symbolische Bedeutung. Sie hätten ein Zeichen gesetzt, daß die Regierung nicht nur alles ihren abstrakten außenpolitischen Zielen unterordne, sondern auch das konkrete Schicksal der Bevölkerung im Auge habe.

Brünings politisch gesetzte Prioritäten lauteten jedoch anders. Vollbeschäftigung stand an letzter Stelle der Wunschliste. Darum trieb seine Instrumentalisierung der Krise zugleich zur Krisenverschärfung und in ihrer Folge zur politischen Radikalisierung. Den Bürgern vermochte er den Sinn und die Notwendigkeit seiner Handlungsweise nicht zu vermitteln. Seine asketische Politik entbehrte jeder faszinierenden Kraft, bot keine Alternative. Dem Kanzler fehlte das Gespür für die Bedürfnisse und Nöte der Massen. Seine »rein sachliche« Politik, die sich nur den angeblichen staatspolitischen Notwendigkeiten verpflichtet fühlte, kannte für Interessenvertretung und Parteienkompromisse nur Verachtung. Die Politik zur Wiedererlangung der außenpolitischen Unabhängigkeit setzte er durch, auch wenn damit »die Bäcker bei der Wirtschaftspartei und die norddeutschen Schweinemäster bei der DDP ins Lager der NSDAP« getrieben wurden.[47]

Die Radikalisierung der Wählerschaft, ihre Bereitschaft, den Versprechungen einer ganz anderen Politik Glauben zu schenken, findet hier eine ihrer Ursachen. Und diese Bereitschaft ergriff nicht nur Bäcker und Schweinemäster, sondern breitete sich z. B. auch in der Beamtenschaft immer mehr aus. Die unterbliebene Abgrenzung von der NSDAP tat ein übriges. Brünings Versuch, die Krise von oben staatlich zu steuern, entsprach im Grunde dem lang gepflegten Selbstverständnis des Berufsbeamtentums, das sich als den eigentlichen Sachwalter des Gemeinwohls, als Anwalt der Staatspolitik gegenüber der im Parlament formulierten Parteipolitik verstand. Diesem etatistischen Führungsanspruch arbeitete das bürokratische Notverordnungsregime Brünings in die Hände. Doch die rigorose Sparpolitik des Kanzlers, die insbesondere die Masse der unteren und mittleren Beamten durch mehrfache Gehaltskürzungen und durch die Streichung sonstiger Sozialleistungen des staatlichen Arbeitgebers traf, politisierte auch diese Gruppe, auf deren Folgebereitschaft und Neutralität das Präsidialsystem in besonderer Weise angewiesen war, zumal man ja nach wie vor hoffte, die Nationalsozialisten »zähmen« zu können. Die Politisierung der Beamten griff um so stärker um sich, je öfter die Sparmaßnahmen ohne jede Vorwarnung verordnet wurden. Gemäßigte Führer der Beamtenverbände fühlten sich durch die Regierung mehrfach desavouiert; die Rechtspositionen der Beamten wurden in bedenklicher Weise gelockert.

Brüning vollzog diese rigorose Sparpolitik, weil hier beträchtliche Effekte erzielt werden konnten. Warnungen aus den Länderregierungen, man solle die Beamten nicht dem Nationalsozialismus zutreiben, verhallten ungehört. Was ursprünglich einmal als kompensatorisches Solidaropfer der Beamten für die Arbeitslosen gedacht war, geriet jetzt zum Abbau staatlicher Sozialpolitik bei den eigenen Bediensteten. Auf diese Weise weckte Brüning überdies die Begehrlichkeit privater Arbeitgeber, sich in gleicher Weise wie der Staat von den Bindungen der Tarifverträge zu befreien.[48] Allem Drängen der Unternehmerverbände, entsprechend einzugreifen, widerstand der Kanzler jedoch. Ihm war bewußt, daß über frei vereinbarte tarifliche Lohnabsenkungen hinaus das Tarifsystem selber unantastbar bleiben mußte, wollte man die Tolerierung durch die SPD nicht aufs Spiel setzen. Da sie ihre Forderungen nicht durchsetzen konnten, wandten sich im Spätsommer 1931 die Unternehmer von Brüning und seiner Politik allmählich ab und schwenkten immer mehr ins Lager der nationalen Opposition über, weil ihnen auch die dirigistischen Eingriffe Brünings zu weit gingen.

Der Kanzler geriet in zunehmende Isolierung. Die Interessenverbände verloren das Vertrauen in seine Politik. Da er diese meist im Kreis enger Mitarbeiter unter Ausschluß der Öffentlichkeit formulierte und da das Parlament als Clearingstelle für die Akkumulation und den Ausgleich nicht zur Verfügung stand, wurde die hohe Bürokratie, vor allem aber das Reichspräsidentenpalais, zum Zielpunkt emsiger Lobbyaktivitäten. Der Pluralismus der Interessen ließ sich nicht ausschalten, aber er wurde systematisch in unkontrollierbare Kanäle abgedrängt und kam dann gefiltert durch die Prioritäten und Optionen der Umgebung des Reichspräsidenten zum Tragen. Schon im Oktober 1931 schien darum Brünings Scheitern programmiert, nachdem sich kurz vor der Reichstagssitzung in Harzburg die »nationale Opposition« – Stahlhelm, DNVP und NSDAP – als »Harzburger Front« gegründet hatte. Man vereinbarte, gemeinsam das System frontal anzugreifen, und wußte sich dabei auch des Wohlwollens der Industrie sicher. Hitler machte durch sein die Partner provozierendes Verhalten zwar deutlich, daß er sich kaum werde einbinden lassen, aber für Brüning wurde angesichts dieser einheitlichen Frontbildung, die auf DVP und Wirtschaftspartei eine erhebliche Sogwirkung entfaltete, die politische Situation immer schwieriger.

Eine vorweggenommene Kabinettsumbildung sollte für die Mitte Oktober 1931 bevorstehende Reichstagssitzung seine Position stärken. Er trennte sich von seinen parteipolitisch profiliertesten Ministern, von Außenminister Curtius (DVP) und dem linken Zentrumsmann Innenminister Wirth. Der Kanzler übertrug das Innenministerium zusätzlich an Reichswehrminister Groener, was den Interessen der Reichswehr entgegenkam. Die Kompetenzen zur wehrsportlichen Ertüchtigung der Jugend gelangten auf diese Weise in die Hände der Militärs. Brüning selber verwaltete das Außenministerium mit. Die »Fachleute« bestimmten fortan verstärkt das Gesicht des Kabinetts und unterstrichen dessen »überparteilichen« Charakter. Mit dieser neuen Formation gelang es dem Kanzler – gestützt auf eine knappe Tolerierungsmehrheit –, im Reichstag ein Mißtrauensvotum abzuwehren und dadurch auch den Reichspräsidenten noch einmal an sich zu binden. Daß die SPD dem Kanzler erneut zum Machterhalt verholfen hatte, belastete ihn zunehmend, denn es machte deutlich, daß er noch immer gegen die Rechte regieren mußte. Seinem Ziel, die nationale Opposition einzubinden, war er trotz der vorsichtigen Behandlung der NSDAP nicht nähergekommen. Ohne Belastung durch Regierungsverantwortung konnte die NSDAP sich frei entfalten. Bereits jetzt forderte sie die ganze Macht.

Um die Jahreswende 1931/32 glaubte Brüning, auf eine direkte Unterstützung der nationalen Opposition angewiesen zu sein, lief doch die erste Amtsperiode des Reichspräsidenten Hindenburg im Sommer 1932 aus. Für dessen Weiteramtieren mußte beizeiten gesorgt werden. Brünings Regierungsweise wie auch seine langfristigen Pläne zur monarchischen Restauration waren auf die Person des Reichspräsidenten zugeschnitten. Auch fühlte sich der Weltkriegsoffizier Brüning dem Feldmarschall in gehorsamer Treue verpflichtet, obwohl er als der für die Richtlinien der Politik verantwortliche Reichskanzler die begrenzten politischen Perspektiven und die zunehmende Altersschwäche des Staatsoberhauptes oft besorgt hatte zur Kenntnis nehmen müssen. Gleichwohl versuchte Brüning, bei NSDAP und DNVP die Zustimmung für ein verfassungsänderndes Gesetz zu erwirken, das die Amtszeit des Reichspräsidenten verlängern sollte, um so einen erneuten Wahlgang im Krisenjahr 1932 zu vermeiden. Hindenburg hatte, wenn auch nicht ohne Bedenken, diesem Verfahren zugestimmt, aber er ging davon aus, daß es zu einer unkontroversen Wiederwahl ohne Gegenkandidaten käme. Brüning selber stellte den rechten Oppositionsparteien von der »Harzburger Front« in Aussicht, er werde nach einem erfolgreichen Abschluß der bevorstehenden außenpolitischen Konferenzen das Kanzleramt für einen der ihren freigeben. Doch Hitler wie Hugenberg entzogen sich solchem Kalkül und verlangten eine sofortige Rechtswendung. Der Führer der NSDAP, der allein aus den Verhandlungen schon einen erheblichen Prestigegewinn schöpfen konnte, forderte für seine Partei das Kanzleramt sowie das Reichswehr- und das Reichsinnenministerium, wohl wissend, daß weder Brüning noch Hindenburg dies zugestehen würden.

Die Rechte erzwang durch ihre Absage nun doch die von der Verfassung vorgeschriebene Volkswahl des Reichspräsidenten, und noch dazu gegen das rechte Lager. Um wenigstens die Gefühle Hindenburgs zu schonen, bildete Brüning einen überparteilichen, eher konservativ gefärbten Wahlausschuß, der Hindenburg die Kandidatur antrug. Dennoch blieb nicht lange verborgen, daß sich die NSDAP, der »Stahlhelm« und die DNVP nicht anschlossen. Der »Stahlhelm« präsentierte einen eigenen Kandidaten, Oberstleutnant Duesterberg, der auch bei der DNVP, die sieben Jahre zuvor Hindenburgs Kandidatur gefördert hatte, Unterstützung fand. Hindenburg sah sich von den Getreuesten der Getreuen verlassen. Hitler selber kandidierte ebenfalls. Faktisch hieß die Alternative: Hindenburg oder Hitler. Um dem amtierenden Staatsoberhaupt zum Sieg zu verhelfen, mußte Brüning sogar die SPD-Führung bedrängen, auf einen eigenen Kandidaten zu verzichten und für Hindenburg einzutreten, was die Sozialdemokraten, wiederum unter beträchtlicher Selbstverleugnung, auch taten. Die Tolerierungspolitik bewährte sich noch einmal. Hindenburg wurde im zweiten Wahlgang mit knapp über 50 % der Stimmen gewählt, Hitler erhielt 37 %, zwei Drittel der deutschen Wähler votierten damit gegen ihn (Tab. 3).

Dennoch erwies sich diese Wahl für Brüning als ein Pyrrhus-Sieg. Zwar hatte der Kanzler sich mit aller Kraft im Wahlkampf für Hin-

Tabelle 3: *Ergebnisse der Reichspräsidentenwahl 1932*

	Wahlbeteil. %	Thälmann	Hindenburg	Düsterberg	Hitler
1. Wahlgang 13.3.1932	85,7	13,2	49,6	6,8	30,1
2. Wahlgang 10.4.1932	82,8	10,2	53,0	–	36,8

denburg eingesetzt und hoffte, daß dieser nicht von ihm abrücken werde. Doch der Reichspräsident konnte es kaum verwinden, daß er von den »falschen Leuten« gewählt worden war. In der Tat mußte es paradox erscheinen, daß seine Aufforderung an den Kanzler Brüning vom Frühjahr 1930, »sozialistenrein« und gestützt auf die rechten Parteien zu regieren, zur Folge hatte, daß er, der sich als Repräsentant des nationalen und rechten Lagers empfand, nur mit Hilfe der »Sozis« gegen die nationale Opposition hatte wiedergewählt werden können. So trat gerade jetzt eine Entfremdung zwischen Präsident und Kanzler ein, die dazu führte, daß der ehemalige Feldmarschall den Vorstellungen seiner Umgebung immer mehr Gehör schenkte und damit das Fundament des Brüning-Kurses ins Wanken brachte.[49]

Die Wiederwahl Hindenburgs erweckte den Anschein, als ob die Tolerierungsparteien, das Bündnis von Zentrum, bürgerlichen Mittelparteien und SPD, im Besitz der Mehrheit und handlungsfähig seien. Fast konnte man ja von einer Neuauflage der alten Weimarer Koalition sprechen. Die Disziplin der Wähler auf der Linken war auch erstaunlich. Dennoch gibt zu denken, daß dieser Sieg nur für Hindenburg errungen werden konnte und daß die Republik keinen republikanischen Kandidaten zu präsentieren wußte. Brüning hatte allerdings auch keinen gesucht. Für die erstrebte langfristige Öffnung nach rechts bot sich nur Hindenburg als Kandidat an. Unter diesen Bedingungen diesen Reichspräsidenten wiederwählen zu müssen, war für Demokraten und Sozialdemokraten eine Zumutung. Daß sie diese akzeptierten, zeigt ihre ausweglose Situation und die Tendenz zu ihrer weiteren Schwächung.

Der keineswegs glänzende Sieg des Reichspräsidenten forderte freilich einen Preis, der erneut Brünings Position unterminierte. Während der Präsidentschaftskampagne, am Vorabend des ersten

Wahlgangs, hatte der preußische Innenminister Severing Hausdurchsuchungen bei der NSDAP durchführen lassen und umfangreiches Material sichergestellt, das geheime Mobilisierungspläne der SA enthüllte, die für den Fall eines Wahlsieges Hitlers einen Machtkampf in pseudolegaler Verkleidung erwarten ließen. Mit diesem Material ausgerüstet und aufgrund massiver Unterstützung aller süddeutschen Länder wurde Reichsinnenminister Groener dazu veranlaßt, ein Verbot der SA und SS beim Reichspräsidenten durchzusetzen. Groener hatte bislang eine Festlegung gegen die NSDAP vermieden, weil die Reichswehr in der SA ein Potential für ihre Milizpläne sah. Jetzt beugte er sich dem Druck der Länder und sicherte ihnen für die Zeit nach dem zweiten Wahlgang ein einheitliches Vorgehen des Reiches zu. Andernfalls – so hatten die Länder, insbesondere auch Bayern, durchblicken lassen – würden sie von sich aus zur Sicherung der Staatsautorität einschreiten. Sie drängten, weil Ende April Landtagswahlen anstanden. Selbst die Reichswehr hatte ein gewisses Interesse daran, die SA im Umfeld der Abrüstungsverhandlungen nicht als bewaffnete Privatarmee auf den Straßen marschieren zu lassen. Sie dachte zwar nicht an totale Auflösung, sondern strebte danach, sie als Parteiarmee verschwinden zu lassen und unter die Kontrolle der Reichswehr zu bringen. Da die SA inzwischen fast 400000 Mitglieder hatte, bedrohte sie allmählich das Waffenmonopol des 100000-Mann-Heeres.

Groener machte sich das Anliegen der Länder zu eigen. In einem bemerkenswerten Brief an Brüning begründete er seinen Entschluß:

»Die Ereignisse der letzten Wochen lassen keinen Zweifel mehr, daß der psychologische Augenblick zur Auflösung der militärischen Organisationen der NSDAP gekommen ist. Unsere bisherige Absicht, diese Organisationen in einem von Reichs wegen zu gründenden und unter Reichsaufsicht stehenden großen allgemeinen Wehrsportverband unschädlich zu machen, muß angesichts der gesteigerten politischen Spannung vorläufig zurückgestellt werden. Dazu kommt, daß das Ansehen der deutschen Reichsregierung im In- und Ausland infolge ihrer angeblichen Schwäche in einer unerträglichen Weise herabgesetzt ist. Jedes weitere Zaudern gegenüber der NSDAP vergrößert das Übel und bringt den Herrn Reichskanzler und die Reichsregierung in eine schiefe Lage... Wenn ich auch glaube, daß es den Führern der Nationalsozialisten, die mir dauernd Stöße von Legalitätserklärungen senden, mit ihrem Willen zur legalen Einstellung durchaus ernst ist, so genügen dieser Wille und diese Erklärung allein nicht, wenn die

Partei sich nicht von Dingen befreit, die ihrem Wesen nach illegal sind. Es ist mit der Staatsautorität nicht zu vereinbaren, daß die Partei eine militärisch organisierte Sonderarmee unterhält... Eine solche nach allen ihren Einrichtungen und Vorschriften auf den Kampf im Innern eingestellte Organisation wird eines Tages die Partei in die Illegalität hineinreißen. Die Legalität der Partei wird daher erst dann als eine wirkliche und uneingeschränkte betrachtet werden dürfen, wenn sie von allen derartigen Belastungen befreit ist.«[50]

Mit diesem eindrucksvollen Votum, das allem Wunschdenken absagte, setzte sich Groener bei Brüning und Hindenburg durch, obwohl Schleicher schon in der entscheidenden Ministerbesprechung eine mildere Vorgehensweise vorschlug und in diesem Sinne – wenn auch zunächst erfolglos – bei Hindenburg intervenierte. Am 13. April 1932 erging das SA-Verbot.

Obgleich Groener, wie er einem persönlichen Freund schrieb, »weder mit den Sozis noch mit den Nazis paktieren« wollte, erschien dieser Schritt doch als Wendung nach links. Brüning selber vollzog die Politik seines Innenministers zwar loyal mit; aus seinen Memoiren geht jedoch hervor, daß er Groener gewähren ließ, ohne selber die Initiative zu ergreifen. Seine Sorge galt vor allem der Frage, ob die Reichswehr den Schlag gegen die SA auch wirklich mittrüge. Entgegen ersten Zusicherungen stellte sich rasch heraus, daß die Reichswehrkommandeure im Land das Vorgehen gegen die SA nicht billigten. Schleicher als »Chef des Ministeramtes« im Reichswehrministerium schlug sich auf ihre Seite und arbeitete von nun an gegen Groener. Nach Meinung vieler Offiziere hatte Groeners Vorpreschen gegen rechts Hindenburgs Prestige, das durch die aus Reichswehrperspektive unglücklich verlaufene Präsidentenwahl ohnehin angeschlagen war, erneut belastet. Außerdem sei die Überparteilichkeit des Präsidenten und der Reichswehr tangiert, weil Groener mehr in seiner Funktion als Innenminister und nicht so sehr im Interesse der Reichswehr, deren Pläne zurückgestellt wurden, gehandelt habe. Man spielte darum Hindenburg Material über angebliche Verstöße des Reichsbanners zu, so daß der Reichspräsident von Groener öffentlich die Prüfung eines polizeilichen Vorgehens gegen die republiktreue Wehrorganisation verlangte, was einer deutlichen Distanzierung vom SA-Verbot gleichkam.

Als Groener schließlich Anfang Mai im Reichstag gegenüber wütenden Attacken der NSDAP sich kaum zu behaupten wußte, forderte Schleicher zusammen mit der militärischen Reichswehrspitze dessen Rücktritt als Reichswehrminister. Gleichzeitig begann der Chef der Wehrmachtsabteilung intensiv nach einer Alternative für Brüning zu suchen, um die NSDAP doch noch in die Regierung einzubinden und als positives Gegengewicht gegen die Linke ausnutzen zu können. Die scharfe Front gegen den Nationalsozialismus paßte nicht in sein Konzept, weil sie die Kluft zwischen der Regierung, insbesondere aber der Reichswehr, und der nationalen Opposition insgesamt vertiefte. Er verhandelte deshalb hinter Brünings Rücken mit der NSDAP, sicherte ihr eine Aufhebung des SA-Verbotes und die Auflösung des Reichstages zu, wenn sie im Gegenzug bereit sei, eine neue Regierung der Rechten zu dulden. Nach vagen Zusagen Hitlers präsentierte er dann Hindenburg den konservativen Zentrumspolitiker Franz v. Papen, den er aus gemeinsamer Offizierszeit kannte, als neuen Reichskanzler einer Regierung der »nationalen Konzentration«. Da der Reichspräsident überdies wegen der Osthilfepläne der Regierung Brüning, die eine Aufsiedlung nicht sanierungsfähiger Güter vorsahen, aufgebracht war – die agrarische Lobby seiner Standesgenossen diffamierte diese Pläne als »Agrarbolschewismus« –, zwang er seinen Kanzler Brüning Ende Mai zur Demission mit der lapidaren Begründung, die Regierung sei unpopulär.

Brüning resignierte. Er war letztlich gescheitert an der Kamarilla im Reichspräsidentenpalais und an den Intrigen der Reichswehrführung unter Schleicher. Das zutreffende Argument, im Reichstag noch über eine Mehrheit zu verfügen, konnte ein Reichskanzler nicht verwenden, der die Regierung vom Parlament immer unabhängig machen wollte. Aber so sehr Brüning auch in seinen Memoiren diese Intrigen und das Verhalten einzelner Persönlichkeiten als Ursachen hervorhebt, bleibt doch festzuhalten, daß seine Politik der Instrumentalisierung der Krise und der Steuerung von oben ohne Bindung an Interessenorganisationen und Parteien so einseitig auf die Vollmachten des Präsidenten setzte, daß er sich selber dessen politischem Führungsanspruch auslieferte. Die Tolerierung durch die SPD schwächte sowohl den Kanzler aus der Sicht des Präsidenten wie auch die SPD in der Wahrnehmung ihrer Wähler. Die Rücksichtnahme gegenüber der NSDAP betrieb Brüning so lange, bis die NSDAP ihre eigenen Bedingungen diktieren konnte. Als darum die Reichspräsidentenwahl und das SA-Verbot Brüning zwangen, Stellung zu beziehen, sah er sich in einer Front, in der ihm weder Reichspräsident noch Reichswehr folgen wollten. Sie versuchten, ohne ihn jenen Kurs der Annäherung an die Rechten fortzusetzen, für den sie Brüning einst engagiert hatten. Sie hofften, auf diese Weise die Isolierung zu durchbrechen, in die Brünings Kurs sie geführt hatte.

Das überparteiliche Präsidialregime als Vollzugsorgan der Staatsnotwendigkeit war strukturell gescheitert, weil es jede Basis in der Gesellschaft verlor, die Radikalisierung im Lande vorantrieb und weil es die letzte Entscheidung in die Hände unverantwortlicher Berater eines greisen Präsidenten legte, die der proklamierten Politik Brünings eine Absage erteilten. Brüning war insofern nicht »der letzte Kanzler vor der Auflösung der Weimarer Republik, er war der erste Kanzler im Prozeß dieser Auflösung der deutschen Demokratie«.[51]

III. Das Zwischenspiel Papen–Schleicher

1. Werben um Hitler – Wendung gegen links

Brünings – wenn auch gescheiterter – Plan war immer gewesen, die nationale Opposition zur Mitarbeit heranzuziehen, ohne die Abstützung auf die bürgerliche Mitte zu gefährden. Reichspräsidentenwahl und SA-Verbot hatten die Realisierung dieses Zieles in den Augen Hindenburgs und Schleichers massiv beeinträchtigt. Aus diesem Grund mußte Brüning gehen. Schleicher wagte jetzt mit Papen und der neuen Regierung ein riskantes Spiel: Das Kabinett war vor allem als Brückenschlag zur nationalen Opposition gedacht, um die für Reichspräsident wie Reichswehr in gleicher Weise unangenehme Frontstellung gegen rechts abzubauen und dem Präsidialregime in der NSDAP eine neue Massenbasis zu erschließen. Dazu diente als Vorleistung an Hitler das Versprechen, das SA-Verbot aufzuheben und Neuwahlen auszuschreiben. Als Gegenleistung sollte, das war Schleichers Konzept, Hitler sich zur Unterstützung der neuen Regierung bereitfinden, sich sogar an ihr beteiligen, ohne dabei Zugriff auf die eigentlichen Machtinstrumente des Staates, auf die Reichswehr und die präsidiale Notverordnungsvollmacht, zu erhalten.

Solange Schleicher selber die Reichswehr hinter sich wußte und das uneingeschränkte Vertrauen Hindenburgs besaß, konnte dieses Experiment gelingen. Es enthielt jedoch ein dreifaches Risiko: Zunächst einmal barg der brüske Sturz Brünings für die neue Regierung die Gefahr eines schweren Konfliktes mit der bürgerlichen Mitte. Der Brückenschlag nach rechts riß nach links einen neuen Graben auf. Die neue Regierung der »nationalen Konzentration« mußte – ihrem Anspruch zum Trotz – als Kampfkabinett der Rechten gegen die Mitte und gegen die Linke erscheinen. Papen und Schleicher waren dann entweder auf Gedeih und Verderb an Hitler ausgeliefert oder zu einer reinen Präsidialregierung bar jeglicher Unterstützung bei Parteien und Massenorganisationen gezwungen. Ein solches Regime hätte sich ohne Verfassungsbruch kaum längere Zeit im Amt halten können. Neben dem drohenden Konflikt mit der Mitte lief Schleichers Experiment ferner die nicht geringere Gefahr, daß Hitler seine vagen Zusagen zur Unterstützung Papens nicht einhielt und sich nicht einbinden ließ. Schleicher besaß keinerlei Garantien für Hitlers Wohlverhalten, zumal die Vorleistungen der Regierung nicht rückgängig gemacht werden konnten. Bei einem Konflikt mit der NSDAP war die neue Regierung wiederum einzig auf die Vollmachten des Reichspräsidenten zurückverwiesen, was keineswegs geringere Risiken mit sich brachte. Brünings Schicksal hatte soeben erwiesen, daß auf das Vertrauen Hindenburgs nicht unbedingt Verlaß war.

Angesichts dieser Unwägbarkeiten ist die Verblüffung der Öffentlichkeit über die Kanzlerschaft des weithin unbekannten Papen gut verständlich. Allerdings schien ein Unsicherheitsfaktor zunächst ausgeräumt: Die Regierung Papen entsprach genau Hindenburgs Wünschen. »Das Kabinett der Barone« rekrutierte sich aus dem konservativ-deutschnationalen Umfeld, dem Hindenburg sich zugehörig fühlte und zu dem er Vertrauen hatte. Papen vertrat das Zentrum im preußischen Landtag, galt dort jedoch als Rechtsaußen. Wiederholt hatte er gegen die Koalition seiner Partei mit der SPD unter Braun polemisiert und war für ein Bündnis mit den Rechtsparteien eingetreten. Schleicher galt als Initiator und als der starke Mann in der Kabinettsrunde. Jetzt trat er in den Vordergrund des politischen Geschehens und übernahm das Reichswehrministerium. Er sicherte so den entscheidenden Machtfaktor der Regierung, die Reichswehr, ab. Das Arbeitsressort – bis dahin traditionell mit Männern der Gewerkschaftsbewegung besetzt – wurde zunächst von Reichswirtschaftsminister Warmbold, einem Direktor aus der Großchemie, mitverwaltet. Zu Recht wurde diese Maßnahme als eindeutige Kampfansage an die Gewerkschaften aufgefaßt. Als Reichsinnenminister amtierte Freiherr v. Gayl, ein Sprecher des ostpreußischen Großgrundbesitzes aus Hindenburgs Neudecker Nachbarschaft, der sich vor allem als Gegner der preußischen SPD-Regierung profiliert hatte. Fast alle Minister entstammten dem Adel. Soweit sie vorher parteipolitisch aktiv gewesen waren, traten sie nun demonstrativ aus ihren Parteien aus. Deutlicher ließ sich die Absage an den Parteienstaat nicht zum Ausdruck bringen.

Schleicher mochte gehofft haben, mit der Kanzlerkandidatur Papens das Zentrum gewinnen zu können. Dort war man jedoch derart empört über den Sturz des hochgeachteten Brüning, daß der »Verräter« Papen seinem Ausschluß aus der Partei nur durch Austritt zuvorkommen konnte. Das im Hinblick auf die soziale

Schichtung höchst einseitig zusammengesetzte Junker-Kabinett, mit dem sich der Reichspräsident gerne umgab, stellte für diejenigen, die Hindenburg sechs Wochen zuvor wiedergewählt hatten, eine politische Provokation dar. Die 19,5 Millionen Hindenburg-Wähler hatten keinen Vertrauensmann im Kabinett. Repräsentanten des Mittelstandes oder der Arbeiterschaft fehlten gänzlich. Durch diese Personalpolitik waren die Brücken auch zur gemäßigten Mitte leichtfertig abgebrochen.

Wie freischwebend und ohne Rückhalt das Kabinett agieren mußte, hatte sich vor der Regierungsbildung auch in den kurzen, eher pro forma geführten Gesprächen des Reichspräsidenten mit den Führern der politischen Parteien gezeigt. Die SPD warnte vor einem Bruch der Verfassung und machte klar, daß sie für eine Tolerierung nicht länger zur Verfügung stehe. Das Zentrum verlangte eine klare Übertragung der politischen Verantwortung an die Rechtsparteien und lehnte es ab, in dieses Kabinett einzutreten. Hitler ließ sich nochmals die Reichstagsauflösung und die Aufhebung des SA-Verbotes gegen ein vages Unterstützungsversprechen zusichern. Nur DVP und DNVP stellten eine begrenzte Mitarbeit in Aussicht, ohne jedoch feste Bindungen einzugehen.

Die neue Regierung erschien mithin allen Parteien als Experiment und Zwischenlösung. Die NSDAP, auf die es bei diesem Spiel vor allem ankam, dachte nicht daran, sich mit der neuen Regierung zu identifizieren und von Schleicher zähmen zu lassen. Drastisch vermerkte Goebbels schon am 30. Mai in seinem Tagebuch: »Von Papen ist als Reichskanzler vorgesehen. Aber das interessiert uns nicht so. Wählen, Wählen! Heran ans Volk.«[1] Im Wahlkampf wurde die Regierung leidlich geschont. Weitere Festlegungen, etwa auf eine Regierungsbeteiligung nach der Wahl, hatte Hitler vermieden.

Es charakterisiert die leichtfertige Vabanquepolitik Papens und Schleichers, daß sie die Reichstagsauflösung in Kauf nahmen, um ein parteiunabhängiges autoritäres Präsidialkabinett zu installieren, gerade dadurch jedoch Hitler erneut die Straße zur Agitation freigaben. Die NSDAP konnte ihre demagogische Stärke ausspielen und ihre plebiszitäre Legitimation dokumentieren.

Schleicher glaubte, diesen Weg gehen zu müssen, damit Papen im Parlament wenigstens eine Tolerierungsmehrheit finden könne. Eine solche parlamentarische Absicherung war unumgänglich, weil Hindenburg zum offenen Verfassungsbruch nicht bereit war, gleichzeitig aber von der ihn persönlich bedrängenden Praxis der Notverordnungen entlastet sein wollte. Nach dem zu erwartenden »Nein« des Zentrums fand Papen im Reichstag nur bei einer Minderheit eine erste Unterstützung: DVP, DNVP und NSDAP verfügten zusammen nur über 178 Mandate. Sie waren also weit von der absoluten Mehrheit – 288 Mandate – entfernt (vgl. Tab. 2, S. 42).

Angesichts der großen Erfolge, die die NSDAP in den Landtagswahlen errungen hatte – überall war sie zur stärksten Partei geworden, in einigen kleinen Ländern hatte sie sogar die absolute Mehrheit erobert –, standen die Zeichen für die Rechtsparteien günstig, zusammen die absolute Mehrheit im Reichstag erringen zu können. Auch Hitlers Wahlergebnis bei der Reichspräsidentenwahl (37 %) sprach für dieses Kalkül. Hindenburg löste den Reichstag denn auch mit der bezeichnenden Begründung auf, dieser entspreche nach dem Ergebnis der letzten Landtagswahlen nicht mehr dem Willen des deutschen Volkes. So wurde die parlamentarisch abgesicherte Regierung Brünings fallengelassen, um eine Minderheitsregierung ins Amt zu bringen, die sich über eine Reichstagsauflösung erst noch eine Mehrheit beschaffen sollte. Daß hier der Geist der Weimarer Verfassung grob verletzt wurde, war offenkundig. Die immer wieder betonte Verfassungstreue Hindenburgs erwies sich wieder einmal als beliebig knetbare Masse in der Hand skrupelloser Verfassungsinterpreten und Präsidentenberater.

Die NSDAP-Führung drängte für den Wahlkampf auf sofortige Aufhebung des SA-Verbotes. Die Reichsregierung riskierte bei diesem Vorhaben jedoch einen ernsthaften Konflikt mit den Ländern. In einer vertraulichen Besprechung mit dem Reichskanzler und Reichsinnenminister wandte sich der württembergische Staatspräsident Bolz scharf gegen die angekündigte Maßnahme: Sie werde die innere Sicherheit schwer gefährden; kein Staat könne Privatarmeen dulden, das Verbot sei allenfalls auf *alle* militärähnlichen Organisationen auszudehnen. Der bayerische Ministerpräsident stieß in dasselbe Horn: 19 Millionen hätten für Hindenburg votiert, weil sie Ruhe und Schutz vor Parteiarmeen dieser Art gewährleistet wissen wollten. Dieser Volksteil müsse die Aufhebung des Verbotes als einen Schlag ins Gesicht empfinden. Held fuhr wörtlich fort: »Heben Sie ruhig auf! Ich werde sofort Antwort mit einem Verbot aller militärischen Organisationen geben, und wir wollen sehen, ob Sie die Macht haben, mich daran zu hindern. Ich bin in meinem Gewissen verpflichtet, der Bevölkerung den Schutz angedeihen zu lassen, auf den der Staatsbürger ein Recht hat.« Auch der badische Staatspräsident lehnte jede Verantwortung für die Folgen einer Aufhebung des SA-Verbotes in der Wahlzeit ab.

Reichsinnenminister Gayl ließ sich durch diese Warnungen nicht beeindrucken: Mit dem SA-Verbot seien weiteste Kreise der Bevölkerung vor den Kopf gestoßen worden, darin sei eine gewisse Ungerechtigkeit zu erblicken. Die Reichsregierung vertrete den Standpunkt, daß der bevorstehende schwere Wahlkampf »von allen Teilen der Bevölkerung möglichst mit gleichen Waffen (natürlich bildlich gesprochen) solle geführt werden können«. Es sei nicht angebracht, daß ein bestimmter Teil der Bevölkerung in seiner Bewegungsfreiheit behindert werde, wenn der Wille der Nation erforscht werden solle. Held widersprach dem Innenminister mit dem Hinweis, daß noch größere Teile der Bevölkerung froh über das Verbot waren. Man dürfe nicht die Minorität der Majorität voranstellen. Er forderte Gayl darum auf: »Schützen Sie die Freiheit des deutschen Mannes in seiner politischen Überzeugung und helfen Sie nicht mit, daß bewaffnete Banden zur Unterdrükkung dieser Freiheit geschaffen werden.«[2]

Die Ministerpräsidenten der süddeutschen Länder intervenierten sogar direkt beim Reichspräsidenten. Doch die Reichsregierung hatte sich festgelegt. Worum es ging, hatte Reichsinnenminister Gayl anläßlich einer Kabinettssitzung in schöner Offenherzigkeit notiert: »Die junge, immer weitere Kreise erfassende Bewegung Adolf Hitlers mußte, um die in ihr lebendigen nationalen Kräfte dem Wiederaufbau des Volkes nutzbar zu machen, von den ihr unter Brüning und Severing angelegten Fesseln befreit und zum erfolgreichen Kampf gegen den internationalen Kommunismus gestützt werden.«[3]

Mit Notverordnung vom 14. Juni 1932 wurde darum knapp zwei Wochen nach Papens Amtsantritt das SA-Verbot aufgehoben. Wenig später nahm die Reichsregierung den Ländern auch die Möglichkeit zu generellen Uniformverboten, mit denen diese der ausufernden Agitation militanter Parteiverbände hatten gegensteuern wollen. Da das schon 1929 verhängte Verbot des kommunistischen »Roten Frontkämpferbundes« in Kraft blieb, lief die neue Notverordnung faktisch darauf hinaus, die Straße an die NSDAP zum hemmungslosen Kampf gegen »Rotfront« freizugeben. Die Autorität des Staates, die Groener und die Länder mit dem SA-Verbot zu schützen versucht hatten, wurde nun knapp acht Wochen später durch dessen Rücknahme schwer geschädigt, und zwar von einer angeblich »autoritären«, überparteilichen Regierung; ihre Parteilichkeit konnte nicht »schlagkräftiger« demonstriert werden.

Der Wahlkampf wuchs sich zum Bürgerkrieg aus. Die erbitterten Kommunisten schlugen zurück. Bis zum 20. Juli zählte man allein in Preußen 99 Tote und 1125 Verletzte. Die Polizei war überfordert, versuchte aber, Kommunisten und Nationalsozialisten in Schach zu halten. Goebbels beklagte sich während des Wahlkampfes heftig, daß Preußen immer noch von der SPD regiert werde und die Polizei gegen die NSDAP einsetze. Er forderte daher den Reichsinnenminister auf, durch Notverordnung die preußische Polizei dem Kommando des Reiches zu unterstellen.

Freilich bedurfte es kaum mehr dieser Ermunterung. Gayl hatte seiner Notiz über die notwendige Befreiung der SA aus den Fesseln Severings angefügt: »Zweitens war, um die Bahn für die erste Aufgabe [die Stützung der NSDAP im Kampf gegen den internationalen Kommunismus] freizumachen und dabei das Reich gegen die schwarz-rote Preußenregierung durchzusetzen, der Gegensatz Reich/Preußen durch Beseitigung der Preußenregierung ein für allemal aus der Welt zu schaffen.«[4]

Ein Schlag gegen Preußen, das letzte Bollwerk der Republik, stand auch unabhängig von den Forderungen der NSDAP auf dem Programm der neuen Regierung. Seit jeher war den preußischen Konservativen und Deutschnationalen die Machtstellung der SPD unter Braun ein Dorn im Auge gewesen. Was nützte die Führung im Reich, wenn auf der anderen Seite der Wilhelmstraße (dort waren sowohl Ministerien der preußischen wie der Reichsregierung angesiedelt) die Sozialdemokraten den größten Polizei- und Verwaltungsapparat im Reich in der Hand hielten. Preußen vom Marxismus zu befreien, lautete die deutschnationale Parole. Wer in den Verfassungsvorstellungen der Bismarckzeit dachte, mußte darüber hinaus darauf drängen, die preußische und die Reichsexekutive in einer Hand zu vereinen. Die Deutschnationalen dachten dabei gewiß nicht daran – wie einige Unitarier im Zusammenhang mit der sogenannten Reichsreform –, das Land Preußen aufzulösen und in ein »Reichsland« zu verwandeln, sondern sie zielten darauf, die Führungsaufgabe Preußens im Reich wiederherzustellen. Zu diesem Zwecke sollte der parteipolitische Kontrast zwischen den Regierungen rechts und links der Wilhelmstraße beseitigt werden.

Ein Instrument, dieses Ziel zu erreichen, bot die Notverordnungsvollmacht des Reichspräsidenten, die einen Reichskommissar in Preußen einzusetzen ermöglichte. Das Präsidialregime Papen schuf sich durch diesen Zugriff auf Preußen eine eigene Machtbasis, die unabhängig vom preußischen Parlament blieb und damit zugleich den antiparlamentarischen Grundzug der intendierten Neuordnung des Reiches akzentuierte.

Darüber, daß eine Neuordnung der föderalen Struktur der Weimarer Republik grundsätzlich fällig war, gab es keinen Dissens. Das Ungleichgewicht der Länder forderte eine Revision: Neben vielen Kleinstaaten, wie Lippe-Detmold, Schaumburg-Lippe oder Waldeck-Pyrmont, existierte mit Preußen ein Großstaat, der drei Fünftel der Fläche des Reiches und vier Siebtel seiner Bevölkerung umfaßte. Freilich bestand Uneinigkeit über Richtung und Ziel der Reform. Während die süddeutschen Länder sich als Wächter der Souveränität der Einzelstaaten verstanden und deshalb auch die Pläne des Reiches zum Einschreiten gegen die preußische Regierung mit wachem Mißtrauen beobachteten, trat eine heterogene Koalition aufgeklärter Bürokraten, liberaler Unitaristen, antiparlamentarischer Konservativer und für Verwaltungsvereinfachung und staatliche Sparsamkeit plädierender Wirtschaftsführer für Zentralismus und Stärkung des Reiches ein. Preußische Konservative dagegen lehnten jede Zerschlagung Preußens ab und arbeiteten auf eine Wiederherstellung der preußischen Hegemonie im Reich hin, was wiederum den Widerstand der Süddeutschen hervorrufen mußte.

Jenseits föderalistischer Strukturfragen lag jedoch die eigentliche politische Bedeutung des Gewichtes des Landes Preußen im Reich während der Weimarer Republik darin, daß durch die faktisch ununterbrochen herrschende Koalitionsregierung unter Braun die SPD auch dann im politischen System der Republik maßgeblich an der Macht beteiligt war, wenn im Reich bürgerliche Minderheitenkabinette oder gar »Bürgerblockregierungen« amtierten. Die vielkritisierte Scheu der SPD, im Reich politische Verantwortung zu übernehmen, wurde durch die permanente Machtbeteiligung in Preußen relativiert. Weil das Zentrum im Reich »mit rechts«, in Preußen »mit links« koalieren konnte, ermöglichte das Preußen unter dem SPD-Ministerpräsidenten Braun innerhalb des Reichsganzen die Kontinuität einer indirekten Großen Koalition. Der für die Republik so gefährlichen Polarisierung zwischen den Parteiblöcken wirkte diese Konstellation entgegen. Sie diente dem Auftrag der Weimarer Verfassung zum Ausgleich zwischen Arbeiterschaft und Bürgertum.[5] Das galt auch noch während Brünings Präsidialregierung. Trotz aller Reichsreformpläne hatte Brüning die Position der SPD-Regierung in Preußen stets unberührt gelassen und so seine Tolerierung durch die SPD im Reich ermöglicht, obwohl der Reichspräsident das »rote« Preußen beseitigt sehen wollte.

Für Papen und Gayl war Hindenburgs Drängen, auch in Preußen antimarxistisch zu regieren, ein eigener Herzenswunsch, den man ohne Rücksicht auf die politischen Folgen sich zu erfüllen trachtete. Mit dem Zugriff auf Preußen konnte sich das Kabinett der Barone zudem eine zusätzliche Machtbasis sichern. In Berlin war es daher seit Anfang Juni 1932 ein offenes Geheimnis, daß eine Aktion gegen Preußen bevorstehe.

Bevor die Regierung zum Schlag gegen Preußen ausholte, fuhr der frischernannte Reichskanzler zunächst zur Konferenz nach Lausanne, auf der er mit der endgültigen Bereinigung der Reparationsfrage jenen Erfolg für sich verbuchen konnte, für den Brüning die Grundlagen geschaffen hatte. Jetzt war keine Rücksichtnahme auf das Ausland mehr nötig. So wie 1930 der sozialdemokratische Reichskanzler Müller gestürzt wurde, nachdem der Young-Plan unter Dach und Fach gebracht worden war, konnte man jetzt nach der Lösung des Reparationsproblems die letzte Bastion der eigentlichen Staatspartei der Weimarer Republik schleifen. Der Primat der Außenpolitik hatte 1918/19 den konservativen Eliten die Zusammenarbeit mit der SPD aufgezwungen. Der Fortfall außenpolitischer Rücksichtnahmen erlaubte nun, sich von dieser ungeliebten Bindung zu befreien.

Ein Anlaß, gegen die preußische Regierung einzuschreiten, war rasch gefunden. Die Reichsregierung provozierte ihn geradezu durch die Aufhebung des SA-Verbotes. Die Infamie dieses leichtfertigen Aktes lag darin, daß die zwangsläufig folgenden blutigen Straßenschlachten von der Landespolizei nicht unterbunden werden konnten und so dem Reich erlaubten, ein Versagen der Polizei festzustellen und selber einzugreifen. Haltlose Gerüchte über eine Einheitsfront von SPD und KPD kamen hinzu. Eine erbitterte Straßenschlacht am 17. Juli 1932, dem »Altonaer Blutsonntag«, mit 17 Toten auf seiten der KPD, SA und Polizei sowie mehr als hundert Verletzten wurde von Papen und Gayl dann benutzt, um eine schon Tage vorher unterzeichnete Notverordnung in Kraft zu setzen: Über Berlin wurde der militärische Ausnahmezustand verhängt, der Reichskanzler zum Reichskommissar für Preußen bestellt. Aufgrund dieser Vollmacht setzte Papen zunächst Ministerpräsident Braun und Innenminister Severing ab und beauftragte den Essener Oberbürgermeister Bracht, als Kommissar des Reiches das preußische Innenministerium und die preußische Polizei zu leiten. Gleichzeitig wurden der Berliner Polizeipräsident Grzesinski, sein Vizepräsident Weiß und der Kommandeur der Berliner Schutzpolizei Heimannsberg ihrer Ämter enthoben. Als offizielle Begründung für die Aktion wurde angeführt, die preußische Regierung habe nicht in notwendigem Umfang die kommunistische Gefahr bekämpft; ferner seien Kommunisten und Nationalsozialisten unzulässigerweise politisch und moralisch gleichgesetzt worden. Außerdem bestehe der Verdacht, daß preußische Regierungsstellen gegenüber Kommunisten nicht mehr unabhängig genug seien. Der Antimarxismus lieferte das Alibi zur Demontage der Republik.

Severing protestierte heftig, als ihm Papen am Vormittag des 20. Juli 1932 kühl seine Absetzung und die Entsendung eines Reichskommissars eröffnete. Severing bestritt, daß die Voraussetzungen für ein Eingreifen nach Art. 48 WRV gegeben seien, da die preußische Regierung weder Verfassung noch Gesetz verletzt habe; auch sei die öffentliche Sicherheit in Preußen genausogut gewährleistet wie in anderen Ländern. Das Vorgehen Papens sei daher verfassungswidrig; er könne darum nicht abgesetzt werden und weiche nur der Gewalt. Kurz darauf beschlossen die preußischen Minister, den Staatsgerichtshof gegen die Reichsregierung anzurufen. Dem machtpolitischen Coup antworteten sie mit dem Appell an die Legalität. Am Abend gegen 20 Uhr erschienen in Severings Dienstzimmer zwei Polizeioffiziere im Auftrag des Reichskommissars mit der Anweisung, ihn gewaltsam aus dem Amt zu entfernen; daraufhin verließ der Minister seinen Posten. Zuvor schon war die Spitze des Berliner Polizeipräsidiums durch Reichswehroffiziere sistiert worden.[6] Papen hatte sich zunächst auf der ganzen Linie durchgesetzt. Die Schaltstellen der Macht in Preußen waren in seiner Hand; bis zum Prozeß vor dem Staatsgerichtshof konnte er vollendete Tatsachen schaffen.

Der Entschluß der preußischen Minister, nur das höchste Gericht anzurufen und nicht etwa die Schutzpolizei zu mobilisieren und gewaltsam Widerstand zu leisten, ermöglichte dem Reichskanzler einen leichten Sieg, denn auch die Führung der SPD und der Gewerkschaften schwenkten auf diese Linie eines nur auf dem Boden der Verfassung zu leistenden Widerstandes ein. Der Parteivorstand der SPD hatte diesen Kurs schon am 16. Juli 1932 festgelegt, als Severing über die vermuteten Absichten der Reichsregierung berichtete. Niemand gab das Signal zum Kampf gegen den Verfassungsbruch der Reichsregierung, weder Braun, der sich, krank und resignierend, seit der April-Wahl zurückgezogen hatte, noch Severing, weder der Parteivorstand noch die Gewerkschaftsspitze. Der Befehl an die preußische Polizei, sich gegen die Reichswehr zu stellen, unterblieb ebenso wie der Aufruf zum Generalstreik. »Reichsbanner«, »Eiserne Front« und »Hammerschaften«, die Kampforganisationen der sozialdemokratischen Arbeiterbewegung, wurden nicht mobilisiert. Severing wollte nicht auf Kosten seiner Polizeibeamten und der einfachen Parteigenossen tapfer sein.

Die Kapitulation der SPD vor dem Gewaltakt Papens stieß schon damals innerhalb der Partei auf heftige Kritik. Zahlreiche Einzelzeugnisse machen deutlich, daß in den Reihen des »Reichsbanners«, der Gewerkschaften und der Jugendorganisationen viele zum Losschlagen bereit waren. Die Enttäuschung über das ausbleibende Signal zum Kampf war hier groß. Voller Zorn beschimpfte der junge Reichsbannerführer Höltermann die Mitglieder des Parteivorstandes als »entnervte und kurzsichtige Bürohengste«, »unpolitische Nur-Parlamentsakrobaten« und »geistig korrupte Weichlinge«.[7] Diese Zeitzeugen und Erinnerungsbilder meist verbitterter, damals jüngerer Parteifunktionäre wie Julius Leber, Wilhelm Hoegner oder Heinz Kühn dürfen freilich nicht unbesehen in der Weise verallgemeinert werden, als ob die Streik- und Kampfbereitschaft überall vorhanden gewesen sei. Es gibt auch gegenteilige Dokumente. Gleichwohl haben viele heutige Historiker, mit Karl Dietrich Brachers wegweisender Studie beginnend, die Kritik an dem Legalitätskurs und an der Passivität der SPD-Führung übernommen. Ein Akt des Widerstandes hätte, lautet das Argument, zwar wahrscheinlich nur geringe Erfolgschancen gehabt; dennoch wäre ihm hohe moralische Bedeutung für den Selbstbehauptungswillen der demokratischen Kräfte zugekommen. Mit ihrem Legalismus und Attentismus sei die SPD »in der Stunde der Krise der Demokratie nicht auf der Höhe der

Situation« gewesen.[8]

Die politisch-psychischen Wirkungen des nicht erfolgten Widerstandes ihrerseits mußten, das ist unbestritten, verheerend sein. Goebbels' Tagebucheintragungen sind voller Spott und Siegeszuversicht: Die kampflose Kapitulation des letzten Bollwerkes der Republik habe der nationalsozialistischen Machtergreifung den Weg geebnet. Severing und Brecht, der die preußische Klage vor dem Staatsgerichtshof mit Energie und Umsicht vertrat, haben diesen Auffassungen stets widersprochen: Gewaltsamer Widerstand sei völlig chancenlos gewesen. Außerdem dürfe man das Handeln der politisch Verantwortlichen im Juli 1932 nicht aufgrund der Kenntnisse der nachfolgenden Entwicklung beurteilen: Damals habe man den 30. Januar 1933 nicht vorausahnen können.

Wer das passive Verhalten der SPD-Führung historisch verstehen und bewerten will, muß ein ganzes Ursachengeflecht berücksichtigen. Zunächst einmal war die Ablehnung von Gewalt tief in der Tradition der SPD verankert, und diese Tradition hatte sich in den Weimarer Jahren noch gefestigt. Die Erfahrungen der Revolutionsjahre 1918/19 und der Auseinandersetzungen mit dem linken Putschismus hatten ebenso in diese Richtung gewirkt wie die seit Ende der zwanziger Jahre akute Zweifrontenstellung der SPD zwischen KPD und NSDAP.

Darüber hinaus war das klassische Abwehrinstrument der Arbeiterbewegung, der Generalstreik, in der Situation des Juli 1932 kaum mehr einsetzbar. Bei millionenfacher Arbeitslosigkeit standen genügend gewerkschaftlich nicht gebundene Erwerbslose, insbesondere auch Jugendliche aus den Reihen der SA, als Streikbrecher bereit. Die Spaltung der Arbeiterbewegung und die Unberechenbarkeit der Kommunisten lähmten zusätzlich die Aktivitäten der SPD. Mochte die Kampfbereitschaft der Basis vielerorts auch gegeben sein, eine eigentliche Kampffähigkeit gegen die Reichswehr und die Rechtsverbände bei Neutralität der preußischen Polizei darf kaum angenommen werden. Alle Pläne gingen immer von einem gemeinsamen Vorgehen mit der republikanischen Polizei unter Severings Führung aus. Auch fehlt es nicht an Zeugnissen, die für weite Teile der Mitgliedschaft eher eine abwartende Haltung und eben nicht einen risikobereiten Kampfesmut erkennen lassen.

Die Führung hat die Massen wohl kaum am Losschlagen gehindert, wie eine viel geäußerte Kritik unterstellt. Eher ist Helga Grebing zuzustimmen, die eine gegenseitige Blockierung zwischen Führung und Basis annimmt. Die Masse wartete auf das Signal von oben und wäre der Autorität der Parteiführung wohl auch in einen aussichtslosen Kampf gefolgt. Die Parteiführung ihrerseits ging von der Überzeugung aus, daß Revolutionen nicht von oben *gemacht* werden, sondern spontan aus einer Massenbewegung entstehen. Eine solche, alle Bedenken beiseite schiebende kämpferische Massenbewegung war aber im Juli 1932 nicht zu spüren, so groß die Kampfbereitschaft in einigen Elite- und Jugendorganisationen auch war.

Der eher pessimistischen Situationsanalyse der verantwortlichen Politiker konnte auch nicht verborgen geblieben sein, daß die Fundamente des Bollwerks Preußen und auch der vielgerühmten Severingschen Polizei bereits erheblich untergraben waren. Illoyalitäten im höheren Polizeioffizierskorps und bei Spitzenbeamten vor und während der Aktion der Reichsregierung bewiesen, daß auf die Republiktreue des preußischen Staatsapparates kein unbedingter Verlaß mehr war.

Wer die Passivität der Sozialdemokratie am 20. Juli 1932 verstehen will, wird ferner die zermürbenden Wirkungen des Tolerierungskurses gegenüber Brüning zu berücksichtigen haben. Die vielfachen Zumutungen, die diese Politik für die Sozialdemokratie mit sich brachte, mußten den Bewegungsspielraum der Partei einengen und Resignation erzeugen. Hinzu kam, daß das Ziel, für das die SPD ihre Mitglieder mobilisieren und in den Kampf schicken sollte, außerordentlich unklar war. Eine zündende Parole ließ sich kaum formulieren. Nach der preußischen Landtagswahl vom April 1932 hatte die Regierung Braun im Landtag bereits ihre Mehrheit verloren, sie amtierte nur noch geschäftsführend als Regierung auf Abruf. Braun hatte nach der verheerenden Wahlniederlage seiner Koalition bereits resigniert. Ohne demokratische Mehrheit fühlte er sich nicht zur Machtausübung legitimiert. Ihre demokratisch-parlamentarischen Grundüberzeugungen ließen die SPD sich gleichsam selber zurücknehmen: andernfalls hätte Braun aus der Minderheitenposition eines Wahlverlierers die SPD zum Kampf gegen den Reichspräsidenten führen müssen, den man wenige Monate zuvor als einziges Bollwerk gegen den Nationalsozialismus gerade erst wiedergewählt hatte. Sollte die SPD für eine Wiedereinsetzung der bloß geschäftsführenden Regierung Braun kämpfen oder gar für eine Auflösung des preußischen Landtags eintreten, die keinerlei Besserung, sondern allenfalls Stimmengewinne für die Nationalsozialisten versprach? Der verfassungspolitische Spielraum der SPD war in der Tat gleich Null.

Außerdem war Braun wiederholt für eine Zusammenfassung der preußischen und der Reichsregierung eingetreten. Papens Aktion verlor damit keineswegs ihre verfassungs- und machtpolitisch fragwürdigen Vorzeichen und Begründungen, aber sie ließ sich mit Zielen in Einklang bringen, für die auch Sozialdemokraten immer wieder eingetreten waren.

Das Dilemma für die SPD wird noch deutlicher, wenn man in Erinnerung ruft, daß die Übernahme der preußischen Polizei durch das Reich schon in Brünings Zähmungskonzept eine Rolle gespielt hatte. Das Risiko einer Regierungsbeteiligung der NSDAP in Preußen sollte auf diesem Weg entschärft werden, da Hitler keinen Zugriff auf die Polizei erhalten hätte. Solche Erwägungen waren seit den Aprilwahlen immer akuter geworden, weil entsprechende Koalitionsgespräche mit der preußischen NSDAP bereits geführt wurden. Severing waren diese Absichten des Reiches nicht verborgen geblieben, sie konnten unter Brüning auf sein Einverständnis rechnen. Auch unter Papen und Schleicher war diese antinationalsozialistische Implikation bei dem Griff nach der preußischen Polizei keineswegs verlorengegangen. Sosehr sich Schleicher auch von Brüning gelöst hatte, in seinem Zähmungskonzept gegenüber der NSDAP hatte für den starken Mann im Kabinett Papen der Staatsstreich gegen Preußen ohne Frage auch diesen Sinn. Zwar war die Aktion »Vorleistung«, indem sie die NSDAP von dem Druck der sozialdemokratisch geführten preußischen Polizei befreite, aber sie enthielt eben auch Zähmungs- und Sicherungselemente, die sich gegen die NSDAP richteten. Die Reichswehr konnte die Kontrolle über die Innenpolitik im Reich nur behalten, wenn sie ein Bündnis zwischen preußischer Polizei und SA unmöglich machte.

Unter solchen Perspektiven erschien ein Widerstand gegen die Reichswehr unsinnig. Severing wußte, daß seine Position in Preußen über kurz oder lang unhaltbar wurde, und er rechnete mit der »Verreichlichung« der preußischen Polizei. Die latente Spitze gegen die NSDAP machte ihn dabei anpassungsbereit. Daß auch die NSDAP diese Spitze zu spüren bekam, belegt die brüske Art, mit der sich die Reichswehr im Vorfeld des 20. Juli 1932 eine Alarmbereitschaft und Unterstützung durch die SA verbat. Goebbels beschwerte sich denn auch hinterher, daß bei den umfangreichen Personalsäuberungen in Preußen die braunen Parteigänger, die auf Posten gehofft hatten, nicht berücksichtigt worden seien. Dieser ambivalente Charakter der Aktion des Reiches gegen die geschäftsführende preußische Regierung läßt daher zusätzlich verständlich werden, weshalb Severing zögerte, zum gewaltsamen Widerstand aufzurufen.

Die politische Brüskierung lag für Braun und Severing weniger im Zugriff des Reiches auf die Polizei, sondern in der überraschenden Absetzung der Minister mit der fadenscheinigen Begründung einer Verfassungsverletzung. Die Anrufung des Staatsgerichtshofes durch die preußische Regierung, die gemeinhin als Ausdruck von hilflos formalem Legalismus der SPD kritisiert wird, gewinnt unter dieser Perspektive sogar eine innere Logik, auch wenn der Prozeß vor dem Staatsgerichtshof die Niederlage der SPD nicht aufhalten konnte.

Die Klage vor dem höchsten deutschen Gericht, der sich die süddeutschen Länder in Sorge um ihre eigene Landeshoheit anschlossen, war ein Versuch, den Abwehrkampf gegen das autoritäre Präsidialregime mit seinen offen nationalistischen und antirepublikanischen Tendenzen auf eine breitere Basis zu stellen. Eine verfassungsrechtliche Auseinandersetzung über die Grenzen der Notverordnungsvollmacht des Reichspräsidenten trugen auch die bürgerlich geführten, gemäßigt konservativen süddeutschen Landesregierungen mit. Hier stellte sich vor dem Staatsgerichtshof so etwas wie die alte Brüningsche Tolerierungskoalition wieder her. Nur im Verein mit diesen Kräften war die weitere Demontage der Republik zu stoppen. Aber bezeichnenderweise war diese »Koalition« nur noch für das relativ eingeschränkte Verfahren vor dem Staatsgerichtshof zu mobilisieren. Den Süddeutschen ging es gewiß kaum um die Machtposition der SPD in Preußen, sie waren vor allem an der Klarstellung interessiert, daß der Art. 48 WRV nicht als Instrument zur Durchsetzung der Reichsreform benutzt werden dürfte.

Unter dieser Perspektive war das Urteil des Gerichtes, das die preußische Regierung, vertreten durch ihren Reichsratsbevollmächtigten Brecht, nach spektakulärem Prozeß im Oktober 1932 erstritt, durchaus ein respektabler Teilerfolg. Das Gericht hatte es zwar abgelehnt, die Ermessensentscheidung des Reichspräsidenten darüber, ob in Preußen Ruhe und Ordnung gefährdet gewesen seien, nachzuprüfen, obwohl Brecht die Haltlosigkeit der Vorwürfe des Reiches dem Gericht deutlich vor Augen geführt hatte. Hinsichtlich der Durchführung der Notverordnung hatten die obersten Richter jedoch festgestellt, daß Papen zwar vorübergehend Amtsbefugnisse der preußischen Minister an sich ziehen durfte, nicht aber berechtigt sei, diese abzusetzen. Die eigentliche Landeshoheit verbleibe bei der alten Regierung, die auch nach wie vor das Land Preußen dem Reich gegenüber zu vertreten berechtigt sei. Entgegenstehende Maßnahmen des Reichskanzlers seien rechtswidrig. Das Notstandsrecht des Reichspräsidenten müsse vor den verfassungsrechtlichen Grundpositionen der Länder Halt machen.

An einer solchen Feststellung waren die süddeutschen Länder besonders interessiert. Einer zentralistischen Reichsreform mit Hilfe des Art. 48 WRV hatte das Gericht damit einen Riegel vorgeschoben. Erstmals war der weitverbreiteten und von interessierter Seite bekräftigten Auffassung, daß die Anwendung des Art. 48 WRV überhaupt nicht richterlich nachprüfbar sei, von autoritativer Seite verbindlich widersprochen worden. Insofern war der Appell an die Legalität, den die preußischen Minister am 20. Juli 1932 beschlossen hatten, keineswegs bedeutungslos. Er stoppte Papens und Gayls weitergehende Reichsreformabsichten.

Der Staatsstreich gegen Preußen wurde aber auf diese Weise nicht rückgängig gemacht. Die durch das Urteil in ihrer formalen Existenz bestätigte preußische Regierung führte fortab ein Schattendasein. Die Reichskommissare, insbesondere Franz Bracht im Innenministerium, zogen unwidersprochen alle wichtigen Amtsbefugnisse an sich. Sie setzten eine Verwaltungsreform durch und enthoben zahlreiche sozialdemokratische Regierungspräsidenten, Polizeipräsidenten und Landräte ihrer Posten, um mit eigenen Vertrauensleuten die wichtigsten Schlüsselpositionen in Preußen zu sichern. »Brecht hat das Recht, aber Bracht hat die Macht« und »Bracht bricht Brecht«, umschrieb ein damals geflügeltes Wort die tatsächliche Machtlage. Das Gericht hatte daran nur marginal etwas geändert; es hatte den Staatsstreich Papens nicht rückgängig gemacht, allenfalls eine Weiterführung verhindert. Die Möglichkeiten des autoritären Papen-Regimes waren für die Zukunft leicht beschnitten worden.

Auf den Prozeß vor dem Staatsgerichtshof ist etwas ausführlicher eingegangen worden, weil er das Dilemma sozialdemokratischer Politik zur Verteidigung der Republik im Sommer 1932 noch einmal besonders deutlich macht. Die Sicherung der Republik war nur gemeinsam von Bürgertum und Arbeiterschaft zu gewährleisten. Wollte die SPD jedoch den notwendigen Bündnispartner gewinnen, dann gelang das nur für relativ eingeschränkte Ziele, wie etwa die Abwehr grundsätzlicher Eingriffe des Reiches in die Länderhoheit. Schon im Reichstag ließen sich Zentrum und BVP nicht mehr dazu bewegen, einen Antrag auf Aufhebung der Notverordnung gegen Preußen zu unterstützen.[9]

Die nur sehr partiell und allein bei strikter Beachtung der Legalität erreichbare Hilfe aus dem bürgerlichen Lager zeigt noch einmal die Isolierung der Sozialdemokratie und die Aussichtslosigkeit eines gewaltsamen Widerstandes. Wäre ein solcher gar von der KPD mitgetragen worden, hätten Papen und Schleicher hinterher problemlos behaupten können, sie hätten keine andere Alternative gehabt, als die SA zu Hilfe zu rufen. Der NSDAP, die sich so gern als Retterin vor der roten Gefahr aufspielte, wäre diese Bürgerkriegssituation gerade recht gewesen.

Wer sich bemüht, die Handlungszwänge und Alternativen, vor denen die SPD im Juli 1932 stand, nachzuvollziehen, muß zum Schluß noch einmal über die Folgen des Verzichts auf Widerstand nachdenken. Die Kapitulation in Preußen demonstrierte die Schwäche der SPD und erfüllte daher die NSDAP mit Siegeszuversicht. Diese konnte seither damit rechnen, daß ihr von links kein ernsthafter Kampfeswille entgegentreten würde. Man hat gern darüber spekuliert, was selbst ein 1932 gescheiterter Abwehrkampf für das demokratische Selbstbewußtsein der SPD nach 1945 bedeutet hätte. Solchen plausiblen Erwägungen ist jedoch die ebenso spekulative Überlegung entgegenzuhalten, daß nur der konsequente Legalitätskurs der SPD trotz all seiner Schwächen die Entlarvung der nationalsozialistischen Gewaltherrschaft bewirken konnte. Die Abwehr ausschließlich vom Boden der Verfassung aus entzog der NSDAP die billige Legitimation, Deutschland vor der roten Revolution gerettet zu haben. Die ohnehin von vielfältigen Verdrängungsmechanismen bedrohte Verarbeitung der nationalsozialistischen Vergangenheit im Nachkriegsdeutschland hätte sich andernfalls noch mit der Behauptung auseinanderzusetzen, der Versuch der Konservativen, Hitler zu zähmen, sei am gewaltsamen Widerstand der »Roten« gescheitert. Was eine solche neue

Dolchstoßlegende für das politische Klima der zweiten deutschen Republik, ihr demokratisches Selbstverständnis und ihre aus der Absage an das Dritte Reich begründete Legitimation bedeutet hätte, muß ebenfalls bilanziert werden, wenn man die demoralisierende Wirkung des Rückzugs ausschließlich auf die Legalität am 20. Juli 1932 für die SPD und ihr Selbstbewußtsein nach 1945 diskutiert.

So offen und unbeweisbar all diese Thesen und Fragen bleiben müssen, unbestreitbar schwächte Papens leichtfertige Aktion am 20. Juli 1932 die Republik; die SPD wurde bewegungsunfähig gemacht. Ihr blieb nur der traditionelle und klassische Appell an den Wähler. Am 31. Juli sollte der neue Reichstag gewählt werden. Hier konnten sich die sozialdemokratischen Wähler an Papen revanchieren.

2. Triumph und Krise der NSDAP

Die von Papen und Schleicher leichtfertig ausgeschriebenen Wahlen machten die Republik vollends manövrierunfähig.[10] Die NSDAP triumphierte mit einer Verdoppelung ihrer Wählerzahl gegenüber 1930. Sie wurde mit 13,7 Mill. Stimmen die stärkste Partei im Reichstag (vgl. Tab. 4). Da auch die KPD Mandate gewonnen hatte, verfügten die extremistischen Parteien auf der Rechten und Linken erstmals über eine »negative« Mehrheit im Parlament. Die Radikalisierung im Lande schlug auf die Sitzverteilung im Reichstag voll durch.

Tabelle 4: *Mehrheitsverhältnisse im Reichstag nach den Wahlen vom 31. Juli 1932; Anteil der abgegebenen gültigen Stimmen (in Prozent) und Mandate; Wahlbeteiligung: 84,1 %*

	KPD	SPD	DDP	Zentrum + BVP	DVP	sonst. bürg. bäuerl. Part.	DNVP	NSDAP	Gesamt
Prozent	14,3	21,6	1,0	15,7	1,2	3,1	5,9	37,3	100
Mandate	89	133	4	97	7	11	37	230	608

Die SPD wurde mit knapp 8 Mill. Wählern weit abgeschlagen nur noch zweitstärkste Partei. Gegenüber 1930 hatte sie – trotz gestiegener Wahlbeteiligung – nochmals 600000 Stimmen verloren. Die katholischen Parteien konnten Gewinne verzeichnen. Die schmähliche Entlassung Brünings hatte offensichtlich stimulierend gewirkt; die nach wie vor eindeutige Ablehnung des Nationalsozialismus durch die Bischöfe stabilisierte den Zentrumsturm. Die kleinen bürgerlichen Mittelparteien von den Linksliberalen über die DVP bis hin zu Christlichsozialem Volksdienst, Wirtschaftspartei und Volkskonservativen waren aufgerieben. Auch die DNVP hatte nochmals rund 15 % ihres Wähleranteils verloren. Das bedeutete, daß die Rechtsparteien, NSDAP und DNVP zusammen, weit von ihrem Ziel der absoluten Mehrheit entfernt waren. Selbst wenn alle kleinen bürgerlichen Parteien bis zur DVP hinzugezählt wurden, Papen blieb in der Minderheit. Ihn traf dasselbe Schicksal wie Brüning nach der Septemberwahl 1930. Während Brüning jedoch eine Tolerierungsmehrheit fand, standen Papens Aussichten diesbezüglich viel schlechter. Nur eine »schwarz-braune« Mehrheit aus Zentrum und NSDAP hatte gewisse Realisierungschancen, richtete sich aber auch gegen Papen.

Zunächst waren solche Rechnungen jedoch fiktiv. Die KPD sah ihren Hauptfeind nach wie vor in den »Sozialfaschisten« der SPD. Schon hatte die KPD-Führung mit Stimmungen in der Mitgliedschaft zu kämpfen, die in einer Machtübernahme Hitlers den besten Weg zum Sieg des Kommunismus sahen: das Zentralkomitee kritisierte Thälmann-Wähler, die im zweiten Wahlgang bei der Reichspräsidentenwahl Hitler gewählt hatten, um diesen abwirtschaften zu lassen. Demgegenüber warnte man, daß »ein Ranlassen Hitlers ... auf jeden Fall Ströme von Blut« bedeutete; aber zugleich hielt Thälmann auch im September 1932 unverrückt daran fest, daß »im jetzigen Stadium der fortschreitenden Faschisierung ... jede Abschwächung unseres prinzipiellen Kampfes gegen die Sozialdemokratie ein schwerer Fehler« wäre.[10a] Eine gemeinsame Blockbildung gegen Hitler stand daher ebenso wenig auf dem Programm der KPD wie eine eigenständige Revolution. Angesichts der Tatsache, daß ihr Wähleranteil nicht einmal halb so groß war wie der der NSDAP, wäre eine offensive Kampfstrategie Selbstmord gewesen.

Trotz der Kluft zwischen SPD und KPD neigten Konservative und Bürgerliche in der Tradition des Antimarxismus dazu, eine

Art Gleichgewicht zwischen dem braunen – 37,3 % – und dem roten – 35,9 % – Lager anzunehmen. Dabei geriet das eigentlich Aufregende, die absolute Mehrheit der »totalitären Parteien« – NSDAP und KPD verfügten zusammen über 319 von 608 Mandaten – aus dem Blick. Doch für die Zeitgenossen war diese Gemeinsamkeit des Totalitären keine handlungsbestimmende und frontenbildende Kategorie.

Das katastrophale Wahlergebnis hat man zunächst einmal als Ausdruck der tiefgreifenden Radikalisierung großer Teile der Bevölkerung zu begreifen. Der »Hungerkanzler« Brüning und seine Sparpolitik sowie das volksfremde »Kabinett der Barone«, das mit einer am 14. Juni verfügten weiteren Kürzung der Sozial- und Fürsorgeleistungen Not und Empörung verschärft hatte, trieben die Wähler den extremistischen Parteien zu. Das Präsidialsystem erzeugte mit seiner abgehobenen Politik plebiszitäre Protestbewegungen gegen das Gesamtsystem und machte dadurch das Parlament vollends arbeitsunfähig.

Daß die NSDAP als Protestbewegung erfolgreicher agierte als die KPD, folgte aus der Tatsache, daß die Hitler-Partei die antimarxistischen Vorurteile und Ängste der Mittelschichten für sich mobilisieren konnte und ihr im Kampf gegen den Marxismus das Wohlwollen der Vertreter des konservativ-nationalen Deutschland in Staatsapparat und Reichswehr, in Bildung und Wissenschaft sicher war. Die KPD dagegen galt als undeutsch. Wer in einer Zeit des wachsenden Nationalismus und Patriotismus das »Vaterland aller Werktätigen« außerhalb der Grenzen Deutschlands in Sowjetrußland suchte und sich von dort die Generallinie der Partei vorschreiben ließ, konnte in Deutschland nur auf ein letztlich begrenztes Wählerpotential bauen, auch wenn die globale und nationale Wirtschaftskrise den Anschein erweckte, daß der Kapitalismus wirklich »am Ende« sei und eigentlich einer antikapitalistischen Partei die Wähler zutreiben mußte.

Das Wählerreservoir der KPD blieb jedoch hauptsächlich auf die Industriearbeiterschaft begrenzt. Der NSDAP dagegen gelang 1932 ein Einbruch auch in traditionelle SPD- oder KPD-Hochburgen. Vor allem in Industriegebieten mit klein- und mittelbetrieblicher Struktur, die von der Krise besonders schwer getroffen wurden, eroberte die NSDAP zahlreiche Arbeiterstimmen, zumal dort, wo es keine traditionelle Gewerkschaftsbindung gab. Allein 600000 ehemalige SPD-Wähler von 1930 sollen 1932 zur NSDAP gewandert sein.

Voraussetzung für den Wahlerfolg der NSDAP war nicht nur der massive Einsatz der SA, der demonstrierte Kampfwille und eine überaus geschickte, wenn auch rein demagogische Wahlpropaganda und Presseagitation. Mit dem Schlagwort vom nationalen Sozialismus verfügte die NSDAP über eine ebenso vage wie symbolträchtig wirksame Parole, die Gregor Strasser, der tatkräftige Organisator und Repräsentant des »linken Flügels« der NSDAP, in einer berühmten Reichstagsrede am 10. Mai 1932 zu einem Wirtschaftsprogramm konkretisierte. Strasser verlangte eine beschäftigungspolitische Initiative, die Vorrang vor allen finanzpolitischen Erwägungen besitzen müsse. Er äußerte sich positiv zu den Arbeitsbeschaffungsprojekten der Gewerkschaften und sprach einprägsam »von der großen, antikapitalistischen Sehnsucht, die durch unser Volk geht« und eine neue Zeit ankündige.[11] Die offenkundige Krise der kapitalistischen Weltwirtschaft sollte mit einer verstärkten Wendung zur Autarkie und zur staatlich korporativen Planung beantwortet werden. Solche Töne fanden Anklang, zumal im Lager der »konservativen Revolution« ähnliche Gedanken diskutiert wurden. Bedeutsam war vor allem, daß die NSDAP im Juli 1932 die einzige Partei war, die mit einem solchen Arbeitsbeschaffungsprogramm vor die Wähler trat.

Offenkundig stieß die NSDAP hier in eine programmatische Lücke, die zu einer genaueren Analyse der Verluste der SPD zwingt. Die Sozialdemokraten waren die Hauptverlierer der Juli-Wahl 1932. Vergleicht man die 21,6% dieser Wahl mit den 29,8% aus dem Mai 1928 oder gar mit den 37,9% von 1919, muß man ihre Verluste als dramatisch bezeichnen. Gewiß ist darin eine Reaktion der Wähler auf die Tolerierung Brünings zu sehen. Obwohl die Partei an der Formulierung der Politik des Zentrumskanzlers nicht beteiligt war, hatte sie doch für die Folgen geradezustehen. Das galt insbesondere in den Ländern und Gemeinden, wo der unmittelbare Vollzug der Deflationspolitik noch in die Verantwortung sozialdemokratischer Amtsträger fiel. Der kommunistischen Konkurrenz konnte man nicht leichter Wähler zuführen, zumal die Verhinderung Hitlers, mit der man die Tolerierung rechtfertigte, durch Brünings politisches Taktieren gegenüber der NSDAP wenig glaubhaft bewiesen werden konnte. Brüning selber beschreibt in seinen Memoiren die Schwierigkeiten, in die er die preußische SPD-Regierung im Sommer 1931 brachte, als er sie zu einem Vorgehen gegen die Spartakiade, eine kommunistische Sportveranstaltung, zwang, »ohne daß sie aus Rücksicht auf die Reichsregierung gleichzeitig scharfe Maßnahmen gegen die NSDAP treffen durfte«. Auch das SA-Verbot mußte Brüning bei Hindenburg mit einer Notverordnung gegen die kommunistische »Gottlosenbewegung« erkaufen, obwohl er innerlich Severing zustimmte, der ihm erklärte, »als Christ könne er nicht verstehen, daß man die Bewegung Rosenbergs, die er für viel gefährlicher halte als die plumpe Gottlosenbewegung der Kommunisten, gleichzeitig tolerieren wolle«.[12] Unter solchen Bedingungen war sozialdemokratische Politik den Wählern nicht zu vermitteln. Die Tolerierung mußte auch die Stammwähler frustrieren. Die innerparteilichen Auseinandersetzungen in der SPD nahmen im Sommer und Herbst 1931 darum an Schärfe zu und führten zur Abspaltung der »Sozialistischen Arbeiterpartei«.

Als entscheidende Schwäche der SPD erwies sich jedoch, daß es der Partei nicht gelang, eine Alternative zu Brünings Deflationspolitik zu formulieren. Nur so hätte der Kampf zur Verhinderung Hitlers mit einem positiven Ziel über die Richtung der Politik verbunden werden können. Aber als auf dem Parteitag im Juli 1931 der Vorsitzende der Holzarbeitergewerkschaft, Fritz Tarnow, der Arbeiterbewegung die Rolle des »Arztes und Erben am Krankenbett des Kapitalismus« zuschrieb und zur Belebung der Konjunktur für ein Arbeitsbeschaffungsprogramm plädierte, bei dem Arbeitszeitverkürzungen in Kauf genommen werden sollten, versagte sich die Parteiführung aus Angst vor inflationären Folgen. Erst im Februar 1932 verabschiedete der Gewerkschaftsbund ein solches Arbeitsbeschaffungsprogramm, nach seinen Initiatoren (Woitinsky, Tarnow, Baade) WTB-Plan genannt.[13] Aber auch zu diesem Zeitpunkt blieb die SPD unter der Führung ihres Theoretikers Hilferding noch bei ihrem Nein gegenüber dieser beschäftigungspolitischen Initiative. Unabhängig von der Frage der konjunkturellen Wirksamkeit des WTB-Plans vergab man auf jeden Fall die Chance, alte Anhänger und Wähler neu zu mobilisieren. Die Arbeiterpartei überließ die Arbeitslosen und insbesondere die arbeitslosen Jugendlichen der Agitation der KPD und den antikapitalistischen Sprüchen der NSDAP.

Es erscheint plausibel, die programmatische Insuffizienz der SPD gegenüber Brünings Deflationspolitik, die die Partei in verhängnisvoller Weise verunsichern und lähmen mußte, neben unterschiedlichen kapitalismustheoretischen Analysen auch darauf zurückzuführen, daß die SPD-Führer die reparationspolitischen Ziele Brünings übernahmen. Die Revision des Versailler Vertrages war eines der wenigen Ziele, das alle Parteien einte. Hier herrschte ein Konsens, den auch die »vaterlandslosen Gesellen« der SPD mittrugen. Nur so läßt sich erklären, weshalb sich die SPD-Fraktion immer wieder mit minimalen sozialpolitischen Zugeständnissen Brünings abspeisen ließ, um seine reparationspolitischen Erfolge nicht zu gefährden. Die negative Reaktion der Wähler konnte in der allgemeinen Krise nicht ausbleiben.

Gemessen an der Perspektivlosigkeit, in die der Tolerierungskurs die SPD verstrickt hatte, und angesichts der Niederlage, die sie am 20. Juli in Preußen erlitten hatte, kann das Wahlergebnis vom 31. Juli sogar noch überraschen. Es läßt den Kern der SPD nach wie vor intakt erscheinen. Die Anhängerschaft der Sozialdemokraten behauptete sich gegenüber dem propagandistischen Trommelfeuer der NSDAP und dem Terror der SA relativ gut. Von Demoralisierung und Verzicht auf Selbstbehauptung war im Alltag der Wahlkämpfe, die das ganze Jahr 1932 beherrschten, nichts zu spüren. Auf der Straße war die SPD gleichermaßen präsent. Die Gründung der »Eisernen Front« als Abwehrbündnis von Gewerkschaften, »Reichsbanner« und Partei hatte im Herbst 1931 einen Neuanfang gesetzt, der auf spontane Zustimmung und Unterstützung bei der Basis traf. Das neue Symbol der »Eisernen Front«, die drei Pfeile, machte in der Öffentlichkeit Hakenkreuz sowie Hammer und Sichel wirksam Konkurrenz.

Beim Appell an Emotion und Gefühl tat sich jedoch eine Partei schwer, die politische Werbung traditionsgemäß als Aufklärung begriff. Der straff zentralisierten Wahlkampforganisation des Parteiapparates der NSDAP konnte eine demokratische Partei mit selbstbewußten und traditionsreichen Bezirken und Ortsvereinen wenig entgegensetzen. Innerparteiliche Demokratie erschwerte von oben gesteuerte Agitation. Wenn demgegenüber die parteiinterne Kritik aus dem Umkreis der *Neuen Blätter für den Sozialismus* gegen die »schablonenmäßig geübte Versammlungsdemokratie« mehr Führung in einer »militanten Partei« forderte, wenn man verlangte, die Partei solle sich öffnen für Massenpsychologie und die »Welt der politischen Magie, wie sie in Fahnen, Zeichen und Riten lebendig ist«, für Heroismus und nationale Belange, waren das Schlagworte und Postulate, die das Defizit des »eudämonistisch rationalen Lebensideals« der alten SPD aufzeigten.[14] Daß sich die SPD diesen Forderungen gegenüber eher abweisend verhielt oder ihnen nur mit schlechtem Gewissen nachgab, dokumentiert ebenso ihre Schwerfälligkeit wie ihre demokratische Substanz. Dem Ansturm von Irrationalismus und Gewalt, den die ökonomische und politische Krise freigesetzt hatte, stand der demokratische Sozialismus nur noch in zurückgezogener Defensive gegenüber, nachdem ihm durch die Ausschaltung des Parlaments und durch Papens Staatsstreich alle Möglichkeiten zu positiver Gestaltung und Machtteilhabe im politischen System der Republik genommen waren. Wählerattraktivität konnte eine solche Partei nicht entfalten.

Das Wahlergebnis vom 31. Juli 1932 offenbarte nicht nur den Immobilismus der SPD. Auch der Sieger, die NSDAP, hatte – gemessen an den ursprünglich viel größeren Hoffnungen – nicht »gesiegt«. Die absolute Mehrheit war verfehlt. Die Bewegung blieb auf den 37 % hängen, die Hitler schon im zweiten Wahlgang gegen Hindenburg erreicht hatte. In einigen frühen Hochburgen stagnierte der Wählerzustrom und begann sogar abzuebben. Die im Protest mobilisierte Massenwählerschaft wollte jetzt Taten sehen. Der Straßenterror der SA war nicht zu bremsen; die Kampftruppe wähnte sich am Vorabend der Machtergreifung und drohte, Hitlers Legalitätskurs zu dekouvrieren.

Papen und Schleicher mußten zur Kenntnis nehmen, daß Hitler nicht bereit war, sich mit einer Duldung der Regierung zufriedenzugeben. Tolerierung mache tot, resümierte Goebbels die Erfahrungen der SPD. Aber die Regierung dachte nicht daran, die NSDAP ins Kabinett zu holen, geschweige denn die Kanzlerschaft an Hitler auszuliefern. Kanzler und Reichswehrminister versuchten vielmehr, die Geister, die sie gerufen hatten, wieder loszuwerden. Schon am Tag nach dem Altonaer Blutsonntag, am 18. Juli 1932, hatte die Reichsregierung ein allgemeines Demonstrationsverbot erlassen, nachdem die Aufhebung des SA-Verbotes und seine Folgen den Vorwand für das Eingreifen in Preußen geliefert hatten. Als die Gewalttätigkeiten der SA nach dem Wahltag nicht nachließen, sah sich die Regierung endlich Anfang August veranlaßt, in einer Verordnung »gegen politischen Terror« drakonische Strafen anzudrohen und Sondergerichte einzusetzen.

Am 13. August 1932 wurde Hitler von Hindenburg empfangen. Die Forderung des »Führers«, ihm die Kanzlerschaft zu übertragen, lehnte der Reichspräsident strikt ab. In einem Kommuniqué meldete das Präsidentenpalais, der Reichspräsident habe erklärt,

»daß er es vor seinem Gewissen und seinen Pflichten dem Vaterland gegenüber nicht verantworten könne, die gesamte Regierungsgewalt ausschließlich der nationalsozialistischen Bewegung zu übertragen, die diese Macht einseitig anzuwenden gewillt sei. Er bedauerte, daß Herr Hitler sich nicht in der Lage sehe, entsprechend seinen vor den Reichstagswahlen abgegebenen Erklärungen eine vom Vertrauen des Herrn Reichspräsidenten berufene Nationalregierung zu unterstützen.«[15]

Mit dieser scharfen Erklärung hatten Papen und Schleicher eine Kanzlerschaft Hitlers strikt zurückgewiesen. Hitler war tief getroffen, er sah sich getäuscht. Die Öffentlichkeit hatte ihre Sensation. Reichspräsident und Regierung ließen sich, so schien es, von Hitler nicht erpressen, sie hofften vielmehr darauf, daß dieser sich in der Opposition mäßigen werde.

Wie wenig grundsätzlich und von Prinzipien getragen diese Wendung gegen die NSDAP gemeint war, beweist die Anwendung jener Terrorverordnung, die wenige Tage vor dem Empfang Hitlers bei Hindenburg erlassen worden war. Noch am selben Tag ermordeten mehrere SA-Männer in einem verabredeten Akt auf bestialische Weise einen kommunistischen Arbeiter in dessen Wohnung vor den Augen seiner alten Mutter und verletzten seinen Bruder lebensgefährlich.[16] Diese Bluttat von Potempa, einem oberschlesischen Dorf, wurde gemäß der neuen Notverordnung Ende August vor einem Sondergericht in Beuthen verhandelt. Das erst- und letztinstanzliche Urteil konnte nicht anders als auf Todesstrafe lauten. Das Echo in der Öffentlichkeit war groß. Die nationalsozialistische Presse griff Regierung und Gericht scharf an und stellte die Täter, die auf Anweisung gehandelt hatten, als ehrenhafte Kämpfer dar. Hitler versicherte den verurteilten »Kameraden« in einem Telegramm »seine unbegrenzte Treue« und rechtfertigte die Bluttat im *Völkischen Beobachter* als Station im Kampf der NSDAP »für die ewigen Rechte unseres Volkes«, nicht ohne der »blutigen Objektivität« der Präsidialregierung Papen »Kampf und wieder Kampf« anzukündigen.[17] Der offenen Herausforderung wich Papen aus, obwohl ihm klar war, daß eine politische Entscheidung von ihm gefordert war, als es darum ging, ein Gnadengesuch zu berücksichtigen oder das Todesurteil vollstrecken zu lassen. Die Regierung, in der durchwegs Anhänger der Todesstrafe saßen, verpaßte hier die Chance, gemäß ihren selbstgesetzten Maßstäben Autorität und ein unbestechliches Rechtsgefühl zu demonstrieren und die NSDAP in Schranken zu weisen. Die Strafe wurde in lebenslanges Zuchthaus verwandelt.

Das Ausweichen Papens erscheint heute unbegreiflich. Sicher wäre es von großer Bedeutung gewesen, wenn dem Führer der NSDAP in dieser auch für ihn sehr kritischen Situation eine deutliche Niederlage beigebracht worden wäre, wenn man seinen Protest unbeachtet gelassen hätte. Das Ergebnis vom 13. August wäre nochmals unterstrichen worden. Dennoch entsprach Papens Verhalten der Logik der Weimarer Rechtsentwicklung – im doppelten Sinne dieses Wortes. Daß Morde an Kommunisten und linken Politikern als nationale Taten und nicht als kriminelle Delikte galten, prägte die Geschichte der politischen Justiz in Weimar seit dem Mord an Rosa Luxemburg und Karl Liebknecht im Januar 1919. Aus derselben Stimmung heraus hatten studentische Verbindungen die Mörder des Zentrumsführers Erzberger, der den Waffenstillstand 1918 unterzeichnet hatte, hochleben lassen oder lehnten nationale Verbände die Bestrafung von sog. Fememördern ab.[18] In diese Linie fügte sich jetzt auch Papen ein, als er vor der letzten Konsequenz zurückschreckte. Daß Hitlers brutales Sympathietelegramm an die Mörder das Zentrum nicht dazu veranlaßte, die Koalitionsverhandlungen mit der NSDAP abzubrechen, gehört in denselben Zusammenhang. Es paßt ebenfalls in dieses Bild, daß der im Potempa-Prozeß verantwortliche Richter, Landgerichtsdirektor Wollmann, in einem Brief an den oberschlesischen SA-Gruppenführer Heines sich am 17. November 1932 rückversicherte und von seinem Urteil distanzierte, indem er sich Heines gegenüber »angenehm berührt« zeigte, daß dieser sein »ernstes und heißes Mühen um Recht [anerkannte], und darüber hinaus einen wohlbegründeten Unterschied zwischen dem Manne und dem Richter [machte], der nur seine schwere Pflicht zu erfüllen hat«.[19]

Wie tief diese Krise des Rechtsbewußtseins und der politischen Moral ging, wie sehr Papen ein Exponent dieser Krise war, belegt ein Zeitungskommentar der konservativ-nationalliberalen *Hamburger Nachrichten* vom 23. August 1932. Dort rechtfertigte man die bestialische Bluttat von Potempa, weil es sich um »gar kein[en] Gewaltakt gegen einen deutschen Volksgenossen [gehandelt habe], sondern [um] die Beseitigung eines polnischen Halunken, der zudem noch Kommunist war. Also ein zwiefacher Minusmensch, der das Recht, auf deutschem Boden zu leben, längst verwirkt hatte.«[20]

Hitlers Verhalten gegenüber den Mördern von Potempa deckte jedoch auch die Krise der NSDAP auf. Die Enttäuschung über die Niederlage vom 13. August führte die NSDAP in eine Zerreißprobe. Es wurde schwieriger, die Partei zusammenzuhalten. Die revolutionären Gruppen in der SA wollten auf der Stelle losschlagen. Hitlers unter dem Gesichtspunkt des Legalitätskurses riskantes Telegramm an die Verurteilten versuchte, sich an die Spitze dieser Tendenzen zu setzen, um sie einzubinden. Andere Interessengruppen in der Partei kritisierten den Alles-oder-Nichts-Standpunkt des »Führers« und drängten, koste es, was es wolle, auf Machtbeteiligung. Beunruhigt stellten die Parteiorganisatoren eine hohe Fluktuation bei den Parteimitgliedern und erste Vorboten der Stagnation bei den Wählern in den frühen Hochburgen der NSDAP fest. Diese Krise wurde vollends offenbar, als im November erneut zu den Urnen gerufen wurde.

Die Regierung Papen war seit dem 13. August, nach dem Bruch mit der NSDAP, in eine abenteuerliche Isolation geraten. Vorbeugend hatte sie darum am 12. September das Parlament erneut aufgelöst, »weil die Gefahr besteht, daß der Reichstag die Aufhebung meiner Notverordnung vom 4. September des Jahres verlangt«. Reichstagspräsident Göring hatte zuvor jedoch – die Auflösungsordre mißachtend – über einen kommunistischen Mißtrauensantrag abstimmen lassen. Mit 512 zu 42 Stimmen bei 5 Enthaltungen erlitt Papen eine vernichtende Niederlage. Der Reichskanzler unterlief mit seiner haltlosen Auflösungsverfügung weitere Verhandlungen zwischen Zentrum und NSDAP, die im Parlament zusammen über eine Mehrheit verfügten. Zugleich verhinderte er die Aufhebung einer Notverordnung, in der erstmals neben Arbeitsbeschaffungsmaßnahmen auch ein massiver Eingriff in das Tarifvertragsrecht vorgesehen war, eine Maßnahme, die die Unternehmerschaft bei Brüning nie durchzusetzen vermocht hatte.

De facto war Papen völlig gescheitert, aber Hindenburg hatte unbegründetes Vertrauen zu ihm gefaßt und hielt an ihm fest, obwohl die angesetzten Neuwahlen keinen Ausweg versprachen. Papen proklamierte jetzt den autoritären »Neuen Staat«, ein verfassungspolitisches Konzept mit ständischen Elementen und Manipulation am allgemeinen Wahlrecht, das die selbstverantwortliche Rolle des

Reichspräsidenten hervorhob. In ihrer Substanz verwiesen diese Pläne eher in die Zeit der Restauration und des Vormärz als in eine moderne Industriegesellschaft. Eine Chance auf Unterstützung besaßen sie nie.[21]

Das Ergebnis der Wahlen vom 6. November 1932 bestätigte die Krise der NSDAP.[22] Sie fiel auf 31 % der Wählerschaft zurück und büßte gegenüber den Juliwahlen mehr als zwei Millionen Wählerstimmen ein, bei nunmehr auch sinkender Wahlbeteiligung. Die Rechtsparteien, insbesondere die DNVP, die Papen offen unterstützt hatte, konnten Gewinne bei gouvernemental gesonnenen konservativen Wählern verzeichnen, während der Anteil der katholischen Parteien bei leichten Stimmenverlusten insgesamt stabil blieb. Die SPD verlor nochmals 1,2 % bzw. 700000 Wähler, während die KPD genau so viele gewann. Sie erhielt offensichtlich sowohl von der NSDAP als auch von der SPD Zulauf. Nie zuvor hatte sie einen so großen Wahlerfolg errungen (vgl. Tab. 5).

Tabelle 5: *Mehrheitsverhältnisse im Reichstag nach den Wahlen vom 6. November 1932; Anteil der abgegebenen gültigen Stimmen (in Prozent) und Mandate; Wahlbeteiligung: 80,6 %*

	KPD	SPD	DDP	Zentrum + BVP	DVP	sonst. bürg. bäuerl. Part.	DNVP	NSDAP	Gesamt
Prozent	16,9	20,4	1,0	15,0	1,9	3,3	8,3	33,1	100
Mandate	100	121	2	90	11	12	52	196	584

Die parlamentarischen Konstellationen blieben gegenüber dem Sommer 1932 insgesamt fast unverändert. Nach wie vor verfügten KPD und NSDAP über eine »negative Mehrheit«, allerdings konnten NSDAP, Zentrum und BVP nicht mehr allein eine »schwarz-braune« Koalition bilden, was die DNVP mit großer Genugtuung vermerkte.

Der Nimbus des unaufhaltsamen Aufstiegs der NSDAP war dahin. Daß die Gunst des Wählers sich von der NSDAP abwandte, unterstrichen auch die Landtagswahlen im November/Dezember 1932. Hier waren die Einbrüche noch massiver. Der Hektik des

Sommers schien eine gewisse Ernüchterung gefolgt zu sein. Auch finanziell war die NSDAP ziemlich ruiniert. Die Unruhe in der Partei wuchs, zumal sich konjunkturell die ersten Anzeichen einer Aufwärtsbewegung zeigten, was nur der Regierung und nicht der NSDAP zugute kommen konnte. Die Partei Hitlers befand sich offensichtlich in einer Sackgasse. Sollte sie doch auf die »ganze« Macht verzichten oder nach wie vor aufs Ganze gehen? Für ihre Gegenspieler stellte sich dagegen die Frage, wie diese Krise der NSDAP genutzt werden konnte. Auch die Regierung war in einer ausweglosen Situation. Auf eine parlamentarische Mehrheit durfte Papen nicht hoffen. Ratlosigkeit beherrschte die Szene.

3. Von Schleicher zu Hitler – Querfront und Querschüsse

Auch die zweite Reichstagsauflösung hatte Papen keinen Gewinn gebracht und seine Isolierung nicht durchbrochen. Er konnte sich im Reichstag auf nicht einmal 10 % der Mandate stützen. Nur mit NSDAP und Zentrum/BVP zusammen hätte er eine Mehrheit erlangen können. Doch Zentrum und NSDAP hatten ihren Wahlkampf vor allem gegen die »Reaktion« geführt. Papen durfte auf diese Parteien nicht setzen. Seine einzige Stütze war das schier unbegrenzte Vertrauen des Reichspräsidenten, der Gefallen an dem Charme und den vollendeten Umgangsformen des Kanzlers gefunden hatte und kein Gespür dafür besaß, daß Papen »ein Mann ohne jede Basis, ohne jede Perspektive und ohne Charakter« war.[23] Es offenbart die strukturellen Schwächen des Präsidialsystems, daß der Zugang zu Hindenburg von schlechthin ausschlaggebender Bedeutung wurde. Schleicher, der anläßlich Papens überraschender Kanzlerschaft besorgt gefragt worden war, ob denn das ein »Kopf« sei, hatte damals siegessicher geantwortet: »Nein, aber ein Hut.« Doch allzu schnell entzog sich Papen der Steuerung durch Schleicher und konnte dessen Einfluß bei Hindenburg ausstechen.

Zunächst trat der Kanzler zehn Tage nach der Wahl formell zurück. Es war klar geworden, daß er keine Mehrheit im Parlament fand. Er blieb einstweilen geschäftsführend im Amt und hoffte, daß Hindenburg ihn wieder mit der Führung der Reichsregierung betrauen würde. Sein Ziel war nach wie vor eine Verfassungsreform. Die Übermacht des Parlamentes sollte beseitigt werden; an der Personalunion zwischen Reich und Preußen wollte er festhalten. Ferner war die Errichtung einer zweiten ständischen Kammer und die Einführung eines Mehrstimmenwahlrechtes beabsichtigt. Zwar gab es bei der Unternehmerschaft viele Sympathien für Papen und seinen Kurs, wie eine entsprechende Demarche bei Hindenburg bewies, doch im Reichsrat signalisierten die süddeutschen Länder erheblichen Widerstand, und im Reichstag bestand für solche Reformen nur bei der DNVP und der DVP Unterstützung. Die Realisierung dieser Pläne war ohne Verfassungsbruch nicht denkbar. Dazu war Hindenburg noch nicht bereit.

Der Reichspräsident verhandelte deshalb zunächst noch einmal mit den Parteiführern. Hitler wurde mehrfach zu Gesprächen empfangen. Eine Einigung kam jedoch nicht zustande, da der »Führer« die Kanzlerschaft in einem Präsidialkabinett verlangte, während Hindenburg ihm nur einige Ministerposten zugestehen wollte. Kanzler könne Hitler werden, wenn er eine parlamentarische Mehrheit – also eine echte Koalition – zustande brächte. Da Hitler die Macht nicht mit Koalitionspartnern teilen wollte und auf einer Bestellung als Präsidialkanzler mit allen Notverordnungsvollmachten bestand, scheiterten die Gespräche. Der Reichspräsident befürchtete, daß ein von Hitler geführtes »Präsidialkabinett sich zwangsläufig zu einer Parteidiktatur entwickeln würde« – so formulierte Hindenburgs Staatssekretär am 24. November abschließend die Gründe für die präsidiale Weigerung.[24] Nachdem auch die Versuche des Zentrumsführers Kaas, eine Mehrheitsregierung aus NSDAP, DNVP, DVP und Zentrum/BVP zustande zu bringen, an der Ablehnung von NSDAP und DNVP gescheitert waren, wollte Hindenburg nun doch an seinem Lieblingskanzler Papen festhalten und ihn mit außerordentlichen Vollmachten ausstatten.

Jetzt aber versagte sich unter Schleichers Führung die Mehrheit von Papens Kabinettskollegen diesem Hasardspiel. Papens Vorhaben, gleichzeitig gegen links und rechts mit Verboten vorzugehen, stieß auf Widerspruch, zumal die Reichswehr in einem Planspiel nachwies, den Belastungen einer solchen Bürgerkriegssituation nicht gewachsen zu sein. Schleicher wollte offensichtlich die Reichswehr nicht für Papens reaktionäre Verfassungspläne aufs Spiel setzen.

Papen fühlte sich von seinem Reichswehrminister im Stich gelassen und trat endgültig zurück. Hindenburg trennte sich ungern von ihm. Wenn auch eher widerwillig, betraute der Reichspräsident am 2. Dezember 1932 Schleicher selber mit der Kanzlerschaft, da dieser einen Ausweg aus der verfahrenen Situation zu bieten schien. Das Konzept des neuen Reichskanzlers und Reichswehrministers, mit dem er die Krise zu meistern hoffte, hieß »Querfront«. Schleicher wollte die starren Fronten der Parteien dadurch aufbrechen, daß er auf eine Querachse setzte: Er hoffte auf die Zusammenarbeit mit den jeweiligen Gewerkschaftsflügeln der Parteien. In diesem Sinne hatte er sich bereits Ende November mit der Führung der Freien Gewerkschaften, des ADGB, getroffen und auch Kontakte zu den Christlichen Gewerkschaften aufgenommen. Vor allem glaubte Schleicher, eine Unterstützung der NSDAP, insbesondere ihres »linken« Flügels unter Gregor Strasser, gewinnen zu können. Er bot Hitler die Vizekanzlerschaft und einige Ministerien an.

In der NSDAP kam es daraufhin zu einem erbitterten Streit. Strasser, der allgemein als der koalitionswilligere und -fähigere Führer galt, plädierte dafür, in die Regierung einzutreten, um die Partei aus dem desolaten Zustand endlich in die Machtbeteiligung zu führen. Hitler dagegen hielt unnachgiebig an einem Alles-oder-Nichts-Standpunkt fest, obwohl die thüringischen Gemeindewahlen einen schweren Rückschlag gebracht hatten. Die Partei erlitt gegenüber dem Juli nahezu 40 % Verluste. Hitler weigerte sich, diese Entwicklung zu berücksichtigen. Starr bestand er auf seiner globalen Forderung. Er sah offensichtlich, daß ein Eintritt in eine Koalitionsregierung, die keine Aussicht auf raschen Umsturz der Machtverhältnisse zugunsten der NSDAP bot, für seine Bewegung außerordentlich gefährlich werden mußte. Gegen Schleicher als Kanzler und Reichswehrminister war die Kabinettsposition der NSDAP zu schwach. Auch hatte man die NSDAP stets als totale Alternative zu jedweder Parlaments- und Koalitionspolitik dargestellt, so daß man jetzt nicht ohne Gesichtsverlust in eine solche Koalition hätte eintreten können. Der Zerfall der thüringischen Koalition zwischen NSDAP und bürgerlichen Parteien im Jahre 1931 hatte die Gefahren solcher begrenzten Machtbeteiligungen für die NSDAP aufgedeckt. Daher blieb Hitlers Devise: »Machtergreifung«, auch wenn er Anfang Dezember keinen Weg zeigen konnte, wie dieses Ziel zu erreichen wäre. Dennoch gelang es ihm, sich in der Parteiführung gegen Strassers pragmatisches Konzept durchzusetzen.

Strasser resignierte, legte alle seine Ämter nieder und verschwand – offensichtlich einem Nervenzusammenbruch nahe – für drei Wochen nach Südtirol. Schleichers Plan war gescheitert, aber in der äußerst instabilen Situation vermied auch Hitler eine sofortige Konfrontation mit der neuen Regierung. Deshalb stimmte die NSDAP Anfang Dezember einer Vertagung des Reichstags zu, Schleicher gewann eine Atempause. Auch Hitler nutzte diese Pause. Er übernahm Strassers Parteifunktionen und sicherte relativ schnell durch innerparteiliche organisatorische Maßnahmen seine absolute Führungsposition in der Gesamtpartei. Jede Gefahr einer Spaltung war im Keime erstickt. Gleichwohl blieb die Gesamtlage der Partei miserabel. Gustav Stolper schrieb um die Jahreswende: »Das Jahr 1932 hat Hitlers Glück und Ende gebracht. Am 31. Juli hatte sein Aufstieg den Höhepunkt erreicht, am 13. August begann der Niedergang, als der Reichspräsident von Hindenburg Hitler den Stuhl, den er ihm nicht zum Sitzen anbot, vor die Türe stellte. Seitdem ist das Hitlertum in einem Zusammenbruch, dessen Ausmaß und Tempo nur mit dem seines eigenen Aufstiegs vergleichbar ist.«[25]

Schleicher baute nach wie vor auf sein Querfrontkonzept. In seiner Regierungserklärung Mitte Dezember präsentierte er sich als sozialer General zwischen Kapitalismus und Sozialismus. Er kündigte intensive Arbeitsbeschaffungsmaßnahmen an und hob die von den Gewerkschaften heftig bekämpfte Notverordnung Papens, die das Tarifvertragsrecht unterhöhlt hatte, auf. Die Presse reagierte wohlwollend. Eine Verbindung von Reichswehr und arbeitender Bevölkerung konnte, schien es, in der Tat dem Präsidialsystem eine neue Massengrundlage sichern. Ein solches Konzept fand bei Reichswehroffizieren und auch bei rechten Intellektuellen ein positives Echo. Es galt als eine Variante von *Preußentum und Sozialismus*, einer damals viel zitierten Schrift Oswald Spenglers. Gegen Kapitalismus und Parteiparlamentarismus favorisierte man in diesen Zirkeln staatssozialistische Experimente, die durch ein Bündnis von (Reichswehr-)Macht und (Präsidial-)Autorität auf der einen Seite und Volkswille (repräsentiert durch die gewerkschaftlich organisierte arbeitende Bevölkerung) auf der anderen Seite getragen werden sollten.

Schleicher hatte sich jedoch in mehrfacher Hinsicht verrechnet. Der Kanzler hielt an der Idee, Strasser zum Vizekanzler zu machen, fest. Als dieser Anfang Januar wieder in Berlin auftauchte, vermittelte Schleicher ihm ein Gespräch bei Hindenburg, der einen positiven Eindruck von dem prominenten Nationalsozialisten gewann. Aber der richtige Zeitpunkt war längst verpaßt. Hitler hatte inzwischen die Zügel in der NSDAP fest in der Hand, und zu einer Spaltung der NSDAP mochte Strasser nicht aufrufen. Er zog sich politisch völlig zurück. Die Hoffnung auf eine Tolerierung durch die NSDAP mußte Schleicher endgültig aufgeben.

Auch der ADGB erteilte Schleicher eine Absage. Der Parteivorstand der SPD hatte sein Veto dagegen eingelegt, daß sozialdemokratische Gewerkschaftsführer in Schleichers Kabinett einträten. Diese »versäumte Chance« ist der SPD im nachhinein heftig vorgehalten worden.[26] Eine solche Kritik verkennt, daß Schleichers Versuch, ohne Hinzuziehung der SPD nur mit den Gewerkschaftsführern einig zu werden, den äußersten Argwohn der Sozialdemokratie wecken mußte. Sie konnte nicht zulassen, daß die sozialistische Arbeiterbewegung in einen abgedrängten politischen und in einen hofierten sozialen Flügel gespalten würde. Ohne ihre Identität zu verlieren, durften Sozialdemokraten kaum mit Schleicher und Strasser zusammen eine Regierung bilden, deren parlamentarische Absicherung höchst zweifelhaft war und die sie allenfalls kompromittieren konnte. Außerdem war größte Vorsicht geboten. Die Chancen für Schleichers Querfrontkonzept waren Anfang Januar 1933 schon auf Null gesunken, und ob Hindenburg, der doch immer ein sozialistenreines Kabinett gefordert hatte, dieses Experiment überhaupt dulden würde, war höchst ungewiß.

Der Versuch, ohne Einbeziehung der Parteien eine Massenbasis für die Regierung des Generals zu sichern, mußte scheitern. Gespräche mit den Parteiführern vermied Schleicher völlig. Offensichtlich steuerte er eine erneute Reichstagsauflösung an und spekulierte für diesen Fall – nicht ohne Grund – auf weitere Verluste der NSDAP. Nicht nur das Zögern des ADGB und der Ausfall Strassers ließen Schleichers Querfrontkonzept scheitern, sondern entscheidend war, daß schon seine Regierungserklärung die Opposition der Großindustrie hervorgerufen hatte. Diese Kreise hatten stets Papen favorisiert. Schleichers gewerkschaftliche Töne mußten da schockieren. Die proklamierte Sozialpolitik und der angekündigte Staatsinterventionismus wurden zu Steinen des Anstoßes. Außerdem kreidete die Schwerindustrie dem Reichswehrgeneral an, daß er die Chance einer »Verfassungsreform« im Sinne von Papens »Neuem Staat« ungenutzt verstreichen lasse. Die Versöhnung mit den Gewerkschaften und die in Aussicht genommene Rückkehr zu einer Art kryptoparlamentarischem System trieb die Schwerindustrie in Opposition zu Schleicher.

Jetzt vereinigte man sich mit denjenigen Industriellen um Fritz Thyssen, Emil Kirdorf und den ehemaligen Reichsbankpräsidenten Hjalmar Schacht, die seit längerem für eine Kanzlerschaft Hitlers eintraten. Erstmals hatte sich Mitte November diese Gruppe mit einer Eingabe an Hindenburg gewandt, um den Reichspräsidenten dazu zu bewegen, Hitler die Kanzlerschaft zu übertragen. Die große Mehrheit der einflußreichsten Unternehmer hatte damals jedoch noch eindeutig für Papen votiert. In der Opposition gegen Schleicher bot sich jetzt eine neue Kombination: Der entlassene Kanzler, der – gekränkt in seinem Ehrgeiz – alles daran setzte, wieder zu Amt und Würden zu gelangen, verfügte nach wie vor über das volle Vertrauen Hindenburgs. Wenn es gelang, ihn mit Hitler zu versöhnen, könnte sich eine neue Chance bieten, dem Papen-Kurs doch noch Massenunterstützung zukommen zu lassen oder Hitler über Papen den Zugang zur Kanzlerschaft zu eröffnen. Nach der innerparteilichen Niederlage Strassers, auf die die Mehrzahl der Industriellen schon längerfristig hingearbeitet hatte, war Hitler in den Augen der Unternehmerschaft akzeptabler geworden. Daß die NSDAP insgesamt geschwächt erschien, machte ihren Führer gleichsam verwendungsfähiger und ließ Nachgiebigkeit erwarten. So war es kein Zufall, daß sich Papen und Hitler am 4. Januar 1933 im Hause des Kölner Bankiers Schröder auf dessen Initiative hin trafen, um gemeinsam jene Verabredungen zu treffen, die zu Schleichers Sturz und Hitlers Kanzlerschaft am 30. Januar führten.[27]

Über das Verhältnis der Industrie zur NSDAP ist viel gestritten worden.[28] Wer – wie die kommunistische Internationale – den Faschismus als »Agenten des Monopolkapitals« auffaßte, dem galt die oben erwähnte Demarche für Hitler bei Hindenburg ebenso als zentrales Beweisstück wie etwa Thyssens Bekenntnis: »I paid Hitler.«[29] Gerade hinsichtlich der Finanzierung ist nach heutigem Kenntnisstand aber festzuhalten, daß die Großindustrie und die industriellen Spitzenverbände – von einigen Einzelfällen wie Thyssen abgesehen – die NSDAP in der Endphase der Weimarer Republik nicht oder nur sehr unwesentlich gefördert haben. Ihnen ging es um die bürgerlichen Mittel- und Rechtsparteien. Am Vorabend der Septemberwahl 1930 beschloß die Spitzengruppe der Ruhrindustrie: »Es ist in Aussicht genommen, alle Parteien von den Demokraten (Staatspartei) bis einschließlich DNVP (Hugenberg) gleichmäßig zu bedenken. Mit Herrn Hugenberg wird Herr Dr. Vögler verhandeln und ihm mitteilen, daß von ihm erwartet wird, daß er keine Beziehung zu den Nationalsozialisten unterhält.«[30] Vergeblich versuchte der »Reichsverband der Deutschen Industrie« noch 1932, einen Zusammenschluß der rechtsbürgerlichen Parteien finanziell zu erzwingen. Eine Förderung der NSDAP mit größeren Verbandsspenden gab es nicht. Auch bei der Reichspräsidentenwahl flossen die meisten Industriegelder Hindenburg zu, an dessen Wahlkomitees sich prominente Industrielle, unter ihnen der Vorsitzende des »Reichsverbandes der Deutschen Industrie«, Carl Duisberg, beteiligten.

Diese Feststellungen schließen nicht aus, daß zahlreiche kleinere Unternehmer, deren Interessen von den Spitzenorganisationen weniger beachtet wurden, aus Protest Spenden der NSDAP zukommen ließen. Die Haupteinnahmen der Hitlerpartei kamen jedoch eindeutig aus Mitgliedsbeiträgen und Verkaufserlösen sowie Kleinspenden, dazu auch aus einigen namhaften Großspenden des Auslandes. Der holländische Ölmagnat Deterding tat sich hier besonders hervor.[31]

Natürlich war auch den Großunternehmern die NSDAP nicht gleichgültig. Ein kräftiger Antimarxismus war erwünscht, aber das wirtschaftliche Programm, solange es sozialistisch oder antikapitalistisch geprägt war, erregte Anstoß. Darum versuchte die Industrie auf die wirtschaftspolitische Willensbildung der NSDAP Einfluß zu nehmen. Besonders Schacht, ein früher Parteigänger Hitlers, engagierte sich in diesem Zusammenhang stark. Es gelang ihm sogar im Sommer 1932 durchzusetzen, daß Hitler ein wirtschaftliches Sofortprogramm, das auf Überlegungen Strassers beruhte, zurückziehen ließ. Hitler erhielt darüber hinaus Gelegenheit, seine Ziele vor den Industriellen darzustellen. Er spürte schnell, daß dieser Kontakt mit den Industriellen und ein Eingehen auf ihre programmatischen Wünsche sein Gewicht gegenüber Strasser stärken mußte. Gleichwohl legte sich Hitler wirtschaftspolitisch nie eindeutig fest. Dieses Vorgehen festigte seine autoritative Führerstellung und ermöglichte ihm größte Flexibilität. Zugleich diente es dazu, die Zustimmung der »linken« NSDAP-Wähler nicht zu gefährden. Daß diese Basis erhalten blieb, daran waren auch Industrielle wie Paul Silverberg, der zweite Vorsitzende des »Reichsverbandes der Industrie« im Interesse einer »sozialen Konsolidierung des Kapitalismus«[32] interessiert. Nur auf diese Weise konnte ein neues Kabinett Papen-Hitler oder Hitler-Papen die notwendige Massenunterstützung finden. Silverberg suchte denn auch Papen am 4. Januar unmittelbar nach dessen Treffen mit Hitler auf.

Wichtige Industriellengruppen, ihr »Nazi-Flügel« wie auch die sog. gemäßigte Gruppe um Paul Reusch, drängten um die Jahreswende 1932/33 auf das Ende der Regierung Schleicher. Aber die Industrie agierte nicht einheitlich. Es gab auch Gruppen an der Spitze des »Reichsverbandes der Deutschen Industrie« und des »Deutschen Industrie- und Handelstages«, die gemeinsam mit den Gewerkschaften das Kabinett Schleicher stützten. Sie bejahten die geplanten Arbeitsbeschaffungsmaßnahmen. Mit den Gewerkschaften wehrte man gemeinsam die Autarkiewünsche der Agrarlobbyisten ab, die den deutschen Export gefährdeten und die Lebensmittelpreise in die Höhe trieben.

Es ist deshalb eine Verkürzung zu behaupten, die deutsche Großindustrie habe Hitler gekauft und an die Macht gebracht. Die Industriellen waren weit eher an Papen als an Hitler interessiert, aber Widerstand von seiten der Großindustrie gegen eine Regierungsübernahme Hitlers war auch nicht zu spüren. Auf jeden Fall sollte antiparlamentarisch und autoritär regiert werden, und das hieß für die Mehrzahl der Schwerindustriellen vor allem: antigewerkschaftlich und antimarxistisch.

Das Treffen zwischen Papen und Hitler am 4. Januar 1933 beim Kölner Bankier Schröder, einem Sympathisanten Hitlers, war eine Sensation, obwohl – nachdem die sorgsam gehütete Geheimhaltung gescheitert war – die Gesprächspartner das Ergebnis herunterzuspielen suchten. Der wahre Zweck der Zusammenkunft war, hinter dem Rücken des amtierenden Kanzlers den Versuch einer neuen Regierungsbildung mit Hitler als Kanzler zu wagen, ein Versuch, der schließlich am 30. Januar 1933 vom Erfolg gekrönt wurde.[33] Bis dahin waren aber noch etliche Hürden zu nehmen. Zunächst unterrichtete Papen am 9. Januar den Reichspräsidenten über das Gespräch. Dieser beauftragte ihn, weitere Sondierungen zur Bildung einer Koalitionsregierung mit Hitler zu führen. Illoyaler gegenüber Schleicher konnten sich sowohl Hindenburg als auch Papen kaum verhalten, denn praktisch bedeutete der Auftrag an Papen die Preisgabe des ungeliebten amtierenden Kanzlers. Allerdings ging Hindenburg zunächst davon aus, daß Papen dieses neue Koalitionskabinett führen sollte, denn Papen hatte dem Reichspräsidenten versichert, Hitler wolle nicht die »ganze« Macht. Hitler jedoch verlangte für sich die Kanzlerschaft, wollte sich allenfalls mit sehr wenigen zusätzlichen NSDAP-Mitgliedern zufrieden geben. Dieser Dissens war schwer zu überbrücken.

Eine scharfe Demarche des »Reichslandbundes« beim Reichspräsidenten untergrub die Position des amtierenden Kanzlers weiter. Die Agrarlobby warf auch Schleichers Regierung »Agrarbolschewismus« wegen bestimmter Details bei der sog. »Osthilfe« vor. Hindenburg registrierte solche Kritik beunruhigt und ungehalten, zumal im Reichstag Gerüchte aufkamen, daß die Osthilfegelder sachfremd vergeudet worden seien. Sogar ein Zusammenhang mit der Schenkung von Gut Neudeck an Hindenburg wurde vermutet. Der Reichspräsident verlangte daher von seinem Kanzler in ultimativer Form energische Abhilfemaßnahmen. Im »Reichslandbund« setzte man jedoch schon längst auf Hitler. Graf Kalckreuth, der erste Vorsitzende, hatte als einziger Großagrarier im November bereits die Eingabe zugunsten Hitlers bei Hindenburg mit unterschrieben. Die Stützen Papens, Großunternehmer und Großagrarier, vereinten sich jetzt im Kampf gegen Schleicher. Es dauerte trotzdem noch fast drei Wochen, bis Hindenburgs Widerstand gegen eine Kanzlerschaft Hitlers überwunden war. Schleicher glaubte lange Zeit, der Reichspräsident werde ihm die Ermächtigung zur Auflösung des Reichstages und dessen langfristiger Vertagung geben. Er wehrte sich daher nicht gegen die Einberufung des Reichstages zum 31. Januar, obwohl er sicher sein mußte, daß dann die längst vorliegenden Mißtrauensanträge zur Abstimmung kämen. Eine Mehrheit durfte er nicht erwarten. Am 23. Januar verweigerte ihm aber der Reichspräsident die erwarteten außerordentlichen Vollmachten, die dieser zwei Monate zuvor Papen in ungleich schlechterer Position zu geben gewillt gewesen war. Hindenburg hoffte inzwischen, Papen werde erfolgreich verhandeln. Außerdem mochten die Gerüchte um den Osthilfeskandal den Reichspräsidenten noch peinlicher auf korrekte Verfassungsanwendung achten lassen.

Nach intrigenhaften Geheimgesprächen mit Hitler und Hindenburgs Sohn Oskar, der bei seinem Vater erheblichen Einfluß besaß, sowie mit Hugenberg und den Stahlhelmführern gelang es Papen schließlich, im Kreis der »Verschwörer« eine Einigung über die beabsichtigte Koalition herbeizuführen. Hitler bestand nach wie vor darauf, Kanzler zu werden. Erfolg konnte daher Papens Bemühungen nur beschieden sein, wenn es gelang, Hindenburgs instinktive Abneigung gegen den »böhmischen Gefreiten« zu überwinden. Schleicher hatte sich fälschlicherweise davon leiten lassen, daß Hindenburg seine mehrfach behauptete Position nicht aufgeben werde. Er blieb daher relativ untätig. Doch nachdem Papen darauf verweisen konnte, daß Hitler durch Hugenberg und den Stahlhelmführer Seldte in dem neuen Kabinett »eingerahmt« werde, schmolz allmählich Hindenburgs Widerstand. Wenn auch widerstrebend, erklärte er sich schließlich am 28. Januar bereit, die Ernennung Hitlers zum Kanzler in Erwägung zu ziehen. Da er jetzt eine Alternative hatte, verweigerte er Schleicher die Ermächtigung zur Reichstagsauflösung und erzwang damit die Demission des amtierenden Kabinetts. Dann beauftragte der Reichspräsident Papen, nunmehr offiziell ein Hitler-Kabinett zustande zu bringen. Allerdings machte er zur Bedingung, daß Papen Vizekanzler und Reichskommissar für Preußen werden sollte.

Da Hitler als Kanzler mit dem Reichskommissariat gerechnet hatte, einigte sich Papen mit ihm auf den Kompromiß, Göring solle als stellvertretender Reichskommissar die Zuständigkeit für das preußische Innenministerium übernehmen. Der Zugriff auf die preußische Polizei stand damit den Nationalsozialisten offen, denn daß Papen Göring kontrollieren könne, war von vornherein unwahrscheinlich. Außer Hitler und Göring kam als dritter Nationalsozialist nur noch Frick in die neue Regierungsmannschaft. Er übernahm das Reichsinnenministerium. Die übrigen Ressorts fielen an Hugenberg, der als »Wirtschaftsdiktator« sowohl das Wirtschafts- als auch das Landwirtschaftsministerium für sich beanspruchte, an den Stahlhelmführer Seldte (Arbeit) und an die schon unter Papen amtierenden v. Krosigk (Finanzen), v. Neurath (Außen) und Gürtner (Justiz). Neuer Reichswehrminister wurde General v. Blomberg, der Schleicher ablöste. Er galt als Kritiker Schleichers und Bewunderer der NSDAP, wollte aber vor allem die Reichswehr aus jeglicher Politik heraushalten.

Fast wäre die Regierungsbildung am 30. Januar noch – kurz vor der geplanten Vereidigung beim Reichspräsidenten – gescheitert. Hugenberg protestierte gegen Hitlers Absicht, erneut und zum letzten Mal Reichstagswahlen abzuhalten. Der Streit wurde nicht ausgetragen. Sich sträubend gab Hugenberg nach, weil man den

Reichspräsidenten nicht warten lassen könne und weil ihm Hitler das Ehrenwort gab, sich von keinem seiner Minister trennen zu wollen. So erhielt Hitler am 30. Januar 1933 um 11 Uhr seine Ernennungsurkunde zum Reichskanzler. Die Macht wurde ihm übertragen. Der Reichspräsident mochte hoffen, jetzt ohne Verfassungsbruch eine Rechtsregierung ernannt zu haben, die sich auf das Parlament stützen konnte, verfügten doch DNVP und NSDAP zusammen jetzt schon über 41,4%. Außerdem hatten Papen und Hitler ihm sogar in Aussicht gestellt, daß sie auch mit dem Zentrum verhandeln wollten, um eine echte Mehrheit zu gewinnen. Die Bürde der Notverordnungen würde also bald von seinen Schultern genommen werden. Hitler plante ein parlamentarisches Ermächtigungsgesetz, das den Reichspräsidenten entlasten sollte. Die Gefahr eines Verfassungsbruchs war daher in den Augen Hindenburgs gebannt.

Papen und die konservativen Eliten aus Großindustrie und Großlandwirtschaft sowie die Kräfte im Offizierskorps und in der hohen Bürokratie, die auf dieses Ergebnis hingearbeitet hatten, glaubten, im Bündnis mit Hitler sich auf dessen plebiszitäre Massenbewegung stützen zu können, ohne sich an ihn verkaufen zu müssen. Papen meinte, den Führer der NSDAP hinreichend »eingerahmt« zu haben. Frohgemut entgegnete er warnenden Kritikern: »Was wollen Sie denn? Ich habe das Vertrauen Hindenburgs. In zwei Monaten haben wir Hitler in die Ecke gedrückt, daß er quietscht.«[34] In Brünings und Schleichers Zähmungskonzepten waren die Bedingungen stets sorgfältiger formuliert worden: Keine Reichstagsauflösung oder andere Präsidialvollmacht sollten in die Hände Hitlers gelangen, und vor allem sollte kein Zugriff auf Polizei und Reichswehr möglich sein. So hatte es auch Hindenburg im August und November 1932 gehalten. Die NSDAP sollte sich in einer parlamentarischen Koalitionsregierung abarbeiten. Papen und die Kamarilla im Reichspräsidentenpalais hatten sich über diese Bedingungen und den sich sträubenden Hindenburg jetzt leichtfertig hinweggesetzt. Ob sie Hitler dennoch zähmen könnten, mußte die Zukunft erweisen. Für den »Führer« bot sich offensichtlich die letzte Chance, denn ohne die Machtbeteiligung in letzter Minute wäre die NSDAP in eine schwere Krise geraten. Um so größere Verantwortung trugen diejenigen, die Hitler den Weg ins Kanzleramt öffneten.

IV. Die Machtergreifung

1. Sicherung der Grundlagen – Legale Revolution?

Jubelnd feierten am Abend des 30. Januar 1933 die Kolonnen der Nationalsozialisten in Fackelzügen den Tag der Machtergreifung, der doch in Wirklichkeit ein Tag der Machtübertragung war. Alles Revolutionäre fehlte diesem Akt der zweifelsfrei legalen Ernennung Hitlers zum Kanzler im Kabinett der »nationalen Konzentration« durch den greisen Reichspräsidenten. Der »Führer« verdankte sein Amt nicht den Wählern, sondern dem Kalkül seiner konservativen Partner, die ihn für ein Präsidialkabinett ohne Bindung an das Parlament und ohne parlamentarische Mehrheit »engagierten«, wie Papen sich ausdrückte. Erst die folgenden Monate mußten erweisen, ob Hitler die »Einrahmung« sprengen konnte, um vom Akt der Machtübertragung in den Prozeß der Machtergreifung vorzustoßen.

Ist, was sich nun abspielte, der systematisch und in planvollen Stufen sich vollziehende, für Revolutionen im 20. Jahrhundert typische Vorgang der Errichtung einer totalitären Diktatur, der sich hinter »pseudolegalen« Aktionen unwiderstehlich und effektvoll tarnte, wie uns Bracher diese Zeit zu sehen gelehrt hat? Oder sollten wir statt dessen besser von der »Paradoxie einer legalen Revolution« – wie jüngst Michael Stürmer formulierte[1] – sprechen, um zu begreifen, was sich ereignete? Oder verschränken sich hier Machtergreifung, Machtzulassung und sogar Machtauslieferung in kaum trennbarer Weise, so daß eindeutige Begriffe die tatsächlichen Vorgänge kaum richtig treffen können? Diese Vorfragen sollen begründen, weshalb diesem begrifflichen und interpretatorischen Grundproblem bei der Darstellung der entscheidenden Etappe, die dem 30. Januar folgte, dadurch beizukommen versucht wird, indem dieselbe Zeit – den chronologischen Fortgang wiederholend – zweimal behandelt wird. Zunächst stehen die Nationalsozialisten als Akteure im Vordergrund: Machtergreifung ist hier das Thema, Legalität oder Illegalität sowie der Stellenwert der »totalitären« Programmatik sind die zentralen Fragen. Im zweiten Zug gilt es, stärker nach den Mechanismen zu fragen, die das Mitmachen, die Anpassung oder die Kapitulation, also die Machtauslieferung sicherten. Eine Deutung des Gesamtvorganges wird erst in einer Zusammenschau möglich sein, die zugleich die Entwicklungslinien bis in den Sommer 1934 hinein verlängert.

Der feste Rahmen, in den Papen und Hugenberg Hitler eingefaßt glaubten, war schon gesprengt, als man sich entschied, Neuwahlen anzusetzen. Hugenberg widersprach zwar auf der ersten Kabinettssitzung am 31. Januar erneut diesem Ansinnen des Kanzlers und schlug statt dessen ein Verbot der KPD und eine Kassierung ihrer Mandate vor, um auf diese verfassungswidrige Weise der Koalition die Mehrheit zu garantieren. Aber Hitler lehnte ab. Er wollte auf diesen Wahlgang mit dem Bonus des Kanzlers nicht verzichten. Da Hugenberg den Ausweg, die Koalition um das Zentrum zu erweitern, ebenso wie Hitler nicht gehen wollte – die Verhandlungen wurden nur kurz und eher zum Schein geführt –, setzte sich der Kanzler durch. Es sollten, darüber war die Koalitionsrunde sich einig, die definitiv letzten Wahlen sein, denn ein Rückfall in das abgelehnte System des Parteienstaates kam nicht in Frage. Hitler rechnete mit einem Erfolg im Wahlkampf, den er erstmals gestützt auf das präsidiale Vertrauen und im Besitz staatlicher Machtmittel führen konnte. Er hoffte, sein Gewicht in der Koalition und im Parlament so zu steigern, daß ein Ermächtigungsgesetz im Reichstag durchgesetzt werden konnte. Das sollte ihn von der Notverordnungsvollmacht des Reichspräsidenten unabhängig machen. Die plebiszitäre Fundierung müßte den »Führer« gegen die präsidiale Autorität von oben stärken.

Zunächst griff die Regierung aber sofort auf die präsidialen Vollmachten des Artikels 48 WRV zurück. Nach der von Hindenburg schließlich gebilligten Auflösung des Reichstages und der Ansetzung der Neuwahlen auf den 5. März erließ die Regierung am 4. Februar – auf fertige Entwürfe zurückgreifend – die Notverordnung »zum Schutz des deutschen Volkes«[2], die Zeitungs- und Versammlungsverbote ermöglichte und sogar Polizeihaft bei staatsfeindlichem Tatverdacht vorsah. Mit dem Hinweis auf den kommunistischen Aufruf zum Generalstreik hatte man die Zustimmung des Reichspräsidenten zu dieser weitgehenden Vorschrift erwirkt.

Eine »entschlossene« Polizeiführung, für die in Preußen jetzt Göring sorgte, verschaffte den Regierungsparteien für den Wahlkampf erhebliche Startvorteile. Allein 14 Polizeipräsidenten und zahlreiche weitere Spitzenbeamte wurden ausgewechselt, versetzt oder nur zur Disposition gestellt. Eine weithin »kopflose« Polizei war daher dem Druck der neuen politischen Führung um so mehr ausgesetzt, sofern sie nicht unter neuen Offizieren besonders eifrig unter Beweis stellte, daß sie den Geist der neuen Zeit verstanden hatte. Welcher »Wind nun wehte«, das ließ Göring mit »hemdsärmeliger« Deutlichkeit durch Runderlasse an alle Polizeibehörden vom 10. und 17. Februar 1933 bekanntmachen: Die Polizei wurde belehrt, daß die Notverordnung des Präsidenten nicht dazu geschaffen sei, die »hinter der Regierung der nationalen Erhebung stehenden Volkskreise in ihrer willkommenen und notwendigen Mitarbeit an der Förderung der hohen Ziele der Reichsregierung zu behindern«. Bei Verstößen seien darum »Motive und Zweck« zu berücksichtigen. Auch sei »das beste Einvernehmen« mit den nationalen Verbänden herzustellen und »die nationale Propaganda mit allen Kräften zu unterstützen«. Gegen kommunistische Terrorakte dagegen sei, »wenn nötig, rücksichtslos von der Waffe Gebrauch zu machen«. Um die überbeanspruchte Polizei zu entlasten, wurden am 22. Februar außerdem SA und Stahlhelmmänner als Hilfspolizisten eingesetzt.

Die Wahlagitationen der KPD, ihre Versammlungstätigkeit und ihre Presse wurden durch Polizeimaßnahmen schon im Februar 1933 faktisch vollkommen unterdrückt. SPD-Zeitungen durften mehrfach, Zentrumszeitungen vereinzelt nicht erscheinen. Das Reichsgericht hob die meisten Verbote der SPD-Presse wieder auf, was die rüde und rechtswidrige Vorgehensweise der Polizeibehörden peinlich aufdeckte. Schutzlos waren die Wahlveranstaltungen der SPD und auch des Zentrums dem polizeilich geduldeten und geradezu ermunterten Terror der SA-Schläger ausgeliefert. Von freiem Wahlkampf konnte keine Rede mehr sein.

Nicht nur das repressive Instrumentarium des Staates, die Polizei, wurde in den Dienst der »nationalen Erhebung« gestellt. Erstmals setzte die Regierung auch das neue Medium des Rundfunks virtuos für Wahlkampfzwecke ein. Hitlers Wahlkampferöffnung am 10. Februar im Berliner Sportpalast wurde – von Goebbels dramatisierend eingeleitet – über alle Rundfunksender ausgestrahlt. Sichtlich beeindruckt notierte der Schriftsteller Erich Ebermayer in seinem Tagebuch: »Die Versammlung ... ist zweifellos ein großer Erfolg für Hitler. Welch ein Instrument für Massenpropaganda ist heute der Rundfunk! Und wie wenig haben Hitlers Gegner bisher damit anzufangen gewußt. Hat es vor dem 30. Januar überhaupt kein Radio gegeben? Unbegreiflich! Arme gottverlassene bürgerliche Parteien.«[3] Der wache Sinn für Propaganda ließ Hitler und Goebbels beherzt zugreifen. In der geltenden Verfassung der Deutschen Rundfunkgesellschaft war ein Regierungsmonopol verankert, dessen Möglichkeiten erst jetzt voll ausgeschöpft wurden.

Der Regierungskoalition stand nicht nur das neue Massenmedium zur Verfügung, sondern die Parteien konnten endlich auch ihre finanzielle Lage sanieren. Die Parteikasse der NSDAP füllte sich. Goebbels' Tagebücher, die zuvor sehr Pessimistisches zur Finanzsituation meldeten, klingen plötzlich euphorisch. Bei einem geheimen Treffen mit 25 führenden Industriellen am 20. Februar hatten Hitler und Göring nämlich mit dem zynischen Hinweis, »daß die Wahl am 5. März die letzte sicherlich innerhalb 10 Jahren, voraussichtlich aber in 100 Jahren sei«[4], erfolgreich eine Wahlspende von mindestens drei Millionen gesammelt. Als Sprecher der Industriellen hatte Krupp zugesagt, der Reichsverband der Industrie werde »sich mit allen Kräften für die Gewinnung eines stabilen Regierungsfundaments ... einsetzen«.[5]

Die größte Wahlhilfe leistete jedoch nicht Krupp, sondern ein unbekannter Holländer: der ehemalige Kommunist Marinus van der Lubbe. Am Abend des 27. Februar legte er im Gebäude des Reichstags Feuer, um ein Fanal gegen die Machtergreifung des Faschismus zu setzen. In der äußerst gereizten und hektischen Atmosphäre des Wahlkampfes mußte dieser symbolträchtige Brand als ein solches Signal aufgefaßt werden. Keiner konnte sich seinerzeit recht vorstellen, daß der noch am Tatort gestellte van der Lubbe der alleinige Täter war. Es mußte eine Partei oder Organisation hinter ihm stehen. Die nationalsozialistische Führung glaubte in dem Brand das Zeichen zum allgemeinen kommunistischen Aufstand erkennen zu müssen. Unter diesem Eindruck ordnete Göring noch in der Nacht ein Verbot der gesamten Presse der KPD, die Schließung aller ihrer Parteibüros und die Verhaftung der kommunistischen Führer, Abgeordneten und Funktionäre an.

Das Reichskabinett behauptete den bloßen Verdacht eines kommunistischen Aufstandes als erwiesene Tatsache und veranlaßte mit diesem Argument den Reichspräsidenten am nächsten Tag, die – später mit Recht berüchtigte – Notverordnung »zum Schutze von Volk und Staat« zu erlassen. »Zur Abwehr kommunistischer staatsgefährdender Gewaltakte« wurden faktisch alle wesentlichen Grundrechte aufgehoben. Die Reichsregierung erhielt überdies die Möglichkeit, die Befugnisse der obersten Landesbehörden – vor allem der Polizeiführungen – an sich zu ziehen, wenn in einem Land »die nötigen Maßnahmen« nicht getroffen würden. Während in der Preußen-Verordnung Papens noch der Reichspräsident derjenige war, der den Reichskommissar entsandte, war diese Befugnis jetzt auf die Reichsregierung übergegangen, womit wiederum ein wichtiger Bestandteil der »Einrahmungs«-Konzeption beseitigt war.

Die Reichstagsbrandverordnung sollte mit ihrer pauschalen Ermächtigung zum polizeilichen Durchgreifen ohne gerichtliche Überprüfung zur sofortigen Totalabrechnung mit der KPD dienen. Da sie nie aufgehoben wurde, muß man sie als das Grundgesetz der nationalsozialistischen Diktatur bezeichnen. Durch interpretierende Erlasse und öffentliche Erklärungen sorgte Göring in Preußen für exzessive Anwendung, die sich auch gegen diejenigen zu richten habe, »die mit den Kommunisten zusammenarbeiten oder deren verbrecherische Ziele, wenn auch nur mittelbar, unterstützen oder fördern«. Dabei wurden »kommunistische, anarchistische und sozialdemokratische Parteien oder Organisationen« ausdrücklich in einem Atemzug genannt.

Gestützt auf die Verordnung errichteten SA und SS in diesen Tagen die ersten Konzentrationslager. Die KPD war rechtlos, ihre Organisation zerschlagen. Görings Hilfspolizei, die SA, machte auf Marxisten Jagd und schleppte sie in ihre Privatgefängnisse und Folterkeller. Die Zahl der Verhafteten in Preußen stieg auf über 10000. Auch die SPD wurde mit dem Instrumentarium der Verordnung: Versammlungsverbote, Verbot der Zeitungen und Verhaftungen unter massiven Druck gesetzt, um die Position der NSDAP für die Wahlen am 5. März zu stärken. Göring erklärte nach der Wahl im Reichskabinett ungerührt, man könne ja noch weitere SPD-Abgeordnete zusätzlich zu den Kommunisten verhaften, um die notwendige Mehrheit für das geplante Ermächtigungsgesetz zu sichern.

Die offenkundige Instrumentalisierung der Reichstagsbrandverordnung für Wahlkampfzwecke und die naheliegende Frage, welchen Grund eigentlich die KPD gehabt haben könne, wenige Tage vor der Wahl loszuschlagen und ausgerechnet den Reichstag anzustecken, lösten schon damals den Verdacht aus, die NSDAP selbst habe den Brand gelegt. Man traute ihr offensichtlich jede Schurkerei zu und konnte sich schwer vorstellen, daß der gewaltige Brand allein von dem schmächtigen Holländer gelegt worden sei.

Die Regierung selber trug nicht unwesentlich zu diesen Verdächtigungen bei. Da sie sich von Anfang an auf die These vom kommunistischen Aufstandsversuch festgelegt hatte und damit ihre massive Verfolgung der Marxisten und die Notverordnung des Reichspräsidenten begründete, mußte sie selber ein vitales Interesse daran haben, die Alternative der Alleintäterschaft zu widerlegen. Da es ihr nicht gelang, stichhaltiges Beweismaterial für den kommunistischen Aufstand beizubringen – im Frühjahr 1933 gab es bei der KPD keine derartigen Pläne, sie hätten auch der Parteilinie fundamental widersprochen –, sprach das Reichsgericht im Herbst 1933 die kommunistischen Angeklagten frei. Der Prozeß endete für die Regierung mit einem Fiasko.

Die vom Pariser Exil aus gesteuerte Agitation der deutschen Kommunisten versuchte diese für die Regierung mißliche Situation mit der These für sich zu nutzen, die Nazis selber hätten den Wallotbau angesteckt. Der Brand konnte nur ihnen nutzen. Diese Behauptung fand viel Glauben und galt lange Zeit auch in der Bundesrepublik als unumstritten. Erst Anfang der sechziger Jahre wurde sie erschüttert, bis heute wird jedoch über die Urheberschaft am Reichstagsbrand noch erbittert gestritten. Die Möglichkeit, daß van der Lubbe, wie er es gestanden hat, den Brand allein gelegt hat, kann nach heutigem Kenntnisstand von Brandsachverständigen nicht ausgeschlossen werden. Hieb- und stichfeste Beweise für die Täterschaft der Nazis gibt es bis heute nicht.[6] Vor allem können diejenigen, die nach wie vor an eine NS-Verschwörung glauben wollen, kaum erklären, wieso die Nazis, wenn sie schon den Brand kaltblütig und unbemerkt legten, nicht auch so raffiniert waren, entweder das entsprechende Beweismaterial für den kommunistischen Aufstand zu präparieren, um hinterher den Prozeß auch gewinnen zu können, oder, weil sie wußten, daß die Kommunisten den Brand nicht verursacht hatten, das Prozeßrisiko erst gar nicht einzugehen. Viel einfacher ist demgegenüber die Erklärung, daß Hitler, Göring und Goebbels am Abend des 27. Februar tatsächlich an ein kommunistisches Fanal glaubten. Sie wurden Opfer ihrer eigenen Propaganda von der übergroßen bolschewistischen Gefahr. Sie reagierten deshalb sofort und konnten später nicht mehr zurück. Die Blamage beim Prozeß in Leipzig ist darum eigentlich der beste Beweis gegen die Täterschaft der Nazis. Demgegenüber führt das Festhalten an einer NS-Täterschaft zur

Verwicklung in ständig neue Widersprüche, da man auf höchst komplizierte Vermutungen und Annahmen angewiesen ist.

Die Kontroverse ist denn auch eigentlich weniger wegen ihrer kriminalistischen Details interessant, sondern wegen des Blicks, den sie auf unsere Schwierigkeiten im Umgang mit der jüngsten Geschichte zu werfen erlaubt: Wer die lange Zeit gültige These von der politischen Brandstiftung der NSDAP bestritt, dem wurde vorgeworfen, er verharmlose Hitler, rehabilitiere die Nazis und betreibe so das Geschäft der Neonazis; er hatte das Engagement prominenter Politiker und offiziöser Stellen sowie von Verfolgtenorganisationen gegen sich; seine Thesen waren, wie Golo Mann sich ausdrückte, »volkspädagogisch unwillkommen« und »gefährlich«.[7]

Noch bedenklicher sind jedoch Tabus. Die Untersuchung brüchiger Behauptungen auf ihren Wahrheitsgehalt kann niemals verharmlosend sein. Was ändert sich im übrigen an der Gesamtbewertung des Nationalsozialismus und am Prozeß seiner Machtergreifung, wenn die Nazis nicht die Brandstifter waren? Ihr skrupelloser Wille zur Macht ist unverkennbar; aber das planerische Kalkül, das ihnen als Brandstifter unterstellt werden müßte, tritt zurück. Ihre damals bewiesene Virtuosität im Ausnutzen von Gelegenheiten ist unbestritten, aber sie wird der diabolisch kaltblütigen Vorausberechnung entkleidet. Wer den Nazis den Reichstagsbrand zuschiebt, in ihm die große gewollte Inszenierung und Provokation sieht, neigt zur Verschwörertheorie und zur Annahme einer perfekt manipulierten, unwiderstehlichen, totalitären Machteroberung. Wenn man dagegen an der Alleintäterschaft van der Lubbes festhält – für mich sprechen alle Gründe dafür –, respektiert man den Protest eines Einzelgängers gegen ein Unrechtssystem und »normalisiert« die nationalsozialistischen Akteure zu zynisch bedenkenlosen Machteroberern, die jede Chance nutzen. Diese Akteure sind damit aber auch von solchen Chancen, von den Rahmenbedingungen und den Reaktionen derer, denen sie die Macht abnahmen, in höherem Maße abhängig. Der Gesamtprozeß wird offener. Die »Umstände« gewinnen mehr Eigengewicht. Es kann nicht alles auf die perfekten Manipulateure abgewälzt werden: Die Diabolisierung Hitlers entlastet.

Ob die Reichstagsbrandverordnung im nationalsozialistischen Machteroberungskonzept »vorgesehen« war – wir können es nicht entscheiden. Den Kampf zur Ausschaltung der Marxisten hatte

Hitler erst für den Zeitpunkt nach der Wahl eingeplant, und sein ganzes Sinnen galt zunächst der Durchsetzung eines Ermächtigungsgesetzes. Die am 28. Februar hastig erlassene Verordnung wurde gleichwohl das Grundgesetz des »Dritten Reiches«. Alle Beteuerungen, man werde den Ausnahmezustand selbstverständlich wieder aufheben, blieben unerfüllt. Die rechtlich unkontrollierten Instrumente erwiesen sich als so »praktisch« und »wirksam«, daß noch in den letzten Jahren des »Dritten Reiches« die Bekämpfung der Zeugen Jehovas auf die Reichstagsbrandverordnung gestützt wurde. Es gab niemanden mehr, der an die Aufhebungsversprechen erinnerte.

Eine Woche nach dem Reichstagsbrand wurde gewählt – trotz des Ausnahmezustandes. Hitlers große Sorge war, daß der Wahltermin nicht einzuhalten sei. Darum hat er in diesen Tagen alles daran gesetzt, den militärischen Ausnahmezustand zugunsten eines zivilen – wie ihn die Reichstagsbrandverordnung vorsah – zu verhindern. Daß über den Einsatz der Reichswehr und die Übertragung der Regierungsgewalt an das Militär durchaus diskutiert wurde, ist ein weiteres Indiz dafür, daß man im ersten Augenblick tatsächlich an einen kommunistischen Aufstand glaubte.

Die Wahlen, die unter den geschilderten Umständen nicht mehr als freie Wahlen bezeichnet werden können, brachten der NSDAP bei nochmals stark angestiegener Wahlbeteiligung ein respektables, jedoch keineswegs berauschendes Ergebnis[8] (vgl. Tab. 6). Die erhoffte absolute Mehrheit wurde trotz erheblicher Stimmengewinne verfehlt. Mit knapp 44 % erreichte die NSDAP mit Kanzlerbonus und präsidialem Segen sowie dank massiver Einschüchterung und polizeilicher Unterdrückung der Gegner einen Erfolg, der die Schlappe vom November 1932 vergessen ließ. Aufschlußreich war, daß die Hitler-Partei nunmehr auch in den katholischen Landgebieten Bayerns und Württembergs, wo sie bislang eher schwach vertreten war, hohe Stimmengewinne zu verzeichnen hatte; der Anteil der Nichtwähler war hier besonders stark zurückgegangen.

Da sich die DNVP – unter Papen und Hugenberg als Kampffront Schwarz-Weiß-Rot firmierend – mit 8 % Stimmenanteil stabilisiert hatte, verfügte die Regierung Hitler über die absolute Mehrheit. Das war ein beachtlicher Sieg, verschaffte er doch der Kanzlerschaft Hitlers eine – wenn auch mit zweifelhaften Mitteln hergestellte – plebiszitäre Quasi-Legitimation. Hindenburgs Wächter-

Tabelle 6: *Mehrheitsverhältnisse im Reichstag nach den Wahlen vom 5. März 1933; Anteil der abgegebenen gültigen Stimmen (in Prozent) und Mandate; Wahlbeteiligung: 88,8%*

	KPD	SPD	DDP	Zentrum + BVP	DVP	sonst. bürg. bäuerl. Part.	DNVP	NSDAP	Gesamt
Prozent	12,3	18,3	0,9	13,9	1,1	1,6	8,0	43,9	100
Mandate	81	120	5	92	2	7	52	288	647

funktion im »Einrahmungs«-Konzept der Partner wurde immer unbedeutender. Für das erstrebte Ermächtigungsgesetz reichte aber die absolute Mehrheit nicht aus, da dieses Gesetz so umfassend geplant war, daß es eine verfassungsändernde Zweidrittelmehrheit erforderte.

Die SPD hatte wiederum 2% verloren, blieb mit 120 Mandaten aber zweitstärkste Fraktion. Die KPD mußte erstmals seit Beginn der Wirtschaftskrise massive Stimmenverluste hinnehmen. Der Terror wirkte sich aus. Ein Teil ihrer Wähler wanderte wohl zur NSDAP. Mit 12,3% blieb sie jedoch immer noch drittstärkste Fraktion. Zusammen kamen die beiden »marxistischen« Parteien auf 201 von 647 Mandaten. Sie lagen also nur knapp unter der Grenze der Sperrminorität von einem Drittel, für die 216 Mandate nötig waren.

Unter dieser Perspektive benötigte die Regierung für die Verabschiedung des Ermächtigungsgesetzes die Zustimmung des Zentrums und der BVP. Diese hatten zwar leichte Verluste zu beklagen, aber zusammen verfügten sie immer noch über 92 Mandate. Bei vollständiger Anwesenheit des Hauses konnte auf diese Stimmen für die Erreichung der Zweidrittelmehrheit nicht verzichtet werden.

Bei der Vorbereitung des Ermächtigungsgesetzes war die Regierung dennoch eifrig bestrebt, die Zustimmung des Reichstags auf alle Fälle sicherzustellen. Gegen die denkbare Obstruktion der Linken durch Fernbleiben von der Sitzung verfielen die Strategen der Koalition auf eine trickreiche Geschäftsordnungsänderung, die es erlaubte, nicht anwesende Abgeordnete fiktiv für anwesend zu erklären. Hätten nämlich außer SPD und KPD nur noch 15 weitere Abgeordnete gefehlt, wäre die verfassungsmäßig vorgeschriebene Anwesenheit von zwei Drittel der Mandatsträger nicht gewährleistet gewesen. Unverständlicherweise billigten die bürgerlichen Parteien und das Zentrum diese Geschäftsordnungsänderung, die ohne jede Frage verfassungswidrig war. Göring erwog außerdem noch, etwa 40 SPD-Abgeordnete zusätzlich zu der bereits vollzählig verhafteten KPD-Fraktion festnehmen zu lassen, um auf diese Weise die Mehrheitsverhältnisse zugunsten der Regierungsparteien zu manipulieren.

Das Hauptbemühen der Reichsregierung richtete sich jedoch darauf, die Zustimmung der Zentrumsfraktion zu gewinnen, denn »die Annahme des Ermächtigungsgesetzes durch das Zentrum werde eine Prestigestärkung gegenüber dem Ausland bedeuten«.[9] Für die legitimierende Kraft des Reichstagsbeschlusses mußte es im übrigen ausschlaggebend sein, daß die Zustimmungsmehrheit so groß war, daß die Nichtanwesenheit der verhafteten Mandatsträger der Linksparteien irrelevant wurde. Tatsächlich gelang der Regierung dieses Kunststück. Bei der entscheidenden Sitzung waren 538 Abgeordnete anwesend, von denen 444 mit Ja stimmten. Nur die 94 SPD-Abgeordneten votierten gegen das Gesetz. Aber auch wenn die KPD- und SPD-Fraktionen vollständig anwesend gewesen wären und mit ihren zusammen 201 Mandaten das Gesetz abgelehnt hätten, wäre die Zustimmungsmehrheit von 444 dem Erfordernis der Zweidrittelmehrheit noch gerecht geworden. Um dieser Rechnung willen war die Zustimmung des Zentrums politisch unabdingbar. Das Zentrum war in der Position des Züngleins an der Waage, selbst wenn in der konkreten Abstimmung die anwesenden Zentrums- und SPD-Abgeordneten keine Sperrminorität besaßen. Sie stellten nur 166 und nicht 180 Mandate, die bei 538 Anwesenden die Verabschiedung hätten blockieren können.[10]

Die Zustimmung des Zentrums war heftig umstritten. Brüning und eine kleine Minderheit wichtiger Abgeordneter widerstrebten bis zum letzten Augenblick. Sie hielten den Gesetzentwurf der Regierung für unzumutbar, da er über die bisherige Praxis von Ermächtigungsgesetzen weit hinausging. Die Reichsregierung wurde nicht zum Erlaß von Verordnungen ermächtigt, sondern erhielt auch die Vollmacht, sogar Gesetze mit verfassungsänderndem Inhalt zu beschließen. Der Reichstag sollte ferner auf seine Befugnis verzichten, völkerrechtlichen Verträgen die Zustimmung zu erteilen, den Haushalt zu verabschieden und Kreditaufnahmen zu genehmigen. Bestürzend war, daß diese »Regierungsgesetze« vom Reichskanzler ausgefertigt und im Gesetzblatt verkündet werden durften, also die ansonsten immer notwendige Unterschrift des Reichspräsidenten nicht benötigten. Das System der Gewaltenkontrolle und Gewaltenteilung wurde völlig beseitigt. Die Vorbehalte, die das Gesetz hinsichtlich der Positionen des Reichstages, des Reichspräsidenten und des Reichsrates enthielt, blieben demgegenüber in erkennbarer Weise Papier.

Auf dem Hintergrund der terroristischen Aktivität der NSDAP machten sich Brüning und seine Mitstreiter keine Illusionen, daß mit dem Erlaß des Ermächtigungsgesetzes der Rechtsstaat und der Verfassungsstaat in Deutschland beseitigt wurden. Der ehemalige Kanzler versuchte deshalb sogar, mit den Deutschnationalen einen einschränkenden Zusatz zu vereinbaren, was ihm Hugenberg, der Brünings Pessimismus inzwischen teilte, auch zusagte. In der eigenen Fraktion konnte sich der DNVP-Vorsitzende aber schon nicht mehr durchsetzen. Über die Hälfte der Mitglieder drohte, andernfalls zur NSDAP überzutreten. Gedrängt von Brüning versuchte Kaas, für das Zentrum einige rechtsstaatliche und kirchenpolitische Zugeständnisse und Garantien als Gegenleistung für die Zustimmung des Zentrums zum Ermächtigungsgesetz auszuhandeln, die in unverbindlicher Form auch gewährt wurden. Kaas plädierte daraufhin in der Fraktion für Zustimmung, wozu er durch eine Reihe von Motiven veranlaßt wurde. Vor allem die Aussicht auf ein Reichskonkordat ließ ihn nachgeben. Außerdem hatte gerade Kaas lange genug gegen Parlamentarismus und Parteienstaat polemisiert, so daß es ihm jetzt schwerfallen mußte, für die Vorrechte des Parlamentes einzutreten und seiner Entmachtung zu widersprechen. Auch die Hoffnung, mit dem Ermächtigungsgesetz die weit schlimmere Reichstagsbrandverordnung einschränken zu können, spielte eine Rolle. Nach wie vor setzte man im Zentrum auch auf den Reichspräsidenten, dessen Schweigen und Unerreichbarkeit freilich irritierte. Der Mythos des Reichspräsidenten jedoch, den Brüning anläßlich der Wiederwahl selber stabilisiert hatte, kam jetzt Hitler zugute, paradoxerweise gerade im Kampf gegen Hindenburgs Wähler von 1932.

Kennzeichnend für die Meinungsbildung im Zentrum war ferner eine merkwürdige Mischung aus Angst und Begeisterung. Nur wenige teilten Brünings Pessimismus; man wollte die neuen Herren nicht weiter reizen, Zugeständnisse an Hitler sollten diesen gegen die SA-Revolutionäre stärken; das bedrohte Schicksal von Angehörigen des Zentrums im öffentlichen Dienst in Reich, Ländern und Gemeinden mußte ebenso bedacht werden wie die Sorgen von Verlegern zentrumsnaher Zeitungen, die ein Konfliktkurs mit der NSDAP ruinierte. Etliche Zentrumsvertreter gaben auch der Stimmung nach, sich dem Aufbruch der Nation nicht versagen zu dürfen. Man wollte nicht erneut mit der SPD in die Ecke der »vaterlandslosen Gesellen« gedrängt werden. Der massive Druck im Umfeld der Reichstagssitzung tat ein übriges. So stimmte das Zentrum schließlich sogar geschlossen zu.

Hitler erreichte die erhoffte große Mehrheit, und doch ist es unangemessen zu behaupten, das deutsche Parlament habe am 23. März sich selber entmachtet, Selbstmord verübt. Will man den Vorgang korrekt beschreiben, wird man sagen müssen, der Reichstag sei in den Tod getrieben worden. Das beschließende Parlament war durch die Verhaftung der Abgeordneten der Linksparteien nicht ordnungsgemäß besetzt. Die unverhüllten Drohungen Hitlers – glaubhaft unterstrichen durch die Anwesenheit von SA und SS im Saal – beeinträchtigten die Freiheit der Abgeordneten bei der Entscheidung. Das Klima der Sitzung ist treffend wiedergegeben durch eine Bemerkung des SPD-Vorsitzenden Otto Wels, der am Abend nach der Abstimmung einem Zentrumsabgeordneten sagte: »Gut, daß Ihr zugestimmt habt, sonst wären wir dort nicht mehr herausgekommen.«[11]

Da auch die am selben Tag noch eingeholte Zustimmung des Reichsrats zweifelsfrei verfassungswidrig war, weil dieses Gremium ebenfalls nicht ordnungsgemäß besetzt war, kann eine abschließende Wertung nur festhalten, daß das Ermächtigungsgesetz, an den Maßstäben der Weimarer Verfassung gemessen, nicht legal zustande gekommen ist. Sein die Verfassung umstürzender Inhalt muß dabei völlig außer Betracht bleiben, weil nach Weimarer Verfassungsrecht jedwede Änderung der Verfassung möglich war, auch die Errichtung der faschistischen Diktatur, wenn nur das Verfahren korrekt eingehalten wurde. Gerade diese Voraussetzung jedoch war am 23. März 1933 nicht erfüllt. Entgegen manchen zeitgenössischen und späteren Behauptungen sollte dies nicht in Frage gestellt werden.

Zum richtigen Verständnis der damaligen Vorgänge und Wirkungen muß man freilich berücksichtigen, daß die Sensibilität für formale Prozeduren und Legalitätsfragen längst so untergraben war, daß man die Verabschiedung als legal ansah. Die Verfassungspraxis der letzten Jahre und eine Verfassungstheorie, die mit Legitimitätserwägungen – also wie auch immer begründeten politischen Zielvorgaben – fortwährend gegen die »bloß formale« Legalität argumentierte, hatten das Legalitätsbewußtsein so weit ausgehöhlt, daß man sich auch mit einem Schein von Legalität zufriedengab. Die berufenen Staatsrechtslehrer der Zeit gestanden bei der Analyse der Vorgänge von Januar bis März 1933 zwar kleinere Rechtswidrigkeiten zu, stuften diese aber als Nebensächlichkeiten ein. Zu den wirklich problematischen Aktionen äußerten sie sich nicht oder hielten diese – wie Ernst Rudolf Huber den Ausschluß der KPD-Abgeordneten – schlicht für eine »Selbstverständlichkeit«. Sie würdigten den Gesamtakt als rechtmäßig und fanden im Schlagwort von der »legalen Revolution« die Lösung der Problematik. In dieser Formulierung ist jedoch die heillose Vermischung von Legalität und Legitimität angelegt. Mit Legitimitätserwägungen werden die festgestellten Rechtswidrigkeiten hinwegeskamotiert. Insofern wirkt der Begriff der »legalen Revolution« nur verschleiernd.[12]

Daß diese Verschleierung funktionierte und daß der *Schein* der Legalität gewahrt blieb, darauf war es Hitler angekommen, dabei hatte das Zentrum geholfen. Der Erfolg stellte sich ein, weil es schon längst niemand mehr so genau mit der Legalität nahm. »Die Gleichheit vor dem Gesetz werde nur den Kommunisten nicht zugestanden werden. Die Zugehörigkeit zur Zentrumspartei solle kein Grund zum Einschreiten gegen Beamte sein.«[13] Das berichtete Kaas u.a. als Zusage Hitlers, um die Zustimmung der Zentrumsfraktion zum Ermächtigungsgesetz zu sichern. Solche Zusagen zu akzeptieren, verrät eben diesen Mangel an Sensibilität. Daß die SPD gleichzeitig nur die Entlassung ihrer verhafteten Abgeordneten aus der Haft verlangte, nicht aber ihren Antrag auch auf die kommunistischen Mandatsträger auszudehnen wagte – wer sollte es sonst tun? –, gehört in dasselbe Kapitel nur gebrochenen Insistierens auf Rechtsgleichheit und formale Legalität, ohne die ein Rechtsstaat nicht existieren kann.

Die mutige Rede, mit der der Vorsitzende der SPD, Otto Wels, das Nein seiner Fraktion begründete und in der er sich eindrucksvoll zu den »Grundsätzen der Menschlichkeit und der Gerechtigkeit, der Freiheit und des Sozialismus« bekannte, blieb gleichwohl ein Merkposten in der Geschichte des deutschen Parlamentarismus. Aber sie war die Rede eines Verlierers in einer verlorenen Institution. Auch Wels konnte den Schleier der Pseudolegalität nicht zerreißen. Wer Hitler vertrauen wollte oder »nicht so genau hinsah«, konnte sich damit beruhigen, daß doch alles ordnungsgemäß zugegangen sei. Daß Wels reden konnte und die SPD-Abgeordneten sogar ungeschoren dagegenstimmen »durften«, bestätigte diesen Schein noch einmal.

2. Revolution von unten – Gleichschaltung in Ländern und Gemeinden

Die Ereigniskette, die über den Reichstagsbrand vom 27. Februar und die Neuwahlen am 5. März zum Ermächtigungsgesetz vom 23. März 1933 führte, ist nur dann angemessen zu verstehen, wenn man beachtet, was sich gleichzeitig in den Ländern und Gemeinden vollzog. Der koordinierte Einsatz von SA und Polizei im Wahlkampf war nur in jenen Ländern möglich gewesen, in denen die Nationalsozialisten schon an der Regierung beteiligt waren. Das galt für Preußen aufgrund des Staatsstreichs vom 20. Juli 1932 und in einigen kleineren norddeutschen Ländern, nicht jedoch für die Hansestädte, für Hessen und Sachsen sowie für die süddeutschen Länder Baden, Württemberg und Bayern. Zum Teil amtierten hier »sogar« noch sozialdemokratische Innenminister.

Selbst in Preußen war Görings Stellung als Vertreter des Reichskommissars v. Papen nicht ungefährdet, weil DNVP und NSDAP im Landtag keine Mehrheit besaßen und die Regierung Braun nach wie vor über das Recht verfügte, das Land Preußen im Reichsrat und im preußischen Staatsrat zu vertreten. Um die Position der Reichsregierung weiter zu stärken, drängten die Nationalsozialisten auf eine Auflösung des preußischen Landtags. Im Sog der Reichstagswahlen wollten sie sich auch in Preußen eine parlamentarische Mehrheit verschaffen.

Nachdem der Landtag einen Antrag von NSDAP und DNVP auf Selbstauflösung abgelehnt hatte, konnte nach den Regeln der preußischen Verfassung nur noch auf Beschluß des sog. Dreimännerkollegiums, des Ministerpräsidenten und der Präsidenten des Staatsrates und des Landtages, den Nationalsozialisten die Chance eines Wahlkampfes in Preußen eröffnet werden. Braun und der

Staatsratspräsident Konrad Adenauer verweigerten jedoch ihre Zustimmung zu dem Antrag auf Auflösung, den der nationalsozialistische Landtagspräsident im Dreimännerkollegium eingebracht hatte. Damit scheiterte das Begehren zunächst. Papen erwirkte daraufhin nach Absprache im Reichskabinett am 6. Februar eine Notverordnung des Reichspräsidenten, die sämtliche der Regierung Braun vom Staatsgerichtshof im Oktober 1932 ausdrücklich zuerkannten Rechte auf die Reichskommissare übertrug. Nun konnten der Kommissar des Reichs und der nationalsozialistische Landtagspräsident im Dreimännerkollegium den Staatsratspräsidenten Adenauer überstimmen und die Landtagsauflösung durchsetzen. Als Wahltermin wurde derselbe Tag wie für die Reichstagswahlen, also der 5. März, festgelegt.

Die Verordnung vom 6. Februar 1933, die die Auflösung des preußischen Landtags ermöglichte, war eindeutig rechtswidrig und ein zweiter Staatsstreich und Verfassungsbruch sowie eine nicht minder gravierende Herausforderung des Staatsgerichtshofs für das Deutsche Reich. Hatte doch das Gericht den Kern der Hoheitsrechte der Landtagsregierung für »diktaturfest« erklärt. Die Leichtigkeit, mit der Hindenburg hier zum Bruch seines Eides auf die Verfassung veranlaßt werden konnte, läßt bittere Rückschlüsse auf die immer wieder lobend hervorgehobene Eidestreue des Reichspräsidenten zu. Auch diese gehört offensichtlich eher zum »Mythos« des greisen Generalfeldmarschalls.

Der düpierte Staatsgerichtshof unter seinem Präsidenten Bumke fügte sich der Regierung. Bumkes Vorgänger Simons war in einem viel geringeren Konflikt zwischen der Autorität des Gerichtes und der Politik der Regierung unter Protest zurückgetreten. Freilich hatte damals noch der sozialdemokratische Kanzler Müller amtiert. Bumke jedoch gewährte der Reichsregierung großzügig eine Nachfrist zur Vorlage einer Klageerwiderung gegen die Klage, welche die Regierung Braun noch am 7. Februar eingereicht hatte. Der Präsident des Gerichtes weigerte sich auch, vor dem 5. März, dem angesetzten Wahltermin, durch das Gericht zur Frage der Rechtsgültigkeit der Landtagsauflösung Stellung zu nehmen und machte dadurch das gesamte Verfahren hinfällig. Nach der Landtagswahl, die ähnliche Ergebnisse wie im Reich brachte, erübrigte sich der Streit.

Die Kapitulation des Staatsgerichtshofs und seines Präsidenten kam freilich nicht unerwartet. Die Regierung hatte vorgebaut. Als das Kabinett am 4. Februar darüber beriet, wie man die preußische Regierung ihres Amtes entheben könne, verwarfen die Minister zunächst den Gedanken, ein Sondergericht für Diktaturfragen einzurichten, um auf diese Weise den Staatsgerichtshof auszuspielen. Hitler plädierte statt dessen dafür, dem Gerichtspräsidenten müsse

»die Situation in Preußen umgehend dargelegt werden. Es müsse ihm insbesondere vorgehalten werden, daß die preußischen Beamten aus dem Zustande befreit werden müßten, daß zwei Regierungen vorhanden seien ... Der Staatssekretär in der Reichskanzlei wurde«, heißt es weiter in dem Kabinettsprotokoll, »gebeten, den Reichsgerichtspräsidenten zu einer Aussprache mit dem Reichskanzler und dem Stellvertreter des Reichskanzlers für Sonntag, den 5. Februar, 10 Uhr vormittags telefonisch einzuladen. Weitere Beschlüsse sollen nach Ablauf dieser Unterredung gefaßt werden.«[14]

Als dieses zunächst geheimgehaltene Treffen später bekannt wurde, dementierte die Regierung natürlich, daß über die beabsichtigte Preußenverordnung gesprochen worden sei. Das Kabinettsprotokoll spricht jedoch eine zu deutliche Sprache über den zweifelsfrei gewollten und auch erreichten Zweck der Unterredung, denn am folgenden Tag erging die Verordnung. Der unabhängige höchste deutsche Richter willfahrte und verriet die Autorität des Staatsgerichtshofs und der Verfassung an den Machtwillen der neuen Regierung. Sein Taktieren nach dem 6. Februar läßt keine andere Deutung zu. Seiner oft bezeugten Neigung, sich aus brisanten politischen Entscheidungen gegen die »nationale Bewegung« herauszuhalten, gab er wieder einmal nach.[15]

Auch der Reichsrat verzichtete auf seiner Sitzung am 16. Februar trotz aller Zweifel an der Rechtmäßigkeit der von Papen entsandten neuen preußischen Reichsratsvertreter darauf, deren Legitimation selber zu überprüfen. Er vertagte sich bis zu dem noch ausstehenden Entscheid des Staatsgerichtshofs. Befriedigt berichtete Reichsinnenminister Frick dem Reichskabinett noch am gleichen Tage über diese »Selbstausschaltung« des Reichsrats.[16] Wieder einmal wurde versäumt, ein klares Wort zur verfassungsrechtlichen Bewertung des Vorgehens der Hitlerregierung zu sagen. Daß der Schleier der Legalität dank des Ausweichens der berufenen Organe unversehrt blieb, konnte nicht ohne Einfluß auf die Wahlen und auf die Eigenständigkeit der Länder bleiben.

War durch den zweiten Staatsstreich gegen Preußen schon Anfang Februar gesichert, daß in diesem größten Land des Reiches die

Polizei auf Regierungskurs lag, galt das keinesfalls für die Hansestädte, für Hessen und Sachsen sowie für die süddeutschen Länder. Nationalsozialistische Anträge auf Landtagsauflösungen waren hier ebenfalls abgelehnt worden, was die Wut der regionalen Parteiorganisatoren und Agitatoren gegen die amtierenden Landesregierungen nur noch steigerte. Die föderalistische Struktur der Polizei erlaubte der Reichsregierung keinen Zugriff. Das änderte sich erst mit der Reichstagsbrandverordnung und dem Wahlergebnis vom 5. März 1933. Die siegreichen Nationalsozialisten wollten sich nun nicht mehr in den einzelnen Ländern von Sozialdemokraten oder Zentrumsministern regieren lassen und verlangten eine Anpassung an die Mehrheitsverhältnisse im Reich. Jetzt »drehten sie den Spieß um«. Hatte im Mai 1932 die Regierung Papen die Stimmengewinne der NSDAP in den Landtagswahlen vom April 1932 als Argument für die Auflösung des Reichstags benutzt, versuchte man nun, mit dem Hinweis auf das neue Reichstagswahlergebnis die nicht genehmen Landtagsmehrheiten und den Föderalismus schlechthin zu beseitigen. Ein Zusammenspiel zwischen »spontanem« revolutionärem Druck von unten und zentralistischen Eingriffen des Reichsinnenministers Frick von oben setzte ein. Binnen kurzem wurde so die »Gleichschaltung« der Länder durchgesetzt.

Den Auftakt bildete die Hansestadt Hamburg. Noch vor dem Reichstagsbrand hatte Göring am 27. Februar im Reichskabinett darauf gedrängt, spätestens nach der Wahl die Hamburger Polizei dem Reichsinnenminister zu unterstellen, da die dortige sozialdemokratische Polizeiführung den Kommunisten freie Hand lasse, Nach dem Reichstagsbrand verlangte die Hamburger NSDAP-Führung vom Senat der Hansestadt, das Kommando über die Polizei einem Nationalsozialisten zu übertragen. Der Senat widersetzte sich dieser Forderung nur halbherzig. Er beurlaubte den sozialdemokratischen Polizeikommandeur, folgte aber nicht dem weitergehenden Ansinnen, obwohl es vom Reichsinnenminister unterstützt wurde. Nun aber ließen sich die Parteigenossen vor Ort nicht mehr im Zaum halten. Nationalsozialistische Polizeibeamte hißten am 5. März, am Tag der Wahl, Hakenkreuzfahnen auf Polizeikasernen und Polizeistationen. Am Abend besetzten SA- und SS-Kommandos das Rathaus. Der Senat zögerte, an die mehrheitlich noch loyale Polizeitruppe den eindeutigen Befehl zu geben, die NS-Flagge mit Gewalt einzuholen und das Rathaus zu räumen. Diesen Moment der Unsicherheit nutzte Reichsinnenminister Frick, der über die Vorgänge auf dem laufenden gehalten worden war, um noch am Wahlabend den SA-Standartenführer, Polizeileutnant a. D. Richter, als Reichskommissar für die Hamburger Polizei einzusetzen. Er stützte sich dabei auf die Reichstagsbrandverordnung und begründete seinen Schritt damit, daß der Senat nicht mehr in der Lage sei, die öffentliche Sicherheit zu gewährleisten.

Zwar richtete sich die Reichstagsbrandverordnung gegen kommunistische Aktivitäten und nicht gegen eine Bedrohung der Ordnung von rechts, wie sie in Hamburg gegeben war, doch danach fragte schon keiner mehr. Eine Anrufung des Staatsgerichtshofs durch den Hamburger Senat versprach nach dem Debakel, das die preußische Regierung dort erleben mußte, keine Abhilfe. Die Hamburger Regierung beugte sich darum dem Zangenangriff von oben und unten. Der Senat trat zurück. Wenige Tage später wurde eine neue Koalitionsregierung aus Liberalen, DNVP und NSDAP gebildet, die auf die Linie der Reichsregierung einschwenkte. Am 11. März beschloß diese neue Regierung, eine Hilfspolizeitruppe aus SA und SS zur Polizeiverstärkung aufzustellen. Der brutalen Verfolgung politischer Gegner durch die NSDAP waren damit keine Grenzen mehr gesetzt. Die Nationalsozialisten hatten auch in Hamburg die Macht ergriffen.

Das Vorgehen der NSDAP in Hamburg ist unter zwei Gesichtspunkten besonders aufschlußreich. Einmal bezeugt es das gute Zusammenspiel zwischen regionalen Parteigliederungen und Berliner Spitze. Allerdings wird man sich davor hüten müssen, allzuviel Generalstabsarbeit zu vermuten. Das Charakteristische scheint vielmehr die wie automatisch sich herstellende Kooperation zwischen oben und unten bei durchaus spontaner Initiative von unten. Der Druck, etwas vor Ort zu tun, war für die Hamburger NSDAP groß. In den preußischen Nachbarstädten Harburg und Wilhelmsburg führten die Parteigenossen schon das große Wort, jagten die politischen Gegner und drängten sich um die politischen Posten. Da wurde man in Hamburg ungeduldig. Auch die Hamburger Genossen wollten von der Machtergreifung profitieren. So sorgte man sich auf lokaler Parteiebene auch nicht so sehr darum, ob der von der Führung zumindest bis zu den Wahlen und zum Ermächtigungsgesetz gesteuerte offizielle Kurs der Legalität noch penibel beachtet wurde. Was von oben als nationale Erhebung unscharf proklamiert wurde, geriet vor Ort schnell zur nationalsozialistischen Revolution. Die Einsetzung eines Reichskommissars führte dann beide Strömungen wieder zusammen, wobei darin durchaus auch ein Stück Kontrolle der lokalen Bewegung durch die Parteispitze um Hitler und Frick zu sehen ist.

Daß die Aktion in Hamburg mit dem Hissen von Hakenkreuzfahnen auf öffentlichen Gebäuden begann, beweist zum zweiten den untrüglichen Sinn der Nationalsozialisten für politische Symbolik. Die NS-Sympathisanten in der Polizei signalisierten mit dieser Geste, daß der neue Geist in der Schutztruppe des Staates schon Einzug gehalten hatte. Mochte die Mehrheit der Polizeibeamten auch noch loyal zur rechtmäßigen Regierung stehen, die aktive Gruppe nationalsozialistischer Beamter war groß genug, um an einzelnen Orten als Überraschungscoup die Flaggen zu hissen. Da diese Aktion nicht sofort unterbunden wurde, stand die Regierung vor der fatalen Alternative, entweder mit Waffengewalt die Fahne einholen zu lassen oder nachzugeben. Ein Schießbefehl gegen die Provokateure aus den Reihen der eigenen Polizei war jedoch kaum durchsetzbar, er hätte das Instrument der Polizei zerbrochen, dazu war die nationalsozialistische Unterwanderung offensichtlich schon zu groß. Außerdem hatten die Nationalsozialisten die republikanische Staatsautorität auf einem außerordentlich raffiniert gewählten Feld herausgefordert. Sie selber wandten mit ihrer symbolischen Geste keinerlei Gewalt an, schoben dem Gegner vielmehr den Schwarzen Peter zu, ohne viel zu riskieren. Zugleich konnten sie den unglückseligen Flaggenstreit der Weimarer Republik ausnutzen: Wer war schon bereit, für Schwarz-Rot-Gold zu sterben? Das schwankende Bürgertum hatte seine Sympathien längst auf Schwarz-Weiß-Rot gerichtet. Das Nichtdurchgreifen der Regierung offenbarte darum deren Schwäche und Wehrlosigkeit und ließ den letzten Widerstand brechen. Die NSDAP wußte, daß sie den Machtkampf gewonnen hatte.

Nach dem Muster der Vorgänge in Hamburg vollzog sich in den nächsten Tagen die Gleichschaltung in den anderen Ländern. Gezielte Provokationen der Polizei und Flaggenhissungen waren immer wieder der Auslöser. In Bremen veranstaltete die NSDAP am 6. März eine Massenkundgebung innerhalb der Bannmeile, ohne daß der Senat einzuschreiten wagte. Die sozialdemokratischen Senatsmitglieder, die einen Einsatz der Polizei verlangt hatten, konnten sich in der Regierung nicht durchsetzen. Sie traten unter

Protest zurück. Dem Prestigeerfolg der Bewegung und dem Autoritätsverlust der Regierung folgte auch hier die Einsetzung eines Reichskommissars.

In Baden brach der Konflikt ebenfalls am Tag nach der Reichstagswahl aus. Die Nationalsozialisten feierten ihren Sieg mit einem Massenaufmarsch im Regierungsviertel und hißten auf Regierungsgebäuden schwarz-weiß-rote Fahnen und Hakenkreuzflaggen. Empört telegrafierte der badische Staatspräsident Schmitt, der dem Zentrum angehörte, an Hitler: »Durch Überrumpelung ist Hakenkreuzfahne gehißt worden auf Schloß und Bezirksamt Karlsruhe. Nationalsozialisten berufen sich auf angebliche Weisung Herrn Reichskanzlers. Badische Regierung hat Entfernung angeordnet. Um Blutvergießen zu vermeiden, bitten wir um entsprechende Weisung an nationalsozialistische Gauleitung Baden.« Die Reichskanzlei antwortete lapidar, Hitler habe »keinerlei Anordnungen erteilt«, es müsse nach Auffassung des Reichskanzlers der badischen Regierung »überlassen bleiben, sich ihrerseits mit der Gauleitung... ins Benehmen zu setzen. Wenn die badische Regierung unter den obwaltenden Verhältnissen nicht in der Lage sei, ein Blutvergießen zu vermeiden, so müsse er dies außerordentlich bedauern.«[17] In einem offiziellen Bericht des am 8. März eingesetzten Reichskommissars, des badischen Gauleiters Wagner, lesen sich die Ereignisse wie folgt:

»Der in der Wahl vom 5. März 1933 zum Ausdruck gekommene Volkswille [NSDAP und DNVP zusammen hatten mit 49 % die absolute Mehrheit in Baden knapp verfehlt] drohte sich über die gesetzmäßige Polizeigewalt hinweg in den Besitz der gesamten Macht zu setzen. Hinzu kam eine Unmenge unkontrollierbarer Gerüchte, die das Land durcheilten und die staatliche Ordnung noch mehr gefährden mußten. Die badische Regierung hat nach den Wahlen vom 5. März 1933... eine Reihe von Maßnahmen getroffen, die in Ansehung der politischen Lage unbegreiflich erscheinen. So hat die badische Staatsregierung versucht, noch am Montag, dem 6. März 1933, das Aufziehen von schwarz-weiß-roten Fahnen und Hakenkreuzflaggen auf Staatsgebäuden mit Waffengewalt zu verhindern. Lediglich dem besonnenen Verhalten der Polizei und der nationalen Verbände war es zuzuschreiben, daß es nicht bereits am Montag zu Blutvergießen kam... Nach Sachlage, insbesondere in Ansehung der ungeheuren Erregung über dieses Verhalten..., die in den Kreisen der nationalen Bevölkerung herrschte, war die Übernahme der gesamten Regierungsgewalt in Baden zur Wiederherstellung der öffentlichen Sicherheit und Ordnung im Lande unerläßlich.«[18]

Dieser Bericht ist von Wagner Ende März abgefaßt worden, nachdem die badische Staatsregierung »feierliche Rechtsverwahrung« gegen die rechtswidrige Einsetzung eines Reichskommissars bei Hitler eingelegt hatte und die Zentrumsfraktion in einem Telegramm an den Reichspräsidenten gegen die zeitweilige Sistierung des Staatspräsidenten und gegen die Verhinderung einer Landtagssitzung durch Wagner protestiert hatte. Wagner rechtfertigte diesen letzten Akt mit dem Hinweis, »daß bei der erregten Stimmung der badischen Bevölkerung zum mindesten die sozialdemokratischen Abgeordneten des Badischen Landtags Karlsruhe ohne Gefährdung von Leib und Seele nicht erreicht hätten. Die Stimmung der badischen Bevölkerung ist begreiflich ... Ein Zusammentritt des Landtags ist so lange nicht möglich, als sich die Lage nicht beruhigt hat.«

Der Bericht macht das Schema der nationalsozialistischen Gleichschaltungspolitik noch einmal entwaffnend deutlich. Die Reichstagsbrandverordnung zur Bekämpfung kommunistischer Umtriebe wurde benutzt, um die durch nationalsozialistische Massenaufmärsche und Provokationen gefährdete öffentliche Ordnung im Sinne der neuen Machthaber zu stabilisieren und bei dieser Gelegenheit nicht genehme Landesregierungen zu entmachten. Die Verhinderung der Landtagssitzung folgte dem Kalkül, ein noch die alten Mehrheitsverhältnisse repräsentierendes Parlament nicht mehr zusammentreten und etwa eine neue Koalitionsregierung bilden zu lassen, sondern statt dessen über die Einsetzung eines Reichskommissars sofort in den alleinigen Besitz der Macht zu gelangen. Mit umstandsloser Dreistigkeit berichtete Wagner von der »erregten Stimmung der badischen Bevölkerung«, wo doch nur der künstlich aufgeputschte Siegestaumel der Anhänger der neuen Hitlerregierung gemeint sein konnte, die die Berliner Machtergreifung und den Reichstagswahlsieg auch in eine regionale Machtergreifung plebiszitär umsetzen wollten. Die 37,5 % der Wähler, die am 5. März in Baden noch für die Links- und Mittelparteien ihre Stimmen abgegeben hatten, gehörten nicht zur »nationalen Bevölkerung«, ihren politischen Einfluß galt es darum radikal auszuschalten.

Am dramatischsten entwickelten sich die Dinge in Bayern. Argwöhnisch hatte die Münchner Regierung seit dem 30. Januar das Vorgehen der Reichsregierung in Preußen, die Absetzung der Regierung Braun, beobachtet. Die offenen Drohungen des Reichsinnenministers, man werde rücksichtslos gegen alle Länder vorgehen, die sich nicht gutwillig fügen wollten, ließen die BVP in Bayern ihren Wahlkampf hauptsächlich als Kampagne gegen die Einsetzung von Reichskommissaren führen. Der BVP-Vorsitzende Schaeffer und der bayerische Ministerpräsident Held trugen mehrfach ihre Sorgen Hindenburg und Vizekanzler Papen vor, die immer erneut beschwichtigten, es gebe keine Pläne zum Eingreifen der Reichsregierung in Bayern. Schaeffer seinerseits ließ anläßlich einer erbetenen Audienz bei Hindenburg am 17. Februar 1933 keinen Zweifel an dem Abwehrwillen Bayerns: »Wenn das Reich nach Bayern einen Reichskommissar entsende, würde er an der Landesgrenze festgenommen werden, und zwar sogar vom bayerischen Stahlhelm.« Schaeffer äußerte ferner seine Sorge,

»der Reichskanzler Hitler und seine Regierung würden nicht mehr aus ihren Stellungen weichen, selbst wenn die politische Situation sich ändere, und sie würden sich mit Gewalt behaupten. Diese Auffassung erhalte Nahrung durch die ganz offen in Bayern verbreitete Nachricht, daß am Wahltag, am 5. März, die SA einen Putsch unternehmen und sich mit Gewalt in den Besitz der Macht setzen wolle. Das würde zum offenen Kampf zwischen Stahlhelm und Bayernwacht [der Selbstschutzorganisation der BVP] auf der einen Seite und SA und SS auf der anderen Seite führen; jedenfalls sei die bayerische Regierung vorbereitet und entschlossen, einen solchen Versuch erbarmungslos niederzuschlagen.«[19]

Die ebenso hellsichtigen wie markigen Worte Schaeffers, die Hindenburgs Staatssekretär Meissner umgehend dem Reichskanzler übermittelte, überschätzten freilich Handlungswillen und Handlungsfähigkeit der bayerischen Regierung bei weitem. Zunächst gaben Hindenburg und Papen wiederum beruhigende Erklärungen ab. Der Reichspräsident drückte zugleich seine Hoffnung aus, daß die Verhandlungen über eine Beteiligung der BVP an der Reichsregierung wieder aufgenommen würden, denn Schaeffer hatte sich anfangs noch einmal darüber beschwert, daß man bei der Bildung der Regierung Hitler keine Verhandlungen mit der BVP zwecks Beteiligung geführt hätte. Die BVP sei »damit aus der nationalen Front ausgeschlossen, also als eine nicht nationale Partei gebrandmarkt worden«, kritisierte der BVP-Vorsitzende.

Daß Schaeffer sich über die Nichtbeteiligung beschwerte und im selben Atemzug der prognostizierten Machtdurchsetzung der NSDAP den Kampf ansagte, diese durchaus ambivalente Gleichzeitigkeit enthüllt das Dilemma gemäßigt konservativ nationaler

Politiker im Frühjahr 1933. Dem Werk der nationalen Erhebung und »Wiedergeburt« mochten sie sich nicht entziehen, und doch erkannten sie zugleich den brutalen Machtwillen der NSDAP. Schaeffer suchte für Bayern sogar noch einen Ausweg. Der drohenden Gleichschaltung durch die NSDAP wollte man mit der Ausrufung der Monarchie in Bayern unter dem populären Kronprinzen Ruprecht zuvorkommen. Die bayerischen Sozialdemokraten wären dafür sogar zu gewinnen gewesen, aber ihre Bundesgenossenschaft lehnte man ab. »Auch in Bayern hätte es die Mehrheit der konservativ denkenden Bevölkerung nicht begriffen, wenn sich ein König mit den Sozis gegen die Nazis verbündet hätte«, kommentierte Karl Otmar v. Aretin die Halbherzigkeit der Bemühungen und Vorbereitungen in der bayerischen Regierung[20], die sich zunächst bei Hindenburg vergeblich rückzuversichern suchte, ob dieser eine bayerische Restauration hinnehmen würde.

Inzwischen kam der Wahltag, der auch in Bayern die NSDAP mit 43 % der Wählerstimmen zur stärksten Partei werden ließ. Die BVP nahm zur Bildung einer Koalitionsregierung im Landtag mit dem Sieger Fühlung auf, doch nun war es zu spät. Auf eine Koalitionsbeteiligung wollte sich die NSDAP auf Landesebene nicht einlassen. Am 9. März – als schon alle anderen Landesregierungen im Reich gleichgeschaltet bzw. durch Reichskommissare »ausgeschaltet« waren – erschienen vormittags Hauptmann Röhm, der Stabschef der SA, und der Münchner Gauleiter Adolf Wagner, der tags zuvor zur Berichterstattung und Lageerörterung in Berlin bei Hitler gewesen war, bei Ministerpräsident Held und verlangten ultimativ die Ernennung des nationalsozialistischen Generals Ritter v. Epp zum Generalstaatskommissar, andernfalls sei ein SA-Aufstand nicht zu verhindern. Zur Unterstützung dieser Drohung zog gleichzeitig bewaffnete SA zum Marienplatz, besetzte das Rathaus und ließ vom Rathausturm die Hakenkreuzfahne wehen.

Held gab der Erpressung zunächst nicht nach. Er wandte sich hilfesuchend an die Reichswehr, doch diese erteilte ihm eine Abfuhr. Es handele sich um einen rein innenpolitischen Vorgang, aus dem sich die Reichswehr vollständig herauszuhalten habe. Trotzdem beugte sich die Regierung nicht. Sie wollte der Gewalt nicht weichen, sondern mobilisierte vielmehr demonstrativ die Landespolizei. Daraufhin zog sich die SA aus der Innenstadt zurück. Die Atmosphäre war äußerst gespannt, aber nun griff die Reichsregierung ein. Der Reichsinnenminister ernannte am Abend des 9. März General v. Epp gemäß § 2 der Reichstagsbrandverordnung zum Reichskommissar und übertrug ihm die »Befugnisse der Obersten Landesbehörde Bayerns, soweit zur Erhaltung öffentlicher Sicherheit und Ordnung notwendig«. Nun rückte die SA wieder, fackeltragend, in die Innenstadt ein. Es kam zu ersten gewalttätigen Ausschreitungen gegen mißliebige Presseorgane. Innenminister Stützel und der BVP-Vorsitzende Schaeffer wurden mitten in der Nacht von der SS brutal aus ihren Häusern geholt und ins »Braune Haus« geschleppt.

Held protestierte zwar erneut bei Hindenburg, der noch am vorangegangenen Tag bayerische Besorgnisse beruhigt hatte. Jetzt aber ließ der Reichspräsident durch seinen Staatssekretär Meißner erklären, die Einsetzung Epps sei in eigener Zuständigkeit der Reichsregierung erfolgt, Held solle seinen Protest Hitler vortragen. Deutlicher konnte die Entmachtung Hindenburgs nicht demonstriert werden. Das Zähmungskonzept Papens war in sich zusammengebrochen, noch bevor das Ermächtigungsgesetz verabschiedet war. Zu leichtfertig hatte der Vizekanzler hingenommen, daß für die Maßnahmen nach § 2 der Reichstagsbrandverordnung die Reichsregierung, faktisch der Reichsinnenminister, zuständig wurde und nicht – wie er im Kabinett vorgeschlagen hatte – der Reichspräsident. Doch der Vizekanzler selber hatte während seiner eigenen Kanzlerschaft demonstriert, daß die verfassungsrechtliche Gewährleistung der Landessouveränität für ihn keineswegs tabu war. Der bayerische Partikularismus gefährdete nach seiner Ansicht nur die Notwendigkeit der einheitlichen Führung des Reiches. Daß Papen mit solchen Positionen den Ast absägte, auf dem er selber noch saß, merkte er erst viel zu spät. Denn in den gleichgeschalteten Ländern war bald von »Einrahmung« und »Zähmung« der NSDAP überhaupt keine Rede mehr. In Bayern setzte Epp die machtbewußten lokalen Größen der NSDAP als kommissarische Minister ein. Die DNVP wurde dabei nicht berücksichtigt. Der starke Mann der neuen Regierung war der Gauleiter von Oberbayern, Wagner, als Innenminister. Er ernannte den Reichsführer der SS, Heinrich Himmler, zum Chef des Münchner Polizeipräsidiums, dem jetzt auch die Zentrale der bayerischen politischen Polizei unter Reinhard Heydrich eingegliedert wurde.

Die Jagd auf Kommunisten und Sozialdemokraten, auf Juden

und vereinzelt auch auf mißliebige Politiker der BVP wurde eröffnet. Am 20. März teilte Himmler der Presse die Errichtung des ersten Konzentrationslagers bei Dachau mit:

»Hier werden die gesamten kommunistischen und – soweit notwendig – Reichsbanner- und marxistischen Funktionäre, die die Sicherheit des Staates gefährden, zusammengezogen... Wir haben diese Maßnahme ohne Rücksicht auf kleinliche Bedenken getroffen in der Überzeugung, damit zur Beruhigung der nationalen Bevölkerung und in ihrem Sinne zu handeln.«[21]

Die »Beruhigung der nationalen Bevölkerung« diente – wie andernorts – auch in München als Alibi, nicht nur um die Vertreibung der rechtmäßigen Landesregierung zu legitimieren, sondern auch, um das System terroristischer Verfolgung politischer Gegner im staatsfreien, unkontrollierten Raum der nur von SA und SS beherrschten Lager zu perfektionieren.

Mit der Einsetzung Epps und der Bestellung einer rein nationalsozialistischen kommissarischen Landesregierung war die »Machtergreifung« in den Ländern abgeschlossen. Die »Einheit der Nation« war im Zusammenspiel zwischen revolutionärem Druck von unten und scheinlegalen Maßnahmen von oben hergestellt, noch bevor das Ermächtigungsgesetz der Regierung Hitler wirklich freie Hand verschaffte. Föderalistisch abgestützte Gegenpositionen oder Bollwerke gab es seit Mitte März 1933 nicht mehr. Die Leichtigkeit, mit der diese Positionen fielen, hat viel mit den ungelösten Problemen der Weimarer Reichsreform und der Neugliederungsdebatte zu tun. Die Sehnsucht nach dem Einheitsstaat und der Wunsch nach Überwindung der staatlichen Zerrissenheit, der Kleinstaaterei und des provinziellen Partikularismus waren weit verbreitet. Ihn nutzten die Nationalsozialisten, weil er ihnen half, den durchaus revolutionären und handfest machtpolitischen Kern des Gleichschaltungsprozesses hinter nationaler Einheitsrhetorik zu verstecken.

Daß es »nur« um Machtsicherung und nicht um den proklamierten »Neuaufbau« des Reiches ging, erwies sich rasch. Die Reichsregierung dachte nicht daran, eine grundsätzlich neue Verwaltungsgliederung im Sinne der in Weimar diskutierten Reichsreformpläne ins Auge zu fassen. In einem »Vorläufigen Gesetz zur Gleichschaltung der Länder« vom 31. März 1933 verfügte sie zunächst die Auflösung aller Landtage und ihre Neuzusammensetzung gemäß den Wahlergebnissen der Reichstagswahl. Da die kommunistischen Mandate nicht zugeteilt werden sollten, erhielt die Regierungskoalition aus DNVP und NSDAP oder die NSDAP allein in allen Ländern die absolute Mehrheit. Mit dieser undemokratischen Neubildung der Parlamente war zugleich deren Entmachtung verbunden. Denn getreu ihrem antiparlamentarischen Programm bestimmte die Reichsregierung in ihrem Gesetz ferner, daß die Landesregierungen zum Erlaß von Regierungsgesetzen ohne Zustimmung der Landtage ermächtigt seien. Was der Reichstag im Ermächtigungsgesetz erst der Reichsregierung mit Zweidrittelmehrheit zugebilligt hatte, übertrug diese nunmehr auf die Landesregierungen.

Während die Reichsregierung sich vor allem dadurch vom Reichspräsidenten unabhängig machte, daß der Reichskanzler die Regierungsgesetze aufgrund des Ermächtigungsgesetzes selber ausfertigen konnte, sorgte Hitler schnell dafür, daß die von ihren Landtagen »emanzipierten« Landesregierungen nicht zu selbständig wurden. Das »Zweite Gesetz zur Gleichschaltung der Länder mit dem Reich (Reichsstatthaltergesetz)« vom 7. April 1933 führte in den Ländern als Quasi-Staatsoberhaupt einen Reichsstatthalter ein, der auf Vorschlag des Kanzlers vom Reichspräsidenten ernannt wurde und seinerseits das Recht hatte, die Landesregierungen zu ernennen und zu entlassen, die Landesgesetze auszufertigen, die Beamtenernennungen vorzunehmen und das Begnadigungsrecht auszuüben. Als seine wesentliche Aufgabe wurde in dem Gesetz definiert, »für die Beobachtung der vom Reichskanzler aufgestellten Richtlinien der Politik zu sorgen«.

Da das Gesetz außerdem festlegte, daß Mißtrauensbeschlüsse des Landtags gegen die Landesregierung unzulässig seien, damit also die parlamentarische Verantwortlichkeit der Landesregierungen beseitigte, war die selbständige Landeshoheit faktisch aufgehoben. Mit der Vorschrift, daß der Reichsstatthalter vom Reich zu besolden sei, war auch fiskalisch klargestellt, wer in Zukunft in den Ländern die Politik bestimmen sollte.

Die Bestimmung des § 5 dieses Gesetzes, daß in Preußen der Reichskanzler die Rechte des Reichsstatthalters ausüben sollte, konnte man als nunmehr dauerhafte Lösung des Dualismus zwischen Reich und Preußen verkünden und als Rückkehr zu den Verfassungsverhältnissen unter Bismarck feiern. Preußische und Reichsführung waren in einer Hand. Das hatte Papen schon mit seinem Staatsstreich vom 20. Juli 1932 angestrebt. Die jetzt erfolgte Legalisierung bedeutete jedoch zugleich eine weitere Entmachtung des Vizekanzlers, der am 30. Januar auf besonderen Wunsch Hindenburgs Reichskommissar in Preußen geworden war. Papen legte dieses Amt jetzt nieder. Hitler ernannte Göring zum preußischen Ministerpräsidenten.

Das Reichsstatthaltergesetz brachte die Gleichschaltung der Länder zum Abschluß, aber es hatte auch die Funktion, die revolutionäre Bewegung von unten zu kanalisieren und von oben her kontrollierbar zu machen. Zu offenkundig war die Tendenz, daß die nationalsozialistischen Gauleiter und Provinzgrößen ihre neuen Machtpositionen in den Landesregierungen als eigene Machtbasis ausbauten und sich der Kontrolle durch Berlin entzogen. Diesem Trend sollte die in die Reichshierarchie eingebaute Position der Reichsstatthalter entgegenwirken. Einem solchen Kanalisierungsversuch entsprachen die sich häufenden Appelle an Disziplin und die Mahnungen, daß nur Amtsträger zum Handeln befugt seien. Beschwörend proklamierte die Parteispitze, daß die nationale Revolution in eine Phase ruhiger Evolution hinübertrete. Daß das Reichsstatthaltergesetz auf besondere Initiative Hitlers zustande kam, bestätigt diesen Motivationszusammenhang, auch wenn sich im Lauf der folgenden Jahre erweisen sollte, daß die Reichsstatthalterpositionen – meist mit den örtlichen Gauleitern besetzt – zum eifersüchtig gehüteten Besitzstand der regionalen Gliederungen der Partei wurden. Nur in München verhielt es sich anders. General Epp verfügte innerparteilich über keine Hausmacht und war darum in Hitlers Augen wohl besonders geeignet, die Selbstherrlichkeit der mächtigen bayerischen Parteiführer zu begrenzen, zumal deren Position im Zentrum der Partei für Hitler am ehesten gefährlich werden konnte.

Vorderhand besiegelte das Gesetz über die Reichsstatthalter das Ende des deutschen Föderalismus, obwohl die Länder mit Regierungen und Parlamenten zunächst als Hülle fortbestanden. Und was für die Länder galt, traf auch für die Gemeinden zu. Ihre Gleichschaltung brachte auch vor Ort die NSDAP in die entscheidenden Machtpositionen. Hier vollzog sich der gleiche Prozeß im Wechselspiel des revolutionären Drucks von unten und der scheinlegalen Steuerung von oben wie auf der Landesebene. Auch die Gemeinderäte wurden wie die Landtage dem Reichstagswahlergebnis entsprechend neu zusammengesetzt unter Vereinnahmung der kommunistischen Mandate. Nicht genehme Bürgermeister wurden in Pension geschickt oder unter oft fadenscheinigen Beschuldigungen zum Rücktritt gezwungen. Sozialdemokratische Gemeinderäte wurden entmachtet, wenn man sie nicht – wie in München – brutal aus dem Rathaussaal prügelte, weil sie der Verleihung der Ehrenbürgerurkunde an Hitler nicht zustimmen mochten. Gewaltenteilung und gesicherte Machtbalancierung durch demokratisch legitimierte autonome Kommunalverwaltungen und unabhängige Landesregierungen waren knapp zwei Monate nach der Ernennung Hitlers zum Kanzler im Deutschen Reich beseitigt.

3. Antimarxismus und Antisemitismus – »Programm« zur Ausschaltung des Pluralismus in der Gesellschaft

Nach zweimonatiger Amtszeit war der Kanzler Hitler keineswegs – wie es Papen versprochen hatte – »in die Ecke gedrückt«; er hatte vielmehr seine Partner ausgespielt. Ermächtigungsgesetz und Reichstagsbrandverordnung hatten Hindenburg und seine präsidialen Vollmachten für die Zukunft entbehrlich gemacht. Das Recht des Kanzlers, die Regierungsgesetze nach dem Ermächtigungsgesetz auszufertigen und zu verkünden, verschaffte Hitler eine besonders herausgehobene Stellung gegenüber den übrigen Kabinettsmitgliedern. Die Gleichschaltung der Länder brachte über die Reichsstatthalter auch die Landesregierungen in die Abhängigkeit des Kanzlers. Parlamentarismus und Föderalismus waren beseitigt. Weder der Reichstag noch die Länder konnten als Widerlager einer Kontrolle der Reichsregierung und als Abstützung der konservativen Koalitionspartner Hitlers dienen. »Straffste autoritäre Staatsführung. Beseitigung des Krebsschadens der Demokratie« – diese Forderungen hatte Hitler am 3. Februar 1933 vor den Befehlshabern des Heeres und der Marine als seine politischen Ziele proklamiert.[22] Anfang April 1933 waren diese Ziele im institutionellen Bereich des Regierungssystems durchgesetzt.

Dennoch blieb die Struktur des neuen Staatsaufbaus eigentümlich konturenlos. Zwar war der Ausbau eines bei Hitler zentrierten Machtmonopols erkennbar, aber dieser Prozeß vollzog sich im Rahmen der alten Institutionen. Die Weimarer Verfassung blieb bis 1945 formal in Kraft. Reichstag und Reichsrat sowie die Landesregierungen und Landesparlamente existierten weiter, wenn auch vielfach nur als leere Hülsen. Der Staat Hitlers etablierte sich gleichsam durch sie hindurch, ohne neue Regierungsinstitutionen und neue Regeln staatlicher Willensbildung zu schaffen. Insbesondere blieb unklar, wie sich das Verhältnis zwischen der Regierung und den sie tragenden Parteien gestalten werde. Während der Gleichschaltung der Länder versuchten die lokalen und regionalen Organisationen der NSDAP zwar, ihren Mitgestaltungs- und Führungsanspruch deutlicher zur Geltung zu bringen; unverkennbar war jedoch das Bemühen der nationalsozialistischen Führung in der Berliner Regierungszentrale, den Aktivismus der Partei zu kanalisieren. Der Dualismus zwischen Staatsapparat und Parteibewegung wurde spürbar, die NS-Minister zeigten wenig Neigung, die Forderungen der Partei blindlings zu erfüllen. Für die sich hier abzeichnenden Konflikte gab es keine förmlichen Regelungsmechanismen, keine entscheidungsbefugten Gremien oder Koordinationsinstanzen. Nur in der Person Hitlers als entscheidungsbefugtem »Führer« der Partei und als Inhaber der Richtlinienkompetenz im Kanzleramt liefen alle Fäden zusammen.

Hitlers Führungsstil und sein Programm kamen nun sowohl in der Partei als auch im staatlichen Apparat zum Tragen. Hitler hatte die Partei als Wahlkampforganisation vor allem dadurch geführt, daß er in innerparteilichen Konflikten eine eigene Festlegung möglichst lange vermied und zugunsten seines Führungsmonopols den Konflikt zwischen den regionalen Parteiführern einerseits, einer nach Ressorts und Sachbereichen gegliederten Parteizentrale mit professionalisiertem Apparat und Führungsanspruch andererseits nicht austragen ließ. Angesichts ungeklärt gelassener Kompetenzabgrenzungen hielt er sich ein Maximum an Optionen offen. Die Abstraktheit der programmatischen Forderungen der Partei und deren beliebige Interpretierbarkeit, bei gleichzeitig verbindlichem Interpretationsmonopol des »Führers«, fanden ihre funktionale Entsprechung im Führermythos, der Hitlers zentrale Rolle in der Partei nochmals verstärkte.

Die Übertragung dieses Führungsstils auf den Staatsapparat bedeutete im ersten Schritt logischerweise den konsequenten Ausbau der Machtstellung des Reichskanzlers, der Ende März faktisch erreicht war. Die zentrale Stellung Hitlers darf aber keineswegs dahingehend interpretiert werden, daß nunmehr alle Aktivitäten des NS-Regimes stets aus einem klar artikulierten Führerwillen resultierten. Hitler war in vielem auch ein Getriebener.

Die ungeklärten Kompetenzen zwischen Regional- und Zentralebene, zwischen Partei- und Staatsapparat und innerhalb der verschiedenen Organisationseinheiten der Partei und ihrer mannigfachen Verknüpfungen mit staatlichen Instanzenzügen lösten angesichts nur globaler Zielvorgaben eine vorwärtsdrängende Dynamik und Konkurrenz aus, die Hitler zwangen, sich festzulegen, wollte er seine Macht im Zentrum behaupten. Das gelang ihm, weil er offensichtlich – wie Gerhard Schulz schreibt – »in dem intuitiven Empfinden für Macht, für den Gewinn an Macht und das Fehlen von Macht seine Umgebung weit überragte«.[23] Staatspolitische Konzeptionen und klare Vorstellungen über den zukünftigen Verfassungsaufbau dagegen fehlten bei Hitler, wie auch für den Inhalt der Politik kein differenziertes Regierungsprogramm erkennbar ist.

Gewiß gab es inhaltliche Vorgaben im Parteiprogramm der NSDAP vom 24. Februar 1920. Forderungen nach Revision des Versailler Vertrages und nach »Land und Boden (Kolonien)« für Ernährung und Ansiedlung verbanden sich hier mit einem rassischen Antisemitismus (»Volksgenosse kann nur sein, wer deutschen Blutes ist«) und einem vagen Antikapitalismus, der aber schon in der Spätphase der Republik von Hitler zurückgedrängt worden war. Hinsichtlich der staatlichen Organisation verlangte das Programm in seinem letzten Punkt lediglich »Schaffung einer starken Zentralgewalt des Reiches... unbedingte Autorität des politischen Zentralparlamentes« und die »Bildung von Stände- und Berufskammern zur Durchführung der vom Reich erlassenen Rahmengesetze in den einzelnen Bundesstaaten«.[24]

Schon in der Phase des Aufstiegs zur Massenbewegung wurden jedoch die Akzente der NS-Propaganda unabhängig und abweichend vom Parteiprogramm festgelegt. Bekämpfung des Marxismus, des demokratischen Parteienstaates und nationale Erneuerung waren die Hauptthemen der NS-Wahlpropaganda; der Antisemitismus trat in den Hintergrund. Offensichtlich war das von Hitler für unabänderbar erklärte Programm kein Hinderungsgrund, wechselnde Schwerpunkte in der Propaganda zu setzen. Mit der Machtergreifung stellte sich jedoch in neuer und schärferer Weise die Frage nach der Verbindlichkeit des Programms – oder genauer: die Frage nach Hitlers eigentlichen politischen Zielen und ihrem Stellenwert für die konkrete Politik. Da das Parteiprogramm viel zu allgemein war, um sich in Tagespolitik umsetzen zu lassen, ist zu untersuchen, inwieweit die Politik der Machtergreifung des Nationalsozialismus von Hitlers persönlichen Zielen, von seiner »politischen Weltanschauung« geprägt war.

Alle Forscher sind sich nach einer Analyse sämtlicher Schriften und Reden Hitlers darin einig, daß es »Fixpunkte der persönlichen Weltanschauung Hitlers« gibt. Martin Broszat hat gezeigt, »daß ein fanatischer Antisemitismus und Antibolschewismus sowie das außenpolitische Ziel der Gewinnung neuen Lebensraumes im Osten, eingebettet in ein darwinistisch heroisches Geschichtsbild mit der Leitvorstellung ewigen Kampfes und der Auslese des Stärkeren, die einzigen stabilen Weltanschauungsinhalte darstellen, an denen Hitler konsequent festgehalten hat«.[25]

Schon am 3. Februar 1933 hatte Hitler in einer improvisierten Rede in kleinem Kreise vor Befehlshabern des Heeres und der Marine diese Perspektiven seiner Politik enthüllt. Nach dem Gedächtnisprotokoll eines der Beteiligten führte Hitler hier aus:

»Ziel der Gesamtpolitik allein: Wiedergewinnung der politischen Macht. Hierauf muß gesamte Staatsführung eingestellt werden (alle Ressorts!).

1. Im Innern: Völlige Umkehrung der gegenwärtigen innenpolitischen Zustände in Deutschland. Keine Duldung der Betätigung irgendeiner Gesinnung, die dem Ziel entgegensteht (Pazifismus!). Wer sich nicht bekehren läßt, muß gebeugt werden. Ausrottung des Marxismus mit Stumpf und Stiel... Todesstrafe für Landes- und Volksverrat. Straffste autoritäre Staatsführung. Beseitigung des Krebsschadens der Demokratie!

2. Nach außen: Kampf gegen Versailles. Gleichberechtigung in Genf; aber zwecklos, wenn Volk nicht auf Wehrwillen eingestellt...

Wie soll politische Macht, wenn sie gewonnen ist, gebraucht werden? Jetzt noch nicht zu sagen. Vielleicht Erkämpfung neuer Exportmöglichkeiten, vielleicht – und wohl besser – Eroberung neuen Lebensraumes im Osten und dessen rücksichtslose Germanisierung. Sicher, daß erst mit politischer Macht und Kampf jetzige wirtschaftliche Zustände geändert werden können. Alles, was jetzt geschehen kann – Siedlung – Aushilfsmittel.

Wehrmacht wichtigste und sozialistischste Einrichtung des Staates. Sie soll unpolitisch und überparteilich bleiben. Der Kampf im Innern nicht ihre Sache, sondern der Nazi-Organisationen. Anders wie in Italien keine Verquickung von Heer und SA beabsichtigt.«[26]

So sehr die primären Inhalte der Weltanschauung Hitlers in dieser improvisierten Rede durchscheinen und die letztendlichen politischen Ziele offenlegen, kann ihre Relevanz doch erst aus der Rückschau voll erkannt werden. Seinerzeit betrachteten Zuhörer sie als »vollmundige« Politikerankündigungen: Die eigentliche politische Botschaft Hitlers an die Generäle steckte denn auch in dem Versprechen, die Reichswehr aus dem innenpolitischen Ausrottungsfeldzug gegen den Marxismus herauszuhalten. Hitler wußte, daß die Generäle daran interessiert waren. Schon in der Kabinettssitzung vom 30. Januar hatte sich Reichswehrminister Blomberg ausdrücklich dafür bedankt, daß Hitler auch für den Fall eines kommunistischen Generalstreiks die Reichswehr nach Möglichkeit im Innern nicht einsetzen wollte.[27] Wiederaufrüstung und energische Revision des Versailler Vertrages waren demgegenüber Selbstverständlichkeiten, die man von jeder nationalen Regierung erwartete, die rassen- und raumpolitischen Ziele Hitlers nahm man nicht so ernst, sie verblaßten im Gesamtzusammenhang der Zeit zur Phrase.

Absage an die Parteien des Marxismus und deren Mitläufer, die 14 Jahre lang seit dem November 1918 »Deutschland ruiniert« und »alle Begriffe von Ehre und Treue, Volk und Vaterland, Kultur und Wirtschaft, ... unserer Moral und unsers Glaubens« verneint und zerstört hätten, das hatte Hitler in dem Aufruf am 1. Februar als Programm der neuen Regierung verkündet. Die geistige und willensmäßige Einheit des Volkes wieder herzustellen, das Volk wieder »zum Bewußtsein seiner volklichen und politischen Einheit zu bringen«, versprach das Kabinett der nationalen Konzentration und sagte deshalb »der geistigen, politischen und kulturellen Nihilisierung« einen unbarmherzigen Kampf an.[28] Ein Antimarxismus, dem alles »Linke« und Negative unterschiedslos zugeschrieben wurde, verband sich in dieser Proklamation mit der Forderung nach Volkseinheit, womit im Klartext eine Absage an die Existenz konkurrierender Parteien und an die offene Austragung innergesellschaftlicher Konflikte – die »Krebsschäden der Demokratie« – gemeint war. Daß diese Volksgemeinschaft im Sinne des Programms der NSDAP und Hitlers Weltanschauung rassisch definiert war, wurde hier zwar noch nicht ausgesprochen, sollte sich jedoch rasch erweisen.

So vage und vieldeutig dieses Programm auch blieb, die Richtung war eindeutig. Die von den Wählern erbetene Handlungsfreiheit für die neue Regierung wurde zu einer Blankovollmacht für Hitler ausgeweitet; der Einfluß des Parteienparlamentes war mit dem Ermächtigungsgesetz beseitigt. Die Ausrottung des Marxismus hatte mit der Zerschlagung der KPD erfolgversprechend begonnen, die SPD war in eine hoffnungslose Defensive gedrängt. Die Macht im Regierungsapparat konnte jedoch dauerhaft nur gesichert werden, wenn alle gesellschaftlichen Einflußpositionen »gleichgeschaltet« und in den Dienst der »Volkseinheit« gestellt waren. Wiederherstellung der Volksgemeinschaft zu einheitlichem nationalen Wollen erwies sich in den Händen einer machthungrigen Bewegung und ihres überaus mißtrauischen Führers als ein Programm zur Liquidierung des Pluralismus, zur Ausschaltung unkontrollierter autonomer gesellschaftlicher Willensbildung und zur Aufhebung der den liberalen Verfassungsstaat konstituierenden Gewährleistung staatsfreier Räume.

Während vor den Wahlen zunächst der Kampf gegen Kommunisten und Sozialisten dominierte, brach sich nach den großen Erfolgen des Ermächtigungsgesetzes und der Ländergleichschaltung der brutale Antisemitismus Bahn und legte die rassistische Komponente des neuen Regimes bloß. Schon nach der Reichstagswahl war es mancherorts zu wilden SA-Aktionen gegen jüdische Geschäfts- und Warenhäuser gekommen. In Breslau hatte die SA sogar das Amts- und Landgericht besetzt, um jüdische Richter und Rechtsanwälte zu verjagen. Mißhandlung jüdischer Politiker oder Journalisten, die häufig der Linken angehörten, erregten auch internationales Aufsehen. Ende März rief die Parteileitung der NSDAP zu einem reichsweiten Boykott jüdischer Geschäfte, Rechtsanwälte und Ärzte auf. Die inländischen Juden sollten als Geiseln gegen die ausländische Kritik und »Greuelhetze« genommen werden. Die Parteidienststellen wurden angewiesen, ab 1. April schlagartig und flächendeckend den Boykott zu organisieren und bis ins kleinste Dorf zu tragen.

Im Reichskabinett äußerten die deutschnationalen Minister gegen diese Aktion Bedenken, die mehr die Form als den Inhalt betrafen. Justizstaatssekretär Schlegelberger sorgte sich wegen eines Einschreitens der Gerichte, weil der Boykott als unerlaubter Eingriff in den Gewerbebetrieb bezeichnet werden könne. Er regte deshalb, wenn auch mit Bedenken, an, »auf Grund des Ermächtigungsgesetzes festzusetzen, daß dieser Boykott nicht unrechtmäßig sei. Andernfalls kämen die Gerichte bei ihrer Rechtsprechung in Schwierigkeiten.« Der Finanzminister machte sich Gedanken wegen der Umsatzsteuerausfälle und wurde darin vom Verkehrsminister unterstützt, der von Abbuchungen ausländischer Passagen auf deutschen Fahrgastschiffen berichtete. Hitler stellte daraufhin immerhin in Aussicht, den Boykott nach dem 1. April zu unterbrechen und, abhängig von der Reaktion im Ausland, ihn erst am 4. eventuell wieder aufzunehmen.[29]

Daß diese ebenso unmenschliche wie widerrechtliche Aktion der NSDAP, für die der Kanzler ausdrücklich die Verantwortung übernahm und die Reichsminister Goebbels propagandistisch begleitete, von den konservativen Ministern so widerstandslos hingenommen wurde, kann nur als Schwäche, Substanzlosigkeit und Komplizenschaft gedeutet werden. Offensichtlich war Hitler bereits so dominierend, daß seine Koalitionspartner mit grundsätzlichem Widerstand nichts zu erreichen meinten und darum bloß technische Argumente vorbrachten. Andernfalls bleibt nur die Annahme, daß auch sie die antisemitisch nationalistische Grundstimmung mittrugen. Schlegelbergers Vorschlag einer gesetzlichen Absicherung der Aktion deutet in diese Richtung, wurde aber nicht weiter verfolgt. Offensichtlich schätzte man die Lage so ein, daß die Gerichte keine Schwierigkeiten bereiten oder die Betroffenen doch nicht wagen würden, sich an die Gerichte zu wenden kein gutes Omen für die deutsche Justiz.

So zogen am 1. April 1933 die SA-Posten mit aggressiven Plakaten vor jüdischen Geschäften und Warenhäusern auf. Anpöbeleien und wilde Festnahmen, auch Mißhandlungen bestimmten den Tag. SA-Männer vertrieben jüdische Ärzte aus Krankenhäusern, malträtierten diejenigen, die nicht freiwillig ihren Platz räumten, und sabotierten Gerichtsverhandlungen mit jüdischen Richtern oder Rechtsanwälten. Das Echo im Ausland war verheerend. Auch die Stimmung in der Bevölkerung war durchaus zwiespältig. Öffentliche Proteste blieben zwar durchweg aus, eher warb man Ausländern gegenüber um Verständnis für die »Abwehrreaktion«; aber intern distanzierten sich viele – wie der englische Botschafter zu berichten wußte – von der Aktion. Vermehrte Käufe bei jüdischen Händlern in den Tagen nach dem Boykott deuteten in dieselbe Richtung. Die vielfache Ablehnung gegen diese Form des Radau-Antisemitismus veranlaßte die NS-Führung, den zunächst unbefristeten Boykott abzubrechen. Als Rechtfertigung diente eine angebliche Mäßigung der ausländischen Berichterstattung.

Es ist außerordentlich schwierig, Hitlers Rolle in der Boykottaktion zu bestimmen. Einige Historiker, die sog. »Programmologen«, betonen Hitlers Aktivität bei dem Boykott. Er folgte hier ihrer Meinung nach einem zentralen Punkt seiner politischen Weltanschauung, vollzog gleichsam den ersten Schritt hin zur geplanten »Endlösung« der Judenfrage, die schon in seinen frühen Reden und Schriften angekündigt worden sei. Andere Historiker, die sog. »Strukturalisten«, gehen eher von einer Initiative von unten aus. Der Nürnberger Gauleiter und widerliche Antisemit Streicher, ferner revolutionäre Kreise der SA und der »Kampfbund des gewerblichen Mittelstandes« erscheinen in dieser Sicht als die treibenden Kräfte. Die jüdischen Geschäfte und Warenhäuser galten jenen als profitable Objekte, auf die die Machtergreifung ausgedehnt werden sollte. Diese radikalen NS-Gruppen wollten die Revolution weitertreiben und eine allgemeine Pogromstimmung erzeugen. Nach dem Ermächtigungsgesetz war in ihren Augen Rücksichtnahme auf die »Reaktion« nicht mehr notwendig. Die Regierung, insbesondere die deutschnationalen Minister und die Ministerialbürokratie, mußte zu aktiver Judenpolitik angetrieben werden. Die Revolutions- und Pogromstimmung in der SA forderte ihren Tribut. Letztlich war es dann die abstrakte Formelhaftigkeit des Antisemitismus in der NS-Propaganda, die mit ihrem weit verbreiteten, keineswegs nur NS-typischen Vokabular zunächst die Wähler mobilisierte, ohne ihnen eine konkrete Politik zu versprechen, und die jetzt, nach der Machtergreifung, zur Aktion drängte. Als eigentlicher Motor der Entwicklung erscheint die sich notwendig radikalisierende Eigendynamik der Bewegung. Hitler setzte sich an ihre Spitze, gab selber das Stichwort gegen die ausländische Greuelhetze und lenkte so die Aktion von Eingriffen in die Wirtschaft ab. Er kanalisierte den revolutionären Eifer und verhinderte massivere Eingriffe in den empfindlichen ökonomischen Kreislauf. Zugleich festigte er seine Machtposition im Zentrum von Partei und Staat.

Man mag die unterschiedlichen Interpretationen späterer Historiker als belanglose Scheinalternativen betrachten, zumal auch die Strukturalisten nicht an Hitlers Antisemitismus zweifeln. Dennoch bedeutet die Relativierung des Programmatischen bei Hitler einen Erkenntnisfortschritt, weil sie von der Personalisierung ablenkt und die Offenheit der Situation akzentuiert. Wenn Hitler eher reagierte als initiativ führte, dann ist er stärker von seiner Umgebung abhängig, dann ist das schaurige Ende nicht schon durch die Person des Führers und seine Weltanschauung fixiert gewesen.

Mochte die unbefristet geplante, aber schnell abgebrochene Boykott-Aktion vom 1. April aus der Sicht der Radikalen durchaus als Mißerfolg empfunden worden sein, ihr paradoxes Ergebnis war doch auch, daß die Brutalität des »Radau-Antisemitismus« der SA die Bereitschaft wachsen ließ, einen »sauberen« Antisemitismus, eine »gesetzmäßige Entrechtung« der jüdischen Bevölkerung hinzunehmen, sofern sie nur in ordnungsgemäßen Formen, bürokratisch korrekt abgewickelt wurde. Diesem Ziel diente das »Gesetz zur Wiederherstellung des Berufsbeamtentums« vom 7. April 1933. Mit dieser regierungsoffiziellen Maßnahme sollte – wie Hitler auf eine Intervention des Reichspräsidenten zugunsten jüdischer Frontkämpfer erwiderte – die »Überflutung gewisser Berufe durch das Judentum ... der Willkür einzelner Aktionen entrückt und gesetzlich allgemein geregelt« werden.[30]

Das Gesetz verband die antisemitischen Maßnahmen zugleich mit dem Kampf gegen den Marxismus, indem es die Voraussetzungen zur Entlassung nicht nur von Juden, sondern auch von politischen Gegnern aus dem Staatsdienst schuf. Es trieb insofern die Machtergreifung von den bereits eroberten Ministerpositionen aus weiter in den Beamtenapparat hinein. Zugleich zentralisierte man die Befugnis zu dieser Säuberungsaktion, um die Jagd auf Posten auf kommunaler und regionaler Ebene zu begrenzen. Zu genau wußten die neuen Machthaber an der Spitze, daß sie auf den Sachverstand eines einigermaßen intakten Verwaltungsapparates angewiesen waren, wollte das Regime nicht einen Zusammenbruch riskieren. Darum wurde die Befugnis zu Entlassungen auf die Minister beschränkt und der Partei entzogen. Die Form des Gesetzes aber perfektionierte zugleich den Druck auf die Beamtenschaft, wirkte kollektiv einschüchternd und förderte Opportunismus.

Die Überschrift »Gesetz zur Wiederherstellung des Berufsbeamtentums«, welches in § 1 noch verstärkend »national« genannt wurde, zielte ferner auf tradierte Aversionen der Beamtenschaft gegen eine republikanisierende Personalpolitik der Weimarer Republik, wie sie vor allem in Preußen unter Severing betrieben worden war. Dieser Tendenz entsprechend sah § 2 die Entlassung – ohne Pensionsanspruch – der sog. »Parteibuchbeamten« vor, was vor allem die sog. politischen Spitzenbeamten – Ober- und Regierungspräsidenten, Polizeipräsidenten usw. – betraf, die außerhalb der Laufbahnbestimmungen in ihr Amt gekommen waren. Vielfach waren sie in Preußen schon nach dem 20. Juli 1932 von ihren

Posten beurlaubt; jetzt verloren sie noch Gehalt und Pension. Der sog. Arierparagraph (§ 3) schrieb die Ruhestandsversetzung »nichtarischer Beamter« vor. Er enthielt eine Ausnahmevorschrift für Beamte aus der Zeit vor 1914 und für Frontkämpfer. Als »nichtarisch« galt man – gemäß einer Durchführungsverordnung –, wenn ein Eltern- oder Großelternteil nichtarisch war, was insbesondere dann anzunehmen war, »wenn ein Elternteil oder Großelternteil der jüdischen Religion angehört hat«.

§ 4 sah vor, daß »Beamte, die nach ihrer bisherigen politischen Betätigung nicht die Gewähr dafür bieten, daß sie jederzeit rückhaltlos für den nationalen Staat eintreten«, mit dem Anspruch auf drei Viertel des Ruhegeldes aus dem Dienst entlassen werden konnten. Eine Ergänzung des Gesetzes vom 20. Juli 1933 schrieb pauschal vor, daß Beamte, die der KPD oder ihren Nebenorganisationen angehört oder sich in ihrem Sinne betätigt hatten, zu entlassen seien. Das gleiche galt auch für Beamte, »die sich in Zukunft im marxistischen (kommunistischen oder sozialdemokratischen) Sinne betätigen« (§ 2a(2)).

Im Kabinett hatte Vizekanzler Papen die Frage aufgeworfen, ob die Nichtzugehörigkeit zur NSDAP einen Grund zur Dienstentlassung gemäß § 4 liefern könne. Er ließ sich ausdrücklich bestätigen, daß dem nicht so sei. Hitler selber berichtete von Verhandlungen mit dem Zentrum, das geklärt haben wollte, daß »die Zugehörigkeit zum Zentrum ... der Zugehörigkeit zu anderen hinter der Regierung stehenden Parteien und Verbänden gleich geachtet« wird. Er habe darauf die entsprechende Zusicherung gegeben, daß die Mitgliedschaft im Zentrum »keinesfalls Nachteile zur Folge« habe.[31]

Eine Erklärung Görings im preußischen Landtag machte jedoch klar, daß auf diese Zusicherung im Einzelfall kein Verlaß war. Wohlverhalten war auf jeden Fall angebracht. Zwar war in § 7 festgelegt, daß die Säuberungsaktion bis zum 30. September 1933 abzuschließen sei, dennoch waren die Eingriffsvollmachten so pauschal und die Verletzung traditioneller Verfassungsinstitutionen und stets hoch geachteter Beamtenrechte so massiv, daß an dem zu allem entschlossenen Durchsetzungswillen der neuen Machthaber nicht gezweifelt werden konnte. In einer Sitzung des preußischen Staatsministeriums proklamierte Göring als Ziel des Gesetzes »Die Ausmerzung aller moralisch und charakterlich nicht einwandfreien Persönlichkeiten.«[32]

Verunsicherung, Einschüchterung und Anpassungsbereitschaft mußten die Folge sein, zumal in einer nationalkonservativ gestimmten Beamtenschaft, die in der Ablehnung des demokratischen Parteienstaates mit den neuen Herren vielfach einer Meinung war. Die Regierung hatte sich mit dem Berufsbeamtengesetz ein Instrument geschaffen, das ihr einen willfährigen und doch kompetenten Verwaltungsapparat sicherte, zumal der Interpretationsspielraum nach Görings berühmtem Wort: »Wer Jude ist, bestimme ich«, erheblich war. Auch das Durchführungstempo konnte stets den Bedürfnissen angepaßt werden. Der revolutionäre Druck von unten war in ein unpräzise formuliertes Gesetz umgewandelt, nachträglich legalisiert und – zugunsten der Nationalsozialisten im Staatsapparat um Reichsinnenminister Frick, zu Lasten der Nationalsozialisten in der Parteiorganisation vor Ort – kanalisiert worden.

Der Staatsapparat stand voll unter der Herrschaft der neuen Machthaber. Im April und Mai zielte daher deren Aktivität auf die gesellschaftlichen Kräfte. Antimarxismus und Antisemitismus waren auch hier die treibenden Motive, doch verhüllten sie sich unter den Parolen der »nationalen Erneuerung«, der »Volkwerdung« und der »Volksgemeinschaft«. Die antisemitischen Aktivitäten fanden Ausdruck in neuen Vorschriften, die die Zulassung jüdischer Rechtsanwälte rigide beschränkten. Die Tendenz des Berufsbeamtengesetzes mit seinem Arierparagraphen wurde auf die freie Anwaltschaft übertragen, weil diese – neben der Ärzteschaft – als besonders »verjudet« galt. Tatsächlich hatten der soziale Status vieler deutscher Juden und deren spezifische Berufstraditionen und lange Zeit beschränkten Berufsmöglichkeiten dazu geführt, daß in Preußen die Juden in der Anwaltschaft »überrepräsentiert« waren. Ähnliches galt vom Arztberuf und auch von manchen künstlerisch-journalistischen Tätigkeiten. Von 11 814 Anwälten in Preußen (3890 in Berlin) waren 3515 (1998) Juden. Der für die Justiz zuständige Reichskommissar Kerrl von der NSDAP hatte deshalb versucht durchzusetzen, daß in Zukunft »nur noch bestimmte jüdische Rechtsanwälte, und zwar in einer Verhältniszahl, die dem Verhältnis der jüdischen Bevölkerung zur Gesamtbevölkerung etwa entspricht, auftreten«.[33] Da die Juden nur 1 % der damaligen Bevölkerung stellten, hätte eine Realisierung der Absichten Kerrls die Zulassungsentziehung für fast alle jüdischen Rechtsanwälte bedeutet. Die Reichsregierung war demgegenüber zwar gemäßigter, rund 2000 Anwälte behielten ihre Zulassung, doch die Zukunftsperspektiven waren düster. Parallele Vorschriften für die Krankenkassenzulassung nichtarischer Ärzte folgten bereits am 22. April.

Welch einschneidenden Beschränkungen die Juden ausgesetzt werden sollten, bewies das »Gesetz gegen die Überfüllung deutscher Schulen und Hochschulen«, das die Neuzulassung »nichtarischer« Studenten auf 1,5 % der Gesamtzahl der Zulassungen beschränkte. Als Begründung trug der Reichsinnenminister im Kabinett vor: Der wirtschaftliche und

»geistige Einfluß, den die Fremdstämmigen dadurch [aufgrund ihres überproportionalen Anteils an den höheren Berufen] im deutschen Leben haben, schwächt die einheitliche Gesinnung und die geschlossene nationale Kraft des deutschen Volkes und Staates ... Die Zulassung eines zu großen Anteils Fremdstämmiger an den höheren Berufen würde als Anerkennung der geistigen Überlegenheit anderer Rassen gedeutet werden können.«

In dieser Begründung Fricks wird die rassische Akzentuierung des Antisemitismus deutlich; dem Reichsinnenminister war bewußt, daß sein Gesetzentwurf die Gleichheit aller Bürger vor dem Gesetz verletzte, aber er widersprach Papen, der ohne Erfolg die Angelegenheit lieber durch eine einfache Anweisung an die Länder geregelt sehen wollte, um das Ausland »nicht allzusehr auf die beabsichtigte Ausnahmebehandlung der Juden aufmerksam« zu machen.[34]

Der Zurückdrängung des angeblich überstarken Einflusses der jüdischen Staatsbürger hatten jedoch auch Papen und seine konservativen Kollegen keine inhaltlichen Argumente entgegenzusetzen. Widerspruchslos passierte auch das »Gesetz über den Widerruf von Einbürgerungen und die Aberkennung der deutschen Staatsangehörigkeit« vom 14. Juli 1933 das Kabinett. Es richtete sich besonders gegen die nach 1918 eingebürgerten »Ostjuden« und ermöglichte, Emigranten die Staatsbürgerschaft abzuerkennen. Hitler verwies in der Kabinettssitzung besonders darauf, daß ihm stets gesagt werde, »daß nicht für ein Vorgehen gegen die Juden schlechthin, wohl aber für ein Vorgehen gegen die Ostjuden Verständnis allgemein vorhanden sei«.[35]

An dieser Bemerkung ist aufschlußreich, daß Hitler hier seine taktische Zurückhaltung deutlich offenbarte. Der direkt rassisch motivierte Antisemitismus der NSDAP, der alle Juden zu Staatsbürgern zweiter Klasse machen wollte und staatliche Maßnahmen gegen »Rassenvermischung« zum Schutz des deutschen Blutes verlangte, war noch nicht Handlungsmaxime der Regierung, obwohl ein erstes Gesetz zur Rassenhygiene und zur Verhinderung erbkranken Nachwuchses bereits in diese Richtung wies. Bereichsspezifische Arierparagraphen, die noch dazu manche Ausnahmen zuließen, und Vorschriften gegen die angeblich nicht assimilationsfähigen und assimilationsbereiten Ostjuden blieben hinter solchen rassistischen Programmen scheinbar zurück und waren deshalb bis weit in konservative und christliche Kreise konsensfähig. Man merkte gar nicht, daß auch damit schon der Raum zivilisierter Politik und rechtsstaatlicher Kultur längst verlassen war.

Neben den »Nichtariern« hatte die Hauptstoßrichtung des Berufsbeamtengesetzes den politisch unzuverlässigen »marxistischen« Beamten gegolten. Nachdem die Kommunisten seit dem Reichstagsbrand faktisch rechtlos geworden waren, galten nach dem Ermächtigungsgesetz Terror und Verfolgung insbesondere der SPD. Mit der Ausschaltung des Reichstags hatten die Sozialdemokraten jegliche Möglichkeit der Einflußnahme verloren. Der offene Vorstoß gegen ihre Beamten in Reich, Ländern und Gemeinden mußte sie weiter lähmen. Resignation machte sich breit, nachdem viele Funktionäre bereits in den KZ verschwunden waren oder sich durch Emigration ins Ausland der Verfolgung entzogen hatten.

Das Hauptaugenmerk der NSDAP bei ihrer angemaßten Mission, Deutschland vom Marxismus zu befreien, galt im April 1933 der Zerschlagung der Gewerkschaften. Die sozialistischen Gewerkschaften hatten die Geschlossenheit der Arbeiterbewegung im Grunde immer bewahren können. Die Unterwanderungsversuche der NSDAP waren ohne durchschlagenden Erfolg geblieben. Die Freien Gewerkschaften waren nicht in der Weise gleichzuschalten wie viele bürgerliche Verbände, in denen NS-Mitglieder nach dem 30. Januar nach vorn drängten, die Verbandsführung übernahmen oder eine Fusion mit den entsprechenden NS-Parallelorganisationen durchsetzten. Der sozialistischen Gewerkschaftsbewegung war auf diese Weise nicht beizukommen. In Berliner Betriebsratswahlen Anfang März konnten sich ihre Kandidaten noch behaupten. Aber als im April im Ruhrbergbau Betriebsratswahlen anstanden, gewann die NS-Betriebsräteorganisation NSBO mit über 30 % mehr Sitze als die Freien Gewerkschaften. Massiver Terror hatte zu diesem Wahlergebnis verholfen. Außerdem hatte ein Gesetz über Betriebsratsvertretungen vom 4. März 1933 die Möglichkeit eröffnet, die Wahlen um ein halbes Jahr zu verschieben, und die Unternehmer ermächtigt, Arbeitnehmer »bei Verdacht staatsfeindlicher Betätigung« zu entlassen. Ersatzmänner für entlassene Betriebsratsmitglieder sollten nicht durch Wahl bestellt werden, sondern waren von der obersten Landesbehörde zu ernennen. Diese konnte ferner das Erlöschen der Betriebsratsmitgliedschaft wegen staatsfeindlicher Gesinnung anordnen. Jede autonome Vertretung gewerkschaftlicher Interessen war damit vernichtet; die Betriebe als Basis der Arbeiterbewegung waren ausgeschaltet. Wegen des Terrors hatten die Gewerkschaftsführer mehrfach mit Verweis auf erschreckende Einzelfälle beim Reichspräsidenten Hindenburg und bei der Regierung Beschwerde erhoben. Einer Antwort wurden sie nicht gewürdigt. Hitler vermerkte eigenhändig unter eines dieser Schreiben: »Herr Leipart [der Erste Vorsitzende der Freien Gewerkschaften] soll dem Schicksal danken, daß so zart mit den Herrschaften verfahren wurde.«[36]

Offensichtlich spürte die Führung der NSDAP, daß mit einer ernsthaften Abwehrbereitschaft der Gewerkschaften nicht gerechnet werden mußte. Nachdem der ADGB am 30. Januar auf den Kurs der legalen Opposition der SPD eingeschwenkt war, konnte an einen Streik im Februar/März 1933 nicht gedacht werden, zumal die Entscheidung dagegen schon im Juli 1932 gefallen war. Es fehlte zudem nicht an Zeichen gewerkschaftlicher Kompromißbereitschaft. Im Interesse der Erhaltung der Organisation und ihrer umfangreichen Versorgungs- und Selbsthilfeeinrichtungen signalisierten die Gewerkschaftsspitzen politische Zurückhaltung, Distanz zur SPD und die Bereitschaft zu lediglich sozialer und wirtschaftlicher Mitarbeit, »gleichviel welcher Art das Staatsregime ist«.[37] Tief getroffen zeigte sich die ADGB-Führung ferner darüber, daß man ihre nationale Gesinnung und ihre patriotischen Verdienste bezweifelte. Beim Gemeinschaftswerk des Aufbaus einer einheitlichen Gewerkschaftsbewegung wollte man sich durchaus beteiligen, insofern akzeptierte man die nationale Revolution.

Mit untrüglichem Geschick lancierte Goebbels in diese ambivalente Situation verfolgter und zugleich anpassungsbereiter Gewerkschafter eine Massenfeier am 1. Mai, der zuvor durch die Regierung zum gesetzlichen Feiertag erklärt worden war. Der sozialistische Kampftag wurde zum nationalen »Tag der Arbeit«. Hitler beschwor bei einer riesigen Kundgebung, zu der SA und ADGB-Kolonnen gemeinsam aufmarschiert waren, das Ende aller Klassenunterschiede und die Gemeinschaft der »Arbeiter der Faust« und der »Arbeiter der Stirn«. Den Hauch der Versöhnung, den manche an diesem Tag zu verspüren meinten, zerstörten tags darauf SA-Trupps, die pünktlich um 10 Uhr überall im Reich nach einem lange ausgearbeiteten Plan vor den Gewerkschaftshäusern und Gewerkschaftsbetrieben vorfuhren, diese besetzten und die Gewerkschaftsführer festnahmen.

Sämtliche Einrichtungen des ADGB wurden von der Partei übernommen und in die neu gebildete »Deutsche Arbeitsfront« (DAF) überführt. In dieser Organisation wurden alle Arbeitnehmer und Arbeitgeber zwangsweise zusammengefaßt. Eine selbständige Vertretung von Arbeitnehmerinteressen war beseitigt, nachdem sich auch die christlichen und liberalen Gewerkschaftsverbände gleichschalten ließen. Die Tarifautonomie ging mit dem »Gesetz über die Treuhänder der Arbeit« auf den Staat über. Die Unternehmer wurden zwar »Herr im Hause«, doch nur im Rahmen einer staatlich reglementierten Lohn- und Sozialpolitik. Eine klassenbewußte Vertretung von Arbeiterinteressen gab es nicht mehr. Hitler hatte im Kampf gegen den Marxismus gesiegt und die Diktatur ein Stück weiter in den Raum der Gesellschaft ausgedehnt.

Die Widerstandslosigkeit, mit der sich der ADGB zerschlagen ließ, ist gewiß der Wirtschaftskrise und dem massiven Terror zuzuschreiben, aber die Anpassungsbereitschaft zeigt doch auch den Sog, den die »Aufbruchstimmung der Nation« und die Faszination der Volksgemeinschaftsidee entfalteten. Das galt gerade gegenüber einer Bewegung, die unter ihrem Ausgeschlossensein aus der Nation und dem Verdikt der »vaterlandslosen Gesellen« litt und die die Spaltung der Arbeiterschaft in Richtungsgewerkschaften allzuoft als Hemmschuh für wirksame Interessenvertretung erlebt hatte.

Wenn dieses schon bei der »marxistischen« Gewerkschaftsbewegung zutreffend ist, wird auch verständlich, daß entsprechende NS-Pressions- und Unterwanderungsaktionen im Gesamtbereich der sonstigen Verbände und bürgerlichen Berufsvereine in kürzester Zeit zum Erfolg führten. Die Gleichschaltung vollzog sich überall. Mit einem Netz von NS-Einheitsorganisationen überzog die Partei Hitlers die gesamte Gesellschaft. Die »Volksgemeinschafts«-Ideologie, die sich als wirksames Instrument bei der Realisierung des Antimarxismus erwies, erzwang die Gleichschaltung der bürgerlichen Vereinigungen, um durch die Kontrolle des gesamten Vereinslebens eine verdeckte Fortführung der verbotenen Linksorganisationen zu verhindern. Der Zugriff der Partei war total. Die Ausschaltung der politischen Parteien und damit die vollständige Liquidierung des politischen und gesellschaftlichen Pluralismus war nur noch eine Frage von Wochen. Das Ende der Parteien kam schnell.

Der Hauptschlag richtete sich zuerst konsequenterweise gegen die SPD. Ihre Taktik war es am 30. Januar gewesen, sich auf den Boden der Verfassung und der Legalität zu stellen. Man wollte nicht durch unüberlegte Aktionen die Reichswehr an die Seite der SA treiben. Nur für den Fall eines klaren Verfassungsbruchs wurde Widerstand angesagt. Vorerst glaubten die Sozialdemokraten an einen raschen Zusammenbruch der neuen Regierung, in der man fälschlicherweise den Wirtschaftsdiktator Hugenberg für den eigentlich starken Mann hielt. Zunächst einmal galt es daher den Fortbestand der Parteiorganisation zu sichern. Der einsetzende Terror entlarvte diese Legalitäts- und Abwartetaktik schnell als illusionär, zumal Hitler definierte, was als legal zu betrachten sei und den Rechtsstaat nur schrittweise demontierte. Das Ermächtigungsgesetz raubte den Sozialdemokraten den Reichstag als Forum politischer Aktion. Das Berufsbeamtengesetz setzte ihre im öffentlichen Dienst beschäftigten Mitglieder unter erheblichen Druck, und die Zerschlagung der Gewerkschaften und Betriebsräte zerstörte ihre Basis in den Betrieben. Hatte der seit dem 30. Januar offenkundige Machtverlust der Partei die Gewerkschaften anpassungsbereit und damit widerstandslos sowie eroberungsfähig gemacht, zwang nun die Ausschaltung der Gewerkschaften und ihrer umfangreichen Organisationen die Partei in eine vollkommene Isolierung. Resignation und Demoralisierung griffen um sich, weil der Zeitpunkt zum heroischen Widerstand, auf den einige gedrängt hatten – wenn es ihn überhaupt gab –, seit dem 20. Juli 1932 verpaßt war.

Die Führung der SPD rechnete Anfang Mai schon mit dem Schlimmsten. Sie beschloß daher, einen Teil der Vorstandsmitglieder ins Ausland zu schicken, um die Organisation und Information von dort zu unterstützen. Die außenpolitische Isolierung, in die die Regierung Hitler im April wegen ihrer Innenpolitik und der erwarteten Aufrüstungspolitik zunehmend geraten war, schuf jedoch eine gewisse Atempause. Erneut machten sich Illusionen breit, daß Hitler sich mäßigen würde und die SPD die Rolle der legalen Opposition weiterspielen könnte. Im Grunde dachten die Sozialdemokraten in Analogien zur Zeit des Sozialistengesetzes; trotz der Unterdrückung war die SPD damals als parlamentarische Fraktion präsent geblieben und aus der Verfolgung schließlich gestärkt hervorgegangen.

Aufgrund solcher Erwägungen stimmte die Reichstagsfraktion der SPD der sog. »Friedensrede« Hitlers am 17. Mai im Reichstag zu, obwohl Göring eine Woche zuvor alle Parteihäuser, Zeitungen und das Vermögen der Partei hatte beschlagnahmen lassen. Zwar gab es viele Gegner einer Teilnahme an der Reichstagssitzung, doch die Mehrheit der Fraktion fürchtete, von der NS-Propaganda als Vaterlandsfeinde diffamiert zu werden, wenn sie Hitlers versöhnliche Regierungserklärung ablehnte, zumal das von Hitler proklamierte Ziel außenpolitischer Gleichberechtigung doch immer von der SPD mitvertreten worden sei. Die Partei zollte der nationalen Stimmung Tribut. Zugleich zeigten Drohungen der NSDAP, man werde sich an den KZ-Insassen rächen, wenn die SPD sich im Reichstag verweigere, ihre Wirkung. So kam die Zustimmung zu Hitlers Rede zustande. Die Loyalität und Einheit des deutschen Volkes, das geschlossen hinter der neuen Regierung zu stehen schien, war vor dem Ausland effektiv demonstriert worden. Für den Kanzler war das ein großer Erfolg, für die SPD ein weiteres Zugeständnis, das nicht zu ihrem Vorteil sein, sondern nur die innerparteilichen Konflikte verschärfen sollte.

Die Zustimmung wirkte im Ausland wie eine Rücknahme des Neins zum Ermächtigungsgesetz und als Schwächung der moralischen Position der SPD. Daß die Befürworter »nur« die Außenpolitik Hitlers hatten unterstützen wollen, verfing demgegenüber nicht. Die nach Prag emigrierten Mitglieder des Parteivorstandes sahen diese Zusammenhänge klarer und forderten daher, sich offen auf einen Kurs der Illegalität einzustellen. Diese Proklamation nahmen die NS-Führer zum Anlaß, die innerdeutsche Parteiführung stark unter Druck zu setzen und den Konflikt zwischen den Emigrierten und den in der Heimat Gebliebenen zu schüren. Die Verwirrung über den einzuschlagenden Kurs vertiefte sich. Der

Reichsinnenminister verlangte, den Prager Vorstand wegen seines landesverräterischen Verhaltens aus der Partei auszuschließen. Als der Heimatvorstand diesem Ansinnen nicht entsprach, verbot Frick am 22. Juli die SPD als »volks- und staatsfeindliche Partei«. Jede weitere Tätigkeit wurde ihr untersagt, die Mandate in Reich, Ländern und Gemeinden wurden ersatzlos aufgehoben. Die SPD wurde, wie Hitler in seiner Antwort an Wels formulierte, »nicht mehr gebraucht«. Gelähmt und unterdrückt, in Illusionen und falschen Analogien befangen, aber ohne jede konkrete Handlungsalternative, war die SPD dem Ansturm einer terroristischen nationalistischen Bewegung erlegen.

Mit dem Verbot der SPD war der geplante Ausrottungsfeldzug gegen den Marxismus erstaunlich schnell zu einem erfolgreichen Abschluß gekommen, nachdem zunächst die KPD und dann die Gewerkschaften ausgeschaltet worden waren. Hitler war bei der SPD auf wenig Widerstand gestoßen. Das galt nicht für die Kommunisten. Über ihre Haltung hatte der französische Botschafter bereits am 5. April nach Paris berichtet:

»Bei den Kommunisten besteht zwar ein harter Widerstandskern ..., aber zu Hunderten verfolgt, gejagt und verhaftet, ... sind die deutschen Kommunisten z. Zt. zur Ohnmacht verurteilt. Die Gerechtigkeit gebietet allerdings festzustellen, daß die Regierung von keiner ihrer Organisationen auch nur die leiseste Erklärung eines Entgegenkommens oder ein Wort der Unterwerfung vernommen hat.«[38]

Die Kommunisten kannten Hitler gegenüber keine Kompromisse, sie unterschätzten allenfalls – darin vielen Zeitgenossen gleich – die Dauer seiner Herrschaft. Da sie ihn in ihr marxistisches Weltbild als Krisenphänomen und Werkzeug des Kapitalismus einstufen konnten, verfügten sie über ein klares Feindbild; sie verstellten sich aber mit der Sozialfaschismus-These, die die SPD zum Hauptfeind machte, jede Möglichkeit für eine realistische Kampfstrategie. In der Alternative zwischen Faschismus und Sozialismus blieb der demokratische Rechtsstaat für sie kein verteidigungswürdiges Gut. Die Kommunisten waren angesichts der sofort einsetzenden Verfolgung vom ersten Moment an in die Illegalität gezwungen worden. Chancen hatte ihr Widerstand nicht; wäre er massiver erfolgt, hätte er Hitlers Machtergreifung eher erleichtert. War es doch die systematisch geschürte Furcht vor der kommunistischen Revolution, die Hitler die Unterstützung des bürgerlichen Lagers sicherte.

Gegen kämpferische sozialdemokratische Widerstandsaktionen sprach ein ähnliches Kalkül: Die Partei verzichtete auf einen polarisierend wirkenden Frontalangriff und setzte auf den mäßigenden Einfluß der bürgerlichen Partner Hitlers, der Justiz und der Reichswehr; diese sollten Hitler nicht in die Arme getrieben werden. Bezeichnenderweise mischten sich in die mannhafte Opposition der Sozialdemokraten gegen Hitler, wie sie in der Stellungnahme zum Ermächtigungsgesetz zum Ausdruck gekommen war, manche Töne der Faszination und Anpassung, die auch in ihren Reihen etwas von der Stimmung des nationalen Aufbruchs spüren lassen. Dies gilt in noch stärkerem Maße für die Gewerkschaften. Gerade diese Atmosphäre eines neuen Aufbruchs, die im Bürgertum weit verbreitet war, raubte jedoch den Sozialdemokraten in diesen Kreisen jegliche Unterstützung. Ohne solche Partner war die sozialdemokratische Arbeiterbewegung isoliert und gelähmt, ohnmächtig und zu effektivem Widerstand nicht in der Lage.

Hitler errang im Kampf gegen den Marxismus einen leichten Sieg. Die Verlierer waren jedoch nicht nur SPD, KPD und Freie Gewerkschaften, sondern der liberaldemokratische Parteienstaat schlechthin. Die Ausschaltung der autonomen Interessenvertretung der Arbeiterbewegung machte die selbständige Artikulation der Ziele anderer politischer Gruppierungen aus der Sicht des Regimes funktionslos, entbehrlich und gefährlich. Die »Formierung« der Gesellschaft war die Folge: Die teils freiwillige, teils erzwungene Auflösung aller bürgerlichen Parteien folgte auf dem Fuße. Mitte Juli wurde mit dem »Gesetz gegen die Neubildung von Parteien« die NSDAP zur »einzigen politischen Partei« erklärt. Die Einparteiendiktatur war gesetzlich verankert. Die Regierung setzte sich mit diesem auf das Ermächtigungsgesetz gestützten Regierungsgesetz erneut eindeutig über dessen Beschränkungen hinweg. Doch das war schon bedeutungslos; Widerstand war nach der Zerschlagung der Linken nicht mehr zu erwarten.

Weshalb Brutalität, Terror und offener Rechtsbruch sich anscheinend so leicht und ungestört durchsetzen konnten, ist eine Frage, die daher primär an die großen bürgerlichen Institutionen, an die Kirchen und Universitäten, an Justiz und hohe Bürokratie sowie an die bürgerlichen Parteien und gesellschaftlichen Verbände gerichtet werden muß, weil die Organisationen der Arbeiterschaft seit dem 30. Januar 1933 de facto nur noch Objekt, nicht aber Mitgestalter der Politik sein konnten.

V. Der Aufbruch der Nation

1. »Volksgemeinschaft« und »völkischer Rechtsstaat«

Die stupende Geschwindigkeit und brutale Konsequenz, mit der die Nationalsozialisten zwischen Januar und Juli 1933 die Diktatur Hitlers durchsetzten und Staat und Gesellschaft ihrem Herrschaftsanspruch total unterwarfen, fordert die Vorstellung von der Zielgerichtetheit dieses Prozesses geradezu heraus. Der vom Wissen um das Ende geschärfte Blick fällt automatisch auf jene Elemente, die dieses Ende schon in nuce erkennen lassen. Der terroristische Vernichtungskampf gegen den Marxismus, der offen angekündigte Expansionsdrang nach Osten, die rassisch motivierte Entrechtung der deutschen Juden gewinnen aus dieser Perspektive ihr Gewicht. Die Schreckensherrschaft ist am Anfang schon erkennbar.

Was für die Rückschau gilt, muß aber nicht schon für die Zeitgenossen angenommen werden. Andernfalls müßte man entweder von einer alles erstickenden Wirkung des Terrors ausgehen und eine unwiderstehliche Machteroberung der NSDAP annehmen oder aber von Hitlers Partnern und Gegenspielern, soweit sie nicht überzeugte Nationalsozialisten waren, als selbstverständliches Verhalten aktiven Widerstand vom ersten Moment an verlangen. Dessen Leistung oder Unterlassung wäre dann zum Maßstab der Beurteilung zu machen. Eine solche Erwartung selbstverständlichen Widerstandes wird aber der Ambivalenz der Situation, wie sie sich den Zeitgenossen darstellte, nicht gerecht. Die Gründe dafür, daß die Notwendigkeit des Widerstandes nicht wahrgenommen wurde, sind daher zu erklären. Dabei konzentriert sich der Blick auf das »bürgerliche« Lager. Denn die linke Seite des politischen Spektrums leistete zwar Widerstand und Opposition, weil sie von der Hitler-Regierung frontal angegriffen wurde, mußte jedoch in ihrem Widerstand, wie dargelegt, ohne Chance bleiben. Nur das bürgerliche Lager im weitesten Sinne des Wortes hätte erfolgreich Widerstand leisten können. Schon eine ungeschminkte öffentliche Stellungnahme, ein deutlicher Akt der Nichtanpassung, der Verweigerung ungesetzlicher Maßnahmen oder die genaue Erfüllung rechtlicher Verpflichtungen hätte in der instabilen Anfangsphase entscheidende Bedeutung gewinnen müssen. Daß derartige Handlungen in liberalen und konservativen Parteien, in hoher Bürokratie, Justiz und Reichswehr unterblieben oder nur halbherzig und allzu vereinzelt vorgenommen wurden und daß auch die Kirchen und Universitäten ihren erheblichen Einfluß auf die öffentliche Willens- und Bewußtseinsbildung nicht entsprechend einsetzten, das erklärt sich aus jener allgemeinen Stimmung des nationalen Aufbruchs, aus dem Gefühl, vor einer großen positiven Wende zu stehen. Dieses öffentliche Klima, das uns aus allen zeitgenössischen Zeugnissen lebhaft entgegentritt, erscheint als die eigentliche Voraussetzung für die Schnelligkeit und Reibungslosigkeit der nationalsozialistischen Machtergreifung.

Die nationale Euphorie war z.T. das Produkt einer raffinierten Inszenierung, vor allem Goebbelsscher Propagandatechnik. Die Regie setzte bereits mit dem Fackelzug am Abend des 30. Januar ein. Sie fand ihren ersten und wirkungsvollsten Höhepunkt am Tag der Eröffnung des neugewählten Reichstags, am 21. März 1933. Goebbels, inzwischen zum Propagandaminister ernannt, machte diesen Tag, den »Tag von Potsdam«, zu einem Feiertag der Nation. Durch ein Meer von Fahnen und das jubelnde Spalier aufmarschierter Massen fuhren Reichspräsident und Reichsregierung sowie die neugewählten Reichstagsabgeordneten nach Potsdam. Dort trafen sich nach Gottesdiensten Hindenburg und Hitler zu einer symbolträchtigen Geste am Grabe Friedrichs des Großen in der Garnisonkirche. Die preußisch-konservative Welt, der Geist von Potsdam sollte – wie Hindenburg in einer kurzen Ansprache sich ausdrückte – »auch das heutige Geschlecht beseelen, möge er uns frei machen von Eigensucht und Parteizank und uns in nationaler Selbstbesinnung und seelischer Erneuerung zusammenführen zum Segen eines in sich geeinten, freien, stolzen Deutschland«. Hitler antwortete maßvoll mit ähnlichen Einheitsappellen. Voller Ehrfurcht verneigte er sich vor dem greisen Feldmarschall.[1]

Die vertrauensvolle Zusammenarbeit zwischen der jungen Bewegung des Nationalsozialismus und den konservativen Kräften schien ein festes Fundament für die neue Regierung abzugeben. Der Staatsakt machte Eindruck. Er symbolisierte mit seinem Appell an Autorität und Einheit zugleich die Absage an das Weimarer Deutschland der überwundenen Republik, der Niederlage, des Klassenkampfes und des Parteienstreites.

Wie gerne diese Botschaft geglaubt wurde, bezeugt die Predigt, die der Generalsuperintendent der Kurmark, Otto Dibelius, zuvor gehalten hatte. Beziehungsvoll hatte Dibelius vor den Größen des Reiches als Predigttext gewählt: »Ist Gott für uns, wer mag wider uns sein?« (Römer 8,31). Über denselben Text hatte der Oberhofprediger Dryander am 4. August 1914 bei der Eröffnung des Reichstags gepredigt, an einem Tag – wie Dibelius jetzt sagte –, »an dem das deutsche Volk das Höchste erlebte, was eine Nation überhaupt erleben kann: einen Aufschwung des vaterländischen Gefühls, der alle mit sich fortriß«. Auch jetzt wieder gehe durch das deutsche Volk ein neuer Wille zum deutschen Staat, eine Sehnsucht, »nicht länger ... eine der erhabensten Empfindungen im Leben eines Mannes zu entbehren, nämlich den begeisterten Aufblick zum eigenen Staat«. Dibelius fuhr fort: Ein neuer Anfang staatlicher Geschichte stehe immer irgendwie im Zeichen der Gewalt, »wenn es um Leben und Sterben der Nation geht, dann muß die staatliche Gewalt kraftvoll und durchgreifend eingesetzt werden, es sei nach außen oder nach innen«. Die Kirche dürfe »der rechtmäßigen staatlichen Gewalt nicht in den Arm fallen ..., wenn diese tut, wozu sie berufen ist. Auch dann nicht, wenn sie hart und rücksichtslos schaltet.« Zwar dürfe das staatliche Amt sich nicht mit persönlicher Willkür vermengen, aber »wenn der Staat seines Amtes waltet gegen die, die die Grundlagen der staatlichen Ordnung untergraben, gegen die vor allem, die mit ätzendem und gemeinem Wort die Ehe zerstören, den Glauben verächtlich machen, den Tod für das Vaterland begeifern – dann waltet er seines Amtes in Gottes Namen!«[2]

Dibelius war kein Nationalsozialist. Wenig später trat er kirchenpolitischen Übergriffen der neuen Machthaber mannhaft und energisch entgegen. Seine politische Predigt am 21. März 1933 mußte jedoch im Kontext der Ereignisse seit dem 30. Januar als Rechtfertigung des harten Durchgreifens gegen Marxisten, Pazifisten und Freidenker erscheinen. Sie spiegelt ein konservativ-nationales Denken wider, das durch Sehnsucht nach nationaler Einheit, »Volksgemeinschaft« und vaterländischer Größe bestimmt war. Autoritäre staatliche Führung ist nach dieser Vorstellung die unabdingbare Voraussetzung solcher Einheit und Größe. Man mißtraut der Fähigkeit zu demokratisch legitimierter Außenpolitik und innergesellschaftlicher Konsensfindung. Der Appell an den patriotischen Geist von 1914 ist zugleich als Absage an den aus der November-Revolution entstandenen Parteienstaat zu werten, der der kulturzerstörenden Gefahr des Bolschewismus kaum Widerstand zu leisten vermocht hätte. Liberalismus, Parlamentarismus und Pluralismus erschienen als undeutsch, sie sollten überwunden werden. »Aus der inneren Zersetzung, in die uns die letzten fünfzehn Jahre geführt haben, wollen wir wieder zurück zu einem christlichen und wirklich deutschen Volksleben«, formulierte Dibelius wenige Tage später, am 4. April, in einer Rundfunkrede an die Bevölkerung der USA, um den Boykott gegen die Juden und deren Zurückdrängung aus Verwaltung und Gerichten zu verteidigen.[3]

Gewiß darf man Dibelius' Reden nicht vorschnell verallgemeinern. Sie rechtfertigten auch keineswegs alles, was passiert war. Der Generalsuperintendent hoffte auf Rückkehr zu Ordnung und Disziplin. Er mahnte auch Versöhnung und Gerechtigkeit an, aber gestand fürs erste doch zu, daß, »wo gehobelt wird, auch Späne fallen müssen«. Insofern scheint Dibelius' Rede denn doch typisch für die Stimmung des nationalen Aufbruchs, der nationalen Erhebung, die auch die Nicht-Nationalsozialisten ergriff. Das sich selbst gern als »nationales Deutschland« bezeichnende bürgerlich-konservative Lager teilte die Hoffnung auf eine Wende, auf eine Überwindung der inneren Zerrissenheit und auf einen neuen Aufstieg zu nationaler Größe. Der Kampf gegen den Versailler Vertrag verband sich mit dem Unverständnis für die Notwendigkeit von Konflikt und Kompromiß in einer modernen pluralistischen Industriegesellschaft.

Daß diese Grundaussagen von Dibelius als repräsentativ angesehen werden können, läßt sich durch eine Fülle weiterer Zeugnisse belegen. Der Tag von Potsdam, über das Radio ins ganze Reich übertragen, war ein gesamtnationales Ereignis. Ein Film hielt die denkwürdige Begegnung fest und bot den NSDAP-Ortsgruppen im Lande die Chance, in lokalen Feiern die in Potsdam besiegelte »Volksgemeinschaft« auch vor Ort erlebbar zu machen. Schon wenige Tage später liefen derartige Filme in deutschen Kleinstädten. Generell ist zu berücksichtigen, daß die Machtergreifung in den Kommunen neben lokalem Terror ein erstaunliches Maß an Aktivität und Phantasie der örtlichen Parteieinheiten bei der Organisation von Denkmalsenthüllungen, Kranzniederlegungen oder sonstigen Feiern erkennen läßt. Das verrät Spontaneität, Einsatzbereitschaft und Begeisterungsfähigkeit und fand damit weit über die NSDAP hinaus ein breites Echo.

Vielerorts gab es so etwas wie ein neues »Wir«-Gefühl, das über

Ausgrenzungen gern hinwegsah, in der vielfach gespaltenen Gesellschaft der Weimarer Republik aber eine hohe Attraktivität besaß. Die Gleichschaltung im gesellschaftlichen Bereich, die Zusammenfassung der Sport- und Kulturvereine hatte vor Ort neben allem Zwanghaften auch etwas Befreiendes. Daß bis zu diesem Zeitpunkt etwa Arbeitersportvereine neben »bürgerlichen« und »konfessionellen« Sportvereinen existierten und keine gemeinsamen deutschen Meisterschaften austrugen – dieses Faktum macht man sich heute kaum noch bewußt. Der Gemeinschaftsappell war erfolgreich, weil eine scharfe Trennung und »Versäulung« in einer sich unabweisbar nivellierenden und modernisierenden Gesellschaft offensichtlich überlebt waren. Die von den Nazis durchgesetzte Einheitsorganisation im Sport ist darum auch problemlos nach 1945 weitergeführt worden.

Selbst die Gleichschaltung der Gewerkschaften und die Zusammenfassung aller Arbeitnehmer in der »Deutschen Arbeitsfront« hatte mit der Überwindung der Richtungsgewerkschaften einen Vorzug zu bieten, der zumindest auf den ersten Blick Zustimmung erheischen konnte und »Wir-Gefühl« und »Volksgemeinschaft« zu symbolisieren erlaubte. Das oben geschilderte »Einfangen« der freien Gewerkschaften am 1. Mai gehört in diesen Zusammenhang und zeigt, daß der patriotisch nationale Ruf zur »Volksgemeinschaft« auch im Lager der Arbeiter und Angestellten ein Echo zu erzeugen vermochte, weil er in gesellschaftlich verankerten Vereinheitlichungsprozessen eine Entsprechung fand. Als politisch eminent wirksamer Faktor bleibt die Aufbruchstimmung jedoch vorwiegend ein Phänomen des bürgerlichen Deutschlands. Auch viele spätere Widerstandskämpfer aus dem konservativen Lager zollten ihr Tribut. Man wollte sich, wie Inge Scholl für ihre Geschwister schrieb, an einer Bewegung beteiligen, »die aus Masse Volk schuf«.[4]

Das Zusammenrücken des Volkes, das man ersehnte und – dank der kraftvollen Führung einer »Regierung der nationalen Konzentration« – schon zu spüren meinte, sollte die Voraussetzung schaffen, die internationale Gleichberechtigung Deutschlands durchzusetzen. Der Zustand der Wehrlosigkeit, in den die Republik aufgrund des Versailler Vertrages und der Festlegung der Reichswehr auf die Stärke von 100000 Mann auch dem kleinsten Nachbarn gegenüber geraten war, konnte, so hoffte man, abgeschüttelt werden, wenn nur das Volk geschlossen hinter der nationalen Regierung stünde. Gewiß bestand während der Jahre der Weimarer Republik in der Forderung nach Revision des Versailler Vertrages ein praktischer Konsens zwischen allen Parteien. Die SPD hatte diese nationale Gemeinsamkeit noch am 17. Mai 1933 mit der Zustimmung zu Hitlers »Friedensrede« bestätigt. Doch vom »nationalen Deutschland« wurde das nie zur Kenntnis genommen. Hier war man immer schon überzeugt, daß Pazifisten und Marxisten, Novemberverbrecher und Erfüllungspolitiker beim Aufstieg der Nation nur im Wege stehen könnten. Die »Volksgemeinschaft« wurde unversehens »exklusiv«. Der Primat der Außenpolitik, unter dem die »Volksgemeinschaft« immer wieder gesehen und gefordert wurde, grenzte innenpolitische Gegner aus, machte sie zu »Feinden«, »Volksverderbern und Volksverrätern«. Staatsbürgerliche Gleichheit und rechtsstaatlich verbürgte Freiheit für Andersdenkende und »Andersgeartete« waren in einer so konzipierten »Volksgemeinschaft« kaum vorgesehen.

Damit war die Justiz als unabhängige Wahrerin der Rechte und Freiheiten aller Bürger und auch die hohe Beamtenschaft in ihrer Verantwortung für die unparteiisch sachliche Anwendung der Gesetze gefordert. Angesichts der Übergriffe der NSDAP und der vielfachen Verfassungsverletzungen der neuen Regierung war das keine leichte Aufgabe. Sie konnte nur bewältigt werden, wenn man sich in der Justizführung und bei den Gerichten der vorherrschenden Stimmung eines nationalen Aufbruchs und einer nationalen Wiedergeburt entzogen hätte. Die Erwartungen und Hoffnungen, die die Verfolgten auf die Richter setzten, waren groß. In der letzten Nummer der Zeitschrift *Die Justiz*, des Organs des wenig später verbotenen »Republikanischen Richterbundes«, formulierte Ernst Fraenkel Ende Februar 1933, wie sehr die Opposition auf die Richterschaft angewiesen war:

»Die demokratische Opposition führt den Kampf um ihre Existenz unter dem Ruf nach Freiheit. Sie kämpft aber nicht nur um die Freiheit, sie kämpft auch um das Recht. Die demokratischen Kräfte Deutschlands hoffen, daß die Justiz ein Bollwerk gegen die Unterhöhlung des Rechtes in Deutschland ist. Die Justiz sollte aber auch wissen, daß sie in ihrem Abwehrkampf gegen die Versuche einer Beeinträchtigung der Stellung des Richters im Staatsleben auf die Unterstützung der Kreise rechnen darf, denen heute der nationale Charakter abgesprochen wird.«[5]

Der demokratische Sozialist Fraenkel hatte wenige Jahre zuvor mit einer justizkritischen Schrift *Zur Soziologie der Klassenjustiz* Aufsehen erregt, weil er dort die soziale und politische Einseitigkeit der konservativ nationalen deutschen Richterschaft umfassend analysiert und realistisch beschrieben hatte. Um so bemerkenswerter waren seine jetzigen Hoffnungen auf das »Bollwerk der Justiz«, denn aus der Perspektive seiner früheren Schrift mußten diese als Hoffnungen wider besseres Wissen erscheinen. Sie sind Ausdruck eines Verzweifelnden, der sich an einen Strohhalm klammert. Fraenkel konnte sich allenfalls darauf stützen, daß die deutschen Richter in ihrer übergroßen Mehrzahl keine Nationalsozialisten oder Faschisten waren, sondern sich unpolitisch, nur dem Recht verantwortlich fühlten. Doch unter Recht und Freiheit verstanden sie zuerst einmal das Recht des Staates und die Freiheit der Nation. Ihre Sorge galt dem »nationalen Rechtsstaat«, bald auch dem »Völkischen Rechtsstaat«.

Unter der Parole vom »nationalen Rechtsstaat« hatte der Jurist Otto Koellreutter schon vor dem 30. Januar 1933 während der Auseinandersetzungen um die Legalität oder Illegalität der NSDAP gegen die formale Gleichbehandlung von NSDAP und KPD durch die preußische Regierung protestiert und gefordert, man dürfe in dieser Frage nicht formalrechtlich im Sinne des bürgerlichen Rechtsstaates argumentieren, sondern müsse auf der Grundlage des nationalen Rechtsstaates vom »Primat der Sicherheit der nationalen Lebensordnung« ausgehen. Um »die Wesenheit der nationalen ›Volksgemeinschaft‹ möglichst klar zu erfassen«, müsse der Jurist die »Frage nach dem gesollten Geschichtsverlauf stellen«. Aus ihr ergebe sich, daß zwar die KPD aufgrund ihrer Ziele staatsfeindlich sei, nicht aber die NSDAP, da diese »den bewußten Willen des Volkes zur politischen Existenz auf der Grundlage der nationalen Einheit zum Programm ihres politischen Handelns« mache.[6] Da der »gesollte Geschichtsverlauf« die Wiederherstellung deutscher Größe verlangte, lieferte dieses Konzept des nationalen Rechtsstaates die Justiz nach dem 30. Januar 1933 dem Sog der Stimmung des nationalen Aufbruchs vollends aus. Es führte zur Einschränkung der individuellen Freiheitsrechte und machte die Richter wehrlos gegenüber den Rechtsbrüchen der Nationalsozialisten.

Daß die Regierung in zentralen Punkten ihres Gleichschaltungsprogramms gegenüber den Ländern den Arm der Staatsgerichtsbarkeit nicht zu fürchten brauchte, ist bereits im Zusammenhang mit der Schilderung der Auflösung des preußischen Landtags im

Februar 1933 nachgewiesen worden. Reichsgerichtspräsident Bumke, der sich von Hitler tief beeindruckt zeigte, erwies sich als willfährig, obwohl er damit die Autorität der Staatsgerichtsbarkeit demontierte. Bei diesem Verfahren stand die hochpolitische Streitfrage der föderalistischen Struktur des Deutschen Reiches zur Debatte. Diese konnte nur für denjenigen zum Grundsatzproblem der Rettung des Rechtsstaates werden, der die Machtambitionen der Nationalsozialisten durchschaute und Föderalismus als Element der Machtkontrolle bejahte. Anderen erfüllte sich mit der Gleichschaltung nur der Traum vom deutschen Einheitsstaat und von der Überwindung des deutschen Partikularismus. Der Einheitsmythos siegte auch bei Gericht.

Anders lagen die Fronten im Reichstagsbrandprozeß. Hier ging es für alle Beteiligten erkennbar um ein Fundamentalprinzip der Rechtsstaatskultur: das Verbot rückwirkender Strafschärfung. An diesem Punkt waren die konservativen Kabinettsmitglieder, insbesondere der Justizminister, und das Reichsgericht gefordert. Hitler wollte für van der Lubbe die Todesstrafe verhängt wissen, und zwar möglichst schnell. Diesem Ansinnen stand entgegen, daß die Reichstagsbrandverordnung die Todesstrafe für politische Brandstiftung zwar vorsah, diese Strafe van der Lubbe aber nicht treffen konnte, weil seine Tat vor dem Erlaß der Verordnung begangen worden war. Hier griff der klassische Rechtssatz: »nulla poena sine lege«. Hitler forderte deshalb ein Eilgutachten bei drei Strafrechtsprofessoren an, die bereits am 4. März ihr Ergebnis vorlegten. Nach ihrer Ansicht sei eine rückwirkende Strafschärfung durch einfaches Gesetz durchaus möglich und werde wohl auch vom Reichsgericht akzeptiert werden; sie wiesen jedoch zugleich darauf hin, daß die überwiegende Meinung die Möglichkeit einer rückwirkenden Strafschärfung ablehne, auch in der Öffentlichkeit würden sicherlich Bedenken erhoben.

Die darauffolgende Auseinandersetzung im Kabinett stellten das Zähmungskonzept und die rechtsstaatliche Substanz der Koalition auf eine ebenso harte wie aufschlußreiche Probe. Gestützt auf das Gutachten vertrat Reichsinnenminister Frick am 7. März im Kabinett die Meinung, es sei dringend geboten, »van der Lubbe sofort zu hängen, und zwar auf dem Königsplatz«. Hitler stimmte dem ausdrücklich zu: »Die deutsche Öffentlichkeit erwarte das unbedingt. Er könne die Doktrin ›Recht müsse Recht bleiben‹ nicht anerkennen, wenn das ganze staatliche Leben darüber zugrunde gehen müsse.« Staatssekretär Schlegelberger verwies demgegenüber für den erkrankten Justizminister Gürtner »mit allem Nachdruck« auf den Satz »nulla poena sine lege« und kündigte eine eigene Stellungnahme an. Staatssekretär Meißner trug Bedenken des Reichspräsidenten vor und Reichskommissar Popitz vermutete – entgegen den Gutachtern –, daß das Reichsgericht eine Verordnung des Reichspräsidenten, die mit rückwirkender Kraft die Todesstrafe festsetze, nicht anerkennen werde.

Schon am 10. März legte das Reichsjustizministerium allen Kabinettsmitgliedern sowie dem Büro des Reichspräsidenten eine sehr viel gründlichere Ausarbeitung vor: Die Preisgabe des Grundsatzes der Nichtrückwirkung strafschärfender Gesetze sei allenfalls durch verfassungsänderndes Gesetz des Reichstags möglich, müsse aber – jenseits der verfassungsrechtlichen Frage – »notwendig zu einer Verwirrung des allgemeinen Rechtsbewußtseins führen«. Das Vorhaben des Kanzlers werde in weiten Kreisen lebhaften Widerspruch auslösen, denn dieser Grundsatz herrsche »fast in der ganzen Kulturwelt und wird von dem keineswegs dem Liberalismus zuzuzählenden Strafrechtslehrer v. Hippel geradezu als die wichtigste des Strafrechts bezeichnet«. Geschickt verwies der Reichsjustizminister ferner auf die Diskussion um das Potempa-Verfahren. Damals hatten die Kritiker des Urteils – sie kamen aus den Reihen der NSDAP – auf das Rückwirkungsverbot verwiesen. Allerdings war seinerzeit die Verordnung gegen Terror, nach der die Täter bestraft worden waren, unstreitig wenige Stunden vor der Tat in Kraft getreten. Die Täter konnten sie zwar nicht kennen, doch das war rechtsunerheblich. Papen hatte damals mit diesem Sachverhalt gleichwohl die Begnadigung der Mörder begründet.

Die umfassende Argumentation des zuständigen Ministers zugunsten rechtsstaatlicher Prinzipien fand bei Hindenburg Gehör. Er ließ durch Meißner mitteilen, er habe unüberwindliche Bedenken gegen eine Verordnung, die rückwirkend die Todesstrafe festsetze; er sei ferner auch der Ansicht, daß »öffentliches Erhängen keine Strafe sei, die dem deutschen Empfinden ... entspräche«. Hitler ließ sich von den Einwänden nicht beeindrucken. Er hielt noch am 15. März den »Erlaß einer derartigen Verordnung unbedingt für geboten«. Welchen Stellenwert der Kanzler dem Rechtsstaat zubilligte, hatte er bereits am 11. März, also vier Tage zuvor, in einem Schreiben an Vizekanzler Papen deutlich gemacht. Er wies hier deutschnationale Beschwerden gegen SA-Übergriffe wütend zurück und betonte: »Man rede mir nicht vom Rechtsstaat Friedrichs des Großen. Ich kämpfe nicht gegen den Rechtsstaat Friedrichs des Großen, sondern gegen den Novemberstaat der Meuterei und des Meineids. Wie die Justiz aber mit diesem Staat fertig wird, das zeigt am besten das geschichtlich schmähliche Versagen gegenüber dem Reichstags-Brandstifter.«[7] Das war – noch vor dem »Tag von Potsdam« – eine deutliche Absage an dessen Geist und eine nicht weniger deutliche Antwort auf die rechtlichen Skrupel des Justizministers, auf dessen Insistieren auf rechtsstaatlichen Verfahrensweisen und Ablehnung eines kurzen Prozesses. Der Konflikt im Kabinett war vorprogrammiert.

Hindenburgs Staatssekretär hatte jedoch sogleich darauf verwiesen, wie der Reichspräsident zu umgehen sei. Er schlug vor, aufgrund des geplanten Ermächtigungsgesetzes eine entsprechende Regelung zu erlassen. So geschah es denn auch. Schon am 24. März, am Tag des Inkrafttretens des Ermächtigungsgesetzes, beschloß das Kabinett ohne jede weitere Diskussion ein Gesetz, das die Reichstagsbrandverordnung rückwirkend auch auf Taten, die zwischen dem 31. Januar und dem 28. Februar begangen worden waren, anwendbar machte und bei Todesstrafe eine Vollstreckung durch Erhängen ermöglichte.

Bei der ersten Anwendung des Ermächtigungsgesetzes hatten Hitler und Frick auf der ganzen Linie gesiegt. Der Rechtsstaat war von den »Einrahmern« Hitlers wider besseres Wissen und gegen Hindenburgs Willen geopfert worden. Von einem Rücktritt der konservativen Minister las man nichts. »Der Terror hat also nicht – oder jedenfalls nicht lediglich – die Folge, daß die Menschen ihre Überzeugungen verraten; durch den Terror wird vielmehr nur deutlich, daß viele Menschen gar keine Überzeugungen mehr haben« – dieses Fazit, zu dem Adolf Leschnitzer in seinen Untersuchungen zur deutsch-jüdischen Lebensgemeinschaft 1954 kommt, scheint der einzig angemessene Kommentar zu dem Verhalten der »konservativen« Mehrheit in Hitlers Kabinett zu sein.[8]

Die Entscheidung lag nun beim Reichsgericht. Würden die höchsten deutschen Richter das formal gültige Gesetz anwenden? Zunächst bewiesen die Reichsgerichtsräte Mut, indem sie die kommunistischen Mitangeklagten sehr zum Ärger der NS-Presse freisprachen. Sie konnten sich nicht willfährig erweisen, weil die öffentliche Beweisaufnahme die Haltlosigkeit der Anschuldigungen erbracht hatte. Daß – und insbesondere mit welcher Begründung – die obersten Richter dann van der Lubbe zum Tode verurteilten, darin verriet sich jedoch unverkennbar eine Einordnung in den neuen Geist der Zeit. Die Richter bejahten die Rechtsgültigkeit des Regierungsgesetzes und stellten, den Äußerungen des Reichsjustizministeriums und der bis dato herrschenden Lehre fundamental widersprechend, ausdrücklich fest:

»Ein Grundsatz der Nichtrückwirkung ist, soweit es sich ... lediglich um eine Strafschärfung handelt, dem Strafrecht nicht wesentlich und besteht nicht ... Rückwirkung strafschärfender Bestimmungen wird ... gerade auch vom Standpunkt des Strafrechts im nationalsozialistischen Staat mit Recht angeordnet ... Das staatliche Interesse erfordert vielmehr, daß das der vermutlich besseren Einsicht des Gesetzgebers entsprungene spätere Gesetz sofort und möglichst umfassend angewendet wird.«[9]

Die Richter wandten das neue Gesetz also nicht nur an, sondern machten es sich mit ihrer Begründung ausdrücklich zu eigen. Die Indienststellung des Strafrechts zugunsten der Interessen des nationalen Staates besaß im Vierten Strafsenat des Reichsgerichts, der auch das Urteil im Ulmer Reichswehrprozeß gesprochen hatte, eine lange Tradition. Sie entsprach der Tendenz der politischen Strafjustiz in der Weimarer Republik und fand auch in der Strafrechtswissenschaft Unterstützung. Die renommierten Strafrechtler Georg Dahm und Friedrich Schaffstein votierten damals gegen ein liberales für ein »autoritäres Strafrecht«. Sie protestierten gegen »seichte Sentimentalität und Humanitätsduselei«, die nur zur »Auflösung des Strafrechts und zur Erschütterung der Staatsautorität« beitrage.[10]

Vor diesem Hintergrund hatte Hitlers Versuch, das Strafrecht zur direkten politischen Aktion gegen den Reichstagsbrandstifter van der Lubbe verfügbar zu machen, einen vollen Erfolg, weil das Reichsgericht sich in den Bahnen der staatsgläubig-nationalen Rechtsprechung fortbewegte. Die Leichtigkeit, mit der die Richter sich die rückwirkende Strafschärfung zu eigen machten, signalisierte dem Kanzler, daß ein aus rechtsstaatlicher Sensibilität sich speisender Widerstand von den Richtern kaum zu erwarten sei. Es dauerte daher nur noch zwei Jahre, bis der Grundsatz der gesetzlichen Bestimmtheit der Strafe, des »nulla poena sine lege« völlig abgeschafft wurde. Durch Gesetz verfügte die Regierung Hitler 1935, daß es fortab für die Strafbarkeit einer Tat genüge, wenn diese »nach den Grundgedanken eines Strafgesetzes und nach gesundem Volksempfinden Bestrafung verdient«.[11]

Das Reichsgerichtsurteil vom 23. Dezember 1933 leitete eine Reihe von Urteilen ein, die – über die positivistische Gesetzesbindung hinaus – die willige Übernahme rechtsstaatswidriger und völkischer Gedanken in die Rechtsprechung der Gerichte dokumentiert. Diese Entwicklung läßt sich sogar an der völlig unpolitischen Rechtsprechung zur Anfechtung von Ehen zeigen. Noch vor der Verabschiedung der Nürnberger Gesetze im Jahre 1935 begannen die Gerichte – in Uminterpretation klassischer Paragraphen des Bürgerlichen Gesetzbuches – sog. Rassenmischehen zu scheiden. Voraussetzung war, daß der Scheidungswillige vortrug, er habe sich über die Bedeutung der Tatsache, daß sein Ehepartner nichtarisch sei, in einem Irrtum befunden, der ihm nunmehr, nach der Machtergreifung der Nationalsozialisten, u.a. auch aufgrund des Berufsbeamtengesetzes und der umfassenden Aufklärung durch die neue Regierung bewußt geworden sei.[12] Aus dem liberalen Rechtsstaat wurde der »nationale und völkische Rechtsstaat«, der ein unabgeleitetes Recht des Individuums nicht kannte, sondern ihm allenfalls Pflichten aus der Mitgliedschaft in der »Volksgemeinschaft« zudiktierte. Auch ohne den Zwang durch neue gesetzliche Vorschriften interpretierten deutsche Richter nach 1933 bestehendes Recht im Interesse des neuen Staates, im Interesse der »Volksgemeinschaft«, zu Lasten der Rechte und Freiheiten des Individuums und zu Lasten der Rechtsgleichheit aller Bürger.

Hitler mißtraute freilich den Richtern nach wie vor. Schon im März 1933 wurden zur Aburteilung politischer Straftaten die später so berüchtigten Sondergerichte eingesetzt, in denen viele bislang »unpolitische« Richter ihre Gesinnungstreue unter Beweis stellen konnten. Der von Hitler scharf kritisierte Freispruch für die Kommunisten im Reichstagsbrandprozeß führte im Frühjahr 1934 zur Errichtung des später noch berüchtigteren Volksgerichtshofes. Am Willen des Diktators, sich die Richter verfügbar zu machen, gab es keinen Zweifel. Aber deren Bereitschaft, sich dem neuen Staat und seiner kraftvollen Führung zur Verfügung zu stellen, war ebenfalls nicht zu übersehen.

Gewiß kann diese Behauptung nicht mit einzelnen Urteilen, mögen diese auch noch so exemplarisch sein, hinreichend begründet werden. Für die Etablierung des »nationalsozialistischen Rechtsstaates« war nicht minder bedeutsam, daß sich die deutschen Richter und ihre Standesorganisation, der traditionsreiche »Deutsche Richterbund«, mit besonderer Geschwindigkeit gleichschalten ließen.[13] Wie das geschah, wird daher kurz geschildert, zumal sich Ähnliches in anderen Standesorganisationen und Berufsverbänden vollzog.

In der Weimarer Republik war es der Stolz und der Anspruch der Richter, unparteiisch und unpolitisch, nur der Gerechtigkeit verpflichtet, Recht zu sprechen. Vor dem Hintergrund dieser Auffassung hatten die Richter es immer abgelehnt, sich mit ihrer Gesinnung auf den Boden der Republik zu stellen. Ihre Treue galt dem Staat an sich, nicht der historisch sich wandelnden Staatsform. Energisch hatten sie gegen alle Versuche protestiert, ihnen mehr als bloß formale Verfassungsloyalität abzuverlangen. Darin sahen sie stets einen Eingriff in ihre verfassungsmäßig garantierte richterliche Unabhängigkeit. Dem kleinen Konkurrenzverband, dem »Republikanischen Richterbund«, der die einseitige politische Haltung der Mehrheit der Richter kritisierte, warf man statt dessen vor, er politisiere die Justiz und untergrabe das Vertrauen der Bevölkerung durch standeswidrige Kritik und gefährde die Einheit sowie die Autorität des Richterstandes. Das rasch erfolgende Verbot des »Republikanischen Richterbundes« kommentierte der Vorsitzende des »Deutschen Richterbundes«, der Reichsgerichtsrat Linz, eher hämisch: Dieser Bund sei eine »unliebsame und unwahrhaftige Erscheinung« gewesen, die »in den deutschen Richterstand nicht hineinpaßt... Sein Verschwinden wird allseitig mit Genugtuung aufgenommen.«[14]

Die Geschlossenheit des Richterstandes schien auf diese Weise wiederhergestellt, doch seine traditionelle Unabhängigkeit und Überparteilichkeit gerieten rasch in Gefahr oder in Vergessenheit. Die massiven Eingriffe in die Unabsetzbarkeit der Richter, die das Berufsbeamtengesetz und die vorherige Boykott-Aktion gebracht hatten, fanden in den Verbandsstellungnahmen kein Echo. Anläßlich einer Audienz beim Kanzler am 7. April 1933, dem Tag der Verkündung des Berufsbeamtengesetzes, bedankte sich der Richterverbandsvorsitzende bei Hitler für dessen Grundsatzerklärung zur Unabsetzbarkeit der Richter während der Einbringung des Ermächtigungsgesetzes und bat darum, die Unabhängigkeit der Rechtspflege weiterhin zu schützen. Zugleich versicherte er im Namen sämtlicher deutscher Richter, »daß sie geschlossen und mit allen Kräften an der Erreichung der Ziele mitarbeiten würden, die sich die Regierung gesetzt habe«. Linz gab für diese Haltung zwei Gründe an: die Gefahr, »daß hinter der neuen Regierung der Bolschewismus lauere«, und das Pflichtbewußtsein jedes Richters, »seine ganze Kraft für das Wohl und die Erhaltung des Staates aufzuwenden«.

Die Erklärung des Kanzlers, »daß er die Unabhängigkeit der Richter aufrechterhalten werde, wenn auch gewisse Maßnahmen notwendig seien«, kommentierte Linz in seinem Bericht in der Richterzeitung: »Wir dürfen also damit rechnen, daß die in dem Gesetz über das Berufsbeamtentum niedergelegten Bestimmungen so bald als möglich wieder in Wegfall kommen.«[15]

Angesichts der Tatsache, daß die »gewissen Maßnahmen« im Klartext die richterliche Unabsetzbarkeit und Unabhängigkeit mit Füßen traten, denn allein in Preußen wurden 643 Juden aus dem höheren Justizdienst entfernt, kann der Kommentar des Vorsitzenden des »Richterbundes« nur als Ausdruck von Resignation oder Hinnahme beurteilt werden. Im Gegensatz zu den vehementen Protesten des »Deutschen Richterbundes« gegenüber politischen Ansprüchen und personalpolitischen Maßnahmen der Republik empfand man das neue Berufsbeamtengesetz mit seinem Arierparagraphen und politischen Säuberungen offenbar als notwendiges Opfer für die nationale Wiedergeburt. Das Ausscheiden jüdischer Kollegen und der wenigen Sozialdemokraten aus dem Justizdienst wurde akzeptiert. Zwar waren die Richter bis 1933 nicht bereit, antisemitischer Einstellung nachzugeben, und viele versuchten nach 1933, die privaten Kontakte zu den entlassenen Kollegen aufrechtzuerhalten; aber öffentlicher Protest unterblieb. Dabei spielte gewiß auch die Tatsache eine Rolle, daß in einer Zeit wirtschaftlicher Not und hoher Akademikerarbeitslosigkeit ein wie auch immer verursachtes Freiwerden von Planstellen jungen Kollegen Einstellungs- und Beförderungschancen eröffnete und darum, wenn nicht zustimmungsfähig, so doch zumindest hinnehmbar erschien.

Das Bekenntnis zur Mitarbeit, das in vielfachen Formen abgelegt wurde, und die protestlose Tolerierung des Berufsbeamtengesetzes sicherten dem »Deutschen Richterbund« jedoch keineswegs seine Existenz und seine überparteiliche Stellung. Das klassische Postulat von der unpolitischen Haltung der Richterschaft, das die Distanz zur Republik begründen half und das sich im nationalen Rechtsstaat nicht mehr aufrechthalten ließ, wurde nun bedenkenlos fallengelassen. Der preußische »Richterverein« forderte bereits am 21. April 1933 seine Mitglieder auf, sich dem »Bund Nationalsozialistischer Deutscher Juristen« (BNSDJ) anzuschließen und damit den Boden parteipolitischer Neutralität zu verlassen. Andere Landesverbände folgten bald, während der Gesamtverband noch zögerte, eine Selbstauflösung ablehnte und seinen Willen artikulierte, unpolitisch zu bleiben und an der Einheit der Richterorganisation festzuhalten. Schließlich sah man jedoch keinen anderen Ausweg mehr, als korporativ dem BNSDJ beizutreten, nachdem man zuvor schon die Satzung des »Richterbundes« dem Führerprinzip angepaßt und um einen Arierparagraphen ergänzt hatte. Die Fiktion des unpolitischen Richters wurde nur noch mühsam aufrechterhalten, denn man verpflichtete sich zwar, »an der Erneuerung des nationalen Staates mit allen Kräften mitzuarbeiten«, erklärte jedoch zugleich, daß hierdurch »für den einzelnen Richter weder ein Recht auf Aufnahme noch eine Verpflichtung zum Eintritt in die NSDAP« entstehe. So war – wie sich der Richterverbandsvorsitzende ausdrückte – klargestellt, daß »von einer Abstempelung des Richterstandes in seiner Gesamtheit nach *einer* politischen Richtung hin nicht mehr die Rede sein« könne. Diese Fiktion hielt jedoch nur bis zum Jahresende, dann erzwang der BNSDJ die Auflösung des »Deutschen Richterbundes«. Seine Nachfolge trat die »Fachgruppe Richter und Staatsanwälte« im BNSDJ an.

Die Gleichschaltung der Justiz war abgeschlossen. Wohl hatte der Druck von oben nicht gefehlt – Ende April war der bayerische NSDAP-Justizminister zum Reichskommissar für die Gleichschaltung der Justiz ernannt worden –, doch die Beschlüsse und Stellungnahmen der Verbandsorgane und die Äußerungen in den Zeitschriften in den ersten Monaten nach dem 30. Januar 1933 verraten so viel Begeisterung und Integrationsbereitschaft, daß von »Selbstgleichschaltung« gesprochen werden muß. Das Bollwerk der Justiz, auf das Fraenkel gesetzt hatte, erwies sich als zu schwach. Die Attraktivität des nationalen Rechtsstaates ließ die Richter übersehen, daß sie sich in einen Unrechtsstaat eingliederten. Der angeblich so unpolitische Einsatz für die Belange der Nation – oder was man dafür hielt – hatte die Richter schon während der Weimarer Republik in zahlreichen politischen Prozessen gegen Fememörder, Attentäter oder Landesverräter dazu veranlaßt, nationale Gesichtspunkte rechtlichen überzuordnen. Diese Einstellung machte sie nun wehrlos gegenüber den Verlockungen des völkisch-nationalen Aufbruchs, obwohl die große Mehrheit der

Richter keine überzeugten Mitglieder der NSDAP waren. Jetzt sahen sie über Rechtsbrüche hinweg, die man der Republik von Weimar nicht widerspruchslos konzediert hätte.

Gewiß gilt es zu berücksichtigen, daß die Richterschaft nur geringe Eingriffsmöglichkeiten besaß. Die große Masse der Rechtsbrüche geschah in den gerichtlich nicht kontrollierbaren Konzentrationslagern und in den geheimen SA-Kellern, weil die Schutzhaft gemäß der Reichstagsbrandverordnung nur Sache der Polizei war. Viele Mißhandelte und Gefolterte verzichteten, wenn sie dem Grauen entkommen waren, aus Angst vor der Rache ihrer Peiniger auf Anzeigen.[16] Wo Staatsanwälte aufgrund des Offizialprinzips tätig wurden, wie es in Dachau im Frühjahr 1933 durchaus geschah, versandeten ihre Ermittlungen in den höheren politischen Instanzen.[17] Nur selten kamen daher die Gerichte zu Wort. Wo kein Kläger war, war auch kein Richter. Die Richter möchten das bedauern oder froh sein, daß ihnen keine rechtliche Würdigung der Vorgänge abverlangt wurde. Da die Drecksarbeit anderswo erledigt wurde, konnten sie sogar ihre Hände sauber halten.

Die Situation im Frühjahr 1933 erforderte jedoch mehr. Eine rechtsstaatlich sensibilisiertere Richterschaft ohne derart viele nationale Emotionen hätte Mittel und Wege gefunden, auch jenseits dienstlicher Befassung die Dinge, die da geschahen, öffentlich beim Namen zu nennen. Doch wer das »Unpolitisch-Sein« so kultiviert hatte wie die deutschen Richter, den überforderte eine solche Situation, zumal die Hoffnung auf eine nationale Wiedergeburt die Solidarität und Loyalität mit der neuen Regierung empfahl, um ihr über die vermeintlichen Anfangsschwierigkeiten hinwegzuhelfen. Der Effekt solchen Verhaltens war jedoch unvermeidlich der, daß das Ausweichen, das Schweigen und die generellen Unterstützungserklärungen dem Regime das Prestige und die Autorität der Rechtsinstitutionen zuwachsen ließen. Der Schein der Legalität, daß alles im Grunde doch mit rechten Dingen zugehe, wurde wieder einmal verfestigt.

Damit ist ein Zusammenhang angesprochen, der für die Etablierung der nationalsozialistischen Diktatur von nicht zu unterschätzender Bedeutung ist. Denn was für das Verhalten der Richter zutraf, galt im Grunde auch für viele hohe Beamte in der allgemeinen Verwaltung. Die Brutalität der SA und der offene Verfassungsbruch der Regierung wurden einer revolutionären Umbruchsituation zugeschrieben. Die angebliche Notwendigkeit eines entschlossenen Kampfes gegen die Gefahr des Bolschewismus schien genug Rechtfertigung. So konnte man den nationalen Aufbruch erfreut zur Kenntnis nehmen. Die neue Regierung gewann auf diese Weise die Unterstützung der Beamten. Diese machten mit, weil sie die globalen Ziele in ihrer Hauptrichtung – Ausschaltung des Parteienstaates, energische Revisionspolitik nach außen und Bekämpfung des Marxismus – teilten und auch eine »Zurückdrängung« des jüdischen Einflusses für angemessen hielten. Durch das Mitmachen hofften viele Fachleute zugleich, das Regime auf den Weg von Ordnung und Disziplin zurückführen zu können. Vielfach sicherte man auf diese Weise sein eigenes Ressort oder die eigene Abteilung vor unkontrollierten Einflüssen der Partei ab, sorgte in seinem Bereich für saubere »anständige« Arbeit, korrigierte wohl auch Mißgriffe des Systems, ohne zu merken, daß auf diese Weise das System selber erst ermöglicht wurde, denn der unpolitische Sachverstand der Experten stabilisierte die Herrschaft Hitlers gerade dadurch, daß er Auswüchse begrenzte und ein Chaos verhinderte, Prestige verlieh und Vertrauen erzeugte.

Hellsichtige Beamte sahen die Problematik der Regierung durchaus. Die Briefe, Berichte und Tagebuchnotizen des späteren Staatssekretärs in Hitlers Auswärtigem Amt, Ernst v. Weizsäcker, aus den ersten Monaten des »Dritten Reiches« sind dafür ein eindrucksvoller Beleg. Sie verraten viel von der Stimmung des nationalen Aufbruchs, die über Rechtsbrüche großzügig hinwegsehen ließ. Aus diesen Berichten wird hier zitiert, weil sie für große Teile der Elite der deutschen Beamten typisch genannt werden können. Weizsäcker, Sohn des letzten königlich württembergischen Ministerpräsidenten, sah eine Monarchie, regiert von parlamentsunabhängigen Experten, als angemessene Regierungsform an. Er glaubte nicht, daß Arbeiter in der Lage seien, die Staatsgeschäfte zu führen. Im Ersten Weltkrieg Marineoffizier, hatte er danach im Auswärtigen Amt Karriere gemacht. Den Geist von Locarno verachtete er, Stresemanns Verständigungspolitik betrachtete er skeptisch als zu zaghaft, von der parlamentarischen Demokratie Weimarer Stils und vom Völkerbund fühlte er sich abgestoßen. Die NSDAP und ihre Ansichten zur Außenpolitik hielt er für gefährlich und naiv.

Der 30. Januar überraschte ihn. Er sah keinen Anlaß zum Jubel. Auf Brünings Rat hin blieb er im Auswärtigen Amt, um den Einfluß der Nazis auf die Außenpolitik und auf die Personalpolitik zu mäßigen. Zugleich entdeckte er auch positive Aspekte an der NS-Regierung. Schon am 12. Februar 1933 notierte der auf Revision des Versailler Vertrages fixierte Außenpolitiker Weizsäcker, es sei »erleichternd ... für die Anmeldung deutscher Ansprüche, daß man uns jetzt alles zutraut. Ich glaube sogar, daß wir daraus in Frankreich Kapital schlagen können.« Im gleichen Sinn schreibt er am 4. März 1933, man könne jetzt manches vorbringen, »was man bisher verschwiegen hätte. Denn Deutschland gilt jetzt als rabiat, und solche Leute darf man nicht noch reizen.« Hier wird die Tradition Brüningscher Instrumentalisierung der NSDAP für die Revision des Versailler Vertrages deutlich greifbar. Weizsäcker war Experte bei den Abrüstungsverhandlungen in Genf, bei denen die deutsche Seite die Ermöglichung einer Aufrüstung erreichen wollte. Auch Weizsäcker entschuldigte das Aufkommen der NSDAP mit der französischen Nachkriegspolitik: »Den Nazismus verdanken wir zur Hälfte Frankreich.«

Zugleich sieht Weizsäcker eine Auseinandersetzung zwischen Extremen und Gemäßigten in der neuen Regierung. Er ist besorgt, ob es gelingen werde, dem gemäßigten gegenüber dem extremen Flügel der neuen Revolution »zum Siege zu verhelfen und damit die Außenpolitik in den Händen der Vernunft zu halten«. Ihn beunruhigt, daß »die Exzesse im Lande nicht so frühzeitig auf[hörten], wie es einer geordneten Staatsumwälzung eines zivilisierten Landes ansteht«. Schon am 23. März, am Tag der Verabschiedung des Ermächtigungsgesetzes, notiert er: »Selbstverständlich treten an jeden einzelnen jetzt Entscheidungen heran, die ans Gewissen gehen. Aber eine einfache Wahrheit ist doch, daß dieses Regime nicht umschmeißen darf. Denn welches Negativ davon käme hinter ihm! Man muß ihm alle Hilfe und Erfahrung angedeihen lassen und mit dafür sorgen, daß die jetzt einsetzende zweite Etappe der neuen Revolution eine ernsthaft konstruktive wird.«

Eine Woche später heißt es: »Unsereiner muß die neue Ära stützen. Denn was käme denn nach ihr, wenn sie versagte! Natürlich muß man ihr auch mit Erfahrung, Auslandskenntnis und allgemeiner Lebensweisheit beiseite stehen. Hierzu bin ich entschlossen ..., möge nun eine zweite, stille, konstruktive Etappe folgen.«

Den Tönen der Skepsis und Sorge sind aber auch Elemente der Zustimmung, des Verständnisses und der Hoffnung beigemischt. Der Erregung des Auslandes über den Judenboykott Anfang

April, »hämischen« Presseartikeln und »Judenhetzberichten« in ausländischen Zeitungen tritt Weizsäcker entgegen: »Die antijüdische Aktion zu begreifen fällt dem Ausland besonders schwer, denn es hat diese Judenüberschwemmung nicht am eigenen Leibe verspürt.« (22. April) Die deutsche Revolution erscheint ihm »alles andere als arbeiterfeindlich«. An Hitlers *Mein Kampf* beeindruckt ihn »die Warmherzigkeit gegenüber dem sozialen Elend«. Hitler macht ihm »einen ausgesprochen ernsten Eindruck ... Diese Persönlichkeit scheint mir viel eher in sich zu ruhen als alle anderen.« Seine Reden erscheinen ihm »abgewogen«. Er findet »etwas wie eine metaphysische Einstellung an ihm, die ihm den Vorsprung wahrt«.

Als Hitler im Juli die Phase der Revolution für beendet erklärt, fühlt Weizsäcker »ein starkes Aufatmen«. Er erhofft sich, daß »die geweckten und wieder aktionsfähigen nationalen Kräfte uns jenen natürlichen Respekt verschaffen«, der die außenpolitischen Einbußen der Übergangsphase leicht wieder einholen lasse. Resümierend faßt er Ende August zusammen:

»Als Gewinn ist heute zu buchen: die Aufrüttelung aus einer Schicksalsergebenheit, der Sinn für Haltung und Disziplin, geschärftes Auge für reinliche Geschäftsführung, Anerkennung der Familienwerte, kurzum ein moralischer Aufschwung. Auf geistigem Gebiet, auf dem Gebiet der Kirche und der sozialen und internationalen Beziehungen, sind noch Fragezeichen. Wir stehen da noch am Anfang. Es ist durchaus notwendig, daß hier der Sachverstand zum idealen Schwunge kommt, sonst wird die erste Etappe der nationalen Revolution abgelöst durch eine zweite, die alles in Frage stellt. Jeder Spezialist sollte sich in den Dienst der Sache stellen, um ein Unglück zu verhüten.«[18]

Weizsäcker konnte das Unglück nicht verhüten. Seine berechtigte Sorge wurde überdeckt von seiner zustimmenden Hoffnung. Diese Zwiespältigkeit, dieses Wunschdenken teilte er mit vielen Zeitgenossen gerade auch unter den Angehörigen der alten Eliten. In seiner Formulierung, daß die Regierung »nicht umschmeißen« dürfe, offenbaren sich diese an Selbstsuggestion reichenden Hoffnungen, zu deren Voraussetzungen die Annahme gehörte, daß Hitler zu den Gemäßigten gezählt werden müsse, der mit den Extremen und ihren Exzessen nichts zu tun habe. Auch dieses Fehlurteil war weit verbreitet. So konnte man die Vorgänge im Lichte eigener konservativer Ordnungs- und Wertvorstellungen interpretieren. Sie erschienen dann sogar als »moralischer Aufschwung«

und neuer »Sinn für Haltung und Disziplin« und unterschieden sich darin offensichtlich vorteilhaft von den politischen, kulturellen und moralischen Auflösungserscheinungen der Weimarer Republik. Auch Weizsäcker strebte den völkisch-nationalen Rechtsstaat an. In den Nationalsozialisten sah er die Katalysatoren für diese grundsätzliche Wende von Staat und Gesellschaft. Ohne ihren »idealen Schwung« war diese Wende nicht zu leisten, und darum durfte die Regierung »nicht umschmeißen«.

In der Richtung, die diese Neuorientierung nehmen sollte, glaubte er sich mit Hitler einig. Außenpolitisch wollte Weizsäcker eine Aufrüstung als Voraussetzung zur diplomatischen – nicht kriegerischen – Wiederherstellung einer deutschen Großmachtposition mit Hegemonie in Ostmitteleuropa. Hier versprach die neue Regierung mehr Energie und Entschlossenheit als die parlamentarisch gestützten Verständigungspolitiker der Republik. Die Differenz zu Hitlers rassisch bestimmter Eroberungspolitik wurde nicht zur Kenntnis genommen, weil sie zu abstrakt und utopisch formuliert war. Der Fachmann mochte zudem hoffen, die großen Pläne des Parteiideologen durch die verantwortliche Arbeit am Detail entsprechend formen zu können. Innen- und verfassungspolitisch interpretierten Weizsäckers Hoffnungen die NS-Führerideologie sowie den propagandistischen Appell an Autorität und »Volksgemeinschaft« im Lichte des Etatismus einer führungsbewußten Beamtenelite, der ein partieller Antisemitismus nicht fernlag. Die Absage an parlamentarische Kompromisse und Entscheidungsvertagung, an Klassenkampf und »Parteihader« sowie liberale »Kulturzersetzung« ließ die NSDAP für Weizsäcker zum Wegbereiter werden, dem in der zweiten, »stillen« und »konstruktiven« Phase der Revolution die Stunde der Beamten folgen mußte. Von ihrer Unentbehrlichkeit war Weizsäcker überzeugt. Die Erfahrungen der Weimarer Jahre, die die Beharrungskraft des konservativen Beamtenkorps gegenüber parlamentarischen Linksregierungen unter Beweis gestellt hatten, mochten ihn in dieser Einschätzung bestärken, deren Prämisse nach wie vor die Lenkbarkeit Hitlers war.

Der autoritär-obrigkeitliche nationale Rechtsstaat, auf den Weizsäcker hoffte, schlug freilich um in die Diktatur Hitlers, weil sich die Einschätzung als Irrtum herausstellte, daß Hitler ein gemäßigter Politiker sei und sich vom Sachverstand einer Beamtenelite beeinflussen lasse. Dieses Fehlurteil war deshalb so folgenreich, weil die politischen Ordnungsvorstellungen Weizsäckers und der konservativen Beamten ihre eigene etatistische Führungskraft ebenso überschätzten, wie sie die Notwendigkeit institutioneller und politisch-gesellschaftlicher Kontrolle in einem modernen politischen Gemeinwesen unterschätzten. Die Charakterfestigkeit der hohen Beamten sollte nach ihrer Vorstellung den Verfassungsstaat mit seinem System von Gewaltenverteilung und Gewaltenkontrolle ersetzen.[19] Nur aufgrund dieser Einstellung nahm man die Ausschaltung des Reichstags und der Länder, die Gleichschaltung der Parteien und Verbände sowie die Einschränkungen der Pressefreiheit im Interesse einer einheitlichen starken Staatswillensbildung hin. Man erkannte nicht, daß damit auch die Experten der hohen Bürokratie der Alleinherrschaft eines ebenso unberechenbaren wie charakterlosen »Führers« ausgeliefert wurden. Ihnen fehlten jetzt die Widerlager in der Gesellschaft und in politisch intakten Institutionen, um ihren Einfluß geltend zu machen und die Staatswillensbildung zu kontrollieren. Eine Beamtenschaft, die, auf sich allein gestellt, das Allgemeinwohl rein sachlich definieren und durchsetzen zu können meinte, war ebenso wehrlos den Entscheidungen eines plebiszitären Führers ausgeliefert wie eine Justiz, die sich an die Fiktion ihres Unpolitisch-Seins klammerte. Der Aufschwung des vaterländischen Gefühls riß jedoch alle mit sich fort, wie Dibelius in Analogie zu 1914 am »Tag von Potsdam« formuliert hatte, und ließ es zu, daß die hohen Ziele und an sich legitimen Ordnungsvorstellungen der konservativen Eliten mit mediokren Instrumenten angegangen wurden. Darin lag der eigentliche, tiefste Irrtum dieser Schichten, daß sie meinten, »auch mit Gesindel Politik machen zu können« (Wolf J. Siedler) und daher als Übergangserscheinung einstuften, was als wesentliches Stilelement der neuen Politik hätte gewertet werden müssen. An seinen Mitteln mußte Hitler gemessen werden. Sie waren eindeutiger erkennbar als seine Ziele. Sie zerstörten den »moralischen Aufschwung«, den Weizsäcker zu sehen meinte, in seinen Fundamenten.

2. Kirchen und Machtergreifung – »Die Nation vor Gott«?

Auch für die Kirchen stellte der 30. Januar 1933 eine Herausforderung und eine Versuchung zugleich dar. Dabei waren die Ausgangspunkte im evangelischen und im katholischen Lager durchaus verschieden, auch wenn sich beide Kirchen binnen kurzem vor sehr ähnliche Probleme gestellt sahen. Die Stimmung nationaler Erneuerung erfaßte den deutschen Protestantismus in viel grundsätzlicherer Weise als die universal orientierte katholische Kirche. Eine lutherische Theologie der Schöpfungsordnung hatte »Volk«, »Nation« und »Rasse« als von Gott auferlegte Ordnungen zu sehen gelehrt. Ein deutschnational getönter Patriotismus spezifisch protestantisch-preußischer Prägung ließ die evangelisch-lutherische Kirche sich in neuer Weise als »Volkskirche«, d. h. als »Kirche des *deutschen* Volkes«, als Nationalkirche begreifen. Die Wende des 30. Januar erschien daher Theologen und Kirchenführern als Rückwendung zu den christlichen Fundamenten des deutschen Volkslebens. Sie hofften, daß sich im Aufbruch der Nation diese als »Nation vor Gott« erkenne. Darum formulierten sie ein »theologisches Wort der Kirche zu den inneren Fragen der nationalen Wiedergeburt«.

Das geschah in einer halbamtlichen kirchlichen Veröffentlichung, die Pfingsten 1933 unter dem beziehungsreichen Titel *Nation vor Gott – Zur Botschaft der Kirche im »Dritten Reich«* erschien und rasch mehrfach aufgelegt wurde. Die Erwartungen, die die Protestanten an Hitlers Kanzlerschaft knüpften, werden gleich in den ersten Sätzen deutlich. Sie enthüllen, wie »politisch« die »epochalen Ereignisse« der ersten Monate des Jahres 1933 gerade auch in evangelischen Kreisen interpretiert wurden:

»Der auch durch Versailles nicht zerstörbare deutsche Selbsterhaltungswille ist in gewaltiger nationaler Bewegung unter Führung Adolf Hitlers und gesegnet von dem greisen Reichspräsidenten zu politischer Gestaltung durchgebrochen ... Getragen von den besten volkhaften Kräften, ist ein neues Reich deutscher Nation im Werden. Im Kampf gegen Zersetzung im Innern und gegen die Bedrohung von außen soll es erstehen, und dieses Werk ruft alle, die Deutschland lieben, hinein in die Front der Nation ... Das große Werk der nationalen Erneuerung [kann] nur dann gesegnet werden, ... wenn es gemessen wird an der unerbittlichen Wahrheit Gottes.«[20]

In diesem Sinne wollte das Buch eine Orientierung bieten zu den großen Fragen der Rasse, der Eugenik, zum »Judenproblem« sowie zu den Fragen von Volk und Volkstum, von Staat und Reich. So eindeutig in diesem Werk Absagen gegen völkisch-religiöse Bewegungen, gegen überzogenen Rassismus und auch gegen »totalistische« Eingriffe des Staates in innere Kirchenfragen formuliert wurden, so unüberhörbar bejahte es andrerseits die politische Wende im Staatsleben. In der Tradition neulutherischen Obrigkeitsverständnisses galt der »totale Staat« als Erneuerung des Staates, als »Einheit von Staat und Volk«, der die »zerstörerische Freiheit des absoluten Individuums ... vernichtet«. »An die Stelle der liberalen Freiheit tritt die Freiheit auf dem Boden des Gebundenseins an die Gemeinschaft, im Hören des durch Staat und Volk an den Einzelnen ergehenden Rufes zum Dienst.« »Gegen die liberaldemokratische Auflösung des Staates« bedeute der Durchbruch der NS-Revolution »die Errichtung des wirklichen Staates, der zugleich Herrschafts- und Volksordnung« sei, der »wieder Gehalt und Substanz aus Geschichte, Gegenwart und Sendung der Nation im Ganzen und in ihrer naturhaften Grundlage als Bluts- und Artgemeinschaft (nationale und völkische Substanziierung des Staates im Gegensatz zum völlig leeren Staat der pluralistischen Demokratie)« empfange.[21]

Die Absage an liberalen Rechtsstaat und pluralistische Demokratie wurde hier theologisch legitimiert. Die weniger abstrakte Sprache eines kirchenamtlichen Aufrufes läßt noch deutlicher erkennen, warum sich Theologen und Kirchenführer vor der Machtergreifung der NSDAP eine Wende der Nation zu Gott erhofften. Der evangelisch-lutherische Landeskirchenrat der bayerischen Landeskirche sicherte am 13. April 1933 der Regierung Hitler seine Unterstützung zu:

»Ein Staat, der wieder anfängt, nach Gottes Gebot zu regieren, darf in diesem Tun nicht nur des Beifalls, sondern auch der freudigen und tätigen Mitarbeit der Kirche sicher sein. Mit Dank und Freude nimmt die Kirche wahr, wie der neue Staat der Gotteslästerung wehrt, der Unsittlichkeit zu Leibe geht, Zucht und Ordnung mit starker Hand aufrichtet, wie er zur Gottesfurcht ruft, die Ehe heilig gehalten und die Jugend geistlich erzogen wissen will, wie er der Väter Tat wieder zu Ehren bringt und heiße Liebe zu Volk und Vaterland nicht mehr verfemt, sondern in tausend Herzen entzündet. Mit besonderem Dank begrüßen wir es, daß der neue Staat sein Werk durch Schaffung einer echten Volksgemeinschaft krönen will ... Wir können unsere Gemeinden nur bitten, sich ernstlich und willig dafür einzusetzen, daß die starken aufbauenden Kräfte, welche die neue Bewegung in sich trägt, zum vollen ungehinderten Siege kommen.«[22]

Noch im Frühsommer 1934 bestätigten die beiden prominenten lutherischen Theologen Elert und Althaus in ihrem *Ansbacher Ratschlag* diese Position: Das Gesetz Gottes »verpflichtet uns auf die natürlichen Ordnungen, denen wir unterworfen sind, wie Familie, Volk, Rasse (d.h. Blutszusammenhang)«. In der Bindung an diese »Schöpfungsordnungen« sollten die glaubenden Christen Gott dem Herrn danken, »daß er unserem Volk in seiner Not den Führer als ›frommen und getreuen Oberherrn‹ geschenkt hat und in der nationalsozialistischen Staatsordnung ›gut Regiment‹, ein Regiment mit ›Zucht und Ehre‹ bereiten will«.[23] Unverkennbar verbanden sich in diesen Stellungnahmen ein lutherisches Staatsverständnis, dem Demokratie und Volkssouveränität als anmaßende Auflösung der gottgewollten Obrigkeit und ihres Zwangscharakters erschienen, mit einem eigentümlich gekränkten Nationalismus, der die innen- und außenpolitischen Folgen des verlorenen Weltkrieges nicht zu verarbeiten wußte. Wieder begegnen wir hier einem Wunschdenken, das die Anfänge der Regierung Hitler nur durch die Brille der eigenen Hoffnungen und Vorurteile zur Kenntnis nahm und in der nationalsozialistischen Bewegung so etwas wie eine neue christliche »Erweckungsbewegung« sah.

Hitler hatte diesen Hoffnungen auf seine Weise kräftig nachgeholfen. Den Programmsatz der NSDAP, daß sie sich zum »positiven Christentum« bekenne, hatte er im Wahlkampf vor dem 5. März 1933 und dann in seiner Regierungserklärung mehrfach bestätigt. Schon im Aufruf der neuen Regierung vom 1. Februar war dem »Christentum als Basis unserer gesamten Moral« Schutz versprochen worden, und in seiner Stuttgarter Wahlrede bekannte der neue Kanzler, er werde sich niemals mit Parteien verbünden, die das Christentum zerstören. Hinter dieser Bemerkung verbarg sich ein subtiler Angriff auf das Zentrum und dessen Koalition mit der SPD. Vor allem die Garantieerklärungen, die Hitler nach Verhandlungen mit dem Zentrum bei der Einbringung des Ermächtigungsgesetzes abgab, akzentuierten das Bekenntnis der neuen Regierung zum Christentum:

»Die nationale Regierung wird in Schule und Erziehung den christlichen Konfessionen den ihnen zukommenden Einfluß einräumen und sicherstellen. Ihre Sorge gilt dem aufrichtigen Zusammenleben zwischen Kirche und Staat... Ebenso legt die Reichsregierung, die im Christentum die unerschütterlichen Fundamente des sittlichen und moralischen Lebens unseres Volkes sieht, den größten Wert darauf, die freundschaftlichen Beziehungen zum Heiligen Stuhl weiter zu pflegen und zu vertiefen... Die Rechte der Kirchen werden nicht geschmälert, ihre Stellung zum Staate nicht geändert.«[24]

Die Regierung hatte ihrer ersten Proklamation unmittelbar auch Taten folgen lassen. Die »Verordnung zum Schutze des deutschen Volkes« vom 4. Februar 1933, die wichtige Einschränkungen der Versammlungs- und Pressefreiheit brachte und die Wahlkampfagitation der Linksparteien treffen sollte, enthielt ebenfalls Vorschriften gegen die Freidenker- und Gottlosenbewegung, die seit langem Gegenstand kirchlicher Sorgen gewesen war. Ihrer Kirchenaustrittspropaganda wurde nun entgegengewirkt. Das offizielle Wohlwollen gegenüber den Kirchen äußerte sich auch im Gottesdienstbesuch geschlossener Parteiformationen und einem zeitweiligen Zurückdrängen eindeutig kirchenfeindlicher völkischer Strömungen in der NSDAP. Während gegenüber 1932 die Kirchenaustritte aus den evangelischen Landeskirchen von 218000 auf 57000 zurückgingen, stieg die Zahl der Eintritte von 50000 auf 324000.[25]

Diese Entwicklungen suggerierten in der Tat einen Neuanfang, der die Kirchenführer beeindruckte. In Preußen beschlossen überdies die Reichskommissare am 22. Februar, also noch vor der Wahl, einer alten Forderung der Kirchen, Religionsunterricht an den Berufsschulen zum ordentlichen Lehrfach zu machen, grundsätzlich stattzugeben. Sowohl Göring als auch Papen lag »aus politischen Gründen« sehr an einem entsprechenden Erlaß, obwohl der für die Schulangelegenheiten zuständige Reichskommissar und spätere Erziehungsminister Rust erhebliche Bedenken wegen ungeklärter Personal- und Finanzfragen geltend machte und darauf verwies, »den politischen Gesichtspunkten könne er dadurch gerecht werden, daß er bereits zu Ostern dieses Jahres mit einem Abbau der weltlichen Schulen [der sog. ›Sammelschulen‹ ohne christlichen Religionsunterricht] beginne«.[26] Die wahltaktischen Erwägungen Görings sind offensichtlich, obwohl nicht auszuschließen ist, daß es der Mehrheit der konservativen Reichskommissare durchaus mit der Sache ernst war.

Das gilt sicherlich auch für den bayerischen Kultusminister

Schemm, den NSDAP-Gauleiter von Oberfranken, einen ehemaligen Volksschullehrer, der als bewußter Protestant schon vor 1933 vielfach Kontakte zu Amtsträgern der bayerischen Landeskirche geknüpft hatte. In seiner Grundsatzerklärung zur Schulpolitik in Bayern bekannte sich Schemm zur »nationalen und christlichen Grundlage« aller Schularbeit: »jeglichem Marxismus und Freidenkertum« sagte er den Kampf an; er forderte die Bayern auf: »Wendet euch ab vom Internationalismus – hin zu Volk und Vaterland.« In allen bayerischen Lehranstalten hatte der Unterricht »mit Gebet zu beginnen und zu schließen«. Schemm bekannte sich zum Religionsunterricht und zur verantwortlichen Mitarbeit der beiden christlichen Konfessionen in der Schule. Gemäß seiner Parole: »unsere Religion heißt Christus, unsere Politik heißt Deutschland«, sollten sich beide Konfessionen »zu gemeinsamer kultureller Aufbauarbeit und zum Dienen für das Ganze, für Gott und Volk, und damit im Kampf gegen den gott- und volkszerstörenden Marxismus und Bolschewismus« die Hände reichen.[27] Selbst der päpstliche *Osservatore Romano* zitierte Schemms Grundsatzerklärung wohlwollend auf der ersten Seite, und die evangelische Kirche äußerte ebenfalls volle Zustimmung.

Zu den Hoffnungen, die man im deutschen Protestantismus mit dem neuen Staat verband, gesellten sich schnell große Versuchungen und schlimme Erwartungen. Hitler und die NSDAP, die ihre größten Wahlerfolge in protestantischen Gebieten errungen hatten, nahmen die evangelische Kirche ungeniert zur Stabilisierung und religiösen Legitimierung ihrer Herrschaft in Anspruch. Eine geeinte und befriedete, staatstreue evangelisch-lutherische Reichskirche war als Gegengewicht gegenüber dem nach wie vor resistent erscheinenden Katholizismus dringend erwünscht. Um diesen Wünschen Nachdruck zu verleihen, mobilisierte die NSDAP ihre eigene kircheninterne Hilfstruppe, die »Deutschen Christen« (DC). Bei den preußischen Kirchenwahlen im Herbst 1932 hatten diese bereits ein Drittel der Mandate erobert. In den Reihen der Pastoren und Theologieprofessoren gab es viele Parteigänger Hitlers. Die Richtlinien der DC vom Mai 1932 forderten u.a. den Zusammenschluß der 29 Landeskirchen zu einer Reichskirche und eine Überwindung des kirchlichen Parlamentarismus. Sie bekannten sich zu einem »artgemäßen Christusglauben« und sahen »in Rasse, Volkstum und Nation ... anvertraute Lebensordnungen«. Der »Rassenmischung« war darum »entgegenzutreten, Eheschließung zwischen Deutschen und Juden zu verbieten«.[28]

Anfang April forderten die DC im Hochgefühl der Machtergreifung unverhohlen eine Gleichschaltung der evangelischen Kirche, eine innerkirchliche Neuordnung und die Besetzung der kirchlichen Ämter mit überzeugten Nationalsozialisten. Andernfalls sollten, drohte man, Staatskommissare eingesetzt werden. Hitler selber ernannte Ende April den ostpreußischen DC-Pfarrer Ludwig Müller zu seinem »Bevollmächtigten für die Angelegenheiten der evangelischen Kirche«. Zunächst versuchten die Kirchenführer dem Druck zuvorzukommen. Mit ungekannter Geschwindigkeit wurde eine neue Verfassung ausgearbeitet, die – ganz im Trend der politischen Bewegung: autoritär, antiparlamentarisch und antipartikularistisch – aus dem lockeren Kirchenbund eine Reichskirche mit einem starken Bischof an der Spitze schaffen sollte. Auch in etlichen Landeskirchen wurden nun die bisherigen Kirchenpräsidenten zu Bischöfen. Lutherisch-obrigkeitliches Amtsverständnis liierte sich mit dem zeitgemäßen Führerprinzip. Neben dieser Anpassung, die zugleich lang erstrebte Reformprojekte zu einem vorschnellen Abschluß brachte, bewiesen die Kirchenführer jedoch Unabhängigkeit, indem sie nicht, wie erwartet und von den DC gefordert, Hitlers Vertrauensmann Müller, sondern den Leiter der Betheler Anstalten, Pastor Fritz v. Bodelschwingh, als Reichsbischof nominierten. Doch als Hitler Bodelschwingh nicht akzeptierte und der preußische Kultusminister Rust am 24. Juni aus nichtigem Anlaß einen Staatskommissar als Leiter der preußischen Kirche einsetzte, ließen die lutherischen Kirchenführer, insbesondere Süddeutschlands, Bodelschwingh fallen. Ein Festhalten an diesem Kandidaten erschien ihnen als Hindernis für die erwünschte Zusammenarbeit zwischen der Kirche und dem neuen Staat. Bodelschwingh trat zurück.

Die Reichsregierung nutzte die entstandene Verwirrung und schrieb für alle kirchlichen Organe Neuwahlen zum 24. Juli 1933 aus. Die DC erhielten die volle Unterstützung des Propagandaapparates der NSDAP. Hitler wandte sich am Vorabend der Wahl an die Wähler und forderte alle Parteigenossen auf, von ihrem Wahlrecht Gebrauch zu machen und seine Politik zu unterstützen. Die innerkirchliche Opposition der sog. Jungreformatorischen Bewegung wurde in ihrem Wahlkampf von der Geheimen Staatspolizei behindert. So brachte die Wahl einen Triumph der DC. Sie beherrschten fast alle Gemeindevertretungen und Synoden und erhielten die Gelegenheit, die Führungspositionen mit ihren Anhängern zu besetzen. Hitlers Vertrauensmann Müller wurde erst preußischer Landesbischof und dann Ende September auf der 1. Nationalsynode in Wittenberg einstimmig zum Reichsbischof gewählt. Die lutherischen Bischöfe Niedersachsens, Württembergs und Bayerns konnten sich in ihren Landeskirchen zwar behaupten, dem Einigungswerk von Wittenberg vermochten sie sich jedoch nicht zu entziehen.

Die evangelische Kirche war von unten her aufgerollt worden. DC-Pastoren und Synodale, im Braunhemd auftretend, hatten die Aufbruchstimmung und Führerbegeisterung genutzt und innerkirchlich mit dem Stimmzettel die Macht ergriffen. Ihr rüder Kampfstil und hemdsärmeliger Versuch in der Folgezeit, die Geschlossenheit der Reichskirche und ihren Führungsanspruch gegenüber den nach wie vor bekenntnis- und kultmäßig selbständigen Landeskirchen nach dem Motto »Ein Reich – Ein Führer – Eine Kirche« durchzusetzen, löste jedoch bald Konflikte aus. Zu kräftig waren die konfessionellen und landschaftlichen Sondertraditionen im deutschen Protestantismus, zu heterogen auch das kirchliche Programm der DC. Bezeichnenderweise wurden diese Auseinandersetzungen jedoch als rein innerkirchliche Konflikte aufgefaßt. Sie eskalierten nach dem Sieg der DC in der Reichskirchenfrage am Arierparagraphen. Die von den DC beherrschte preußische Generalsynode hatte Anfang September 1933 beschlossen, diesen Paragraphen auch in das kirchliche Dienstrecht zu übernehmen: Pfarrer jüdischer Abstammung mußten demnach aus dem Amt scheiden. Damit geriet das »Judenproblem« in das Zentrum der innerkirchlichen Auseinandersetzungen.

Schon im März/April 1933 waren die damals noch intakten Kirchenleitungen anläßlich des Judenboykotts und des »Gesetzes zur Wiederherstellung des Berufsbeamtentums« sowie seiner Begleitgesetze gegen jüdische Rechtsanwälte und Ärzte in dieser Frage auf der politischen Ebene gefordert worden. Appelle und Anfragen aus dem kirchlichen Ausland sowie von zahlreichen Mitgliedern kirchlicher Leitungsgremien verlangten in diesen Wochen ein Wort der Kirche gegen die judenfeindliche Politik der Regierung. Sie erwarteten auch einen Akt der Solidarität mit ihren verfolgten judenchristlichen Mitgliedern. Die zahlreichen Menschenrechtsverletzungen dürften ihrer Meinung nach nicht widerspruchslos hingenommen werden. Doch die Kirchenleitungen konnten sich zu keiner Stellungnahme durchringen. Man wollte die prekäre Situation angesichts der Forderungen der DC und des Versuchs, eine Reichskirche aus eigener Kraft zu bilden, nicht belasten. Die Zusammenarbeit mit der neuen, doch so kirchenfreundlichen nationalen Regierung sollte nicht gefährdet werden. Die ausländische Kritik weckte zudem weniger das christliche Gewissen, sondern löste vielmehr patriotische Abwehrreaktionen aus. Dibelius' Rundfunkrede nach Amerika, die bereits zitiert wurde, ist dafür ein Zeugnis (vgl. S. 175).

Die Gründe für das beschämende Schweigen der Kirche lagen jedoch tiefer. Die antisemitische Grundstimmung der zwanziger Jahre hatte auch und gerade den nationalen Protestantismus erfaßt. Diese tritt in einer Ausarbeitung zutage, die den kirchlichen Leitungsgremien im April 1933 vorlag und in einer erweiterten Form in der bereits zitierten Schrift *Nation vor Gott* unter dem Titel *Das Judenproblem und die Kirche*[29] veröffentlicht wurde. Der Autor war der Leiter der »Apologetischen Zentrale des Bundes der evangelischen Kirchen«, Privatdozent Walter Künneth. Künneth unterschied strikt zwischen der staatlichen und der kirchlichen Seite der Problematik und bestritt dem Staat keineswegs die Kompetenz zur Regelung des Judenproblems. Dessen Ursache sah er vor allem in der »Überwucherung des deutschen Geisteslebens und der Überfremdung der deutschen Öffentlichkeit« sowie in der »Überflutung wichtiger Ämter und Berufe« durch Juden und der »Ausschaltung vieler deutscher Beamten, Ärzte, Rechtsanwälte usw.«. So hart die Vorschriften auch seien, sie erschienen dem Autor legitim und zulässig zum Schutze des deutschen Volkes. Die staatliche »Ausnahmegesetzgebung« sei als Akt der »Selbstbesinnung auf die Eigenart des deutschen Volkstums ... von der Kirche entsprechend ihrem Ja zu den Ordnungen Gottes, als die Rasse und Volkstum begriffen werden müssen, zu begrüßen«. Allerdings verlange die Kirche vom Staat, daß sich die Ausschaltung des jüdischen Einflusses in »einer Weise vollzieht, die dem christlichen Ethos nicht widerspricht«. Vor allem fordere sie eine »sorgfältige Differenzierung zwischen Judenchristen und den Anhängern der Synagoge oder dem liberalen Aufklärungsjudentum. Dieses, nicht das wirklich gläubige Judenchristentum, ist ein Ferment der Zersetzung des Volkstums.«

Innerhalb der Kirche jedoch lehnte Künneth einen Arierparagraphen, die Nichtzulassung von Judenchristen zum Pfarramt, grundsätzlich ab. Er machte lediglich die »praktische Einschränkung«, daß »angesichts der gegenwärtigen nationalsozialistischen Situation« die evangelische Kirche als Volkskirche – berufen zum Dienst am deutschen Volke – aus volksmissionarischen Gründen der antisemitischen Einstellung des Volkes Rechnung tragen müsse, so daß die Judenchristen in der neuen deutschen evangelischen Kirche sich »freiwillige Zurückhaltung« aufzuerlegen hätten; wichtige Ämter sollten »Deutschrassigen« vorbehalten bleiben. Mit dieser Konzession an die Forderungen der DC entwertete Künneth seine Grundsatzposition, daß die Kirche des allgemeinen Priestertums sich selber aufgebe, wenn sie einen Arierparagraphen prinzipiell akzeptierte. Die Bildung einer eigenen judenchristlichen Kirche, wie sie von den DC verlangt wurde, lehnte Künneth aber strikt ab.

Künneths Auffassung zum Arierparagraphen in der Kirche wurde wenig später von der Erlanger Evangelisch-theologischen Fakultät bekräftigt. Geführt von Elert und Althaus, erkannten die Wächter des Luthertums in der Besetzung kirchlicher Ämter mit »Judenstämmigen« »eine schwere Belastung und Hemmung« für die neue Aufgabe der Kirche, »Volkskirche der Deutschen zu sein«. Dieser Legitimierung sogar des innerkirchlichen Arierparagraphen widersprach die Marburger Theologische Fakultät. Sie hielt solche Praxis für schlichtweg unvereinbar mit dem Wesen der Kirche.[30] Dieser Streit gab im September 1933 den Anstoß zur Bildung des Pfarrernotbundes unter Führung Martin Niemöllers. In der Verpflichtungserklärung dieses Bundes hieß es lapidar, mit der Anwendung des Arierparagraphen im Raum der Kirche Christi sei eine »Verletzung des Bekenntnisstandes« geschaffen.

Der Pfarrernotbund bildete den Kern der späteren Bekennenden Kirche, aber sein Protest war ein innerkirchlicher Protest, kein politischer. Der sich formierende Widerstand richtete sich gegen die DC und nicht gegen den neuen Staat, dem nach wie vor die Loyalität galt. Im November 1933 schickte auch der Pfarrernotbund Hitler ein Glückwunschtelegramm zu dessen Austritt aus dem Völkerbund. Wenngleich aus der Bekennenden Kirche später eine Widerstandsbewegung wurde – nach ihrem eigenen Selbstverständnis war sie zunächst eine Widerstandsbewegung wider Willen. Ihre Träger, zu denen auch Walter Künneth gehörte, waren politisch eher deutschnational gesinnt. Ein politisches Wort gegen die neue Regierung war von ihnen – trotz der Menschenrechtsverletzungen und judenfeindlichen Maßnahmen – nicht zu erwarten. Hoffnungen insbesondere volksmissionarischer Art und patriotische Gefühle standen dem entgegen.

Das Vorgehen des Staates gegen Juden und Marxisten galt als notwendige Schutzmaßnahme. Ob dabei – wie Klaus Scholder meint[31] – die zwar unbegründete, gleichwohl aber real existierende Furcht vor einem baldigen kommunistischen Aufstand ausschlaggebend war, erscheint fraglich. Entscheidender war die Gesamteinstellung gegen Aufklärung und Liberalismus, gegen die »Zersetzung« überlieferter Werte und Traditionen. Die bezeichnende Formulierung in Künneths Schrift gegen das »Aufklärungsjudentum« als »Ferment der Zersetzung« deutet genau in diese Richtung. Nicht so sehr die Furcht vor einem kommunistischen Aufstand, sondern die Erregung über den »Kulturbolschewismus«, über die Auflösung der christlichen Nationalkultur machte den deutschen Protestantismus so unsensibel gegenüber dem brutalen Vorgehen der Regierung Hitler gegen Juden und Marxisten. Daß der Staat zunächst einmal Obrigkeit zu sein habe und nach eigenem Gesetz handeln müsse, diese Quintessenz lutherischer Zweireichelehre, wie man sie damals verstand, kam hinzu, um die Protestanten schweigen zu lassen.

Dietrich Bonhoeffer, der junge Berliner Privatdozent, war einer der wenigen, die die »heillose Ungrundsätzlichkeit«[32] der innerkirchlichen Debatte um das Judenproblem überwanden. In einer im April 1933 verfaßten kleinen Schrift über die Kirche vor der Judenfrage unterschied auch Bonhoeffer strikt zwischen der staatlichen und der kirchlichen Seite der Problematik und konzedierte dem Staat das Recht, in der Judenfrage »neue Wege zu gehen«. Wohl in Analogie zu Minderheitengesetzen und anderen Regeln in gemischtrassigen oder gemischtnationalen Staaten gestand Bonhoeffer dem Staat bei der Gewährleistung von Recht und Ordnung erheblichen Spielraum zu, weil die Kirche um die »Notwendigkeit der Gewaltanwendung und das damit notwendig verbundene moralische Unrecht bestimmter konkreter Akte des Staates« wisse. Doch Bonhoeffer löste sich von der rigiden Trennung von Staat und Kirche und der Vorstellung einer fast absolut gesetzten Eigenständigkeit des Staates, welche die Kirche zur Zurückhaltung veranlaßte. Er sah den Staat »in doppelter Begrenzung«. Sowohl ein »Zuwenig an Ordnung und Recht« als auch ein »Zuviel an Ordnung und Recht« zwinge die Kirche zum Reden. Ein Zuwenig sei jedesmal dort vorhanden, wo »eine Gruppe von Menschen rechtlos« werde. Als »verpflichtende Forderungen der Stunde« habe die Kirche in der Judenfrage darum dem Staat gegenüber zu handeln, indem sie ihn erstens nach dem legitimen staatlichen Charakter seines Handelns frage und indem sie zweitens Dienst tue an den Opfern dieses Staatshandelns. Der junge Theologe ging noch weiter: Wenn der Staat in seiner Recht und Ordnung schaffenden Funktion völlig versage, »hemmungslos ein Zuviel oder Zuwenig an Ordnung und Recht« verwirkliche, dann war nach seiner Auffassung die Existenz des Staates und auch die Existenz der Kirche bedroht, dann hatte die Kirche als dritte Möglichkeit politischen Handelns, »nicht nur die Opfer unter dem Rad zu verbinden, sondern dem Rad selbst in die Speichen zu fallen«.[33] Ob diese letzte Situation gegeben sei, müsse ein evangelisches Konzil entscheiden. Nur wenige Jahre später nahm Bonhoeffer diese Frage auf sein eigenes Gewissen und schloß sich als einzelner aktiv dem politischen Widerstand aus christlicher Verantwortung an.

Im Frühjahr 1933 mochte die Kirche schon die erste Möglichkeit politischen Handelns, den Staat deutlich nach der Legitimität seines Vorgehens zu fragen, nicht wahrnehmen. Die Unklarheit der Debatte über den Arierparagraphen in der Kirche entsprach dieser Haltung. Die volksmissionarischen Rücksichten derer, die »Ja – aber« sagten, kapitulierten vor dem herrschenden Antisemitismus. Statt Anstoß zu nehmen, ein Ärgernis zu sein und dadurch anderen Orientierung zu bieten, paßten sie sich an. Die Judenfrage war daher in der Tat eine Schlüsselfrage, aber sie wurde in dieser Brisanz nur in Etappen erkannt. Erst mit der Durchsetzung des Arierparagraphen in der Kirche formierte sich gegen die DC eine innerkirchliche Opposition, die allmählich die Voraussetzungen zur Selbstbehauptung der evangelischen Kirche im »Dritten Reich« schuf, deren Wirkungskreis zunächst jedoch – bis auf wenige Ausnahmen – sehr beschränkt blieb.

Im katholischen Lager war die Ausgangssituation bei der Ernennung Hitlers zum Reichskanzler grundsätzlich anders. Die katholische Wählerschaft blieb noch am 5. März dem Zentrum und der BVP treu, und die Exkommunizierung der Nationalsozialisten durch die Bischöfe galt nach wie vor. Insofern waren die Fronten klar. Doch die antimarxistischen Aktivitäten der Regierung Hitler und ihre auffällig demonstrierte Bereitschaft, zu den christlichen Fundamenten zurückzukehren, verfehlten ihre Wirkung auch im

Katholizismus, bei den Bischöfen und beim Vatikan nicht. So sehr im übrigen das Zentrum und die BVP als »Verfassungsparteien« der Republik galten, schon seit Brüning hatten sie deutlich einen autoritären Kurs eingeschlagen. Hitlers antiparteienstaatlicher Antiparlamentarismus und seine ständestaatlichen Vorstellungen fanden daher kaum Widerspruch, sondern lösten eher Zustimmung aus. Daß die NS-Propaganda das Zentrum als »Systempartei« in einem Atemzug mit den »Novemberparteien« nannte, rief den nationalen Protest der Zentrumspolitiker hervor. In der Stunde der nationalen Wiedergeburt wollte der politische Katholizismus nicht wieder wie oft vor 1914 in die Ecke der »vaterlandslosen Gesellen« gedrängt werden. Darum distanzierte man sich von der »Novemberrepublik«. Gewiß war der Nationalismus im katholischen Volksteil nicht so völkisch und religiös aufgeladen wie in den evangelisch-lutherischen Kirchen, aber die Minderheitenposition der deutschen Katholiken, die knapp 30% der Reichsbevölkerung stellten, sowie die Kulturkampf-Erfahrungen aus der Bismarckzeit führten jetzt zu prononcierter Betonung der eigenen nationalen Zuverlässigkeit. Anpassung lag in der Luft.

Für Hitler stellte der universale Katholizismus ein Element der Unsicherheit und Unkontrollierbarkeit dar. Gerade deswegen sollte ihm an einem Frieden mit der katholischen Kirche liegen. Eine Absegnung durch Vatikan und Fuldaer Bischofskonferenz mußte seine Herrschaft im Innern stabilisieren und ihr nach innen und außen Prestige verschaffen. So kennzeichnet seine Politik gegenüber dem Katholizismus in den ersten Monaten nach dem 30. Januar eine Doppelstrategie des Friedensangebots bei gleichzeitiger Zurückdrängung der Kirche aus dem politischen Leben und Verfolgung ihrer Vorfeldorganisationen. Schon am 7. März, zwei Tage nach der Reichstagswahl, war sein Resümee im Kabinett, daß die Wähler von Zentrum und BVP »erst dann für die nationalen Parteien zu erobern [seien], wenn die Kurie die beiden Parteien fallenlasse«.[34]

Auf Ausschaltung und Gleichschaltung der katholischen Verbände zielte darum auch sein überraschendes Angebot an den Vatikan, ein Reichskonkordat zur umfassenden Regelung der Beziehungen zwischen katholischer Kirche und Staat abzuschließen. Er griff damit ein altes Ziel der Kirche auf, das jedoch im Reichstag der Republik nie durchsetzbar gewesen war. Die durch das Ermächtigungsgesetz von parlamentarischer Zustimmung zu internationalen Verträgen befreite Reichsregierung erschien daher dem Heiligen Stuhl als besonders attraktiver, weil abschlußfähiger Verhandlungspartner. Hitler machte außerdem, z.B. in der Konfessionsschulfrage, Angebote, die keine republikanische Regierung parlamentarisch überlebt hätte. Seine Gegenforderung war die Entpolitisierung des Klerus, d.h. der Rückzug der Kleriker aus den politischen Parteien und Parlamenten, sowie die Beschränkung der katholischen Verbände auf ausschließlich religiöse und karitative Zwecke. Praktisch verlangte er vom Vatikan die Opferung des Zentrums und der BVP.

In der historischen Forschung ist überaus umstritten, ob dieses Konkordatsangebot schon eine Ursache für die Zustimmung des Zentrums zum Ermächtigungsgesetz gewesen ist, ob insbesondere der Zentrumsvorsitzende Kaas im Wissen um das Konkordatsangebot und im Auftrag Roms für die Annahme des Ermächtigungsgesetzes innerhalb der Zentrumsfraktion plädierte, um damit das Reichskonkordat zu ermöglichen.[35] Bislang konnte eine derart direkte Kausalität durch die Akten nicht nachgewiesen werden. Es gibt jedoch genügend Zeugnisse dafür, daß ein Konkordatsangebot in der Luft lag. Für das konkrete Abstimmungsverhalten der Zentrumsabgeordneten hat aber vermutlich die Konkordatsfrage keine unmittelbar entscheidende Rolle gespielt. Für das Konkordat sprach, daß das Zentrum und die BVP als Instrumente zur Sicherung der Stellung der katholischen Kirche im Deutschen Reich plötzlich bedeutungslos geworden waren, da sie im Unterschied zu allen Jahren der Republik seit dem 5. März zur parlamentarischen Mehrheitsbildung nicht mehr benötigt wurden. Daher schien das Ausnutzen einer Konkordatschance für den Vatikan fast unverzichtbar. Ihn bestärkten seine guten Erfahrungen mit den Lateranverträgen, dem Konkordat mit dem faschistischen Italien, durch das man dort einen Friedensschluß mit dem italienischen Staat erreichte, der unter der Herrschaft des laizistischen Liberalismus nie zu erhalten gewesen war.

In Rom sah man, wie neue Dokumente ergeben haben, die Risiken des Konkordatsabschlusses durchaus. Zwar äußerte sich Papst Pius XI. ausdrücklich positiv über Hitlers Kampf gegen den Bolschewismus; trotzdem befürchtete eine Gruppe vatikanischer Diplomaten, daß den Nazis mit dem Konkordat nur ein Prestigegewinn verschafft werde; sie argumentierten, daß die »nationalsozialistischen Grundsätze eine völlige Verleugnung der katholischen

Idee bedeuteten« und sich die aufrechten deutschen Katholiken vom Vatikan verlassen fühlen müßten. Die Gegenfraktion meinte, man solle positive Schutzbestimmungen für die katholische Kirche in Deutschland aushandeln, auch wenn es hinterher zu einem scharfen Konflikt kommen werde; dann sei es wichtig, daß vorher versucht worden sei, eine friedliche Regelung der Dinge zu erreichen. Die Kompromißgruppe schließlich vertrat den Standpunkt, man dürfe Verhandlungen nicht ablehnen, müsse aber dabei deutlich machen, daß die Kirche die Grundsätze des Nationalsozialismus nicht anerkenne. Man gewinne auf diese Weise für eine mögliche Auseinandersetzung mit dem Nationalsozialismus auch das Druckmittel einer Vertragsaufkündigung, falls die Reichsregierung den Vertrag breche, womit man rechnete.[36]

Trotz dieser Skepsis ließ man sich in Rom von den Nationalsozialisten zeitlich drängen. So kam es schon Ende Juli 1933 zum Abschluß des Vertrages. Die Regierung Hitler erhielt den erwünschten und vorhergesehenen Prestigeerfolg. Das funktionslos gewordene Zentrum empfing den letzten Todesstoß. Zahlreiche politisch aktive Katholiken fühlten sich vom Vatikan verraten, während andere sich ermutigt und befreit sahen, nun der nationalen Regierung ihre volle Zustimmung und Unterstützung mit päpstlichem Segen zukommen lassen zu können.

Noch vor den Verhandlungen und dem Abschluß in Rom eröffnete sich jedoch dem NS-Regime ein anderer Zugang zum Katholizismus, als die Bischöfe für die Katholiken in Deutschland das Wort ergriffen. Durch ihre klare Absage an die nationalsozialistische Weltanschauung aus den Jahren 1931/32 war wesentlich dafür gesorgt, daß die Fronten klar blieben, obwohl dic NSDAP den kirchlich gebundenen katholischen Bevölkerungsgruppen sozial »benachbart« war. In nicht-katholischen Bereichen rekrutierte Hitlers Anhängerschaft sich vorzugsweise aus denselben Schichten des Kleinbürgertums, Mittelstands und der bäuerlichen Bevölkerung, die auch den Großteil der kirchlich gebundenen Katholiken stellten. Um so wichtiger war es für Hitler, diese Barriere zu überwinden.

Durch einen außerordentlich geschickten Schachzug brachte er den katholischen Episkopat in Zugzwang. Am »Tag von Potsdam« ließ er offiziell mitteilen, die katholischen Bischöfe hätten »Führer und Mitglieder der NSDAP als Abtrünnige der Kirchen bezeichnet, die nicht in den Genuß der Sakramente kommen dürften. Diese Erklärungen sind bis heute nicht widerrufen... Infolgedessen sah sich der Kanzler zu seinem Leidwesen nicht in der Lage, am katholischen Gottesdienst in Potsdam teilzunehmen.«[37] Nachdem der Kanzler dann noch zwei Tage später seine betont kirchenfreundliche Regierungserklärung abgegeben hatte, mußten die Bischöfe reagieren, obwohl von den Grundsätzen der NSDAP nichts zurückgenommen war. Nach eher kurzer, durchaus kontroverser Vorbereitung erschien daher am 28. März 1933 eine Kundgebung der Fuldaer Bischofskonferenz, die die faktische Aufhebung der früheren Verbote aussprach und der Regierung einen Vertrauensvorschuß gewährte. Aufgrund der Zusicherungen des »höchsten Vertreters der Reichsregierung, der zugleich autoritärer Führer« der NSDAP sei, formulierten die Bischöfe:

»Ohne die in unseren früheren Maßnahmen liegende Verurteilung bestimmter religiös sittlicher Irrtümer aufzuheben, glaubt daher der Episkopat das Vertrauen hegen zu können, daß die vorbezeichneten allgemeinen Verbote und Warnungen nicht mehr als notwendig betrachtet zu werden brauchen. Für die katholischen Christen, denen die Stimme ihrer Kirche heilig ist, bedarf es auch im gegenwärtigen Zeitpunkt keiner besonderen Mahnung zur Treue gegenüber der rechtmäßigen Obrigkeit und zur Erfüllung der staatsbürgerlichen Pflichten unter grundsätzlicher Ablehnung allen rechtswidrigen oder umstürzlerischen Verhaltens.«[38]

Diese Kundgebung wurde in der Öffentlichkeit trotz aller formulierten Vorbehalte als völliger Kurswechsel des Episkopates interpretiert und mußte auch so aufgefaßt werden. Man hatte Hitlers Friedensangebot akzeptiert und die »Front begradigt«. Ob auch hier schon das Konkordatsangebot, von dem zwar geredet wurde, das aber noch nicht auf dem Tisch lag, oder gar ein Wink aus Rom eine Rolle spielte, muß offenbleiben. Vieles spricht dafür, daß eher die allgemeine Stimmung im Katholizismus und die überall anzutreffende Differenzierung zwischen dem Staatsmann Hitler sowie dem neuen Staat einerseits und der NSDAP andererseits die Anpassung verursachten.

Wie man es in Rom vom Konkordatsabschluß erwartete, geschah es auch mit dieser und einer späteren Bischofserklärung: Politisch aktive, aufrechte Katholiken fühlten sich in ihrem Kampf gegen den Nazismus im Stich gelassen, verraten. Aufgrund dieser Tatsache ist mitunter rückblickend das Bild konstruiert worden, als sei im Gegensatz zur von unten aufgerollten evangelischen Kirche die katholische Kirche von ihren Führungsgremien an das »Dritte

Reich« ausgeliefert worden. So berechtigt die subjektive Erinnerung einzelner kampfwilliger Katholiken auch sein mag, die These vom »Führerverrat« ist – ähnlich wie im Streit um den richtigen Kurs der Sozialdemokratie – in dieser Form kaum haltbar. Nach Hitlers Amtsübernahme und seiner Regierungserklärung bröckelte die Basis ab. Die lehramtliche Abgrenzung wurde für viele Katholiken, insbesondere für Beamte, zu einer unbequemen Gewissenshinderung, beim Aufbruch der Nation dabei zu sein. Das Kirchenvolk geriet in Bewegung. Die Verdikte aufrechtzuhalten, hätte bedeutet, Ghettomauern zu errichten, hinter denen sich viele Mitglieder möglicherweise nicht hätten halten lassen. Die Sorge um die Zentrumsbeamten, denen man jetzt den Anschluß an die neue Bewegung bewilligte, und um die katholischen Vereine ließen die Kirche die Konfrontation abbauen, zumal Hitler so überraschende Angebote unterbreitete und man den Kampf gegen Marxismus und Gottlosigkeit gerne mittrug.

Der Sog des nationalen Aufbruchs war auch im Katholizismus spürbar. Ihm gaben die Bischöfe in ihrem Pfingst-Hirtenbrief vom 3. Juni 1933 Ausdruck. Sie begrüßten das »nationale Erwachen«, die »gesteigerte Liebe zum Vaterland« sowie die »starke Betonung der Autorität« und »die unnachgiebige Forderung der organischen Eingliederung der einzelnen und der Körperschaften in das Ganze des Staates« als positive Kennzeichen der neuen Zeit.[39] Auch diese Erklärung artikulierte Vorbehalte, denn natürlich sah man die z. T. gewalttätige Verfolgung einzelner aktiver Katholiken, die Unterdrückung der katholischen Vereine – besonders eklatant anläßlich des Deutschen Gesellentages der Kolpingvereine Anfang Juni 1933 in München. Mehrfach waren auch schon Priester verhaftet worden. Besorgt wurden diese Vorkommnisse registriert. Identifikationsvorgänge wie im protestantischen Bereich unter dem Motto: »Ein Führer, Ein Volk, Ein Staat, Eine Kirche« gab es im Katholizismus kaum, auch wenn prominente katholische Theologieprofessoren und Kleriker einen spezifisch katholischen Zugang zum Nationalsozialismus entdeckten.[40]

Trotz dieser Sorgen und Zwischenfälle hoffte man auf Kooperation und Einlenken in »ruhigere Bahnen«. Eine Konfrontation schien nicht angezeigt, konnte sie doch die Konkordatsverhandlungen gefährden. So entstand insgesamt eine im Ergebnis doch vergleichbare Haltung wie im protestantischen Lager, zwar defensiver, aber von ähnlicher Hoffnung und Zustimmung getragen, weil man dieselben Gegner zu haben glaubte. Daß diese Regierung nicht »umschmeißen« dürfe, nicht scheitern solle, war ein weitverbreitetes Motiv, das Hitlers Machtergreifung auch im katholisch-kirchlichen Bereich absichern half.

Die Gemeinsamkeit mit den Protestanten äußerte sich auch im Schweigen der offiziellen Kirche zur Judenverfolgung im März/April 1933. Auch katholische Laien und Priester forderten angesichts des Boykotts ein deutliches Wort ihrer Kirche. Kardinal Bertram, der Vorsitzende der Fuldaer Bischofskonferenz, holte daraufhin die Meinung aller Erzbischöfe ein, ob eine Intervention geboten sei. Er äußerte aber zugleich seine Bedenken gegen einen Protestschritt, weil es sich »um einen wirtschaftlichen Kampf in einem uns in kirchlicher Hinsicht nicht nahestehenden Interessentenkreis« handele, und der Episkopat ferner triftigen Grund habe, sich auf sein Arbeitsgebiet zu beschränken. Bertram unterließ auch nicht den Hinweis darauf, daß ein solcher Schritt nicht geheimbleiben und die »übelste Interpretation« finden werde und daß die »überwiegend in jüdischen Händen befindliche Presse gegenüber den Katholikenverfolgungen in verschiedenen Ländern durchaus Schweigen beobachtet« habe.[41]

Der offizielle Protest unterblieb, wobei die Furcht, daß aus dem Kampf gegen die Juden ein Kampf gegen die Katholiken werde, nicht gänzlich von der Hand zu weisen war. Völkische Kreise nannten Juden und Jesuiten gern in einem Atemzug. Als Kardinal Faulhaber Anfang April 1933 trotzdem gedrängt wurde, gegen den Judenhaß ein offizielles Wort der Kirche zu veröffentlichen, entgegnete er, das sei Sache jedes einzelnen Christen, für »die kirchlichen Oberbehörden« dagegen bestünden »weit wichtigere Gegenwartsfragen; denn Schule, Weiterbestand der katholischen Vereine, Sterilisierung sind für das Christentum in unserer Heimat noch wichtiger«.[42]

So unterblieb das entschiedene Bekenntnis, das von einzelnen Katholiken – ähnlich wie im evangelischen Raum – gefordert wurde, weil man sich auf die »Catholica« konzentrierte. Indem man im Bündnis mit dem Staat die eigenen Belange zu sichern suchte, nahm man gesamtgesellschaftliche und allgemeinpolitische Probleme nicht mehr wahr, zumal der Staat für seine wohlwollenden Konzessionen politische Neutralisierung verlangte. Der Trend, das eigene Refugium zu sichern, sich in ihm abzukapseln, war im Frühjahr 1933 vielerorts zu beobachten. Er mochte für jeden einzelnen ehrenhafte und politisch-taktische Motive haben, er offenbarte aber auch politische Blindheit und unpolitische Traditionen, kultivierte sich in ihm doch die Haltung, daß »Politik mich nichts angeht«. Die Kirchen hofften auf eine Hinwendung der Nation zu Gott. Die ersten Opfer des Nationalsozialismus blieben jedoch ohne Hilfe und Solidarität, weil die Nation und die Kirche sich von ihnen abwandten.

3. Deutscher Geist in Gefahr – Die Hochschulen und die Machtergreifung

Die deutschen Universitäten verharrten gegenüber der Weimarer Republik in einer distanzierten bis ablehnenden Haltung. Stimmungsberichte von damaligen Studenten wie auch Analysen von akademischen Festreden belegen gleichermaßen eine schwarzweiß-rote »Einfärbung«. Der demokratische Parteienstaat, in dem überdies die Arbeiterschaft eine führende Rolle spielte, widersprach dem Führungsanspruch deutscher Bildungseliten und ihren Vorstellungen von nationaler Einheit und Geschlossenheit. Die Kluft zwischen Hochschule und Republik wird durch eine kleine Episode aus dem Jahre 1922 treffend charakterisiert: Anläßlich einer akademischen Ehrung des Dichters Gerhart Hauptmann versuchte der vorgesehene Festredner, der Germanist Petersen, zu erwirken, daß Reichspräsident Ebert wieder ausgeladen würde, »da es der Universität nicht angenehm sei, wenn das republikanische Staatsoberhaupt bei ihr erschiene«. Als er damit keinen Erfolg hatte, bat Petersen, dann doch wenigstens Paul Löbe, den sozialdemokratischen Reichstagspräsidenten, an der Teilnahme zu hindern, denn gleich zwei Sozialdemokraten, das sei doch wohl zuviel.[43]

Trotz solcher weitverbreiteter akademischer Ressentiments gegenüber der Republik gilt es festzuhalten, daß die übergroße Mehrheit der deutschen Professoren auch dem Nationalsozialismus distanziert gegenüberstand. Professoren unter den NSDAP-Mitgliedern gab es vor 1933 wenige. Gleichwohl war ein subtiler Antisemitismus, der gerne zwischen Ost- und Westjuden unterschied und die geistige Elite des *deutschen* Judentums durchaus akzeptierte, weit verbreitet. Der sehr viel aggressivere Antisemitismus unter der Studentenschaft erschien von daher »nur« als jugendlich radikale Variante. Die großen Erfolge des »Nationalsozialistischen Deutschen Studentenbundes« (NSDStB) bei den Studentenwahlen 1929 – noch vor der Wirtschaftskrise – waren ein deutliches Warnsignal für die Republik – und ein Hoffnungszeichen für Adolf Hitler.[44]

Nach dem 30. Januar 1933 schlug der Mythos des Neuanfangs auch die Universitäten in ihren Bann. »Nirgends so auffallend wie in den deutschen Universitäten, die sich ihrer Autonomie immer besonders rühmten«, hat »die Selbstgleichschaltung mit dem terroristischen Aufbau der Diktatur Hitlers Schritt gehalten«, bilanziert Fritz Stern seine Analyse des »Nationalsozialismus als Versuchung«.[45] Als »Märzgefallene« und »Spätlese« stießen viele Professoren zur NSDAP. Die Stimmung des nationalen Aufbruchs und der großen Wende setzte sich in der Welt des Geistes, der Universitäten und Akademien, der Professoren und Literaten durch. Auch hier mischte sich oftmals Zustimmung mit Vorbehalten, Hoffnung mit Sorge; doch die Sehnsucht nach nationaler Wiedergeburt ließ das akademische Deutschland über die Unterdrükkung der organisierten Arbeiterschaft, über die Verfolgung der Juden und über die Verfemung Andersdenkender hinwegsehen, obwohl schon zahlreiche eigene renommierte Kollegen betroffen waren.

Der Mythos des nationalen Neuanfangs vermochte seine fatale Wirkung nur zu entfalten, weil er gerade in der akademischen Welt auf ein tiefverwurzeltes allgemeines Krisengefühl stieß. Ihr spezifisches, sehr subjektives Krisenbewußtsein machte die deutsche Bildungselite an den deutschen Universitäten anfällig für die Versprechungen eines »Dritten Reiches«. Diese Krise wurde nicht nur als politische Verfassungskrise oder als ökonomische Wirtschaftskrise aufgefaßt, deren Tiefpunkt ja 1933 schon überwunden war, sondern man suchte die eigentlichen Krisensymptome tiefer und umfassender in einer Krise der Kultur und des Geistes. Erst dieses Krisengefühl läßt rückblickend die Sehnsucht nach einem Neuanfang, die Suche nach neuen Wegen erklärbar werden. Zugleich enthüllen die Kategorien der Krisendiagnose und die Vorschläge zur Krisentherapie, wieso die deutschen Hochschulen nach dem 30. Januar sich so geräuschlos gleichschalteten.

Dem tiefempfundenen Krisenbewußtsein hatte 1932 der bedeutende Romanist Ernst Robert Curtius in einem »Mahn- und Weckruf an das deutsche Kulturgewissen« unter dem Titel *Deutscher*

Geist in Gefahr Ausdruck gegeben. Diese kleine Schrift lohnt eine nähere Betrachtung, macht sie doch – jenseits von terroristischer Gleichschaltung und opportunistischer Anpassung – verständlich, warum sich die deutschen Universitäten der nationalsozialistischen Machtergreifung ohne größere Gegenwehr ergaben.

Curtius sieht sich 1932 vor einem »Trümmerfeld«. »Wir sind im Begriff, alles zu liquidieren, was zwischen 1920 und 1930 mit dem Anspruch auf neue Geltung auftrat.« Das gelte für »die geistigen und künstlerischen Moden ... Expressionismus und Jazz, Schwarmgeisterei und neue Sachlichkeit« ebenso wie für die »Scheinlösungen« der Politik: »Reparationen oder ... Abrüstung«, »Planwirtschaft oder ... Reichsreform«, »parlamentarisches System oder ... deutsch-französische Beziehungen«. Curtius hofft: »Es muß besser werden, weil es nicht mehr schlechter werden kann.« Nur »im Glauben an Deutschland und im Glauben an den universalen Geist« sieht der Bonner Gelehrte eine Rettung aus der geistigen Krise. Den »incertitudes allemandes«, der vielbeachteten Schrift des französischen Essayisten Pierre Viénot, stellt er seine Überzeugung entgegen, »daß es auch heute noch – oder dürfen wir sagen: heute wieder? – Gewißheiten in Deutschland gibt«.[46] Die Rettung der deutschen Kultur – dessen ist sich Curtius gewiß – müsse darin bestehen, »daß wir die nationale und die humanistische Idee in ganz anderer und innigerer Weise verschmelzen, als uns dies bisher gelungen ist« (S. 30). Von dieser Position aus appelliert er an den Geist von 1914; alle Parteiwünsche seien »dem heiligen Gebot des nationalen Zusammenschlusses unterzuordnen« (S. 35). Die Demokratie habe enttäuscht; nun gelte es, »das Nationale und das Soziale mit eisernem Willen zusammenzubiegen« (S. 37).

Curtius ist kein Freund der NSDAP. Gegen den neuen Nationalismus, gegen das Gerede von der »Revolution von rechts« – wie sie in der rechtsintellektuellen Zeitschrift *Die Tat* damals proklamiert wurde – erhebt er den Vorwurf der Substanzlosigkeit und der Verabsolutierung der Bewegung als solcher, der Traditions- und der Geistlosigkeit. Für radikale Massen, »deren nationale Gesinnung auf die primitive Formel des Judenhasses und des Rassemythos gebracht werden kann« (S. 27), fehlt ihm jedes Verständnis. Der Romanist hält auch nichts von der Polemik gegen die »westlichen Ideen«. Antike, Christentum, Humanismus und Aufklärung gelten ihm als »Gemeinbesitz europäischer Erfahrung, denn nur aus eigener Substanz kann der deutsche Geist nicht leben« (S. 50). Die Geistfeindlichkeit des neuen Nationalismus könne nur zur Barbarei führen.

So wie Curtius den wahren deutschen Geist durch den revolutionären Nationalismus gefährdet sieht, bedrohe ihn auch »Destruktion und Zynismus« der modernen Wissenssoziologie, des »Soziologismus«, wie er besonders von jüdischen Intellektuellen vertreten werde, die sich nicht für »Assimilation« an ihre Wirtsvölker, sondern »zur Opposition gegen sie und ihre Werte« entschieden hätten. Ihnen wirft Curtius vor, sie zerstörten und politisierten das Bewußtsein der Nation und der Bildungseliten. In einer ausführlichen Polemik gegen Karl Mannheims 1929 veröffentlichtes Buch *Ideologie und Utopie* begründet er diese Vorwürfe. Mannheims dort entwickelter These von der »Situationsgebundenheit« allen Denkens und dessen je nur »partikularer Sicht« widerspricht Curtius energisch. Den »politischen Sinn« dieser These und »– unbewußten? – Impuls dieser Denkhaltung« sieht der klassische Geisteswissenschaftler in der »Zerstörung des Bestehenden, des Überlieferten, des Geglaubten und Geliebten« (S. 101). Hier sei der Nihilismus entwurzelter »submarxistischer« Intellektueller am Werk, der »jede Hingabe an ein Absolutes treffen will« (S. 93). Dem Satz Mannheims, daß es falsch sei, »die suchende Unruhe durch nicht mehr lebbare Absolutheiten zu verdecken, etwa Mythen zu wollen, ... idealistisch zu sein«, schleudert Curtius entgegen: »Wir hoffen, daß sich die deutsche Jugend – die *deutsche* Jugend – von keiner wissenschaftlichen Autorität den Sinn für Größe und Idealismus nehmen läßt.« (S. 95) »Gegen die Relativierung aller Gehalte auf die sozialökonomische Ebene«, gegen die Entlarvung alles Absolutheitsglaubens, der von Mannheim als status-quo-orientiert enthüllt wurde, postuliert Curtius eine Wiederbelebung des Humanismus sowie den »festen und ruhigen Glauben an Deutschland und deutsche Sendung«, ein »Treuegelöbnis zu unserem Volke, zu seinem Boden, seiner Sprache, seinem Reich«. Nur dieser Glaube könne »einen und Gemeinschaft bilden« (S. 131).

Curtius' Schrift suggeriert, die Rückkehr zum klassischen Humanismus könne die diagnostizierte Katastrophe verhindern; insofern ist sie ein Dokument des »unpolitischen« Führungsanspruchs der deutschen Bildungseliten. Aber die Abstraktheit seiner humanistischen Ideale und die Konkretheit seiner Polemik gegen die ideologiekritische Wissenssoziologie ließen Curtius im politischen Bereich notwendig auch die Interessengebundenheit der Alltagspolitik im Zeitalter der Massen und Maschinen gegenüber einem hehren Staatsideal in Mißkredit bringen. Dem Prozeß gesellschaftlicher Rationalisierung und zunehmender Komplexität stand Curtius ebenso ablehnend gegenüber, wie sich seine Sehnsucht nach Gewißheit und Glaubensbereitschaft gegen intellektuellen Positivismus und Skeptizismus wehrte. Die Politisierung der Gesellschaft erschien ihm als schlimme Folge der Demokratie, die mit Massenbildung eine Senkung des geistigen Niveaus gebracht habe. Der Appell an die patriotische Gemeinsamkeit geriet so nicht nur zur Absage an Parlamentarismus und Parteienstaat, sondern verstellte auch den Blick auf die Realität und die strukturellen Bedingungen innergesellschaftlicher Konflikte. In welchen Formen und Institutionen diese Konflikte geregelt werden könnten, diese Frage wurde erst gar nicht aufgeworfen. In solche Niederungen begab sich der deutsche Geist nicht. Dadurch verfiel er der ganz anderen Gefahr, Hitler und den Nationalsozialismus nicht nur mißzuverstehen, sondern ihm auch sprachlich die Stichworte zu liefern. Hier wurde nicht gezweifelt, sondern entschieden, gehandelt und geglaubt, und dieses als Recht der Jugend reklamiert.

Zwar finden sich bei Curtius eindrucksvolle Formulierungen gegen die Geistlosigkeit und den puren Irrationalismus des neuen Nationalismus, doch dessen propagandistischem Trommelfeuer hatte er nichts entgegenzusetzen; er lieferte ihm eher Bilder und Begriffe. Sein subtiler Antisemitismus verstärkte weitaus gröbere Vorurteile, statt ihnen entgegenzutreten. Die Wahlerfolge des NS-Studentenbundes[47] kamen darum nicht von ungefähr. Die Hilflosigkeit deutscher Universitätsprofessoren gegenüber den brutalen Störungen des akademischen Betriebes, wie sie in den Jahren 1930 bis 1932 vorkamen, bestätigt diese Interpretation. Als im Oktober 1932 im Hochschulverband gefordert wurde, die NS-Rowdies unter den Studenten von den Universitäten zu relegieren, verhinderte der bedeutende Pädagoge und Philosoph Eduard Spranger die Annahme eines entsprechenden Antrages, weil er – wie er 1955 schrieb – »die Bewegung der nationalen Studenten noch im Kern für echt, nur in der Form für undiszipliniert hielt. Auch hätte es eine sehr schädliche Wirkung für die Hochschule gehabt, wenn sie sich zu der nationalen Welle, die damals noch viel Gesundes mit sich führte und mit heißen Erwartungen begrüßt wurde, nur schulmeisterlich geäußert hätte.«[48] Wie die Juristen damals die formale Legalität gegenüber der inhaltlichen Legitimität abwerteten, spielte hier der Philosoph den »echten« Inhalt gegen die »undisziplinierte« Form aus, und diese Variante der Theorie von Form und Inhalt begünstigte, ob gewollt oder unfreiwillig, die Nationalsozialisten. Der Gedanke, daß Form und Inhalt ebenso wenig getrennt werden dürfen wie Legalität und Legitimität, ging verloren. In der Krise schien der Zweck alle Mittel zu heiligen; diese Auffassung erst brachte den deutschen Geist in wirkliche Gefahr.

Nach dem 30. Januar 1933 schien der Weg aus der Krise gebahnt. Schon Anfang März gab es einen ersten Wahlaufruf zahlreicher Hochschullehrer für die NSDAP: »Die deutsche Geisteswelt für Liste 1.« Nur wenige prominente Köpfe hatten aber hier unterschrieben. Die Probe kam erst mit dem »Gesetz zur Wiederherstellung des Berufsbeamtentums«, das noch im April 1933 zahlreiche politisch profilierte, der SPD oder den Linksliberalen nahestehende Professoren und vor allem – zahlreicher noch – jüdische Gelehrte aus den Universitäten vertrieb. Parallel dazu agierte die Deutsche Studentenschaft für eine umfassende Säuberung der Bibliotheken und des Vorlesungsbetriebes vom »undeutschen Geist«. Schon existierten Listen von Veröffentlichungen unliebsamer wissenschaftlicher Autoren und schöngeistiger oder politischer Literaten, deren Werke wenig später aus den Bibliotheken und Seminaren verbannt und am 10. Mai »den Flammen überantwortet« werden sollten.[49] Der weltberühmte Dirigent des Leipziger Gewandhausorchesters, Bruno Walter, mußte ein Konzert in Berlin absagen, weil organisierter Volkszorn seinen Auftritt nicht ertragen zu können vorgab. Wilhelm Furtwängler protestierte zwar gegen diese Form des Antisemitismus, weil er »nur *einen* Trennungsstrich ..., den zwischen guter und schlechter Kunst« anerkennen könne.[50] Ein offizieller Protest universitärer Gremien oder von Professorenverbänden unterblieb jedoch. Nur in äußerst verklausulierter Form versuchte der Vorstand des Hochschulverbandes am 21. April in seine allgemeine Zustimmungserklärung einige Vorbehalte aufzunehmen. Auf Vorschlag Sprangers veröffentlichte er folgende Erklärung:

»Die Wiedergeburt des Deutschen Volkes und der Aufstieg des neuen Deutschen Reiches bedeutet für die Hochschulen unseres Vaterlandes Erfüllung ihrer Sehnsucht und Bestätigung ihrer stets glühend empfundenen Hoffnungen. Wie sie das Reich Bismarcks im geistigen Sinne mitbegründet, es im Weltkrieg und gegen undeutsche Bedrohung der Nachkriegszeit verteidigt haben, so folgen jetzt ihre Professoren und Studenten den Führern, die der ehrwürdige Herr Reichspräsident eingesetzt hat, mit Vertrauen und Begeisterung... Freiheit der Forschung verstehen wir nicht als Heimatlosigkeit des Geistes und als wertblinden Relativismus, sondern als eine Darstellung der uralten deutschen Geistesfreiheit, die aus sittlicher Verantwortung vor der Wahrheit an der Welt der deutschen Wissenschaft weiterbaut. Für die Freiheit der Überzeugung, soweit sie aus deutschem Wesen entspringt, werden wir wie bisher mit Festigkeit eintreten. Unechte Gesinnung, blindes Mitlaufen, leere Schlagworte sind undeutsch... Deutsche Art und deutsches Recht, Selbstzucht und Dienst, Freiheit durch Gehorsam, Führung durch Geist und Idee sind unsere sittlichen Leitsterne.«[51]

Sprangers Kritik an den »undisziplinierten« Formen der NS-Studentenschaft war hier wieder aufgenommen worden. Darin erkannte man durchaus eine Gefahr für den deutschen Geist. Aber Spranger wollte seine Kritik – vergleichbar der Haltung der Kirchen – auf die hochschulinterne Auseinandersetzung mit der Studentenschaft und deren denunziatorischem Vorgehen beschränkt wissen. Der Gesamttenor der Erklärung war überdies so »deutsch« formuliert, daß eine grundsätzliche Absage an die antisemitische Säuberung der Universitäten – Mannheim gehörte zur ersten Gruppe der bereits am 13. April 1933 beurlaubten Professoren – kaum aus diesem Votum herausgehört werden konnte. Der nach wie vor proklamierte Anspruch auf »Führung durch Geist und Idee« blieb dagegen blaß, stieß aber trotzdem auf heftigen Protest der Deutschen Studentenschaft, die sich angegriffen fühlte. Auch verschiedene Universitätsrektoren, allen voran der Freiburger Rektor Heidegger, distanzierten sich von dieser kritischen Tendenz der Erklärung des Hochschulverbands. Ein geplanter und erbetener Empfang seines Vorstandes bei Hitler wurde so lange verzögert, bis auf dem Hochschultag in Erfurt am 1. Juni 1933 ein neuer willfähriger Vorstand gewählt und damit die Selbstgleichschaltung vollendet wurde.

Zuvor brachte jedoch der 10. Mai 1933 auf beklemmende Weise zu Bewußtsein, in welch große Gefahr der deutsche Geist geraten war. Auf Initiative der Deutschen Studentenschaft, die offensichtlich mit ihren Aktivitäten den »Nationalsozialistischen Deutschen Studentenbund« übertreffen wollte, wurden in allen deutschen Universitätsstädten öffentliche Bücherverbrennungen des »undeutschen Schrifttums« organisiert. Was auf der gesamtstaatlichen

Ebene der »Tag von Potsdam« versinnbildlicht hatte, was im Bereich der Wirtschafts- und Sozialordnung mit dem »Tag der Arbeit« am 1. Mai festlich als Demonstration der nationalen »Volksgemeinschaft« begangen worden war, sollte durch die Bücherverbrennungen nun auch im Hochschulbereich symbolisiert werden. Nach festgelegtem Ritual und mit vorformulierten »Feuersprüchen« übergab man »gegen Klassenkampf und Materialismus« die Schriften von Marx und Kautsky den Flammen; »gegen Dekadenz und moralischen Verfall! Für Zucht und Sitte« folgten die Werke von Heinrich Mann, Ernst Glaeser und Erich Kästner; »gegen literarischen Verrat am Soldaten des Weltkriegs« überlieferte man Erich Maria Remarques Roman den Flammen; »gegen Frechheit und Anmaßung für Achtung und Ehrfurcht vor dem unsterblichen deutschen Volksgeist« sollte das Feuer die Schriften von Tucholsky und Ossietzky vernichten.[52]

Musikkapellen, Studentenverbindungen in vollem Wichs, uniformierte SA-Verbände und Fackelträger gaben der Aktion Prozessionscharakter. Das quasi-liturgische Ritual ließ die Bücherverbrennung zu einem pseudo-religiösen Akt werden. Nicht zufällig tauchte bei Akteuren und Beobachtern der Begriff »Autodafé« aus der Sprache der spanischen Inquisition und Ketzerverbrennung auf. »Autodafé« bedeutet »Akt des Glaubens« und bezeichnete feierliche, oft mit großem Pomp zelebrierte Handlungen, die als rituelle Manifestationen des rechten Glaubens verstanden wurden.[53] Durch die Ausmerzung aller wissenschaftlichen und literarischen Werke, die als »undeutsch« galten, sollte der wahre deutsche Geist wiedergeboren werden. Zu diesem Glauben sollte man sich bekennen, und viele waren bereit, dieses zu tun, weil sie glauben wollten.

Bedeutende Gelehrte rechtfertigten mit akademischen Reden zuvor oder mit »Weiheansprachen« am Feuer die Aktionen, an denen sich jeweils die gesamte Universität offiziell beteiligte. Der Bonner Germanist Naumann stellte Gründe und Ziele klar: »Wir schütteln eine Fremdherrschaft ab, wir heben eine Besetzung auf. Von einer Besetzung des deutschen Geistes wollen wir uns befreien.« Und wieder taucht auch hier das Argument vom Hobel und den Spänen auf: »Wo Not an den Mann geht und Gefahr in Verzug ist, muß gehandelt werden ohn allzu großes Bedenken. Fliegt ein Buch heute nacht zu viel ins Feuer, so schadet das nicht so sehr, wie wenn eines zu wenig in die Flammen flöge.« Das Feuer als Symbol solle auch die eigenen Herzen läutern, forderte Naumann; von artfremdem Zivilisationsliteratentum und kalter Verstandesklügelei gelte es sich abzuwenden und zurückzukehren zu den irrationalen Tiefen der deutschen Kunst, zu Parzival und Faust.[54]

Naumann stand mit diesen Ausführungen keineswegs allein. Auch andernorts wurden – vorwiegend von Germanisten – vergleichbare Ansprachen gehalten. Die berufenen Wächter des deutschen Geistes gaben sich der Stimmung des nationalen Aufbruchs hin. Sie fielen der NS-Propaganda von der nationalen Wiedergeburt zum Opfer, aber sie legitimierten sie zugleich. Letztlich bestätigte am 10. Mai der Bonner Germanist Naumann nur, wie extrem anfällig die Krisenanalyse des Bonner Romanisten Curtius von 1932 gewesen war, denn in Sprache und Stoßrichtung unterschieden sich die beiden Texte kaum; es lag ihnen prinzipiell die gleiche Haltung zugrunde. Was Curtius noch differenziert dargelegt hatte, wurde nun vergröbert ausgesprochen. Diese Kontinuität über die Zäsur des 30. Januar hinweg gilt es sorgfältig zu beachten. Die Ereignisse nach der Machtergreifung waren schon vorher angelegt. Der Weg von Curtius zu Naumann steht hier nur als ein Beispiel. Er ist für viele wissenschaftliche Einzeldisziplinen aufgewiesen worden. Oft war nur eine leichte Umakzentuierung oder einseitige Steigerung nötig, um die Wissenschaftler von ihrer Disziplin und deren üblicher Begrifflichkeit her für das »Dritte Reich« anfällig zu machen.[55]

Die Retter des deutschen Geistes opferten eben diesen Geist, als sie ihn durch eine zwar entschiedene, aber barbarische Kulthandlung zu retten und zu läutern meinten. Gewiß war die Bücherverbrennung nicht universitärer Initiative zuzuschreiben. Aber die Hochschullehrerschaft tat nichts, um sich zu distanzieren. Niemand zwang Naumann oder seine renommierten Kollegen, das Wort zu ergreifen. Sie redeten freiwillig. Das geschah weniger aus Opportunismus, sondern eher als Akt des Bekenntnisses ihres »Glaubens an Deutschland« und an dessen »Sendung«. Diese Redner waren kaum fanatische Nationalsozialisten. Wenn Curtius oder Spranger die Führung durch den Geist beanspruchten, intellektuelle Zucht und Disziplin sowie echte Dienstbereitschaft für das Ganze einforderten und sich gegen falsche Politisierung wehrten, wandten sie sich damit gegen den blinden Aktionismus und die geistlose Brutalität der NSDAP. Das lag auf derselben Linie wie der christliche Appell von Dibelius an den das Schwert führenden Staat, Willkür und Rachsucht zu unterdrücken und bald zu Gerechtigkeit und Versöhnung zurückzukehren. Und wenn Weizsäcker auf die stille »konstruktive« Phase der Revolution als Stunde der Beamten hoffte, träumte er denselben Traum.

Für alle stand zunächst einmal die »Wende« als positiv befreiender Schritt außer Frage. Hier wurde Bewegung versprochen, konnte »Neues« geschehen. Darum investierte man Hoffnungen. Deshalb durfte die Regierung nicht »umschmeißen«, sollte es kein Zurück geben, denn wenn der jetzige Kampf mißglücke, werde »das Ende der weißen Welt, das Chaos oder der Termitenplanet« die Folge sein, formulierte der prominente Germanist Bertram am 3. Mai 1933. Mit solch einer Haltung trugen diese Eliten zur Ermöglichung von Hitlers Machtergreifung bei. An diesen Hoffnungen und Illusionen in Verwaltung und Justiz, in Kirchen und Hochschulen wird ferner deutlich, daß Hitlers Wahlsiege nicht nur als Produkt raffinierter Propaganda und der Verführung der breiten Wählermassen interpretiert werden dürfen. Sie wurden nur möglich, weil die Oberschicht selber ohne klare politische Orientierung war und darum die Durchschnittswähler desorientiert ließ. Die Stabilität des katholischen und des sozialistischen Lagers bis 1933 bestätigt die Bedeutung der Multiplikatoren und »Meinungsführer« und läßt erahnen, welche Relevanz die Schwenkung des Episkopats im Frühjahr 1933 hatte.

Natürlich kann man darüber nur spekulieren, was geschehen wäre, wenn die Kirchenführer und hohen Richter, wenn Universitätsprofessoren und Spitzenbeamte sich öffentlich von Hitler und den Methoden seiner Machtergreifung distanziert hätten. Zu denken gibt hier Adenauers briefliche Bemerkung aus dem Jahre 1946: »Das deutsche Volk ... hat sich fast widerstandslos, ja zum Teil mit Begeisterung ... gleichschalten lassen ... Ich glaube, daß, wenn die Bischöfe alle miteinander an einem bestimmten Tag öffentlich von den Kanzeln dagegen Stellung genommen hätten, sie vieles hätten verhüten können.«[56] Die mutigen Predigten des Grafen Galen mit ihrer eindeutigen Verurteilung der Tötung »lebensunwerten Lebens« stützen diese These Adenauers. Sie hatten 1941 Erfolg. Angesichts der öffentlichen Unruhe ließ Hitler die Tötungsaktion abbrechen. Wenn das in den ersten Kriegsjahren möglich war, hätten solche klaren Worte in der offeneren Situation des Frühjahrs 1933 noch größere Wirkung zeitigen können. Doch daß die Situation Protest und Konfrontation forderte, wurde nicht erkannt; der Rausch des Aufbruchs riß alle mit sich fort.

Dieses festzustellen gibt weder Anlaß noch Anrecht, die Kurzsichtigkeit der damaligen Elite vorschnell moralisch zu verurteilen. Natürlich gab es in dieser Umbruchphase auch viel moralisches Versagen und Opportunismus. Jedes politische System und insbesondere jede »Wende« erzeugt ihren Opportunismus zur Sicherung des alltäglichen Erfolges. Darum ist Opportunismus als erklärender Faktor im Prinzip uninteressant. Mit Bedacht ist deshalb in diesem Kapitel besonders denjenigen Gruppen der kirchlichen und bürgerlichen Oberschicht Aufmerksamkeit geschenkt worden, denen platte Anpassung nicht vorgehalten werden darf. Männer vom Schlage eines Dibelius oder Weizsäcker, Spranger oder Curtius waren alles andere als Karrieristen. Sie fühlten und handelten als aufrechte Patrioten. Deshalb erzielten sie in ihrem Umfeld Wirkung. Viele von ihnen stimmten 1933 dem Nationalsozialismus aus denselben Motiven zu, aus denen sie später, nach z.T. schmerzhaften Lernprozessen, zum aktiven Widerstand gegen Hitler fanden.

Was sich im Zeichen des nationalen Aufbruchs 1933 in diesen Kreisen abspielte, sollte man weniger als moralisch zurechenbares individuelles Fehlverhalten betrachten, vielmehr muß es als kognitive Katastrophe begriffen werden. Ihre langfristigen Ursachen und situationsspezifischen Entstehungs- und Wirkungsbedingungen sind das eigentlich erklärungsbedürftige Phänomen. Darum soll an dieser Stelle – über die bei der Einzeldarstellung schon gegebene Interpretation hinaus – versucht werden, die Sogwirkung der Stimmung des nationalen Aufbruchs gerade im deutschen Bildungsbürgertum, in Kirche und Hochschule, in Justiz und Verwaltung zusammenfassend auf den Begriff zu bringen. Da dieser Sog zugleich auch immer die Abwendung von der liberalen Demokratie bedeutete, lohnt sich ein Nachdenken über diese Phänomene um so mehr.

Trotz aller Skepsis gegen vereinfachende Formeln läßt sich unter sechs Aspekten fassen, was das Verhalten der hier interessierenden gesellschaftlichen Eliten im Frühjahr 1933 bestimmte und ihre selektive Wahrnehmung der Situation verursachte.

Erstens: Aus allen einschlägigen, auch den kirchlichen Dokumenten spricht ein eigentümlich *gekränkter Nationalismus*, der die Ursachen des Ersten Weltkrieges und der Niederlage höchst einseitig interpretierte und im Versailler Vertrag nur den Versuch sah,

Deutschland seinen angestammten Platz in Europa und seine Führungsrolle in Mitteleuropa vorzuenthalten. Dem Ziel der Wiedererringung nationaler Größe wurden alle anderen politischen Ziele untergeordnet. In der Tradition des deutschen Machtstaatsgedankens, der Deutschland durch Blut und Eisen geschaffen sah, optierte dieser Nationalismus eher für eine konfliktorische denn kooperative Revisionspolitik. Die rigiden Bestimmungen des Versailler Vertrages mit dem Kriegsschuldartikel und den langfristigen Reparationsforderungen sowie die nur mühsam erreichten kleinen Revisionserfolge der Weimarer Außenpolitik gaben diesem Nationalismus stets neue Nahrung und Bestätigung. Sie sicherten einer aggressiven Außenpolitik gegen das »System von Versailles« die innere Zustimmung. Versailles wurde insofern für die Weimarer Republik weniger wegen seiner konkreten Bestimmungen, sondern wegen seiner sozialpsychologischen Wirkungen auf ein verletztes Nationalgefühl zu einer schweren Belastung. Diese negative Wirkung wurde verstärkt, da der hohe moralische Eigenanspruch des Vertrags – Verknüpfung mit dem Völkerbund und allgemeiner Abrüstung, Appell an das Selbstbestimmungsrecht der Völker – dem Verlierer Deutschland gegenüber nicht zur Geltung gebracht wurde.

Zweitens: Die nach Versailles sich bestätigende Lehre vom Primat der Außenpolitik führte in dieser Situation zu einem eigenartig *verkürzten Politikverständnis.* Politik – von Carl Schmitt damals als Bestimmung des Freund-Feind-Verhältnisses definiert – regelte den Lebenskampf unter den Nationen als existentiellen Konflikt. Wenn die eigentliche Aufgabe der Staatsführung war, die Selbstbehauptung der Nation in diesem Kampf zu sichern, galt im Innern das absolute Gebot der Geschlossenheit. Die zahllosen Berufungen auf den Geist des August 1914, die während der Machtergreifungsphase in gleicher Weise Pastoren und Professoren über die Lippen gingen, gehören ebenso hierher wie die nahezu geschlossene Front gegen die ausländische »Greuelhetze« und die Aggressivität gegen »Nestbeschmutzer« im März/April 1933. Dem außenpolitisch verkürzten, kampfbetonten Politikbegriff entsprach daher im Innern eine Beamten- und Richtermentalität, eine Obrigkeitstheologie und Wissenschaftsgläubigkeit, die Politik entweder in von oben gesteuerte, sachgerechte Verwaltung und Fürsorge und unpolitische Justiz auflöste oder innenpolitische Gegensätze in außenpolitische umdefinierte sowie aus dem innenpolitischen Gegner den Feind, den »vaterlandslosen Gesellen« machte.

Drittens: Die seit der Mitte der zwanziger Jahre sich durchsetzende Außensteuerung der KPD durch Moskau lieferte einer solchen Übertragung außenpolitischer Fronten nach innen eine Quasi-Rechtfertigung. Der *undifferenzierte Antimarxismus,* der SPD und KPD gleichsetzte, beide des Internationalismus und Pazifismus bezichtigte und sie mit der Dolchstoßlegende für die Niederlage im Weltkrieg verantwortlich machte, legitimierte im Interesse des außenpolitischen Wiederaufstiegs die Ausschaltung des Marxismus als eine nationale Notwendigkeit und opferte 1933 den Rechtsstaat für Hitlers Vernichtungsfeldzug gegen die Kräfte des Marxismus. Da die Freidenkerbewegung, der Republikanische Richterbund oder die Wissenssoziologie als bereichsspezifische Varianten der marxistischen Bedrohung gegen die Fundamente der christlich-nationalen Rechts- und Volkskultur begriffen und – wie der Republikanische Richterbund im Nachruf seiner »Kollegen« – moralisch abqualifiziert wurden, sah man in ihrer Unterdrückung keinen Angriff auf die Wissenschafts- oder Religions- und Gewissensfreiheit sowie Rechtsgleichheit. Wenn Naumann in genau diesem Zusammenhang von abzuschüttelnder »Besetzung« sprach, werden die quasi-außenpolitischen Kategorien dieser Betrachtungsweise überdeutlich.

Viertens: Dem undifferenzierten Antimarxismus entsprach ein *haltlos differenzierender Antisemitismus,* der in der gesamten Oberschicht spürbar war. Er distanzierte sich zwar von Brutalität und primitivem Rassismus, differenzierte auch zwischen Judenchristen und emanzipiert zersetzenden Aufklärungsjuden oder zwischen assimiliertem »signorilem Westjudentum und unterdrücktem Ostjudentum« (Curtius), vereinnahmte wohl auch den Stardirigenten Bruno Walter, wehrte sich aber zugleich gegen »Überflutung und Überfremdung«. Die Haltlosigkeit dieser Differenzierungen erwies sich an der Bedenkenlosigkeit, mit der man »Unbegriffe« wie »arische Rasse« übernahm und sich auf eine rassistische Argumentation einließ. Neid und Mißgunst, traditionelle Vorurteile und die Gleichsetzung der Juden mit dem Typ des emanzipierten jüdischen Intellektuellen, der als das Ferment der Dekomposition identifiziert wurde, lieferten den Nährboden dieses Antisemitismus, der durch die führende Rolle der Juden in »linken Wissenschaften«, wie Soziologie oder Psychologie, in »linken« Parteien und »linken« Presseorganen und Kulturinstitutionen seine scheinbare Bestätigung fand. Nicht zufällig beschimpfte man die Weimarer Republik als »Judenrepublik«. Antimarxismus, Antisemitismus und Antirepublikanismus verbanden sich. Unter dem Druck des NS-Aktivismus zu Konsequenz und Entscheidung gezwungen, wurden freilich die feinen Differenzierungen schnell fallengelassen, wurde auch die deutsch-jüdische Geistesblüte auf dem Altar nationaler Geschlossenheit geopfert. Politische Solidarität erschien fehl am Platze. Professoren entzogen ihren Kollegen die Unterstützung, Reichsgerichtspräsident Bumke entfernte ohne Zwang im Reichsgericht das Bild des Präsidenten Simon, eines führenden Liberalen von 1848, und Theologen empfahlen ihren nichtarischen Mitchristen Zurückhaltung aus volksmissionarischen Motiven.

Fünftens: Alle Stellungnahmen durchzieht eine Ablehnung von Parteienstaat und Parlamentarismus. Diese Haltung reflektierte und reproduzierte die offenkundigen Mängel des Weimarer politischen Systems. Letztlich offenbarten die nationalkonservativen Eliten hier ihre *mißtrauischen Zweifel an der Fähigkeit der Deutschen, den nationalen Zusammenhalt zu wahren.* Zufrieden resümierte am Jahresende 1933 der Historiker Hermann Oncken, der dem Nationalsozialismus betont skeptisch und ablehnend gegenüberstand, daß »das zur Einheit des deutschen Volkes eingeschlagene Tempo« stärker geworden sei und daß sowohl Konfession [!] wie Einzelstaaten »glücklich aus der politischen Willensbildung ausgeschieden« seien.[57] Gleichschaltung von Ländern und Gemeinden erschien als historische Überwindung des deutschen Partikularismus. Politische, konfessionelle und rassische Minderheiten gerieten unter erhöhten Anpassungsdruck, wollten sie nicht aus dem nationalen Konsens ausgegrenzt werden. Das Verhalten der katholischen Kirche, aber auch weiter Teile der Gewerkschaften im Frühjahr 1933 erklärt sich aus einem Mechanismus, der den Vorwurf mangelnder nationaler Loyalität vorbeugend auszuräumen suchte. Auf der anderen Seite ließ das herrschende Unsicherheitsgefühl – noch dazu in Zeiten erhöhter außenpolitischer Anforderungen – im Interesse der Sicherung von Homogenität zu obrigkeitlichen Steuerungsregeln greifen; selbst der gleiche Rechtsschutz für alle Bürger geriet in Gefahr, obwohl »equal protection of the law« – wie der amerikanische Verfassungsrichter William Douglas formulierte – »der wichtigste Einzelsatz [ist], den eine Nation als ihr Ideal verfolgen kann. Ihn zu verfolgen heißt jeder

Minderheit das Bewußtsein der Zugehörigkeit zu geben. Wo dieses Bewußtsein geschaffen ist, dort ist Loyalität und Hingabe, die allen politischen Spannungen gewachsen ist.«[58] Zu solchen Thesen mochten sich die obrigkeitlich orientierten nationalen Eliten in Deutschland nicht bekennen. Sie glaubten, gleiche Rechte, freie innergesellschaftliche Konfliktaustragung und Konfliktregelung in einem pluralistischen Willensbildungsprozeß vor allem in der Krise nicht zulassen zu dürfen, weil dadurch die Einheit der Nation gefährdet würde. Hier traf sich der elitäre Führungsanspruch der Beamten mit der Obrigkeitstheologie deutscher Lutheraner und dem autoritär hierarchischen Denken im Katholizismus sowie der elitären Geistigkeit unpolitisch-politischer Professoren.

Sechstens: Fraglos verbarg sich hinter diesem Harmoniebedürfnis und überzogenen Homogenitätsanspruch an den nationalen Konsens eine gehörige Portion *Antimodernismus aus Statusfurcht*, weil der durch die Republik offenbar gewordene Prozeß der Modernisierung, Liberalisierung und Demokratisierung von Staat und Gesellschaft die überkommenen Privilegien bedrohte. Die der Verbindung von Thron und Altar beraubte Kirche sah sich mit einer weltanschaulich neutralen pluralistischen Demokratie konfrontiert und von Entkirchlichung bedroht. Beamte und Richter fühlten sich Parteipolitikern untergeordnet, und der »deutsche Geist« wurde in seiner Funktion als »Seelsorger der Nation« einer ideologiekritischen Analyse unterzogen, durch neu aufkommende Wirklichkeitswissenschaften herausgefordert und durch Massenbildung in seiner Exklusivität getroffen.

Es wäre unhistorisch, allein mit diesen relativ stabilen Einstellungsmustern Hitlers Machtergreifung erklären zu wollen. Galten doch diese Haltungen nur in einem – wenn auch dominanten – Sektor der insgesamt fragmentierten deutschen politischen Kultur. Um politische Wirksamkeit entfalten zu können, bedurfte es einer spezifischen Konstellation. Die politische und wirtschaftliche Krise Anfang der dreißiger Jahre ist hier ebenso zu bedenken wie die Position der wirtschaftlichen Führungseliten. Daß sich diese aufgrund ihrer konkreten Interessenlage nicht einer Regierung widersetzten, welche die Gewerkschaften ausschaltete und für Wiederaufrüstung und Straßenbau eine Staatskonjunktur in Aussicht stellte, ist ebenso erklärlich wie das Verhalten der Reichswehr, die Hitlers Kanzlerschaft und seinen außen- und wehrpolitischen Kurs unterstützte, zumal dieser das Militär von der Lösung innenpolitischer Konflikte und der Konkurrenz der SA zu befreien versprach.

Erst unter diesen konkreten Bedingungen kam jenen oben skizzierten Vorstellungskomplexen politisch verhängnisvolle Wirksamkeit zu. Der außenpolitisch verkürzte Politikbegriff, der den Krieg als »Normalinstitution« der Politik ansah, machte durch seine polarisierende Übertragung auf die innenpolitischen Auseinandersetzungen unsensibel gegenüber den massiven Rechtsbrüchen brutaler Machtpolitiker, die man zudem noch zähmen und lenken zu können meinte. Ein sich solcherart überschätzender Führungsanspruch und eine orientierungslos gewordene politische Ethik der Kirchen konnten – zauberlehrlingsgleich – die Instrumente und Partner, die man gerufen hatte, nicht mehr bändigen. Intensive Lektüre von Hitlers *Mein Kampf* hätte vor diesem Irrtum kaum bewahren können, da programmatische Endzielaussagen im Konkurrenzkampf der Parteien um der öffentlichen Aufmerksamkeit willen immer eher radikal formuliert werden und darum reduzierende Interpretationen legitim erscheinen lassen. Die Vermutung, Hitler sei zu steuern und zu mäßigen, seine Ziele könne man den eigenen Vorstellungen anpassen, war zwar irrig, aber so lange akzeptabel, wie man auf zivilisierten Formen politischer Auseinandersetzung bestand und diese durchzusetzen gewillt war. Daß gerade das nicht geschah, darin liegt die eigentliche Schwäche der Position dieser Eliten in ihrer besonderen Verantwortung für die politische Kultur in Deutschland. Die Nichtbeachtung von Formen, ihre Verachtung als »bloß formal« und »unentschieden« sowie ein politischer Stil, der Bekenntnis, Glauben und Tat einer nüchternen historischen und gesellschaftlichen Analyse und ausgleichender Kompromißfindung und Konfliktregelung vorzog – erst diese Einstellungen ließen den schwierig zu bestimmenden Zeitpunkt, an dem es galt, den Widerstand zu beginnen, verpassen. Nur ein waches politisches Bewußtsein, das Politik nüchtern und realitätsbewußt auf ein »Vorletztes« beschränkt sowie auf rechtsstaatliche Formen und Verfahren, auf Kontrolle und Gegenmacht insistiert, kann für solchen Ernstfall gerüstet sein. Im Mythos des nationalen Aufbruchs versagte eine intellektuelle Oberschicht vor diesen Anforderungen, weil sie einerseits die Gegenwart mit den Maßstäben der Vergangenheit abwertete, andererseits aber in kulturpessimistischer Flucht ihre utopischen Hoffnungen auf eine »Bewegung« setzte, die alles neu machen sollte.

VI. Krise und Festigung der Diktatur Hitlers

Mitte Juli 1933 wurde endgültig offenbar, daß das konservative Konzept der »Einrahmung« Hitlers gescheitert war. Dieses Scheitern war nicht nur der intuitiv zupackenden skrupellosen Machteroberungstechnik Hitlers zu danken, vielmehr muß man es ebenfalls der nationalen Aufbruchstimmung zuschreiben, welche die alten Wert- und Machteliten erfaßt hatte. Die nationale Euphorie hinderte Hitlers konservative Partner und andere potentielle »Bremser« im bürgerlichen Lager daran, die politischen Vorgänge realistisch wahrzunehmen und zu bewerten. Das Zähmungskonzept wurde zugunsten vager Hoffnungen auf eine Mäßigung Hitlers aufgegeben. Die öffentliche Kritik beschränkte sich auf Kritik an Symptomen, galt »Übergriffen« oder einzelnen Exzessen, sie zielte nie gegen den freiheitsfeindlichen und rechtswidrigen Kern der Gleichschaltung, vollzog diese vielmehr oft freiwillig mit.

Alle Parteien, die Gewerkschaften und sonstigen Berufsverbände sowie andere gesellschaftliche Organisationen waren zu diesem Zeitpunkt von Verbot oder der Auflösungsverfügung betroffen, sofern sie sich nicht im nationalsozialistischen Sinne gleichschalten ließen. Die NSDAP war als einzige Partei, und damit als »Staatspartei«, übriggeblieben. Die Ausschaltung der Autonomie der Länder, die erzwungene Anpassung aller Landes- und Gemeindeparlamente hatte den Staatsapparat zum Instrument der Willensdurchsetzung des Reichskanzlers gemacht.

Aufgrund dieser Entwicklung konnte Hitler am 6. Juli 1933 vor den versammelten Reichsstatthaltern erklären: »Die große Aufgabe ist jetzt, die Revolution aufzufangen ... Revolution darf kein Dauerzustand werden ... Wir haben so viel erobert, daß wir sehr lange brauchen werden, um das zu verdauen. Die Weiterentwicklung muß als Evolution geschehen.«[1] In gewisser Weise bestätigte Hitler damit die Erwartungen und Hoffnungen der Konservativen. Man konnte jetzt »aufatmen«, wie Weizsäcker an diesem Tage notierte, das »Revirement« von den »Revolutionären« zu den »Konstrukteuren« schien anzubrechen.[2]

Diese optimistische Sicht wurde bestätigt und verstärkt, als Hitler und Reichsinnenminister Frick Partei und SA energisch zu Disziplin und »normaler gesetzmäßiger Aufbauarbeit« ermahnten.

Frick erklärte es sogar als »Sabotage«, wenn jetzt noch »von einer Fortsetzung der Revolution oder von einer zweiten Revolution« geredet werde. Vor allem warnte der Reichsinnenminister vor »unbefugten Eingriffen irgendwelcher Organisationen oder Parteistellen« in die Wirtschaft; es bahne sich ein ungestörter Wiederaufbau der Wirtschaft zur Lösung des Arbeitslosenproblems an, der keiner neuen Beunruhigung ausgesetzt werden dürfe.[3]

Die Wirtschaft war in der Tat – neben der Reichswehr, die unter der besonderen Schirmherrschaft ihres Oberbefehlshabers, des Reichspräsidenten Hindenburg, stand – vom Gleichschaltungsdruck weithin verschont geblieben. Die Regierung wollte das reibungslose Funktionieren der Wirtschaft nicht gefährden. Erfolge in der Bekämpfung der Arbeitslosigkeit waren anders nicht zu sichern. Hitler wußte überdies:

»Gesinnung ist in der Wirtschaft nicht das Wesentliche, für das Gedeihen der Wirtschaft ist erforderlich, daß man von der Wirtschaft praktisch etwas versteht. Allgemein gesprochen wird ein Nationalsozialist, der nur theoretischer Wirtschaftler ist, schädlicher wirken als ein Wirtschaftler, der nur Wirtschaftler und kein Nationalsozialist ist.«[4]

Neben Wirtschaft und Reichswehr waren nur noch die Kirchen in der Lage, sich einen gewissen inneren Freiraum zu wahren. Aber durch den Sieg der DC bei den Kirchenwahlen am 23. Juli 1933 schienen auch im evangelischen Bereich die Weichen zugunsten der Herrschaft Hitlers gestellt, und mit der fast gleichzeitigen Paraphierung des Konkordats gelang eine Bindung oder zumindest Neutralisierung des katholischen Lagers, so daß ernsthafter politischer Widerstand von kirchlicher Seite nicht zu befürchten stand. Alle glaubten, beruhigt in die Sommerpause gehen zu können.

Zuvor trat jedoch am 14. Juli 1933 das Kabinett zu einer letzten Arbeitssitzung zusammen. In einer Mammuttagesordnung mit 43 Punkten wurden nicht weniger als 30 Gesetze verabschiedet. Es wurde Bilanz gezogen und das Erreichte ordnungsgemäß in Gesetze gefaßt, wie es dem Kurs der »Legalität« entsprach. Die Minister billigten nicht nur das Reichskonkordat und das »Gesetz über die neue Verfassung der Deutschen Evangelischen Kirche«, sondern liquidierten auch mit dem »Gesetz gegen die Neubildung von Parteien« den Weimarer Parteienstaat endgültig. Daß dabei auch die Einziehung des Vermögens der SPD verfügt wurde, unterstrich diese Tendenz. Mit der gesetzlichen Einführung einer Volksbefragung zu Regierungsmaßnahmen schuf sich das Regime ein Instrument, das an die Stelle der parlamentarischen Legitimation eine plebiszitäre Akklamation zu setzen erlaubte, um auf diese Weise in Zukunft den Kurs der Regierung pseudodemokratisch abzusichern. Die gesetzlichen Neuregelungen über den »Widerruf von Einbürgerungen und die Aberkennung der deutschen Staatsangehörigkeit« sowie eine Verordnung über die Zulassung zur Rechtsanwaltschaft verrieten den Kampfcharakter und antisemitischen Grundzug der sich etablierenden Diktatur. Ihre rassistische Politik wurde auch im »Gesetz zur Verhinderung erbkranken Nachwuchses« erkennbar. Zwar widersprach hier Vizekanzler Papen unter Hinweis auf dogmatische Bedenken der katholischen Kirche einer Unfruchtbarmachung gegen den Willen der Betroffenen. Hitler hieß jedoch alle Maßnahmen gut, die der Erhaltung des Volkstums dienten. Papen wurde überstimmt und konnte nur anregen, die Veröffentlichung des Gesetzes bis zum Abschluß der Konkordatsverhandlungen zurückzustellen.

Diese eher unrühmliche Empfehlung des Vizekanzlers macht noch einmal deutlich, wie schwach seine Position war und wie wenig grundsätzlich seine Einwände gemeint sein konnten. Sehr viel ausführlicher diskutierte die Runde der Minister Fragen der Arbeitslosenhilfe und des Reichskonkordats. In letzterem erblickte Hitler eine »rückhaltlose Anerkennung des derzeitigen Regimes« durch den Vatikan und eine Preisgabe des Zentrums und der christlichen Gewerkschaften. Noch vor einigen Monaten habe er das für unmöglich gehalten. Durch das Konkordat werde eine Vertrauenssphäre geschaffen, die im Kampf gegen das internationale Judentum besonders bedeutungsvoll sei.[5]

Das Konkordat war in der Tat der erste große außenpolitische Erfolg der Regierung Hitler. Dieser Prestigegewinn hob die Nachteile zunächst völlig auf. Es mußte nämlich für den Totalitätsanspruch des nationalsozialistischen Weltanschauungsstaates im Grunde einen bedeutsamen Rückschritt darstellen, wenn die Regierung gegenüber einer »auswärtigen Macht«, dem Papst in Rom, vertragliche Bindungen zum Schutz der Religionsfreiheit deutscher Staatsbürger einging. Dem war auf evangelischer Seite vergleichbar, daß die neue evangelische Kirchenverfassung den Landeskirchen ein hohes Maß an Autonomie vor allem in Bekenntnisfragen zubilligte. Der wenige Wochen später gewählte Reichsbischof aus dem Kreis der DC wurde dadurch in seinen Möglichkeiten begrenzt, was alsbald Anlaß zu Konflikten gab. Ähnliche Streitigkeiten über die Auslegung und Ausfüllung des Konkordats zogen sich auch im katholischen Bereich bis in den Spätsommer 1934 hin. Dem auswärtigen Rückhalt der katholischen Kirche im Vatikan entsprach im evangelischen Bereich die Verankerung des konservativen Protestantismus in den Kreisen des hohen Beamtentums, der Richterschaft und des Offizierskorps sowie die Garantenstellung des Reichspräsidenten Hindenburg. Hier fand die innerkirchliche Opposition gegen den Kurs der DC Rückhalt und Unterstützung. Dem Sprecher und Initiator des Pfarrernotbundes, Niemöller, hörte am Sonntagvormittag die Berliner Prominenz bei seinen Predigten in der Dahlemer Dorfkirche zu. Noch war der totale Staat nicht perfekt, noch gab es Inseln der Nichterfaßtheit, die Keimzellen späteren Widerstandes werden konnten. Noch mußte Hitler gewisse Rücksichten nehmen. Die Autorität des Reichspräsidenten und das Machtpotential der Reichswehr waren ihm einstweilen noch entzogen.

Dennoch wurde der Sommer/Herbst 1933 zum ersten Höhepunkt der Zustimmung zu Hitlers Herrschaft in der Bevölkerung. Dazu trugen die wirtschaftlichen Erfolge einer energischen Arbeitsbeschaffungspolitik bei. Hitler war zu einem konjunkturpolitisch günstigen Zeitpunkt, als der Tiefpunkt der Krise durchschritten war, an die Macht gekommen. Gestützt auf die Pläne seiner Vorgänger, die nun intensiviert wurden, wußte er diese Situation zu nutzen. Der massiv geförderte Autobahnbau wurde für diese Politik zum Symbol. In gleicher Weise lebte der Aufschwung von einer beginnenden Rüstungskonjunktur und der auch international sich bessernden Wirtschaftslage.

Die außenpolitische Isolierung, in welche die neue Regierung in den ersten Monaten ihrer Amtszeit geriet, verhalf Hitler paradoxerweise zu weiterer Popularität. Man hat rückblickend zur Gesamtentwicklung des »Dritten Reiches« immer wieder betont, daß die großen Zugeständnisse, die Hitler von den Westmächten im Zuge der Politik des Nachgebens, des »Appeasement«, zugebilligt wurden, die Zustimmung der deutschen Bevölkerung zum Staat Hitlers gesichert und Widerstandsaktionen unmöglich gemacht hätten. Für die Anfangszeit der Machteroberungsphase gilt dieser Mechanismus jedoch nicht. Viel stärker wirkte ein gegenteiliger Effekt: Die offene Kritik an den Brutalitäten und Exzessen der ersten Monate, die in der Presse des westlichen Auslands, aber auch auf internationalen Konferenzen laut wurde, bewirkte in Deutschland eher ein »Zusammenrücken«. Die sog. »Greuelhetze« bestärkte nicht etwa die potentielle Opposition, sondern ließ diese vielmehr in die patriotische Einheitsfront einrücken und mit Beschwichtigungskampagnen auch die ausländischen Gesprächspartner beruhigen. Da auch das Auswärtige Amt personell fest in konservativer Hand geblieben war, gelang es, die innenpolitische Machtergreifung über die diplomatischen Vertretungen abzuschirmen, da die Außenpolitik des neuen Regimes für das Ausland im Gewand der Kontinuität erschien.

Eine Isolierung des Reiches trat trotzdem ein. Sie zeigte sich zuerst in der Abrüstungspolitik. Noch unter der Kanzlerschaft Schleichers war der deutschen Seite hier ein Durchbruch gelungen. Die westlichen Alliierten hatten in einer gemeinsamen Erklärung vom 11. Dezember 1932 das Prinzip des Rüstungsgleichgewichts dem Deutschen Reich grundsätzlich zugesichert. Das war ein Erfolg des Vertrauens, das Brüning im Ausland gesammelt hatte. Als in Genf aufgrund eines englischen Planes im Frühjahr 1933 über die Konkretisierung dieser Erklärung verhandelt werden sollte, betonte Hitler zwar in seiner »Friedensrede« vom 17. Mai 1933 seine Kooperationswilligkeit und erklärte sich sogar bereit, Beschränkungen für Übergangsfristen hinzunehmen. Doch nun sträubte sich Frankreich; dort mißtraute man Hitlers Friedensschalmeien und wollte von Zugeständnissen und Lockerungen der Bestimmungen des Versailler Vertrages nichts wissen. Die Möglichkeiten einer internationalen Vereinbarung über eine einvernehmliche »Nachrüstung« Deutschlands zerschlugen sich.

Die außenpolitische Isolierung Deutschlands wurde bei Tagungen des Völkerbundes und des Internationalen Arbeitsamtes ebenso deutlich wie auf der Weltwirtschaftskonferenz in London im Juni 1933. Als die österreichische NSDAP mit massiver Unterstützung aus dem Reich durch Propaganda- und Terroraktionen auf den Sturz der Regierung Dollfuß hinzuarbeiten versuchte, drohte sogar eine förmliche Intervention von außen. Mit italienischer Unterstützung setzte sich Dollfuß im Juni 1933 energisch zur Wehr, löste die SA in Österreich auf und ließ NSDAP-Funktionäre verhaften. Als das Reich daraufhin Gegenmaßnahmen ergriff, verstärkte sich der außenpolitische Druck auf Berlin so sehr, daß Hitler die österreichische NSDAP zur Zurückhaltung zwingen mußte.

Mit einer überraschenden Wendung schlug Hitler jedoch nach der Sommerpause aus dieser außenpolitischen Sackgasse, in die er das Reich manövriert hatte, innenpolitisch Kapital. Am 15. Oktober 1933 erklärte er den Austritt Deutschlands aus dem Völkerbund und verließ damit die festgefahrene Abrüstungskonferenz, die im Rahmen des Völkerbundes tagte. Er gewann auf diese Weise freie Hand für die seit langem geplante Aufrüstung, die er allenfalls durch zweiseitige Verträge abzusichern trachtete. Der Völkerbund war in Deutschland immer vorwiegend als Instrument der Siegerstaaten zur Durchsetzung des Versailler Vertrages angesehen worden und hatte als »Parlament der Völker« allenfalls antidemokratische Ressentiments geweckt. Darum war der Austritt durchaus populär, noch dazu, da er mit der Rüstungsproblematik verbunden wurde. Die Rüstungsbeschränkungen für Deutschland waren im Versailler Vertrag mit der Absichtserklärung zur allgemeinen Abrüstung im Rahmen des Völkerbundes legitimiert worden. Da diese Abrüstungsabsicht nicht realisiert wurde, war die Forderung nach Aufhebung der Rüstungsbeschränkungen aus deutscher Sicht konsequent und in Deutschland in allen politischen Lagern akzeptiert.

Hitler nutzte diese Stimmung geschickt, um seinen außenpolitischen Kurs und die Gesamtpolitik der Regierung plebiszitär abzusichern. Er ließ den Reichstag auflösen, Neuwahlen ausschreiben und, wie er in einer Ministerbesprechung am 14. Oktober 1933 formulierte, das Volk »auffordern, sich durch eine Volksabstimmung mit der Friedenspolitik der Reichsregierung zu identifizieren«, um der Welt die Möglichkeit zu nehmen, »Deutschland einer aggressiven Politik zu bezichtigen«.[6] Unter der Parole: »Für Frieden in Ehren und Gleichberechtigung« führte Goebbels eine kurze, zentral gesteuerte Propaganda- und Aktivierungskampagne, die das Plebiszit als Entscheidung zur Außenpolitik darstellte. In diesem Sinne wurde es von zahlreichen, auch nichtnationalsozialistischen Verbänden, der evangelischen Kirche und auch von der Katholischen Aktion Berlins unterstützt. Selbst der Reichspräsident warf nochmals seine Autorität mit einer Rundfunkansprache in die Waagschale. Viele Gegner des Regimes begrüßten Hitlers Schritt und plädierten für Zustimmung. Hitler und Goebbels münzten diese Bestätigung erfolgreich zu einer Gesamtlegitimation ihrer Politik um. Die Frage an die Bürger lautete:

»Billigst Du, deutscher Mann, und Du, deutsche Frau, die Politik Deiner Reichsregierung, und bist Du bereit, sie als den Ausdruck Deiner eigenen Auffassung und Deines eigenen Willens zu erklären und Dich feierlich zu ihr zu bekennen?«

95,1 % der abgegebenen gültigen Stimmen bejahten diese Frage, 4,9 % verneinten. Verglichen mit der gleichzeitig stattfindenden Reichstagswahl, bei der erstmals nur eine Einheitsliste der NSDAP gewählt werden konnte, erhielt die Volksbefragung fast eine Million positive Voten mehr, obwohl auf der NSDAP-Liste auch 22 Gastkandidaten – prominente Nichtnationalsozialisten aus dem konservativen Spektrum – kandidierten. Diese Zusammensetzung sollte dokumentieren, daß die »Liste ... von dem hohen Gedanken der Versöhnung und Zusammenarbeit getragen« sei, wie Goebbels in einem Interview ausführte.[7]

Zwar ist schon damals im Ausland häufig von Wahlmanipulation gesprochen worden, und die Wahlprüfung ergab auch haarsträubende Einzelfälle von Wahlfälschung und Wahlzwang. Insgesamt muß das Abstimmungsergebnis dennoch als Indiz für eine relativ hohe Akzeptanz insbesondere der Außenpolitik Hitlers interpretiert werden. Zwei Tage nach der Wahl brachte Vizekanzler v. Papen in seiner Dankesrede an Hitler vor dem Kabinett in zeittypischen Worten die Stimmung zum Ausdruck, die den Erfolg des Kanzlers ermöglicht hatte und die auch den Pfarrernotbund zu einem Glückwunschtelegramm nach der Wahl veranlaßte. Papen dankte dem »Genie« Hitler, dem es in neun Monaten gelungen sei, »aus einem innerlich zerrissenen und hoffnungslosen Volk ein in Hoffnung und Glauben an seine Zukunft geeintes Reich zu schaffen ... Der Traum von den zwei Deutschlands, die man gegeneinander ausspielen könne, ist endgültig ausgeträumt.«[8]

Merklich rückläufige Arbeitslosenzahlen verschafften diesem Stimmungshoch zusätzlich einen optimistischen Grundton. Die Regierung tat ein übriges: »Im Hinblick auf das günstige Ergebnis der Reichstagswahl« ordnete nach einer Meldung des *Völkischen Beobachters* Göring Anfang Dezember in Preußen die Entlassung von 5 000 KZ-Häftlingen an. Nachdem im Juli noch 27 000 Personen in den KZ festgehalten worden waren, ging deren Zahl jetzt merklich zurück, weil auch andere Länder Görings Beispiel folgten.[9]

Das Frühjahr 1934 offenbarte jedoch, daß Hitlers Macht noch keineswegs unangefochten war. Die Arbeitslosenzahl stieg seit

Dezember 1933 wieder an, und der Außenhandel war rückläufig, so daß die Devisenbestände der Reichsbank rapide zusammenschmolzen. Die sich erneut verschärfende Wirtschaftskrise wurde begleitet von Einkommenseinbußen bei den Bauern, denen nach einer ungewöhnlich schlechten Ernte 1933 die Marktordnung ein Ausweichen auf Preiserhöhungen unmöglich machte.

Die kirchliche Opposition kam ebenfalls nicht zur Ruhe. Der Vatikan erhob energischen Protest gegen vielfältige Verletzungen des Konkordats. Die im Juli 1933 noch offengebliebenen Fragen über die Zukunft der kirchlichen Vereine waren immer noch nicht geklärt. Im Interesse der laufenden Verhandlungen blieben daher sowohl die Proteste des Vatikans als auch ein energischer Hirtenbrief des Episkopats unveröffentlicht; sie sollten als Druckmittel bei den Verhandlungen verwandt werden.

Im evangelischen Bereich eskalierten die Versuche des Reichsbischofs Müller, die einzelnen Landeskirchen gleichzuschalten, zum offenen Konflikt, zumal eine radikale Kundgebung der DC das Ansehen dieser Bewegung im Kreis des gemäßigten Nationalprotestantismus diskreditiert hatte. In Barmen konstituierte sich Ende Mai 1934 die erste Bekenntnissynode der evangelischen Kirche als Repräsentation der wahren Deutschen Evangelischen Kirche. Sie verabschiedete die berühmte Barmer Theologische Erklärung, in der sowohl die Ansprüche eines totalitären Staates auf die Gewissen der Bürger und auf die Lehre der Kirche als auch die neulutherische Auffassung von der völligen »Eigengesetzlichkeit des Politischen« zurückgewiesen wurden. Zwar verstanden sich die Barmer nicht als politische Opposition, sie stritten nur für die rechte Ordnung der Kirche; dennoch wurden hier theologische Positionen formuliert, die einen Raum des politisch Unverfügbaren fixierten und die zugleich den Staat auf seine Funktion der Rechts- und Friedenswahrung nüchtern begrenzten und von daher der theologischen Kritik zugänglich machten. Daß die Kirche politische Verantwortung zu tragen habe, ist seit Barmen im deutschen Protestantismus eine mühsam gelernte, oft umstrittene und schwer zu praktizierende Erfahrung. In der Situation des Frühjahrs 1934 bedeutete die Barmer Bekenntnissynode die entscheidende Niederlage des Reichsbischofs Müller und der Versuche Hitlers, die evangelische Kirche zu einer systemkonformen Nationalkirche umzuformen. Statt dessen erwuchs hier ein Unruhepotential, das schwer zu begrenzen war.

Die Krise wurde verschärft durch wachsenden Unmut in den Reihen der Partei und vor allem der SA. Das Millionenheer der braunen Kämpfer, das die Last der Straßenschlachten und der Machteroberung getragen hatte, fühlte sich benachteiligt. Der SA-Stabschef Röhm hoffte, das 100000-Mann-Heer der Reichswehr in einem Milizheer unter seiner Führung in der 3-Millionen-Mannschaft der SA aufgehen lassen zu können. Daher behagte ihm die vom Reichspräsidenten garantierte und von Hitler bestätigte Monopolstellung der Reichswehr als einzigem Waffenträger der Nation in gar keiner Weise. Der kleinbürgerlich-proletarischen Mitgliedschaft der SA war überdies Hitlers Arrangement mit den Konservativen, mit der »Reaktion«, zu weitgehend. Sie wollten die nationalsozialistische Revolution im bürokratischen Staatsapparat weitertreiben, weil sie sich vielerorts unversehens alerten »Märzgefallenen« und Karrieristen in den Behörden gegenübersahen, die sie aus den Straßenkämpfen vor 1933 nicht kannten. Auch die Wirtschaft war für sie keineswegs tabu. In der SA lebten alte, linke Traditionen der NSDAP fort. Das Schlagwort von der »Zweiten Revolution« machte erneut die Runde.

Angesichts des offensichtlich bevorstehenden Ablebens des Reichspräsidenten wuchs auch im konservativen Lager der Koalitionspartner Hitlers die Unruhe und die Kritik. Es galt, Vorsorge für die Zeit nach Hindenburgs Tod zu treffen. Gerüchte über eine Wiederherstellung der Monarchie und ein Eingreifen der Reichswehr machten die Runde. Noch verfügten Papen und die Reichswehrführung mit Hindenburg im Rücken über ein erhebliches Machtpotential. Die NSDAP-Spitze wurde unruhig. Zwar wurden die monarchistischen Verbände verboten, nachdem schon im Januar Kaiser-Geburtstagsfeiern nicht völlig eingedämmt werden konnten, doch selbst Papen sprach Hitler auf die Möglichkeit einer monarchischen Restauration an. Goebbels startete als Gegenoffensive eine Kampagne gegen »Miesmacher und Kritikaster«.

In einer spektakulären Rede vor dem Marburger Universitätsbund brachte Papen am 17. Juni 1934 die konservative Kritik an dem neuen Regime Hitlers eindrucksvoll vor die Öffentlichkeit. Er beklagte die Ausschaltung der freien Presse, bezeichnete die »Vorherrschaft einer einzigen Partei« als einen »Übergangszustand« und forderte dazu auf, alle Versuche einer »gewaltsamen Reformation« im kirchlichen Bereich zu unterlassen, weil »aufgezwungene Glaubenskämpfe Kräfte auslösen würden, an denen

Gewalt scheitern muß«. Papen mahnte ferner Rechtsgleichheit an, warnte vor einem neuen Byzantinismus und klagte über die »hundertfünfzigprozentigen« Nationalsozialisten.[10] Das Signal dieser Rede war unüberhörbar. Eine beabsichtigte Rundfunkübertragung unterblieb auf Intervention von Goebbels. Die Presse durfte nicht berichten. Der Text kursierte nur unter der Hand.

Hitler stand vor der Wahl, und die Zeit drängte, da Hindenburgs Gesundheitszustand immer bedrohlicher wurde. Sollte er sich auf die SA stützen und so den offenen Konflikt mit der Reichswehr, dem Reichspräsidenten und den konservativen Gruppen aufnehmen, oder sollte er sich mit diesen gegen die andrängende »Zweite Revolution« stemmen? Für seine außenpolitischen Ambitionen war die Reichswehr unverzichtbar, und die Wirschaft vertrug keinerlei sozialrevolutionäre Experimente. So sprach alles für die erste Option. Die Gerüchteküche brodelte. In der Berliner Parteiführung heizten Göring und Goebbels die Stimmung gegen die ungeliebte Konkurrenz aus der SA an.

Schließlich durchschlug Hitler in einer ebenso überraschenden wie brutalen Überreaktion den gordischen Knoten. Er beorderte die SA-Führung zu einem Treffen nach Wiessee, wo Röhm zur Kur weilte und gewiß nicht an konkreten Putschplänen schmiedete. Dort erschien am frühen Morgen des 30. Juni 1934 völlig überraschend Hitler selber, um Röhm und seine Gefährten festzunehmen und durch treue SS-Einheiten nach Stadelheim ins Gefängnis oder nach Dachau ins KZ überführen zu lassen. Die Reichswehr hatte dafür die Transportkapazität zur Verfügung gestellt. In Stadelheim und Dachau wurden die Verhafteten kurzerhand erschossen.

Ein an Göring durchgegebenes Code-Wort ließ auch in Berlin eine vorbereitete Mordaktion anrollen. Jetzt wurden alte Rechnungen zwischen den Parteigenossen beglichen. Auch Gregor Strasser fiel den Mördern zum Opfer. Darüber hinaus traf es jedoch ebenso die konservative Seite. Papen wurde arrestiert, zwei seiner engsten Mitarbeiter wurden ermordet. Der Leiter der katholischen Aktion, Klausener, der noch wenige Tage zuvor auf einer katholischen Massenkundgebung die Treue des Kirchenvolkes machtvoll artikuliert hatte, wurde in seinem Arbeitszimmer erschossen. Die Generale v. Schleicher und v. Bredow, die informiertesten Exponenten einer politisch bewußten Reichswehr, ereilte dasselbe Schicksal. Insgesamt mußten mehr als siebzig

Personen ihr Leben lassen.

Noch vor Hindenburgs Ableben waren durch diese Aktion potentielle Konkurrenten um die Macht ermordet oder ausgeschaltet worden. Hitler hatte die Krise mit einer Mordaktion gemeistert, die allen rechtsstaatlichen Normen Hohn sprach, auch wenn sie durch ein Regierungsgesetz zwei Tage später ausdrücklich für rechtens erklärt wurde. Das Echo in der Bevölkerung fand für den Kanzler fast nur Lob, zumal die Zusammenhänge vielfach im dunkeln blieben. Das Durchgreifen gegen Parteibonzen und SA-Rabauken war populär. Hitler erschien als Racheengel, der Zucht und Ordnung wiederherstellte. In diese Richtung zielten erfolgreich die ersten offiziösen Verlautbarungen der NSDAP in der gelenkten Presse. Röhms »bekannte unglückliche Veranlagung«, seine Homosexualität, wurde in den Vordergrund gestellt. Das ausschweifende Leben, die Prunksucht und Disziplinlosigkeit in der SA-Führung habe »allmählich zu so unerträglichen Belastungen« geführt, daß Hitler »den Befehl zur rücksichtslosen Ausrottung dieser Pestbeule« gegeben habe.[11]

Diese eher unpolitische Argumentationsrichtung prägte die Wahrnehmung der Aktion in der Bevölkerung und stieß allgemein auf Zustimmung, wie sich sowohl aus internen Regierungsberichten als auch aus den *Deutschlandberichten* der Exil-SPD ergibt.[12] Die brutale Entmachtung der SA-Führer und die damit verknüpfte Ankündigung einer Säuberung der Partei erfüllte die Bevölkerung mit Genugtuung. Das Prestige der Partei war schlecht, die Empörung über Bonzentum und Postenjägerei weit verbreitet. Hitler dagegen erschien von der Partei getrennt als nationaler Führer, der endlich aufräumte. Es vollzog sich eine Art von Bewußtseinsspaltung: Auf Hitler projizierte man seine Hoffnungen, die Negativa des Systems lastete man der Partei an. Daß Hitler radikal für Ordnung zu sorgen schien, stärkte das Vertrauen zum »Führer« und seinem Staat. So berichtete z.B. der Regierungspräsident aus Stade: »Das rücksichtslose Vorgehen gegen die Schuldigen, das vor höher gestellten Personen nicht Halt machte, entsprach dem Rechtsempfinden [!] weiter Bevölkerungskreise und löste in vielen ein Gefühl wiederkehrender Rechtssicherheit [!] aus, das seit Monaten mehr und mehr im Schwinden begriffen war.«[13]

Die Ungeheuerlichkeit der willkürlichen Erschießung schon Sistierter, von denen keinerlei Gefahr mehr ausging, und die Ermordung völlig unbeteiligter Personen wurden um des vermeintlichen

Erfolges willen akzeptiert. Die Paradoxie, daß Recht und Ordnung durch eine blindwütige Mordaktion hergestellt werden sollten, wurde gar nicht mehr wahrgenommen. Diese rapide Abstumpfung jedes Rechtsempfindens in der Bevölkerung war die konsequente Folge einer politischen Entwicklung, die aus politischen Erwägungen rechtliche Gesichtspunkte im Umgang mit der NSDAP konsequent hintangestellt hatte. Führende Politiker, Juristen und sonst für die öffentliche Meinungsbildung verantwortliche Persönlichkeiten und Institutionen trugen für diese Abwertung rechtlicher Normen und Verfahren ein großes Maß an Verantwortung. Daß einer der profiliertesten deutschen Juristen, Carl Schmitt, die Mordaktion unter dem Titel »Der Führer schützt das Recht« legitimierte, ist der Endpunkt dieses Trends und zeigt, daß die Rechtskultur in Deutschland von ihren berufenen Hütern verraten wurde. Die Indifferenz in der Bevölkerung fand kein Gegengewicht. Schmitt hatte die Weimarer Republik immer wegen ihres Formalismus und ihrer Nicht-Entscheidung angegriffen und für einen materialen Staatsbegriff plädiert. Jetzt fand er diesen in der Gestalt des Führers »repräsentiert«. Die Unterscheidung von Form und Inhalt, Legalität und Legitimität führte sich dabei selbst ad absurdum, weil sie in der Bejahung der mordbereiten Willkür eines Diktators endete.

Der inneren Legitimierung dieser Diktatur folgte die legale Fixierung. Als vier Wochen später Hindenburgs Tod absehbar war, verabschiedete das Reichskabinett ein Regierungsgesetz, das die Vereinigung der Ämter des Reichspräsidenten und des Reichskanzlers vorsah. Die Befugnisse des Reichspräsidenten gingen auf »den Führer und Reichskanzler Adolf Hitler« über. Durch eine anschließende Volksabstimmung wurde dieses Ergebnis auf Wunsch Hitlers plebiszitär abgesichert.

Damit war der Rahmen, in den man Hitler am 30. Januar »eingefaßt« glaubte, endgültig gesprengt. Der verantwortliche Konstrukteur, Vizekanzler Papen, unterschrieb mit eigener Hand das Gesetz über die Vereinigung der beiden Ämter und besiegelte damit das Scheitern seines Zähmungskonzeptes. Reichswehrminister Blomberg assistierte eilfertig. Er kündigte noch vor Hindenburgs Tod im Kabinett an, »er beabsichtige, unmittelbar nach dem Ableben des Herrn Reichspräsidenten die Soldaten der Wehrmacht auf den Führer und Reichskanzler Adolf Hitler zu vereidigen«.[14] Durch den personengebundenen Eid lieferte die Generalität die

Reichswehr als allerletzte Bastion einer möglichen Gegenmacht an Hitler aus. Sie hatte sich zuvor schon durch ihren Flankenschutz bei der Ausschaltung der SA zum Komplizen machen lassen und durch die protestlose Hinnahme der Morde an Schleicher und Bredow als moralisch korrumpiert erwiesen. Man machte es Hitler leicht zu triumphieren.

Verzeichnis der Tabellen und Abbildungen

Tabellen

Abbildungen

Tabelle 7: *Ergebnisse der Wahlen im Reich 1928 bis 1933*

		4. Reichstag 20. 5. 1928	5. Reichstag 14. 9. 1930	6. Reichstag 31. 7. 1932	7. Reichstag 6. 11. 1932	8. Reichstag 5. 3. 1933
Wahlberechtigte in Millionen		41,224	42,957	44,226	44,374	44,685
abgegebene Stimmen in Millionen (a)		31,165	35,225	37,162	35,758	39,654
Wahlbeteiligung in Prozent (b)		75,6	82,0	84,1	80,6	88,8
Zahl der Abgeordneten (c)		491	577	608	584	647
DNVP	(a)	4,381	2,458	2,177	2,959	3,136
	(b)	14,2 %	7,0 %	5,9 %	8,3 %	8,0 %
	(c)	73	41	37	52	52
NSDAP		0,810	6,409	13,745	11,737	17,277
		2,6 %	18,3 %	37,3 %	33,1 %	43,9 %
		12	107	230	196	288
Wirtschaftspartei		1,397	1,362	0,146	0,110	–
		4,5 %	3,9 %	0,4 %	0,3 %	
		23	23	2	1	
Deutschhannoversche Partei		0,195	0,144	0,047	0,064	0,048
		0,6 %	0,4 %	0,1 %	0,2 %	0,1 %
		3	3	–	1	–
Landbund		0,199	0,194	0,097	0,105	0,084
		0,6 %	0,6 %	0,3 %	0,3 %	0,2 %
		3	3	2	2	1
Deutsches Landvolk		0,581	1,108	0,091	0,046	–
		1,9 %	3,2 %	0,2 %	0,1 %	
		10	19	1	–	
Deutsche Bauernpartei		0,481	0,339	0,137	0,149	0,114
		1,6 %	1,0 %	0,4 %	0,4 %	0,3 %
		8	6	2	3	2
Christlichsozialer Volksdienst		–	0,870	0,364	0,403	0,383
			2,5 %	1,0 %	1,2 %	1,0 %

	45	30	7	11	2
Zentrum	3,712	4,127	4,589	4,230	4,425
	12,1 %	11,8 %	12,5 %	11,9 %	11,2 %
	62	68	75	70	74
BVP	0,945	1,005	1,192	1,095	1,074
	3,1 %	3,0 %	3,2 %	3,1 %	2,7 %
	16	19	22	20	18
DDP	1,505	1,322	0,371	0,336	0,334
	4,9 %	3,8 %	1,0 %	1,0 %	0,9 %
	25	20	4	2	5[4]
SPD	9,153	8,577	7,959	7,248	7,181
	29,8 %	24,5 %	21,6 %	20,4 %	18,3 %
	153	143	133	121	120
KPD	3,264	4,592	5,283	5,980	4,848
	10,6 %	13,1 %	14,3 %	16,9 %	12,3 %
	54	77	89	100	81
Sonstige	1,445	0,804	0,244	0,299	0,005
	5,5 %	2,3 %	0,7 %	0,8 %	–
	4[1]	4[2]	1[3]	–	–

1 Sächsisches Landvolk 2, Volksrechtspartei 2.
2 Konservative Volkspartei.
3 Volksrechtspartei.
4 Gewählt auf dem Reichswahlvorschlag der SPD.

Quelle: E. Kolb, Die Weimarer Republik, München 1984, 253.

Tabelle 8: *Arbeitslosigkeit und Kurzarbeit im Deutschen Reich von November 1929 bis Mai 1933*

Die folgende Tabelle enthält in Spalte A die Anzahl der jeweils im Durchschnitt eines Monats beim Arbeitsamt gemeldeten Erwerbslosen, in Spalte B die Anzahl der Arbeitslosen, die von der Reichsanstalt für Arbeitsvermittlung und Arbeitslosenversicherung unterstützt wurden, in Spalte C die Anzahl der Empfänger von Krisenunterstützung, in Spalte D die Anzahl der Wohlfahrtserwerbslosen. Alle Angaben in den Spalten A bis D erfolgen in Tausend.

Die Spalte E gibt Auskunft, wie viele von jeweils 100 Mitgliedern der Gewerkschaftsverbände jeweils im Durchschnitt eines Monats ohne Lohnausgleich »kurz«arbeiten mußten. Bereits im März 1933 konnten infolge des zunehmenden Terrors der nationalsozialistischen Machthaber nicht mehr alle Gewerkschaften über die Kurzarbeit berichten.

	A	B	C	D	E
1929					
Nov.	2036	1200	187		7,6
Dez.	2851	1775	210		8,5
1930					
Jan.	3218	2233	250		11,0
Febr.	3366	2379	277		13,0
März	3041	2053	294		12,6
Apr.	2787	1763	318		12,1
Mai	2635	1551	338		12,0
Juni	2641	1469	366		12,6
Juli	2765	1498	403		13,9
Aug.	2883	1507	441	453	14,8
Sept.	3004	1493	473	541	15,1
Okt.	3252	1562	511	618	15,4
Nov.	3699	1788	566	693	16,1
Dez.	4384	2166	667	761	16,9
1931					
Jan.	4887	2554	811	846	19,2
Febr.	4972	2589	908	901	19,5
März	4743	2317	924	940	18,9
Apr.	4358	1887	902	988	18,1
Mai	4053	1578	929	1004	17,4
Juni	3954	1412	941	1017	17,7
Juli	3990	1205	1027	1063	19,1
Aug.	4215	1282	1095	1131	21,4

	A	B	C	D	E
Sept.	4355	1345	1140	1208	22,1
Okt.	4623	1185	1350	1303	22,0
Nov.	5060	1366	1406	1421	21,8
Dez.	5668	1642	1506	1565	22,3
1932					
Jan.	6042	1885	1596	1713	22,6
Febr.	6128	1852	1674	1833	22,6
März	6034	1579	1744	1944	22,6
Apr.	5739	1232	1675	2019	22,1
Mai	5583	1076	1582	2091	22,9
Juni	5476	940	1544	2164	22,4
Juli	5392	757	1354	2229	23,0
Aug.	5224	697	1295	2030	23,2
Sept.	5103	618	1231	2047	22,7
Okt.	5109	582	1139	2204	22,6
Nov.	5355	638	1131	2311	22,1
Dez.	5773	792	1281	2407	22,7
1933					
Jan.	6014	953	1419	2459	23,7
Febr.	6001	942	1513	2476	24,1
März	5599	686	1479	2401	–
Apr.	5331	530	1409	2288	–
Mai	5039	466	1336	2161	–

Tabelle 9: *Das Volkseinkommen und wichtige gesamtwirtschaftliche Größen im Deutschen Reich 1927 bis 1933 (Angaben in Milliarden RM)*

Jahr	Volkseinkommen	Arbeitnehmereinkommen	Unternehmereinkommen	Bruttoinvestitionen im Inland	Laufende Staatsausgaben	Reparationszahlungen
1927	66,2	42,1	21,0	16,8	8,7	1,6
1928	71,2	46,4	21,8	15,8	9,6	2,0
1929	70,9	46,9	21,6	12,2	10,0	2,3
1930	64,6	43,7	19,4	9,5	8,7	1,7
1931	52,1	37,0	16,2	4,4	7,8	1,0
1932	41,1	28,8	13,0	5,3	6,9	0,2
1933	42,6	29,1	13,6	6,5	7,0	0,1

Der Posten »Unternehmereinkommen« erfaßt Einkommen privater Haushalte aus Unternehmertätigkeit und Vermögen. Die »Bruttoinvestitionen« enthalten die Anlageinvestitionen und die Mengen- und Wertänderungen der Vorräte.

Quelle (Tabelle 8 und 9): F. Blaich, Der Schwarze Freitag, München 1985, 165–167.

Chronologie

1930

11./12.3.	Ratifizierung der Young-Verträge durch den Reichstag
27.3.	Rücktritt des Kabinetts der Großen Koalition unter Hermann Müller; Ernennung Brünings zum Kanzler einer Präsidialregierung
30.6.	Vorzeitige Räumung des Rheinlandes von alliierten Truppen
16.7.–18.7.	Aufhebung der 1. Notverordnung zur »Sicherung von Wirtschaft und Finanzen« durch den Reichstag; daraufhin Reichstagsauflösung durch Kanzler Brüning
14.9.	Reichstagswahlen; starke Stimmengewinne der NSDAP
25.9.	»Legalitätseid« Hitlers im Leipziger Hochverratsprozeß
19.10.	Reichstag lehnt mit Stimmen der SPD Mißtrauensanträge gegen die Regierung Brüning ab; damit Beginn des Tolerierungskurses der SPD

1931

9.2.	Auszug der »nationalen Opposition« (NSDAP, DNVP) aus dem Reichstag
20.3.	Reichsregierung veröffentlicht deutsch-österreichischen Zollunionsplan, der v.a. am französischen Veto scheitert
28.3.	Notverordnung Brünings zur »Bekämpfung politischer Ausschreitungen«
1.6.	Brüning und Curtius reisen zu Gesprächen nach London
5.6.	2. Notverordnung zur »Sicherung von Wirtschaft und Finanzen«
20.6.	Präsident Hoover schlägt einjähriges Moratorium für alle internationalen Zahlungsverpflichtungen vor
13.7.	Zusammenbruch der Darmstädter und Nationalbank (Danatbank); Bankenkrise in Deutschland
20.7.–23.7.	Londoner Sechs-Mächte-Konferenz
6.10.	Weitere einschneidende Sparmaßnahmen durch 3. Notverordnung zur »Sicherung von Wirtschaft und Finanzen«
9.10.	Kabinettsumbildung ohne Berücksichtigung der Parteienkonstellation im Reichstag; Brüning übernimmt zusätzlich das Außenministerium, Reichswehrminister Groener wird zugleich Reichsinnenminister
11.10.	Bildung der »Harzburger Front« (NSDAP, DNVP, Stahlhelm)
25.11.	Fund der »Boxheimer Dokumente« über NS-Putschpläne

8. 12.	4. Notverordnung zur »Sicherung von Wirtschaft und Finanzen«
16. 12.	Bildung der »Eisernen Front« (Reichsbanner, Gewerkschaften, Arbeitersportverbände)

1932

27. 1.	Hitlers Rede vor dem Industrieclub in Düsseldorf
Februar	Arbeitslosenzahl in Deutschland erreicht Höchststand von 6,128 Millionen
2. 2.	Internationale Abrüstungskonferenz in Genf beginnt
13. 3./10. 4.	Reichspräsidentenwahl; Hindenburg siegt im zweiten Wahlgang über Hitler und Thälmann (KPD)
13. 4.	SA- und SS-Verbot
24. 4.	Bei Landtagswahlen in Preußen, Bayern, Württemberg, Anhalt und Hamburg große Stimmengewinne der NSDAP; preußische Koalitionsregierung unter Otto Braun (SPD) verliert Mehrheit, bleibt aber geschäftsführend im Amt
12. 5.	Groener tritt als Reichswehrminister zurück
28. 5.	Hitler sichert Franz v. Papen Unterstützung zu, falls das SA-Verbot aufgehoben und der Reichstag aufgelöst wird
30. 5.	Entlassung Brünings durch Hindenburg
1. 6.	Papen wird Kanzler eines Präsidialkabinetts
4. 6.	Reichstagsauflösung
16. 6.	Aufhebung des SA-Verbots
16. 6.–9. 7.	Konferenz von Lausanne; Ende der deutschen Reparationszahlungen
17. 7.	»Altonaer Blutsonntag«; Höhepunkt der Straßenkämpfe vor allem zwischen SA und KPD
20. 7.	Staatsstreich in Preußen; Ernennung Papens zum Reichskommissar für Preußen; Absetzung der bisherigen Preußenregierung unter Otto Braun, die gegen den Verfassungsbruch den Staatsgerichtshof anruft
31. 7.	Reichstagswahlen; NSDAP wird stärkste Reichstagsfraktion
10. 8.	»Potempa-Mord«
13. 8.	Empfang Hitlers bei Hindenburg; dieser weigert sich, Hitler zum Reichskanzler zu ernennen
12. 9.	Reichstagsauflösung nach Annahme eines Mißtrauensantrags gegen Papen
6. 11.	Reichstagswahlen; NSDAP bleibt trotz Verlusten stärkste Partei
17. 11.	Rücktritt des Kabinetts Papen

3. 12.	Kurt v. Schleicher wird Reichskanzler
8. 12.	Gregor Strasser legt Parteiämter in der NSDAP nieder
11. 12.	Grundsätzliche Zusicherung des Prinzips der Rüstungsgleichberechtigung auf der internationalen Abrüstungskonferenz

1933

4. 1.	Papen und Hitler bei Bankier Schröder in Köln
15. 1.	Wahlerfolg der NSDAP in Lippe
28. 1.	Hindenburg entzieht Schleicher das Vertrauen
30. 1.	Hitler wird Reichskanzler in einem überwiegend mit konservativen Ministern besetzten Kabinett
1. 2.	Reichstagsauflösung
4. 2.	»Verordnung zum Schutz des Deutschen Volkes«
27. 2.	Reichstagsbrand; als Reaktion wird in Preußen noch in der gleichen Nacht mit der Verhaftung aller KPD-Funktionäre begonnen
28. 2.	»Verordnung des Reichspräsidenten zum Schutz von Volk und Staat« (Reichstagsbrandverordnung)
5. 3.	Neuwahlen zum Reichstag und zum preußischen Landtag
8. 3.–10. 3.	Gleichschaltung der noch nicht nationalsozialistisch geführten Landesregierungen; Einsetzung von Reichskommissaren in den Ländern
21. 3.	»Tag von Potsdam«: Verbrüderung des »neuen« nationalsozialistischen mit dem »alten« konservativen Deutschland in der Potsdamer Garnisonskirche
23. 3.	Verabschiedung des Ermächtigungsgesetzes, das die Regierung ermächtigt, auch Gesetze mit verfassungsänderndem Inhalt ohne den Reichstag zu erlassen
29. 3.	Erklärung der Fuldaer Bischofskonferenz
31. 3.	Erstes »Gesetz zur Gleichschaltung der Länder mit dem Reich«
1. 4.	Organisierter antijüdischer Boykott im Reich
7. 4.	Zweites »Gesetz zur Gleichschaltung der Länder mit dem Reich«; »Gesetz zur Wiederherstellung des Berufsbeamtentums«
2./3. 5.	Gleichschaltung der Gewerkschaften und Bildung der »Deutschen Arbeitsfront« (DAF) am 10. 5.
10. 5.	Öffentliche Verbrennungen »undeutschen Schrifttums« in zahlreichen Universitätsstädten
17. 5.	Friedensresolution im Reichstag
22. 6.	Verbot der SPD
27. 6.–5. 7.	»Selbstauflösung« von DNVP, Staatspartei, DVP, BVP, Zentrum

27. 6.	Rücktritt Hugenbergs
6. 7.	Hitler erklärt »Revolution« für beendet
14. 7.	»Gesetz gegen Neubildung von Parteien« und »Gesetz zur Verhütung erbkranken Nachwuchses« sowie zahlreiche weitere Regierungsgesetze
20. 7.	Abschluß des Reichskonkordats
27. 9.	Deutsche Evangelische Nationalsynode in Wittenberg; Ludwig Müller wird Reichsbischof
14. 10.	Austritt Deutschlands aus dem Völkerbund
12. 11.	»Reichstagswahlen« (NSDAP-Einheitsliste) und Plebiszit zum Austritt aus dem Völkerbund
1. 12.	Gesetz zur »Sicherung der Einheit von Partei und Staat«: NSDAP wird einzige Staatspartei

1934

20. 1.	Gesetz zur »Ordnung der nationalen Arbeit«
26. 1.	Nichtangriffspakt zwischen Deutschland und Polen
30. 1.	Gesetz über den »Neuaufbau des Reiches«
20. 4.	Ernennung Hitlers zum Gestapochef in Preußen
24. 4.	Bildung des »Volksgerichtshofes«
29.–31. 5.	Barmer Bekenntnissynode
17. 6.	Papens Rede in Marburg
30. 6.	Röhm-Putsch
2. 8.	Tod von Hindenburg; Vereinigung der Ämter des Reichskanzlers und des Reichspräsidenten durch den »Führer und Reichskanzler Adolf Hitler«, auf dessen Person als »Oberster Befehlshaber« die Wehrmacht am gleichen Tag vereidigt wird

Verzeichnis der Abkürzungen

ADGB	Allgemeiner Deutscher Gewerkschaftsbund
AfS	Archiv für Sozialgeschichte
APuZ	Aus Politik u. Zeitgeschichte, Beilage zum »Parlament«
BNSDJ	Bund Nationalsozialistischer Deutscher Juristen
BVP	Bayerische Volkspartei
DAF	Deutsche Arbeitsfront
DC	Deutsche Christen
DDP	Deutsche Demokratische Partei
DNVP	Deutschnationale Volkspartei
DVP	Deutsche Volkspartei
GG	Geschichte u. Gesellschaft
GWU	Geschichte in Wissenschaft u. Unterricht
HZ	Historische Zeitschrift
KZfSS	Kölner Zeitschrift für Soziologie u. Sozialpsychologie
KPD	Kommunistische Partei Deutschlands
NPL	Neue Politische Literatur
NSBO	Nationalsozialistische Betriebszellenorganisation
NSDAP	Nationalsozialistische Deutsche Arbeiterpartei
NSDStB	Nationalsozialistischer Deutscher Studentenbund
OHL	Oberste Heeresleitung
PVS	Politische Vierteljahresschrift
SPD	Sozialdemokratische Partei Deutschlands
VfZ	Vierteljahreshefte für Zeitgeschichte
WRV	Weimarer Reichsverfassung
ZfP	Zeitschrift für Politik

Anmerkungen

Einleitung

1 K.D. Bracher, Zeitgeschichtliche Kontroversen. Um Faschismus, Totalitarismus, Demokratie, München 1976, 62ff., 69 u.ö.
2 M. Hättich, Zwölf Jahre als Exempel. Das Aktuelle an der Geschichte des Nationalsozialismus, in: Süddeutsche Zeitung 19./20. März 1983, 109.
3 Vgl. M. Broszat, Eine Insel in der Geschichte? Der Historiker in der Spannung zwischen Verstehen u. Bewerten der Hitler-Zeit, in: ebd., 7./8. Mai 1983, 137.
4 K.D. Erdmann, Die Geschichte der Weimarer Republik als Problem der Wissenschaft, in: VfZ 3.1955, 5.
5 So W. Hofer in: M. Broszat u.a. Hg., Deutschlands Weg in die Diktatur, Berlin 1983, 192.
6 Ebd., 83f.
7 A. Brecht in seiner Rezension des grundlegenden Buches von K.D. Bracher, Die Auflösung der Weimarer Republik u. die politische Wissenschaft, in: ZfP 2. 1955, 300ff.
8 Zur Kontroverse um den »geplanten« oder »improvisierten« Charakter des »Dritten Reiches« und das Gewicht Hitlers und seines Programms vgl. die Äußerungen W. Hofers einerseits und M. Broszats sowie J. Kockas andrerseits, in: Broszat u.a. Hg., 120ff., 220ff. u.ö. Die Grundpositionen sind entwickelt bei Bracher, Kontroversen, 48, 62, 68 u. 79ff. einerseits, andrerseits bei H. Mommsen, Nationalsozialismus, in: Sowjetsystem u. Demokratische Gesellschaft. Bd. 4, Freiburg 1971, Sp. 695–713, sowie vor allem jüngst ders., Die Realisierung des Utopischen: Die »Endlösung der Judenfrage« im »Dritten Reich«, in: GG 9. 1983, 381–420; M. Broszat, Soziale Motivation u. Führerbindung des Nationalsozialismus, in: VfZ 18. 1970, 392–409.
9 Zitiert nach J. u. R. Becker Hg., Hitlers Machtergreifung 1933. Vom Machtantritt Hitlers 30. Januar 1933 bis zur Besiegelung des Einparteienstaates 14. Juli 1933, München 1983, 365f. u. 217ff.
10 Bracher, Kontroversen, 62.
11 Vgl. dazu den nachdenkenswerten Aufsatz von F. Stern, Der Nationalsozialismus als Versuchung, in: ders. u. H. Jonas, Reflexionen in finsterer Zeit, Tübingen 1984, 1–59.
12 K. Scholder, Die Kirchen u. das Dritte Reich, I: Vorgeschichte u. Zeit der Illusionen 1918–1934, Frankfurt 1977.
13 N. Frei, »Machtergreifung«. Anmerkungen zu einem historischen Begriff, in: VfZ 31. 1983, 136–45.
14 In: Broszat u.a. Hg., 43.

15 Eine lesenswerte Analyse dieser Diskussion ist jüngst vorgelegt worden: B. Eberan, Luther? Friedrich »der Große«? Wagner? Nietzsche? ...? ...? Wer war an Hitler schuld? Die Debatte um die Schuldfrage 1945–1949, München 1985[2].

16 H. Grebing, Die Krise der liberalen Demokratie in Europa u. der Aufstieg des Nationalsozialismus in Deutschland, in: U. Büttner u. W. Jochmann Hg., Zwischen Demokratie u. Diktatur. Nationalsozialistische Machtaneignung in Hamburg – Tendenzen und Reaktionen in Europa, Hamburg 1984, 19f.

17 T. Nipperdey, 1933 u. die Kontinuität der deutschen Geschichte, in: M. Stürmer Hg., Die Weimarer Republik. Belagerte Civitas, Königstein 1985[2], 374–92.

I. Der Zusammenbruch der Großen Koalition und der Aufstieg des Nationalsozialismus

1 Zahlen nach F. Blaich, Der Schwarze Freitag. Inflation und Wirtschaftskrise, München 1985, 64ff.

2 FZ 28.3.1930, zit. nach H. Schulze, Weimar. Deutschland 1917–1933, Berlin 1982, 316.

3 Typisch dafür Schulze, 315ff.; vgl. auch ders., Stabilität u. Instabilität in der Politischen Ordnung von Weimar. Die sozialdemokratischen Parlamentsfraktionen im Reich u. in Preußen, in: VfZ 26. 1978, 419–32; ähnlich auch ders., Die SPD u. der Staat von Weimar, in: Stürmer Hg., 272–86.

4 H. Brüning, Memoiren 1918–1934, Stuttgart 1970, 162.

5 Vgl. dazu die Dokumentation von J. Becker, Zur Politik der Wehrmachtsabteilung in der Regierungskrise 1926/27, in: VfZ 14. 1966, 69ff. u. M. Stürmer, Der unvollendete Parteienstaat. Zur Vorgeschichte des Präsidialregimes am Ende der Weimarer Republik, in: ders. Hg., 314ff.

6 Politik u. Wirtschaft in der Krise 1930–1932. Quellen zur Ära Brüning, eingel. v. G. Schulz, bearb. I. Maurer u. U. Wengst, I, Düsseldorf 1980, 17f.

7 Zit. nach H. Möller, G.R. Treviranus. Ein Konservativer zwischen den Zeiten, in: P. Gordan Hg., Um der Freiheit willen. Eine Festgabe für und von J. u. K. Schauff, Pfullingen 1983, 129.

8 Vgl. zu diesem Streik insbes. E. Fraenkel, Der Ruhreisenstreit 1928–1929 in historischer Sicht, in: F.A. Hermens u. T. Schieder Hg., Staat, Wirtschaft u. Politik in der Weimarer Republik. Festschrift für H. Brüning, Berlin 1967, 97–117, sowie U. Hüllbüsch, Der Ruhreisenstreit in gewerkschaftlicher Sicht, in: H. Mommsen u.a. Hg., Industrielles System u. politische Entwicklung in der Weimarer Republik, Düsseldorf 1974, 271–89.

9 Vgl. dazu zusammenfassend H. Mommsen, Sozialpolitik im Ruhrbergbau, in: ebd., 303–21.
10 Zahlreiche Dokumente dazu in: Politik u. Wirtschaft, Bd. 1, Teil I.
11 Ebd., 58.
12 Zur Affäre um den Bau des Panzerkreuzers A vgl. W. Wacker, Der Bau des Panzerschiffes ›A‹ und der Reichstag, Tübingen 1959. Wenn Schulze (Weimar, 306ff.) davon spricht, es habe sich hier um ein »rein sachproblematisches Thema« gehandelt, das nur durch kommunistische Wahlagitation aufgegriffen wurde, verkennt er, daß hier von allen Beteiligten ein »symbolic use of politics« betrieben wurde. Die militärische Notwendigkeit des Baus war äußerst umstritten. Auch Brüning berichtet (132) davon, daß in keiner Partei das Panzerkreuzerprogramm »sachlich unbedingt unterstützt« worden sei, »es war mehr eine Gefühlsfrage, daß man die Marine nicht ›versacken lassen‹ sollte«.
13 Zit. nach H. Fenske, Strukturprobleme der deutschen Parteiengeschichte. Wahlrecht u. Parteiensystem vom Vormärz bis heute, Frankfurt 1974, 144. Ebd., 142ff. weitere Einzelnachweise.
14 Fenske leitet aus seinen Beobachtungen der parteipolitischen Konfrontation und Koalition in Reich und Ländern ab, daß nur bei Festhalten an der Weimarer Koalition eine gewisse Stabilität erreichbar gewesen wäre. Die Polarisierung mit ihrer Tendenz zum Quasi-Zweiparteiensystem begründet danach die These, daß eine Wahlrechtsreform zugunsten eines Zweiparteiensystems diese Polarisierung verschärft, allenfalls den Bürgerkrieg forciert, auf jeden Fall die Republik noch früher hätte scheitern lassen. Dieses Argument ist gegenüber der bekannten These, die Weimarer Republik sei wegen ihres Verhältniswahlrechts gescheitert, von großer Bedeutung: Die Weimarer Koalition lebte vom Verhältniswahlrecht.
15 Zu Hindenburg vgl. die ebenso kritische wie begründete Bewertung bei H. Möller, Weimar. Die unvollendete Demokratie, München 1985, 57–78.
16 Zit. nach M. Vogt, Das »Versagen« der politischen Parteien in der Weimarer Republik, in: W. Michalka Hg., Die nationalsozialistische Machtergreifung, Paderborn 1984, 66.
17 Fenske, 161.
18 Vgl. dazu die aufschlußreichen Memoiren von Bredt: Erinnerungen u. Dokumente von J. V. Bredt, 1914–1933, Bearb. M. Schumacher, Düsseldorf 1970, 219ff. u. 367ff.; allgemein dazu auch Brüning, 161ff.
19 Möller, Treviranus, 130.
20 Vgl. die Tabelle zu den Reichstagswahlen von 1928 bis 1933, S. 240f.
21 Zahlreiche Dokumente dazu und zum folgenden in: Politik u. Wirtschaft, Bd. 1. Vgl. dazu auch ebd. die Einleitung, XXXVIIff.
22 Zu diesen Verhandlungen Brüning, 179ff.; Politik u. Wirtschaft, Bd. 1, 286ff.

23 Ebd., 324f., Anm. 2.

24 Zur Problematik des Art. 48 vgl. den wichtigen Aufsatz von H. Boldt, Der Artikel 48 der Weimarer Reichsverfassung. Sein historischer Hintergrund u. seine politische Funktion, in: Stürmer Hg., 288–309 mit weiteren Nachweisen, sowie G. Schulz, Aufstieg des Nationalsozialismus, Berlin 1975, 540ff.

25 Zu dem Gutachten Zweigert-Joël siehe: Politik u. Wirtschaft, Bd. 1, LVIIff. und 122.

26 Zur verfassungspolitischen Konzeption und zu den Zielen des Reichskanzlers vgl. Brüning, und dazu die Kontroverse zwischen K. D. Bracher, Brünings unpolitische Politik u. die Auflösung der Weimarer Republik, in: VfZ 19. 1971, 113–23, und G. Schulz, Erinnerungen an eine mißlungene Restauration, H. Brüning und seine Memoiren, in: Der Staat 11. 1972, 61–81 einerseits, dagegen W. Conze, Die Reichsverfassungsreform als Ziel der Politik Brünings, in: ebd., 209–17.

27 Schulz, Aufstieg, 537.

28 Vgl. zu den genauen Wahlergebnissen die Tabelle S. 240f.

29 Politik u. Wirtschaft, Bd. 1, 398, Anm. 3.

30 Vgl. zu diesen Zahlen und ihrer zeitgenössischen Zusammenstellung und Interpretation den Entwurf einer preußischen Denkschrift über die NSDAP vom Mai 1930 und das Protokoll über die Vorträge auf der deutschen Nachrichtenkonferenz Ende April 1930 im Reichsministerium des Innern, abgedruckt in: Staat und NSDAP 1930–1932, Quellen zur Ära Brüning, eingel. v. G. Schulz, bearb. I. Maurer u. U. Wengst, Düsseldorf 1977, 23ff. u. 66ff.

31 Zur Soziologie der NS-Wählerschaft vgl. statt vieler T. Childers, The Nazi Voter: the Social Foundation of Fascism in Germany, 1919–1933, Chapel Hill 1983, sowie zusammenfassend J. W. Falter, Wer verhalf der NSDAP zum Sieg? Neuere Forschungsergebnisse zum parteipolitischen u. sozialen Hintergrund der NSDAP-Wähler 1924–1933, in: APuZ 28-29/1979, 3–21; ferner: M. Broszat, Die Machtergreifung. Der Aufstieg der NSDAP u. die Zerstörung der Weimarer Republik, München 1984, 94–121.

32 Zu diesen beiden Thesen vgl. ausführlich J. W. Falter, Radikalisierung des Mittelstandes oder Mobilisierung der Unpolitischen?, in: P. Steinbach Hg., Partizipation als Mittel der politischen Modernisierung, Stuttgart 1980, 438–469. Zur Differenzierung von Lipset auch H. A. Winkler, Extremismus der Mitte? Sozialgeschichtliche Aspekte der nationalsozialistischen Machtergreifung, in: VfZ 20. 1972, 175–191, sowie ders., Mittelstandsbewegung oder Volkspartei? Zur sozialen Basis der NSDAP, in: W. Schieder Hg., Faschismus als soziale Bewegung. Deutschland und Italien im Vergleich, Hamburg 1976, 97–118.

33 S. M. Lipset, Nationalsozialismus – ein Faschismus der Mitte, in: G. Jasper Hg., Von Weimar zu Hitler 1930–1934, Köln 1968, 114ff.

34 Falter, Radikalisierung, 463.
35 B. S. Frey u. H. Weck, Hat Arbeitslosigkeit den Aufstieg des Nationalsozialismus bewirkt?, in: Jahrbücher für Nationalökonomie u. Statistik 196. 1981, 23.
36 J. W. Falter u.a., Arbeitslosigkeit u. Nationalsozialismus. Eine empirische Analyse des Beitrags der Massenerwerbslosigkeit zu den Wahlerfolgen der NSDAP 1932 und 1933, in: KZfSS 35. 1983, 525–554, Zit. 550f. Vgl. auch ders., Politische Konsequenzen von Massenarbeitslosigkeit. Neue Daten zu kontroversen Thesen über die Radikalisierung der Wählerschaft am Ende der Weimarer Republik, in: PVS 25. 1984, 275–95.
37 Vgl. dazu Scholder, Kirchen, I, 161ff. mit vielen Nachweisen; ferner K. Nowak, Evangelische Kirche u. Weimarer Republik, Göttingen 1981, 293ff.
38 Vgl. dazu Winkler, Mittelstandsbewegung, 102f.; P.D. Stachura, Der kritische Wendepunkt? Die NSDAP und die Reichstagswahlen vom 20. Mai 1928, in: VfZ 26. 1978, 66–99.
39 Zitiert nach E. Hennig, Regionale Unterschiede bei der Entstehung des deutschen Faschismus. Ein Plädoyer für »mikroanalytische« Studien zur Erforschung der NSDAP, in: PVS 21. 1980, 164.
40 Über einige wichtige Beispiele der Lokalgeschichte in den dreißiger Jahren orientieren zusammenfassend F. Greß u. H.-G. Jaschke, Neue Tendenzen der Faschismusanalyse im deutschen u. englischsprachigen Bereich. Ein Überblick, in: NPL 27. 1982, 20–46, sowie Hennig, Unterschiede, 152–73. Als gelungene Einzelstudie sei verwiesen auf E. Scheurich, Aufstieg u. Machtergreifung des Nationalsozialismus in Wertheim am Main, Wertheim 1983; für die regionale Ebene und die Relevanz einzelner Gauleiter typisch F. Kühnel, Hans Schemm. Gauleiter u. Kultusminister (1891–1935), Nürnberg 1985.
41 Winkler, Extremismus, 181, mit weiteren Nachweisen.
42 H. Mommsen, Zur Verschränkung traditioneller u. faschistischer Führungsgruppen in Deutschland beim Übergang von der Bewegungs- zur Systemphase, in: Schieder Hg., 164.

II. Die Kanzlerschaft Brünings

1 Tagebucheintragung von Staatssekretär Schäffer vom 16.9.1930, in: Politik u. Wirtschaft, Bd. 1, 382, Anm. 2. Weitere einschlägige Belege ebd., 383ff. u. 394, Anm. 2.
2 Brüning, 186ff.
3 Brief an Curtius vom 15.9.1930, in: Politik u. Wirtschaft, Bd. 1, 382f.
4 Bredt, 229.

5 Vgl. den ausführlichen Bericht über dieses Gespräch bei Brüning, 192–96.
6 Ebd., 187.
7 Bredt, 230.
8 R. Hilferding, In der Gefahrenzone, in: Gesellschaft 7. 1930 (Oktober 1930), 296.
9 Presseerklärung der SPD vom 16.10.1930 zur Begründung ihrer Tolerierung Brünings, in: Politik u. Wirtschaft, Bd. 1, 431 f.
10 Vorwärts v. 18.11.1931 und Rote Fahne v. 18.11.1931.
11 Vgl. dazu H. Grebing, Auseinandersetzung mit dem Nationalsozialismus, in: W. Luthardt Hg., Sozialdemokratische Arbeiterbewegung und Weimarer Republik, 1927–1933, II, Frankfurt 1978, 259–380.
12 Hilferding, 296 f.
13 Zitiert nach J. Becker, Brüning, Prälat Kaas u. das Problem einer Regierungsbeteiligung der NSDAP 1930–1932, in: HZ 196. 1963, 103.
14 Brüning, 278 f.
15 Ebd., 309.
16 Politik u. Wirtschaft, Bd. 1, 384.
17 Brüning, 194.
18 Aufzeichnung Westarps über mehrere politische Besprechungen von Ende Oktober 1930, in: Politik u. Wirtschaft, Bd. 1, 433.
19 Die Denkschrift ist abgedruckt bei G. Jasper, Zur innenpolitischen Lage in Deutschland im Herbst 1929, in: VfZ 8. 1960, 280–89. Zur Gewaltstrategie der KPD und NSDAP vgl. E. Rosenhaft, Die KPD der Weimarer Republik u. das Problem des Terrors in der »Dritten Periode«, 1929–1933; u. P. H. Merkl, Formen der nationalsozialistischen Gewaltanwendung. Die SA der Jahre 1925–1933, beide in: W. J. Mommsen u. G. Hirschfeld Hg., Sozialprotest, Gewalt, Terror. Gewaltanwendung durch politische u. gesellschaftliche Randgruppen im 19. u. 20. Jahrhundert, Stuttgart 1982, 394–421 und 422–40.
20 Vgl. hierzu wichtige Dokumente in: Staat u. NSDAP sowie ebd., Einleitung XXII f.
21 Erlaß des Reichswehrministers vom 22.1.1930, ebd., 4.
22 Ebd. u. ö., ferner dazu R. Morsey, Beamtenschaft u. Verwaltung zwischen Republik u. »Neuem Staat«, in: K. D. Erdmann u. H. Schulze Hg., Weimar. Selbstpreisgabe einer Demokratie, Düsseldorf 1980, 151–68 mit weiteren Nachweisen.
23 Zur Rechtsprechung über die KPD vgl. G. Jasper, Justiz u. Politik in der Weimarer Republik, in: VfZ 30. 1982, 177 ff.
24 Staat u. NSDAP, 3.
25 Die Zusammenfassung dieser Denkschrift und ein Vorentwurf sind abgedruckt in: Staat u. NSDAP, 95 f. u. 51 ff. Zur Bewertung vgl. ebd., XXXVI ff.
26 Vollständig abgedruckt ebd., 96–155.

27 Vgl. die interessante Konstruktion eines solchen Urteils in: Die Justiz 5. 1929/1930, 678ff.
28 Dokumente zu diesem Vergleich in: Staat u. NSDAP, 172ff. Zum Prozeß vor dem Staatsgerichtshof und zur Haltung von Reichsgerichtspräsident Bumke vgl. D. Kolbe, Reichsgerichtspräsident Dr. Erwin Bumke, Karlsruhe 1975, 145–51.
29 Staat u. NSDAP, 165, Anm. 7.
30 Aktenstücke dazu ebd., 169ff. u. ö.
31 Vgl. zum folgenden Kolbe, Bumke, 88–98, Schulz, Aufstieg, 588–98, sowie die Rekonstruktion der Vernehmung Hitlers und des Staatssekretärs Zweigert bei P. Bucher, Der Reichswehrprozeß. Der Hochverrat der Ulmer Reichswehroffiziere 1929/30, Boppard 1967, 237–80 und 284–99.
32 Bredt, 250ff.
33 Bucher, 293f.
34 Brüning, 157; Staat u. NSDAP, 164f. und 171f., Anm. 2.
35 Vgl. dazu K.-D. Godau-Schüttke, Rechtsverwalter des Reiches Staatssekretär Dr. Curt Joël, Frankfurt 1981, 116ff. und 130f.
36 Vgl. Staat u. NSDAP, 176ff. Auf diese Urteile stützte später Arnold Brecht seine Verteidigung der preußischen Regierung gegen den Vorwurf, sie hätte KPD und NSDAP unzulässigerweise gleichbehandelt, was durch die Rechtsvertreter der Reichsregierung, insbesondere durch Carl Schmitt, mit dem Argument vorgebracht worden war, es sei ein Gebot der Gerechtigkeit und Objektivität, »die für eine Bewegung, mit der Millionen Deutsche nicht nur sympathisieren, der sie ihre Stimme gegeben haben, beleidigende Gleichstellung mit der Kommunistischen Partei aufzuheben«. In seiner Gegenrede zitierte Brecht weite Passagen dieser Urteile: A. Brecht, Mit der Kraft des Geistes, Stuttgart 1967, 202ff.
37 Brüning, 463ff. Vgl. zu diesem Vorgang auch Godau-Schüttke, Joël, 119ff. u. 131, der die erteilte Weisung für gesetzwidrig hält; vgl. dazu auch Kolbe, 113ff.
38 Schulz, Aufstieg, 602.
39 »Wo stehen wir«, Süddeutsche Monatshefte 29. 1932, 407.
40 Brüning, 220, 372f. u. 568f.
41 Politik u. Wirtschaft, Bd. 2, 913f.
42 Brüning, 569f.
43 Ebd., 456.
44 Umfangreiches Zahlenmaterial zur Wirtschaftskrise bringt Blaich, Schwarzer Freitag, 165ff.
45 Zitiert nach U. Büttner, Hamburg 1932: Rettung der Republik oder Systemzerstörung, in: dies. u. W. Jochmann Hg., Zwischen Demokratie u. Diktatur, Hamburg 1984, 58.
46 K. Borchardt, Wachstum, Krisen, Handlungsspielräume der Wirt-

schaftspolitik, Göttingen 1982. Aus der umfangreichen Diskussion sei besonders verwiesen auf C.-L. Holtfrerich, Alternativen zu Brünings Wirtschaftspolitik in der Weltwirtschaftskrise?, in: HZ 235. 1982, 605–31; G. D. Feldman, Die Sozial- und Wirtschaftspolitik der deutschen Unternehmer 1918–1929, in: ders., Vom Weltkrieg zur Weltwirtschaftskrise. Studien zur deutschen Wirtschafts- und Sozialgeschichte 1914–1932, Göttingen 1984; die Diskussionsbeiträge in Broszat, Deutschlands Weg, 124ff.; GG 11, 1985/3: Kontroversen über die Wirtschaftspolitik in der Weimarer Republik, 273–376.

47 Brüning, 203.

48 Zur Beamtenpolitik Brünings detailliert vgl. H. Mommsen, Staat u. Bürokratie in der Ära Brüning, in: G. Jasper Hg., Tradition u. Reform in der deutschen Politik. Gedenkschrift für W. Besson, Berlin 1976, 81–137.

49 Zur Bedeutung der persönlichen Beziehungen vgl. T. Eschenburg, Die Rolle der Persönlichkeit in der Krise der Weimarer Republik. Hindenburg, Brüning, Groener, Schleicher, in: VfZ 9, 1961, 1–29.

50 Brief Groeners an Brüning vom 10.4.1932, in: Staat u. NSDAP, 312ff. Ebd. weitere Dokumente zum SA-Verbot. Vgl. auch ebd., Einleitung, ebd., LVII, u. Brüning, 538ff.

51 So K. D. Bracher in seiner Rez. der Brüningschen Memoiren, in: VfZ 19. 1971, 123.

III. Das Zwischenspiel Papen–Schleicher

1 J. Goebbels, Vom Kaiserhof zur Reichskanzlei, Berlin 1934, 104.

2 Vertraulicher Bericht des badischen Gesandten in Berlin über die Besprechung zwischen der Reichsregierung und den Ländervertretungen vom 13.6.1932, abgedruckt in: Staat u. NSDAP, 326–32.

3 Zitiert nach Schulze, Weimar, 375.

4 Ebd.

5 Zum preußisch-deutschen Problem vgl. G. Jasper, Preußen u. die deutsche Republik – Belastung oder Bollwerk?, in: Deutsche Verwaltungspraxis 32. 1981, 188–93.

6 Neben den einschlägigen Darstellungen vgl. zum Staatsstreich in Preußen den Bericht von Grzesinski, abgedruckt bei Broszat, Machtergreifung, 189–98, Zur Vorgeschichte und Beurteilung sowie zur verfassungsrechtlichen Würdigung wichtig: G. Schulz, »Preußenschlag« oder Staatsstreich? Neues zum 20. Juli 1932, in: Der Staat 17. 1978, 553–81; dort auch weitere Hinweise auf Spezialliteratur. Vgl. ferner L. Biewer, Der Preußenschlag vom 20. Juli 1932, in: Blätter für deutsche Landesgeschichte 119. 1983, 159–72.

7 Zitiert nach E. Matthias u. R. Morsey Hg., Das Ende der Parteien

1933, Düsseldorf 1960, 1979²; dort (119–45) ein ausführliches Stimmungsbild über den Widerstandswillen der Partei, so die scharfe Kritik an der Parteiführung, die sich Matthias ausdrücklich zu eigen macht.

8 Einen guten Überblick über diese Kritik und die Entfaltung einer beachtenswerten Antikritik gibt mit vielen Nachweisen H. Grebing, Flucht vor Hitler? Historiographische Forschungsergebnisse über die Aussichten des Widerstandes der Arbeiterbewegung gegen die Nationalsozialistische Machtübernahme, in: APuZ B 4–5, 1983, 26–42.

9 Vgl. dazu W. Hoegner, Flucht vor Hitler, München 1977, 36.

10 Vgl. die detaillierte Tabelle über die Wahlergebnisse im Anhang S. 240f

10a Zitiert nach H. Weber, Hauptfeind Sozialdemokratie, Düsseldorf 1982, 56.

11 Reichstagsprotokolle 10. Mai 1932, 2510ff. Zum Arbeitsbeschaffungsprogramm der NSDAP vgl. auch Schulz, Aufstieg, 736f.

12 Brüning, 299 u. 571.

13 Vgl. zu diesem WTB-Plan die detailreiche Studie von W. Zollitsch, Einzelgewerkschaften und Arbeitsbeschaffung: Zum Handlungsspielraum der Arbeiterbewegung in der Spätphase der Weimarer Republik, in: GG 8. 1982, 87–115.

14 Eine Analyse der Kritik der »Neuen Blätter für den Sozialismus«, in denen viele zukünftige Widerstandskämpfer, etwa Carlo Mierendorf und Theodor Haubach, schrieben, liefert die ungedruckte Staatsexamensarbeit von R. Schaefer, Die Strategiediskussion in der deutschen Sozialdemokratie während der Tolerierungspolitik gegenüber dem ersten Kabinett Brüning, Erlangen 1984. Vgl. ferner M. Martiny, Die Entstehung und politische Bedeutung der »Neuen Blätter für den Sozialismus« u. ihres Freundeskreises, in: VfZ 25. 1977, 373–419. Die Forderung nach einer Militarisierung der Partei von Haubach ist auch wiederabgedruckt bei Luthardt, Arbeiterbewegung, Bd. 2, 314ff. dort auch die Zitate.

15 Zitiert nach K. D. Bracher, Die Auflösung der Weimarer Republik, Stuttgart 1957², 617.

16 Vgl. P. Kluke, Der Fall Potempa, in: VfZ 5. 1957, 279–97.

17 Zitiert nach Bracher, Auflösung, 619.

18 Vgl. dazu ausführlich Jasper, Justiz, 167–205.

19 Zitiert nach M. H. Kater, Sozialer Wandel in der NSDAP im Zuge der nationalsozialistischen Machtergreifung, in: Schieder Hg., 34 mit Anm. 63.

20 Zitiert nach Büttner, 58.

21 Zu diesem Konzept ausführlich Bracher, Auflösung, 536–45.

22 Vgl. die detaillierte Tabelle über die Wahlergebnisse im Anhang S. 240f

23 So G. A. Ritter, in: Broszat u. a. Hg., 111. Ein gelungenes Portrait gibt J. C. Fest, F. v. Papen u. die konservative Kollaboration, in: Jasper Hg., 229–45.

24 Zitiert nach Bracher, Auflösung, 666.
25 Zitiert nach Schulze, Weimar, 392.
26 Z.B. ebd., 396ff.
27 Vgl. dazu jetzt insb. R. Neebe, Unternehmerverbände u. Gewerkschaften in den Jahren der Großen Krise 1929–33, in: GG 9. 1983, 322ff., sowie Feldmann, Vom Weltkrieg.
28 Einen Einblick in die Kontroverse bieten H. A. Turner, Großunternehmertum u. Nationalsozialismus 1930–1933, in: HZ 221. 1975, 18–68; D. Stegmann, Antiquierte Personalisierung oder sozio-ökonomische Faschismusanalyse?, in: AfS 17. 1977, 275–96. Zusammenfassend jetzt der Überblick bei E. Kolb, Die Weimarer Republik, München 1984, 211ff. mit Hinweisen auf weitere Spezialliteratur. Zur Finanzierung T. Trumpp, Zur Finanzierung der NSDAP durch die deutsche Großindustrie. Versuch einer Bilanz, in: GWU 32. 1981, 223–41. Zusammenfassend: H. A. Turner, Die Großunternehmer und der Aufstieg Hitlers, Berlin 1985.
29 So der Titel einer Bekenntnisschrift von F. Thyssen, London 1941.
30 Politik u. Wirtschaft, Bd. 1, 339.
31 Eine Aufstellung und weitere Einzelheiten gibt Schulz, Aufstieg, 633ff.
32 Neebe, Unternehmerverbände, 322f.
33 Eine präzise Rekonstruktion der Gespräche und Etappen bis zur Ernennung Hitlers zum Kanzler ist jetzt leicht greifbar bei Broszat, Machtergreifung, 156–76.
34 Zitiert nach Schulze, Weimar, 410.

IV. Die Machtergreifung

1 K. D. Bracher, Stufen totalitärer Gleichschaltung: Die Befestigung der nationalsozialistischen Herrschaft 1933/34, in: VfZ 4. 1956, 30–42. M. Stürmer, Das industrielle Deutschland. Von 1866 bis zur Gegenwart, in: H. Boockmann u.a., Mitten in Europa: Deutsche Geschichte, Berlin 1984, 342f.
2 Die im folgenden zitierten Gesetze, Verordnungen und Erlasse sind sämtlich abgedruckt in: Ursachen u. Folgen, Bd. 9: Das Dritte Reich.
3 Zitiert nach J. u. R. Becker, 62. Die einleitende Reportage von Goebbels und weitere Zeugnisse der Übertragung ebd., 57ff.
4 Zitiert nach K. D. Bracher u.a., Die nationalsozialistische Machtergreifung. Studien zur Errichtung des totalitären Herrschaftssystems in Deutschland 1933/34, Köln 1962[2], 71; dort auch genauere Hinweise zu Hitlers Ausführungen und zum Teilnehmerkreis.
5 Zitiert nach R. Neebe, Die Industrie u. der 30. Januar 1933, in: K. D.

Bracher u. a. Hg., Nationalsozialistische Diktatur 1933–1945, Düsseldorf 1983, 165.

6 Zur Reichstagsbrand-Kontroverse vgl. F. Tobias, Der Reichstagsbrand, Rastatt 1962; H. Mommsen, Der Reichstagsbrand u. seine politischen Folgen, in: VfZ 12. 1964, 351–413, sowie für die Gegenthese der NS-Brandstiftung W. Hofer u. a., Hg., Der Reichstagsbrand – Eine wissenschaftliche Dokumentation, 2 Bde., München 1972/1978. Jüngst auch K. H. Janßen, Kabalen um den Reichstagsbrand, in: Die Zeit, 14.9.1979, 21.9.1979, 28.9.1979, 5.10.1979; dazu auch: Die Zeit 23.11.1979, »Forum«, Zur Gegenthese Graf, in: Broszat u. a., Hg., 233f. Zusammenfassend jetzt: U. Backes u. a., Reichtagsbrand. Aufklärung einer historischen Legende, München 1986.

7 Die Zeit, 5.10.1979, 60.

8 Zu den genauen Wahlergebnissen vgl. Anhang S. 240f.

9 So Hitler in der Ministerbesprechung vom 20. März 1933, in: Akten der Reichskanzlei, Die Regierung Hitler, Teil I: 1933/34, Bd. 1, Boppard 1983, 329.

10 Gestützt auf diese formale Berechnung hat H. Jäckel (Brauchte Hitler das Zentrum? Zur Abstimmung über das Ermächtigungsgesetz am 23. März 1933, in: Die Zeit, 18.3.1983, 62) jüngst behauptet, Hitler hätte die Unterstützung des Zentrum gar nicht benötigt; diese Argumentation verkennt aber vollkommen den für Hitler unabdingbaren politischen Stellenwert der Zentrumszustimmung.

11 Berichtet von Morsey in: Broszat u. a. Hg., 235.

12 Vgl. dazu die materialreiche kleine Studie von G. Dannemann, Legale Revolution, Nationale Revolution. Die Staatsrechtslehre zum Umbruch von 1933, in: E. W. Böckenförde Hg., Staatsrecht u. Staatsrechtslehre im Dritten Reich, Heidelberg 1985, 3–22; das Zitat von Huber: ebd., 11. Der Begriff »legale Revolution« wurde von Heinrich Triepel erst nach Erlaß des Ermächtigungsgesetzes geprägt (ebd., 3). Der berühmte Kommentator der Weimarer Verfassung und eingefleischte Positivist Gerhard Anschütz behielt auch damals einen klaren Blick: als Antwort auf wüste öffentliche Attacken in der Presse gegen ihn, weil er die Verhaftung sozialdemokratischer Abgeordneter als rechtswidrig bezeichnet hatte, beantragte er seine Emeritierung; er begründete sein Gesuch damit, daß er als Staatsrechtler die notwendige Verbundenheit mit dem neuen Staatsrecht nicht aufbringen könne (ebd., 51).

13 H. Schneider, Das Ermächtigungsgesetz vom 24. März 1933, in: Jasper Hg., 414.

14 Regierung Hitler I/1, 39f.

15 Kolbe, 204–11.

16 Die Beschlüsse des Reichsrats und der Bericht Fricks im Reichskabinett sind abgedruckt in: Regierung Hitler I/1, 84ff.

17 Ebd., 262ff.
18 Ebd.
19 Das Zitat entstammt dem Protokoll, das Hindenburgs Staatssekretär Meißner zur Vorlage beim Reichskanzler für die Reichskanzlei fertigte, ebd., 87ff.
20 K. O. v. Aretin, Der Schwindel vom 9. März 1933, Die »Machtergreifung« in Bayern, in: Süddeutsche Zeitung 5./6. März 1983, 115.
21 Nach dem Bericht des Dachauer Volksblatts. Zitiert bei J. u. R. Becker Hg., 149f. In diesem Band sind weitere Pressemeldungen über Unregelmäßigkeiten, Erschießungen auf der Flucht und ähnliche Vorkommnisse im Lager aus der noch nicht völlig gleichgeschalteten Presse abgedruckt, die erkennbar machen, daß die brutale Behandlung der Lagerinsassen durchaus in die Öffentlichkeit drang. Wer wissen wollte, konnte wissen.
22 Aus dem Protokoll des Generals Liebmann über eine Rede Hitlers vor den Befehlshabern des Heeres und der Marine. Abgedruckt ebd., 40.
23 Schulz, Aufstieg, 752.
24 Zum Stellenwert des Parteiprogramms und von Hitlers »Weltanschauung« in der Phase der Machtergreifung vgl. V. Losemann, Nationalsozialistische Weltanschauung u. Herrschaftspraxis 1933–1935, in: K. Malettke Hg., Der Nationalsozialismus an der Macht, Göttingen 1984, 9–52. Zum Parteiprogramm ebd., 10ff. mit weiteren Nachweisen.
25 Broszat, Motivation, 399f.
26 J. u. R. Becker Hg., 40f.
27 Regierung Hitler I/1, 3.
28 Aufruf der Reichsregierung vom 1.2.1933, zitiert nach J. u. R. Becker Hg., 36ff.
29 Vgl. die Niederschrift der Ministerbesprechung vom 31.3.1933: Regierung Hitler I/1, 276f. Zum Echo in der Bevölkerung zahlreiche sehr widersprüchliche Dokumente bei J. u. R. Becker Hg., 187ff., sowie I. Kershaw, Antisemitismus u. Volksmeinung, in: M. Broszat u.a. Hg., Bayern in der NS-Zeit, Bd. 2, München 1979, 281–317 u. 343ff.
30 Der Briefwechsel Hindenburg–Hitler vom 4.–5. April 1933 ist abgedruckt in: Ursachen u. Folgen, Bd. 9, 393ff. Der Wortlaut des Gesetzes mit Durchführungsverordnung und Ergänzungen ebd., 283ff. Zur Entstehung und Bedeutung dieses Gesetzes vgl. H. Mommsen, Beamtentum im Dritten Reich, Stuttgart 1966.
31 Regierung Hitler I/1, 321.
32 Ebd., 370.
33 Zu diesem Gesetz vgl. ebd., 293, 324, 420 und 674f. Dort auch die amtlichen Zahlen. Der preußische Erlaß vom 31.3.1933 in: Ursachen u. Folgen, Bd. 9, 391.
34 Regierung Hitler I/1, 384.

35 Ebd., 660; vgl. ferner ebd., 182f. Die Polemik gegen »Ostjuden« war schon länger ein klassisches Alibi-Argument, hinter dem sich ein allgemeiner Antisemitismus nur schlecht versteckte. Vgl. dazu schon: Der Berliner Antisemitismusstreit, Hg. W. Boehlich, Frankfurt 1965, mit den Streitschriften von Treitschke und Mommsen.

36 Regierung Hitler I/1, 188f. u. 274f.

37 Erklärung des ADGB vom 21.3.1933, weitere zahlreiche Belege für die Anpassungsbereitschaft des ADGB bei M. Scharrer Hg., Kampflose Kapitulation, Reinbek 1984, 101–14. Dort auch weitere Literaturhinweise zur Politik der Gewerkschaften. Vgl. ferner B. Martin, Die deutschen Gewerkschaften u. die nationalsozialistische Machtübernahme. Von der Anpassungspolitik während der Präsidialkabinette zur Selbstausschaltung im totalitären Staat, in: GWU 36. 1985, 605–31.

38 Zitiert nach J. u. R. Becker Hg., 217.

V. Der Aufbruch der Nation

1 Ursachen u. Folgen, Bd. 9, 133ff.

2 J. u. R. Becker Hg., 156f.

3 Diese aufschlußreiche Rede ist abgedruckt ebd., 207–11.

4 I. Scholl, Die Weiße Rose, Frankfurt 1953, 13ff.

5 Die Justiz VIII. 1932/1933, 284. Vgl. auch E. Fraenkel, Zur Soziologie der Klassenjustiz u. Aufsätze zur Verfassungskrise 1931–32, Darmstadt 1968, XIV.

6 O. Koellreutter, Der Sinn der Reichstagswahlen, Tübingen 1930, 16 u. 32f.; ders., Der nationale Rechtsstaat im Wandel der deutschen Staatsidee, ebd. 1932, 35; ders., Parteien u. Verfassung im heutigen Deutschland, in: Festgabe für R. Schmitt, Bd. 2, Leipzig 1932, 115f., 133 u. 137ff. Vgl. ferner zusammenfassend U. Schellenberg, Die Rechtsstaatskritik – Vom liberalen zum nationalen und nationalsozialistischen Rechtsstaat, in: Böckenförde Hg., 71–88 mit vielen weiteren Nachweisen.

7 Alle Zitate in: Regierung Hitler I/1, 163ff., 217ff., 250ff. und 207.

8 A. Leschnitzer, Saul u. David, Heidelberg 1954, 144. Hier zitiert nach W. Scheffler, Wege zur Endlösung, in: H. A. Strauss u. N. Kampe Hg., Antisemitismus. Von der Judenfeindschaft zum Holocaust, Frankfurt 1984, 197.

9 Urteil des Reichsgerichts vom 23.12.1933, nach einer Urteilsabschrift aus dem Institut für Zeitgeschichte. Zitate dort 93–97.

10 Zitiert nach M. Hirsch u.a., Recht, Verwaltung u. Justiz im Nationalsozialismus, Köln 1984, 447.

11 Gesetz vom 28.6.1935, zitiert ebd., 455. Zur Politisierung des Strafrechts vgl. W. Naucke, Die Aufhebung des strafrechtlichen Analogie-

verbots 1935, in: NS-Recht in historischer Perspektive, München 1981, 71–108.

12 Vgl. dazu den materialreichen Beitrag von H. Wrobel, Die Anfechtung der Rassenmischehe – Diskriminierung u. Entrechtung der Juden in den Jahren 1933–1935, in: Kritische Justiz 16. 1983, 349–74.

13 Vgl. zum folgenden H. Wrobel, Der deutsche Richterbund im Jahre 1933 – Skizze eines Ablaufs, in: Kritische Justiz 15. 1982, 323–47, sowie Th.Rasehorn, C. Schmitt siegt über H. Kelsen, Das Ende der Weimarer Republik im Spiegel juristischer Publizistik, in: APuZ 48/1985, 3–13.

14 Deutsche Richterzeitung 1933, 123.

15 Ebd., 155f.

16 Vgl. das erschütternde Protokoll bei J. u. R. Becker Hg., 150–54.

17 Die Dachauer Ermittlungsakten wurden von der Staatsanwaltschaft dem Innenministerium zur Überprüfung übergeben und von dort Himmler weitergeleitet, in dessen Politischer Polizeikommandantur sie verschwanden. Vgl. L. Gruchmann, Die bayerische Justiz im politischen Machtkampf 1933/34, in: Broszat u.a. Hg., Bayern in der NS-Zeit, Bd. 2, 416ff.

18 Alle Zitate aus L. E. Hill, Die Weizsäcker Papiere 1933–1950, Berlin 1974, 60–76. Zur Karriere und zu den politischen Grundanschauungen Weizsäckers vgl. die Einleitung des Herausgebers ebd., insbes. 16–26.

19 Auf das Phänomen der Abwesenheit von Kontrollinstrumenten in den Reformvorstellungen von Fritz Dietlof Graf von der Schulenburg, eines hohen Verwaltungsbeamten, frühen NSDAP-Mitgliedes und späteren Widerstandskämpfers hat H. Mommsen hingewiesen. Die politischen Vorstellungen Schulenburgs, die um das Ideal eines Beamtenstaates kreisen, lassen sich trotz mancher Unterschiede mit den Vorstellungen Weizsäckers durchaus vergleichen; sie berechtigen, diese als repräsentativ zu betrachten. Vgl. H. Mommsen, F. D. v. d. Schulenburg u. die preußische Tradition, in: VfZ 32. 1984, 213–39, insbesondere 232f.

20 W. Künneth u. H. Schreiner Hg., Die Nation vor Gott – Zur Botschaft der Kirche im Dritten Reich, Berlin 1934^3, 5.

21 Ebd., S. 192ff.

22 Zitiert nach C. Nicolaisen, Widerstand oder Anpassung? Evangelische Kirche zwischen Kreuz u. Hakenkreuz, in: J. Hampel Hg., Der Nationalsozialismus, Bd. 1, München 1985, 200.

23 Zitiert nach Scholder, Kirchen, Bd. 2, 209f.

24 Ursachen u. Folgen, Bd. 9, 15, 141 u. 144.

25 Zahlen nach: Die Religion in Geschichte u. Gegenwart, Bd. 3, Tübingen 1959^3, 1345. 1938/39 hatte sich der Wind wieder gedreht: 327000 bzw. 378000 Austritte gegenüber 30000 bzw. 21000 Eintritten. Für den katholischen Bereich liegen tendenziell ähnliche Zahlen vor.

26 Regierung Hitler I/1, 107f.
27 Die Grundsatzerklärung ist vollständig abgedruckt bei Kühnel, H. Schemm, 289ff.
28 Nicolaisen, 199f. (DC Richtlinien).
29 Nation vor Gott, 115–137. Die folgenden Zitate dort 119f., 131f. u. 137.
30 Scholder, Kirchen, Bd. 1, 615.
31 Ebd., 327.
32 So K. Barth in einem Brief an D. Bonhoeffer, ebd., 683.
33 D. Bonhoeffer, Ges. Schriften, Bd. 2, 44–53, Zitate 45, 48f. u. 53. Zum Zusammenhang vgl. auch E. Bethge, D. Bonhoeffer, München 1967, 323ff.
34 Regierung Hitler I/1, 160.
35 Zu dieser Kontroverse zwischen Scholder und Repgen siehe als letzten Beitrag mit vielen Nachweisen K. Repgen, Zur vatikanischen Strategie beim Reichskonkordat, in: VfZ 31. 1983, 506–35.
36 Diese innervatikanischen Positionen sind enthalten in einem Bericht des österreichischen Vatikangesandten vom 16. Juli 1933. Abgedruckt ebd., 530.
37 Zitiert nach Scholder, Kirchen, Bd. 1, 318.
38 Ursachen u. Folgen, Bd. 9, 538f.
39 Ebd., 541ff.
40 Scholder, Kirchen, Bd. 1, 539f.
41 Wortlaut bei J. u. R. Becker Hg., 195f.
42 Scholder, Kirchen, Bd. 1, 344.
43 Über diese aufschlußreiche Episode berichtet mit Belegen: K. Sontheimer, Die Haltung der deutschen Universitäten zur Weimarer Republik, in: Nationalsozialismus u. die deutsche Universität – Universitätstage 1966, Berlin 1966, 34. Stimmungsvoll auch T. Eschenburg Aus dem Universitätsleben vor 1933, in: A. Flitner, Deutsches Geistesleben u. Nationalsozialismus, Tübingen 1965, 24–46. Für die politische Haltung der Professorenschaft aufschlußreich H. Döring, Der Weimarer Kreis, Meisenheim 1975.
44 Zum NSDStB vgl. jetzt mit umfassenden weiteren Literaturhinweisen G. J. Giles, Students and National Socialism in Germany, Princeton 1985.
45 Stern, 32.
46 E. R. Curtius, Deutscher Geist in Gefahr, Stuttgart 1932[2]. So weit im folgenden aus dieser Ausgabe zitiert wurde, sind die Seitenzahlen direkt im Text angegeben.
47 Siehe oben S. 44.
48 E. Spranger, Mein Konflikt mit der NS-Regierung 1933, in: Universitas 5. 1955, 457; vgl. ferner F. K. Ringer, Die Gelehrten. Der Niedergang der deutschen Mandarine 1890–1933, Stuttgart 1983, 388. Die

»adelige« Variante dieser Trennung zwischen Form und Inhalt, die zugleich die Illusion der Indienststellung der Hitlerbewegung für die eigenen Zwecke bestätigt, formulierte der Vorsitzende der deutschen Adelsgenossenschaft, Fürst Adolf zu Bentheim-Tecklenburg-Rheda, am Adelstag 1932: »Der Adel gehört nicht in die Reihen der jammernden Pazifisten, sondern dahin, wo Blut fließt.« Egal wie man persönlich über die NS-Bewegung denke, »es stecken in ihr so enorme Kräfte; sie gilt es, im Sinne einer staatspolitischen Führung unseres Geistes einzusetzen«. Zitiert nach Stern, 29.

49 Aufruf der Deutschen Studentenschaft vom 13.4.1933. Ursachen u. Folgen, Bd. 9, 486f. Eine erste Liste beurlaubter Professoren ebd., 453ff.

50 Brief Furtwänglers mit Antwort von Goebbels ebd., 484ff.

51 Regierung Hitler I/1, 439f. Vgl. auch Spranger, 457ff.

52 Die Feuersprüche sind abgedruckt in Ursachen u. Folgen, Bd. 9, 490. Zur Bücherverbrennung vgl. allgemein U. Walberer Hg., 10. Mai 1933. Bücherverbrennung in Deutschland, Frankfurt 1983.

53 Die symbolischen und pseudoreligiösen Aspekte der Bücherverbrennung des 10. Mai 1933 sind analysiert bei K. Vondung, Autodafé u. Phönix: Vom Glauben an den deutschen Geist, in: E. Lämmert Hg., Das war ein Vorspiel nur..., Berlin 1985.

54 Zitiert nach W. Voßkamp, Kontinuität u. Diskontinuität. Zur deutschen Literaturwissenschaft im Dritten Reich, in: P. Lundgreen Hg., Wissenschaft im Dritten Reich, Frankfurt 1985, 140. Zum Zusammenhang vgl. ferner H. Mommsen, Die deutschen Eliten u. der Mythos des nationalen Aufbruchs von 1933, in: Merkur 38. 1984, 97–102. Weil in Köln »wegen strömenden Regens« die Aktion um eine Woche verschoben wurde, sahen sich Rektor und Senat zu einer amtlichen Mitteilung veranlaßt, um eventuellen Gerüchten entgegenzutreten und auf die »nach wie vor völlige Einmütigkeit« mit der Studentenschaft zu verweisen.

55 Vgl. Lundgreen Hg., 9–30.

56 Zitiert nach Stern, 52f.

57 Zitiert nach B. Faulenbach, Die »nationale Revolution« u. die deutsche Geschichte – Zum zeitgenössischen Urteil der Historiker, in: Michalka Hg., 363.

58 Zitiert nach R. Schmid, Ein Richter als Anwalt der Unterprivilegierten, in: Kritische Justiz 15. 1982, 402.

VI. Krise und Festigung der Diktatur Hitlers

1 Hitler vor der Konferenz der Reichsstatthalter am 6.7.1933, in: Regierung Hitler I/1, 631.

2 Hill, Weizsäcker, 74f.
3 Rundschreiben von Reichsinnenminister Frick vom 11. Juli 1933, zitiert nach J. u. R. Becker Hg., 375.
4 In der Rede vor dem Reichsstatthalter am 6.7.1933. Regierung Hitler I/1, 631.
5 Das Protokoll dieser Kabinettssitzung, ebd., 659–86.
6 Regierung Hitler I/2, 904.
7 Wahlergebnisse und Berichte zur Wahlprüfung, ebd., 939 u. Bracher, Machtergreifung, 351ff., dort auch das Zitat von Goebbels.
8 Regierung Hitler I/2, 940f.
9 Zahlenangaben, ebd., 951 u. 1013.
10 Die Rede ist mit bezeichnenden Polizeiberichten über das Echo abgedruckt. Ursachen u. Folgen, Bd. 10, 157ff. Zur Gesamtkrise vgl. jetzt auch G. Schulz, Permanente Gleichschaltung des öffentlichen Lebens u. Entstehung des nationalsozialistischen Führerstaates in Deutschland, in: ders. Hg., Die große Krise der Dreißiger Jahre, Göttingen 1985, 86ff.
11 Zitiert nach M. Jamin, Das Ende der »Machtergreifung«: Der 30. Juni 1934 u. seine Wahrnehmung in der Bevölkerung, in: Michalka Hg., 210f.
12 Vgl. dazu die Analyse ebd. u. I. Kershaw, Der Hitler-Mythos. Volksmeinung u. Propaganda im Dritten Reich, Stuttgart 1980, 72–81.
13 Zitiert nach Jamin, 213.
14 Regierung Hitler I/2, 1385.

Auswahlbibliographie

1. Vorbemerkung

Da die Bibliographie sich auf die wichtigsten neueren Monographien beschränkt, sei neben den umfassenden Bibliographien vorneweg zur Vertiefung auf einige Forschungsberichte verwiesen, die über den Gang der Forschung, die zentralen Fragestellungen und den Stand der wissenschaftlichen Kontroversen berichten.

An erster Stelle sind hier die ausführlichen und gut gegliederten Ausführungen bei E. Kolb, Die Weimarer Republik, München 1984, S. 142–216, und K. Hildebrand, Das Dritte Reich, München 1980, S. 117–94 zu erwähnen. Ergänzend ist jetzt heranzuziehen: A. Hillgruber, Endlich genug über Nationalsozialismus und Zweiten Weltkrieg? Forschungsstand u. Literatur, Düsseldorf 1982.

Für den Aufstieg des Nationalsozialismus wichtig ist die kommentierte Übersicht bei M. Broszat, Die Machtergreifung, München 1984, S. 207–19. Zur Kontroverse um die Weltwirtschaftskrise berichtet F. Blaich, Der Schwarze Freitag, München 1985, S. 143–54. Etwas älter, aber immer noch unüberholt: D. Gessner, Das Ende der Weimarer Republik, Darmstadt 1978. Gute Orientierung zur Hitler-Kontroverse bieten ferner die Forschungsberichte von Hillgruber, in: HZ 226. 1978, S. 600–21, u. Rainer Zitelmann, Hitlers Erfolge – Erklärungsversuche in der Hitlerforschung, in: NPL 27. 1982, S. 47–69. Vgl. ferner die regelmäßigen Literaturberichte von Hillgruber, in: GWU, zuletzt 36. 1985, S. 209–24, u. R. Kühnl, in: NPL 28. 1983, S. 57–84.

2. Bibliographien

Bibliographie zur Zeitgeschichte (= Beilage der VfZ), Stuttgart 1953 ff.
K. Hildebrand, Das Dritte Reich, München 1980², 195–224.
E. Kolb, Die Weimarer Republik, München 1984, 217–50.
G. Schlachter Hg., The Weimar Republic. A Historical Bibliography, Santa Barbara 1984.

3. Quellen

Akten der Reichskanzlei, Weimarer Republik, Boppard 1968 ff. Das Kabinett Müller II, Bearb. M. Vogt, 2 Bde. (1970). Das Kabinett Brüning I u. II, Bearb. T. Koops, 2 Bde. (1982).

Akten der Reichskanzlei, Das Kabinett Schleicher 1932/33, Bearb. A. Golecki, Boppard 1985.
Akten der Reichskanzlei, Die Regierung Hitler, Boppard 1983ff. Teil I: 1933/34, Bearb. K.-H. Minuth, 2 Bde. (1983).
J. u. R. Becker Hg., Hitlers Machtergreifung 1933. Vom Machtantritt Hitlers 30. Januar 1933 bis zur Besiegelung des Einparteienstaates 14. Juli 1933, München 1983.
M. Hirsch u.a. Hg., Recht, Verwaltung und Justiz im Nationalsozialismus. Ausgewählte Schriften, Gesetze u. Gerichtsentscheidungen von 1933 bis 1945, Köln 1984.
J. Walk, Das Sonderrecht für die Juden im NS-Staat. Eine Sammlung der gesetzlichen Maßnahmen u. Richtlinien – Inhalt und Bedeutung, Heidelberg 1981.
Quellen zur Geschichte des Parlamentarismus u. der politischen Parteien Dritte Reihe: Die Weimarer Republik, Bd. 3, Staat u. NSDAP 1930–1932 Quellen zur Ära Brüning, Hg. G. Schulz, Bearb. I. Maurer u. U. Wengst Düsseldorf 1977; Bd. 4, Politik und Wirtschaft in der Krise. 1930–32 Quellen zur Ära Brüning, Hg. G. Schulz, Bearb. I. Maurer u. U. Wengst 2 Bde., ebd. 1980.
Ursachen und Folgen. Vom deutschen Zusammenbruch 1918 und 1945 bis zur staatlichen Neuordnung Deutschlands in der Gegenwart. Hg. H. Michaelis u.a., Bde 1–9, Berlin 1958ff. (bis 1933).

4. Gesamtdarstellungen

K. D. Bracher, Die Auflösung der Weimarer Republik. Eine Studie zum Problem des Machtverfalls in der Demokratie, Königstein 1978⁶.
Ders., Die deutsche Diktatur. Entstehung, Struktur, Folgen des Nationalsozialismus, Köln 1976⁵.
Ders., W. Sauer u. G. Schulz, Die nationalsozialistische Machtergreifung Studien zur Errichtung des totalitären Herrschaftssystems in Deutschland 1933/34, Köln 1962².
M. Broszat, Die Machtergreifung. Der Aufstieg der NSDAP und die Zerstörung der Weimarer Republik, München 1984.
Ders., Der Staat Hitlers, München 1969/1983¹⁰.
D. Gessner, Das Ende der Weimarer Republik, Darmstadt 1978.
K. Hildebrand, Das Dritte Reich, München 1980.
E. Kolb, Die Weimarer Republik, München 1984.
K. Megerle, Die nationalsozialistische Machtergreifung, Berlin 1982.
H. Möller, Weimar. Die unvollendete Demokratie, München 1985.
G. Schulz, Aufstieg des Nationalsozialismus, Berlin 1975.
H. Schulze, Weimar. Deutschland 1917–1933, Berlin 1982.

5. Wichtige neuere Sammelbände

J. Becker u. K. Hildebrand Hg., Internationale Beziehungen in der Wirtschaftskrise 1929–1933, München 1980.
K. Borchardt, Wachstum, Krisen, Handlungsspielräume der Wirtschaftspolitik, Göttingen 1982.
K. D. Bracher, Zeitgeschichtliche Kontroversen. Um Faschismus, Totalitarismus, Demokratie, München 1976.
Ders. u.a. Hg., Nationalsozialistische Diktatur 1933–1945, Düsseldorf 1983.
M. Broszat u.a. Hg., Bayern in der NS-Zeit, Bde. 1–6, München 1977–1983.
Ders. u. H. Möller Hg., Das Dritte Reich. Herrschaftsstruktur u. Geschichte, München 1983.
M. Broszat u.a. Hg., Deutschlands Weg in die Diktatur, Berlin 1983.
W. Conze u. H. Raupach Hg., Die Staats- und Wirtschaftskrise des Deutschen Reiches 1929–33, Stuttgart 1967.
K. D. Erdmann u. H. Schulze Hg., Weimar. Selbstpreisgabe einer Demokratie, Düsseldorf 1980.
G. Hirschfeld u. L. Kettenacker Hg., Der »Führerstaat«: Mythos und Realität. Studien zur Struktur und Politik des Dritten Reiches, Stuttgart 1981.
G. Jasper Hg., Von Weimar zu Hitler 1930–1933, Köln 1968.
K. Malettke Hg., Der Nationalsozialismus an der Macht, Göttingen 1984.
W. Michalka Hg., Die nationalsozialistische Machtergreifung, Paderborn 1984.
H. Mommsen u.a. Hg., Industrielles System und politische Entwicklung in der Weimarer Republik, Düsseldorf 1974.
W. Schieder Hg., Faschismus als soziale Bewegung. Deutschland und Italien im Vergleich, Hamburg 1976.
M. Stürmer Hg., Die Weimarer Republik, Königstein 1985[2].

6. Spezialliteratur

W. Besson, Württemberg u. die deutsche Staatskrise 1928–1933, Stuttgart 1959.
F. Blaich, Der Schwarze Freitag. Inflation u. Wirtschaftskrise, München 1985.
O. Büsch u.a. Hg., Wählerbewegungen in der deutschen Geschichte. Analysen u. Berichte zu den Reichstagswahlen 1871–1933, Berlin 1978.
F. L. Carsten, Reichswehr u. Politik 1918–1933, Köln 1964.
T. Childers, The Nazi Voter: the Social Foundation of Fascism in Germany, 1919–1933, Chapel Hill 1983.

H. Döring, Der Weimarer Kreis. Studien zum politischen Bewußtsein verfassungstreuer Hochschullehrer in der Weimarer Republik, Meisenheim 1975.
H. Fenske, Strukturprobleme der deutschen Parteiengeschichte. Wahlrecht u. Parteiensystem vom Vormärz bis heute, Frankfurt 1974.
F. Fischer, Bündnis der Eliten: Zur Kontinuität der Machtstrukturen in Deutschland 1871–1945, Düsseldorf 1985².
M. Grübler, Die Spitzenverbände der Wirtschaft und das erste Kabinett Brüning, Düsseldorf 1982.
G. J. Giles, Students and National Socialism in Germany, Princeton 1985.
R. Heberle, Landbevölkerung u. Nationalsozialismus. Eine soziologische Untersuchung zur politischen Willensbildung in Schleswig-Holstein 1918–1932, Stuttgart 1963.
P. Hüttenberger, Die Gauleiter. Studie zum Wandel des Machtgefüges in der NSDAP, Stuttgart 1969.
M. H. Kater, Studentenschaft u. Rechtsradikalismus in Deutschland 1918–1933, Hamburg 1975.
W. Luthardt Hg., Sozialdemokratische Arbeiterbewegung und Weimarer Republik. Materialien zur gesellschaftlichen Entwicklung 1927–1933, 2 Bde., Frankfurt 1978.
E. Matthias u. R. Morsey Hg., Das Ende der Parteien 1933, Düsseldorf 1960/1979².
A. Milatz, Wähler und Wahlen in der Weimarer Republik, Neuwied 1965.
H. Mommsen, Beamtentum im Dritten Reich. Mit ausgewählten Quellen zur nationalsozialistischen Beamtenpolitik, Stuttgart 1966.
R. Morsey, Der Untergang des politischen Katholizismus. Die Zentrumspartei zwischen christlichem Selbstverständnis und »Nationaler Erhebung« 1932/33, Stuttgart 1977.
R. Neebe, Großindustrie, Staat u. NSDAP 1930–1933, Göttingen 1981.
S. Neumann, Die Parteien der Weimarer Republik, Stuttgart 1977⁴ (zuerst Berlin 1932 u. d. T.: Die politischen Parteien in Deutschland).
K. Nowak, Evangelische Kirche u. Weimarer Republik, Göttingen 1981.
F. K. Ringer, Die Gelehrten. Der Niedergang der deutschen Mandarine 1890–1933, Stuttgart 1983.
M. Scharrer Hg., Kampflose Kapitulation. Arbeiterbewegung 1933, Reinbek 1984.
D. Schoenbaum, Die Braune Revolution. Eine Sozialgeschichte des Dritten Reiches, München 1980.
K. Schönhoven, Die Bayerische Vokspartei 1924–1932, Düsseldorf 1972.
K. Scholder, Die Kirchen und das Dritte Reich, Bd. 1: Vorgeschichte u. Zeit der Illusionen 1918–1934, Berlin 1977, Bd. 2: Das Jahr der Ernüchterung 1934, Berlin 1985.
K. Sontheimer, Antidemokratisches Denken in der Weimarer Republik. Die politischen Ideen des deutschen Nationalismus zwischen 1918 und

1933, München 1962/1968².
H. Timm, Die deutsche Sozialpolitik u. der Bruch der großen Koalition im März 1930, Düsseldorf 1952.
H. A. Turner, Faschismus u. Kapitalismus in Deutschland, Göttingen 1972.
H. A. Turner, Die Großunternehmer u. der Aufstieg Hitlers, Berlin 1985.
T. Vogelsang, Reichswehr, Staat u. NSDAP 1930–1932, Stuttgart 1962.
U. Walberer Hg., 10. Mai 1933. Bücherverbrennung in Deutschland, Frankfurt 1983.
H. A. Winkler, Mittelstand, Demokratie u. Nationalsozialismus. Die politische Entwicklung von Handwerk und Kleinhandel in der Weimarer Republik, Köln 1972.
Ders., Von der Revolution zur Stabilisierung. Arbeiter u. Arbeiterbewegung in der Weimarer Republik 1918–1924, Berlin 1984.
Ders., Der Schein der Normalität. Arbeiter und Arbeiterbewegung in der Weimarer Republik 1924–1930, Berlin 1985.
R. Wohlfeil u. E. Graf von Matuschka, Reichswehr u. Republik 1918–1933, Frankfurt 1970.

Neue Historische Bibliothek
Herausgegeben von Hans-Ulrich Wehler

241 Werner Abelshauser, Wirtschaftsgeschichte der Bundesrepublik Deutschland 1945–1980
242 Dirk Blasius, Geschichte der politischen Kriminalität in Deutschland 1800–1980
243 Kurt Kluxen, Geschichte und Problematik des Parlamentarismus
244 Peter Marschalck, Bevölkerungsgeschichte Deutschlands im 19. und 20. Jahrhundert
245 Wolfgang Wippermann, Europäischer Faschismus im Vergleich 1922–1982
246 Michael Geyer, Deutsche Rüstungspolitik 1860–1980
247 Volker Hentschel, Geschichte der deutschen Sozialpolitik 1880–1980
248 Detlef Lehnert, Sozialdemokratie zwischen Protestbewegung und Regierungspartei 1848–1983
249 Jürgen Reulecke, Geschichte der Urbanisierung in Deutschland
250 Peter Alter, Nationalismus
251 Margret Kraul, Das deutsche Gymnasium 1780–1980
252 Manfred Botzenhart, Reform, Restauration, Krise. Deutschland 1789–1848
253 Jens Flemming, Deutscher Konservatismus 1780–1980
254 Hans-Ulrich Wehler, Grundzüge der amerikanischen Außenpolitik 1750–1900
255 Heide Wunder, Bäuerliche Gesellschaft in Deutschland 1524–1789
256 Albert Wirz, Sklaverei und kapitalistisches Weltsystem
257 Helmut Berding, Antisemitismus in Deutschland 1870–1980
258 Konrad H. Jarausch, Deutsche Studenten 1800–1970
259 Josef Mooser, Arbeiterleben in Deutschland 1900–1970
260 Dietrich Staritz, Geschichte der DDR 1949–1984
261 Gilbert Ziebura, Weltwirtschaft und Weltpolitik 1922/24–1931
262 Ulrich Kluge, Die Deutsche Revolution 1918/1919
263 Horst Dippel, Die Amerikanische Revolution 1763–1787
264 Karl-Egon Lönne, Politischer Katholizismus
265 Volker R. Berghahn, Unternehmer und Politik in der Bundesrepublik

266 Wolfram Siemann, Die Revolution 1848/49 in Deutschland
267 Dietrich Thränhardt, Geschichte der Bundesrepublik 1949–1984
268 Peter Christian Witt, Die deutsche Inflation 1914–1924
269 Horst Möller, Deutsche Aufklärung 1740–1815
270 Gotthard Jasper, Von der Auflösung der Weimarer Republik zum NS-Regime
271 Klaus J. Bade, Europäischer Imperialismus im Vergleich
272 Dieter Grimm, Deutsche Verfassungsgeschichte 1803–1980
273 Hanna Schissler, Geschichte des preußischen Junkertums
274 Jürgen von Kruedener, Deutsche Finanzpolitik 1871–1980
275 Rüdiger vom Bruch, Deutsche Universitäten 1734–1980
276 Reinhard Sieder, Geschichte der Familie
277 Heinz-Günther Reif, Sozialgeschichte des deutschen Adels
278 Michael Mitterauer, Sozialgeschichte der Jugend
279 Hans-Christoph Schröder, Die Englische Revolution 1640–1688
280 Ernst Hinrichs, Die Französische Revolution 1789
281 Bernd Wunder, Geschichte der deutschen Bürokratie
282 Wolfgang Hardtwig, Vereinswesen in Deutschland 1780–1980
283 Hans-Peter Ullmann, Wirtschaftliche und politische Interessenverbände in Deutschland 1870–1980
284 Ute Frevert, Geschichte der deutschen Frauenbewegung
285 Hartmut Kaelble, Europäische Sozialgeschichte 1880–1980
286 Dieter Langewiesche, Deutscher Liberalismus
287 Klaus Schönhoven, Deutsche Gewerkschaften 1860–1980
288 Martin Greschat, Politischer Protestantismus

edition suhrkamp. Neue Folge

165 Tove Ditlevsen, Gesichter
166 Medienmacht im Nord-Süd-Konflikt. Red.: Reiner Steinweg
167 Ernst Bloch, Kampf – nicht Krieg. Hg. v. Martin Korol
168 Peter Handke, Phantasien der Wiederholung
169 Volker Braun, Berichte von Hinze und Kunze
170 Edward P. Thompson, Die Entstehung der englischen Arbeiterklasse
171 Roland Barthes, Elemente der Semiologie
172 Franz Xaver Kroetz, Frühe Prosa/Frühe Stücke
173 Werner Koch, Intensivstation
174 Literatur der DDR in den siebziger Jahren. Hg. v. Peter Uwe Hohendahl u. Patricia Herminghouse
175 Lloyd de Mause, Grundlagen der Psychohistorie
176 Josef Esser/Wolfgang Fach/Werner Väth, Krisenregulierung
177 Josef Winkler, Die Verschleppung
178 Uwe Kolbe, Abschiede und andere Liebesgedichte
179 J. M. A. Biesheuvel, Der Schrei aus dem Souterrain
180 Jochen Hörisch, Gott, Geld und Glück – Zur Logik der Liebe
181 Georg Vobruba, Politik mit dem Wohlfahrtsstaat
182 Walter Vogl, Hassler
183 João Ubaldo Ribeiro, Sargento Getúlio
184 Francis F. Piven/Richard C. Cloward, Aufstand der Armen
185 Abschied vom Recht? Hg. v. Rüdiger Voigt
186 Celso Furtado, Brasilien nach dem Wirtschaftswunder
187 Martin Roda Becher, Der rauschende Garten
188 Das Schwinden der Sinne. Hg. v. Dietmar Kamper u. Christoph Wulf
189 Rüdiger Lautmann, Der Zwang zur Tugend
190 Vom Krieg der Erwachsenen gegen die Kinder. Red.: Reiner Steinweg
191 Brecht-Journal. Hg. v. Jan Knopf
192 Feminismus. Inspektion der Herrenkultur. Ein Handbuch. Hg. v. Luise F. Pusch
193 Alexander Kluge, Schlachtbeschreibung
194 Andrea Lee, Russisches Tagebuch

195 Taktische Kernwaffen. Die fragmentierte Abschreckung. Hg. v. Ph. Blanchard, R. Koselleck, L. Streit
196 Rüstung und soziale Sicherheit. Red.: Reiner Steinweg
197 Andreas Buro/Karl Grobe, Vietnam! Vietnam?
198 Franz Böni, Der Johanniterlauf
199 Ngũgĩ wa Thiong'o, Der gekreuzigte Teufel
200 Walter Benjamin, Das Passagen-Werk. Hg. v. Rolf Tiedemann. Zwei Bände
201 Jugend und Kriminalität. Hg. v. Horst Schüler-Springorum
202 Friederike Mayröcker, Magische Blätter
203 Manfred Frank, Was ist Neostrukturalismus?
204 Chie Nakane, Die Struktur der japanischen Gesellschaft
205 Marguerite Duras, Sommer 1980
206 Roland Barthes, Michelet
207 Julius Posener, Geschichte der Architektur im 20. Jahrhundert
208 Grace Paley, Veränderungen in letzter Minute
209 Kindheit in Europa. Hg. v. Heinz Hengst
210 Stanley J. Stein/Barbara H. Stein, Das koloniale Erbe Lateinamerikas
211 Naturplan und Verfallskritik. Zu Begriff und Geschichte der Kultur. Hg. v. Helmut Brackert u. Fritz Wefelmeyer
212 Arbeitslosigkeit in der Arbeitsgesellschaft. Hg. v. Wolfgang Bonß u. Rolf G. Heinze
213 Tzvetan Todorov, Die Eroberung Amerikas
214 Ziviler Ungehorsam im Rechtsstaat. Hg. v. Peter Glotz
215 Peter Weiss, Der neue Prozeß
216 Ein Jahrhundert geht zu Ende. Hg. v. Karl Dedecius
217 Luise F. Pusch, Das Deutsche als Männersprache
218 Alfred Sohn-Rethel, Soziologische Theorie der Erkenntnis
219 Randzonen. Interviews – Kurzgeschichten. Hg. von Judith Ammann
220 Claude Lévi-Strauss / Jean-Pierre Vernant u. a., Mythos ohne Illusion
221 Christiaan L. Hart Nibbrig, Der Aufstand der Sinne im Käfig des Textes
222 V-Leute – Die Falle im Rechtsstaat. Hg. v. Klaus Lüderssen
223 Tilman Moser, Eine fast normale Familie
224 Juan Goytisolo, Dissidenten
225 Alice Schwarzer, Lohn: Liebe. Zum Wert der Frauenarbeit
226 Paul Veyne, Glaubten die Griechen an ihre Mythen?
227 Thank you good night. Hg. v. Bodo Morshäuser

228 »Hauptsache, ich habe meine Arbeit«. Hg. v. Rainer Zoll
229 »Mit uns zieht die neue Zeit«. Hg. v. Thomas Koebner
230 Gregorio Condori Mamani, »Sie wollen nur, daß man ihnen dient ...«
231 Paul Feyerabend, Wissenschaft als Kunst
232 Meret Oppenheim, Husch, husch der schönste Vokal entleert sich. Hg. v. Christiane Meyer-Thoss
233 Politik der Armut. Hg. von Stephan Leibfried u. Florian Tennstedt
234 Die Ökologie des Körpers. Hg. v. R. Erben, P. Franzkowiak, E. Wenzel
235 Die wilde Seele. Hg. von Hans Peter Duerr
236 Ignácio de Loyola Brandão, Kein Land wie dieses
237 Gerold Foidl, Scheinbare Nähe
238 Kriegsursachen. Red. Reiner Steinweg
239 Reform und Resignation. Gespräche über Franz L. Neumann. Hg. v. Rainer Erd
240 Tim Guldimann, Moral und Herrschaft in der Sowjetunion
241 Werner Abelshauser, Wirtschaftsgeschichte der Bundesrepublik Deutschland 1945–1980
242 Dirk Blasius, Geschichte der politischen Kriminalität in Deutschland 1800–1980
243 Kurt Kluxen, Geschichte und Problematik des Parlamentarismus
244 Peter Marschalck, Bevölkerungsgeschichte Deutschlands im 19. und 20. Jahrhundert
245 Wolfgang Wippermann, Europäischer Faschismus im Vergleich 1922–1982
246 Michael Geyer, Deutsche Rüstungspolitik 1860–1980
247 Volker Hentschel, Geschichte der deutschen Sozialpolitik 1880–1980
248 Detlef Lehnert, Sozialdemokratie zwischen Protestbewegung und Regierungspartei 1848–1983
249 Jürgen Reulecke, Geschichte der Urbanisierung in Deutschland
250 Peter Alter, Nationalismus
251 Margret Kraul, Das deutsche Gymnasium 1780–1980
252 Manfred Botzenhart, Reform, Restauration, Krise. Deutschland 1789–1848
253 Jens Flemming, Deutscher Konservatismus 1780–1980
254 Hans-Ulrich Wehler, Grundzüge der amerikanischen Außenpolitik 1750–1900

255 Heide Wunder, Bäuerliche Gesellschaft in Deutschland 1524–1789
256 Albert Wirz, Sklaverei und kapitalistisches Weltsystem
257 Helmut Berding, Antisemitismus in Deutschland 1870–1980
258 Konrad H. Jarausch, Deutsche Studenten 1800–1970
259 Josef Mooser, Arbeiterleben in Deutschland 1900–1970
260 Dietrich Staritz, Geschichte der DDR 1949–1984
261 Gilbert Ziebura, Weltwirtschaft und Weltpolitik 1922/24–1931
262 Ulrich Kluge, Die Deutsche Revolution 1918/1919
263 Horst Dippel, Die Amerikanische Revolution 1763–1787
264 Karl-Egon Lönne, Politischer Katholizismus
265 Volker R. Berghahn, Unternehmer und Politik in der Bundesrepublik
266 Wolfram Siemann, Die Revolution 1848/49 in Deutschland
267 Dietrich Thränhardt, Geschichte der Bundesrepublik 1949–1984
268 Peter Christian Witt, Die deutsche Inflation 1914–1924
269 Horst Möller, Deutsche Aufklärung 1740–1815
270 Gotthard Jasper, Von der Auflösung der Weimarer Republik zum NS-Regime
271 Klaus J. Bade, Europäischer Imperialismus im Vergleich
272 Dieter Grimm, Deutsche Verfassungsgeschichte 1803–1980
273 Hanna Schissler, Geschichte des preußischen Junkertums
274 Jürgen von Kruedener, Deutsche Finanzpolitik 1871–1980
275 Rüdiger vom Bruch, Deutsche Universitäten 1734–1980
276 Reinhard Sieder, Geschichte der Familie
277 Heinz-Günther Reif, Sozialgeschichte des deutschen Adels
278 Michael Mitterauer, Sozialgeschichte der Jugend
279 Hans-Christoph Schröder, Die Englische Revolution 1640–1688
280 Ernst Hinrichs, Die Französische Revolution 1789
281 Bernd Wunder, Geschichte der deutschen Bürokratie
282 Wolfgang Hardtwig, Vereinswesen in Deutschland 1780–1980
283 Hans-Peter Ullmann, Wirtschaftliche und politische Interessenverbände in Deutschland 1870–1980
284 Ute Frevert, Geschichte der deutschen Frauenbewegung
285 Hartmut Kaelble, Europäische Sozialgeschichte 1880–1980
286 Dieter Langewiesche, Deutscher Liberalismus
287 Klaus Schönhoven, Deutsche Gewerkschaften 1860–1980
288 Martin Greschat, Politischer Protestantismus

290 Octavio Paz, Zwiesprache
291 Franz Xaver Kroetz, Furcht und Hoffnung der BRD
292 Wolfgang Hildesheimer, The Jewishness of Mr. Bloom/ Das Jüdische an Mr. Bloom. Engl./Dt.
293 György Konrád, Antipolitik
294 Alexander Kluge, Neue Geschichten
295 Reto Hänny, Ruch
296 Atomkriegsfolgen. Der Bericht des »Office of Technology Assessment«
297 Peter Sloterdijks »Kritik der zynischen Vernunft«
298 Die Selbstbehauptung Europas. Hg. von Willy Brandt
299 Konrad Wünsche, Der Volksschullehrer Ludwig Wittgenstein
300 edition suhrkamp. Ein Lesebuch

edition suhrkamp. Neue Folge